云南省普通高等学校十二五规划教

U1003489

汉字教程

（第2版）

张石金　周　飞◎编著

南開大學出版社　天津社会科学院出版社

图书在版编目（CIP）数据

汉字教程 / 张石金，周飞编著. -- 天津 ：南开大学出版社 ：天津社会科学院出版社，2022.12
ISBN 978-7-310-06398-7

Ⅰ. ①汉… Ⅱ. ①张… ②周… Ⅲ. ①汉字—教材
Ⅳ. ①H12

中国版本图书馆CIP数据核字(2022)第254830号

汉字教程
HANZI JIAOCHENG

南開大學出版社
天津社会科学院出版社　出版发行

出版人：陈　敬
地址：天津市南开区卫津路94号　邮政编码：300071
营销部电话：(022)23508339　营销部传真：(022)23508542
https://nkup.nankai.edu.cn

北京盛通印刷股份有限公司印刷　全国各地新华书店经销
2022年12月第1版　2022年12月第1次印刷
787毫米×1092毫米　16开本　26.25印张　350千字
定价：58.00元

如遇图书印装质量问题，请与本社营销部联系调换，电话（022）23508339

第1版前言

《汉字教程》是以“汉字学讲义”为雏形编写成的。十多年前，教材主编在汉语言文学专业本科学生中开设了“中国汉字学”这门课程，经过历年的积累修改，逐步写成了“汉字学讲义”。后来，随着高校教育的发展和汉字教学的兴盛，“汉字学讲义”又在对外汉语教学专业和外国留学生中使用过，受到了大多数学生的欢迎和肯定，有了正式出版的基础和打算。

恰逢云南省教育厅、财政厅实施“云南省高等学校本科教学质量与教学改革工程”，经积极申报，《汉字教程》成为云南省普通高等学校十二五规划教材建设立项项目，解决了部分经费问题，使《汉字教程》得以修订出版。

《汉字教程》在内容上力争突出两个方面的特点。

一是汉字本体知识和汉字文化知识的相结合。对于普通高等学校的“汉字学”教材来说，将汉字本体知识和汉字文化知识同时编入教材是一种很好的选择，也是大多数教师共同的看法。但在如何处理好两大块知识的关系时，却很难将它们融为一体。《汉字教程》在这一方面做了一些尝试：以汉字本体音形义三要素和汉字使用（“四定”）为汉字文化的分类标准，从汉字的形、音、义、量、序五个方面总体介绍汉字的文化功能，即汉字字形的文化功能、汉字字音的文化功能、汉字字义的文化功能、汉字字量的文化功能、汉字字序的文化功能。这种编排方法有利于“汉字本位”和汉字应用的相结合，是否科学有待实践的检验。

二是汉字教学的师范性。教材不用“汉字学”，而用“教程”的名称，主要是从教学的角度考虑，教材力求从名称、内容、结构等不同方面突出“教”与“学”的特点。教师的教突出一个“导”字，教材中许多问题给出了不同的答案，为教师引导学生深入分析预留了空间。例如，汉字性质的多角度分析和多义性，教师可根据学生的不同情况有选择的判断答案。学生的学突出了一个“练”字，该教材每一章后都有练习题，练习题包括了4—6种题型，为学生边学边练提供了便利，这与当前大学课堂重讲不重练的情况不一样。

在编写教程的过程中，云南大学罗江文教授、云南师大冯英教授、玉溪师范学院任宏志教授三位推荐专家针对修改稿提出了许多中肯、合理的修改建议，编写者虽然也尽力修改了多次，但由于才疏学浅，再加上汉字知识博大精深、时间紧迫等原因，教材中还有许多错误和疏漏之处，恳请大家批评指正。

《汉字教程》引用了许多专家学者的研究成果和资料，文中对大多数引用做了注释和说明，对前人的积极探索精神表示由衷的敬意。

最后，真诚地感谢为教材的编写提供过许多帮助的专家、老师和学生们，没有你们的支持，一个人很难完成此项繁重的工作。另外，云南科技出版社的刘康老师工作尽心尽力、认真负责，为教材的顺利出版出了很多力，在此一并表示感谢。

编　者

2014年12月12日

第 2 版前言

《汉字教程》第 1 版于 2015 年 3 月正式出版，到现在已经过去七年有余。在七年多的时间里，这本教材一直在玉溪师范学院及部分校外本科生中使用着，教学对象以汉语言文学本科和汉语国际教育本科学生为主，还涉及少部分新闻本科、校内公选课其他专业的学生。使用过程中，《汉字教程》受到学生广泛欢迎，成为汉字学课程特色建设不可缺少的部分，也逐渐出现了一些问题：发现部分讹误、知识逐渐老化、教材售罄等，给教学带来不便。

恰逢玉溪师范学院教务处启动校内教材建设项目工作，《汉字教程》获得教材建设项目立项，得到了校内资金资助，使第 2 版的修订、出版工作得以顺利进行。

第 2 版的修订内容延续了第 1 版的两个特点：汉字本体知识和汉字文化知识的相结合；汉字教学的师范性。增加了部分汉字研究的新成果，删除了部分繁复的内容，纠正了一些讹误之处。

第 1 版的内容由张石金副教授独立编著完成，第 2 版的修订由张石金、周飞合作完成。张石金副教授主要负责第 5—10 章的修订及全书统稿，周飞博士主要负责第 1—4 章的修订。

一本教材会深远地影响学生，不能不慎之又慎，《汉字教程》修订者虽然已经十分努力，但仍有疏漏；一本成熟的教材必然经过千锤百炼，《汉字教程》今后要走的路还很漫长。以此两点与周飞博士及后来者共勉。

2022 年 8 月张石金于润玉园

目　录

第一章　汉字概说

汉字源远流长，是世界上最古老的文字之一。世界上其他古老的文字，如古代埃及的圣书字、古代两河流域的楔（xiē）形文字，都早已废弃不用了，而汉字在数千年的历史发展过程中，不仅自身不断丰富和完善，而且对其他民族和国家的文字也产生了巨大的影响。所以，要了解汉字的起源，就要追踪汉字悠久的历史；了解汉字的历史，对理解和使用现代汉字有很大的帮助。

本章将讨论四个方面的问题：汉字起源的传说为探寻汉字的起源提供了参考和线索；原始记事方法是原始汉字的前身，甲骨文是最早的成熟文字；汉字学的发展历史可分为三个时期；汉字与汉语关系密切、复杂。

第一节　汉字起源的传说

一、"汉字起源"的含义[①]

说到汉字起源的问题，汉字发展史上可以参考的说法较多，有仓颉

① 参见李运富：《汉字学新论》，北京师范大学出版集团，2012 年 5 月第一版，第 18—21 页。

说、八卦说、图画说、劳动说、汉字西来说等不同的回答,这些答案站在不同的角度上看都有一定的道理。例如,“仓颉说”主要回答创造汉字的人是谁;“图画说”侧重考虑汉字产生的源头;“劳动说”偏重回答汉字产生的前提条件……所以,要回答汉字起源的问题,首先得对“源”字进行考证,将汉字起源问题的范围、含义了解清楚,消除问题的多义和歧义,才能得到较满意的答案。

“原”本指水源,字形又作“厵”,汉代时加水旁作“源”。甲骨文、金文“原”写作“”,小篆写作“”。从字形分析,整个汉字包括洞穴、水流、水流起点T,三个构件组成,表示山洞或地穴中流出、涌出的水流。“原”字的字形有四个方面的表意:水流的所处(出水的洞穴)、水流出现的方式(流出)、水流出来的起点(洞穴中的短横)、水流出来的形状(成川)。

从上面的分析看出,“原”的含义是很丰富的,层次不同、角度不同、含义也不一样。由于“原”字本身的多义性,带来了汉字起源的多角度解答,具体到汉字的起源问题,“起源”可以指:汉字的创造者、汉字的发源地、汉字的创造方式、汉字的形体来源、最早的汉字等。

下面我们从汉字起源的不同角度了解几种流传较广、影响较大的传说。

二、汉字起源的几种传说

到现在为止,我们所能看到的有关汉字起源的文献记载,最早来自周秦的典籍,而且大多数都是传说,有的还带有神话色彩。尽管这些传说并非汉字起源历史面貌的详尽写实,但是,它们对推断汉字起源前后的状况和推断汉字起源的大体时间,有一定的参考价值。

(一)仓颉(jié)说

这是汉字起源流传最广的说法,突出汉字的创造者。《荀子·解蔽》

记载:“好书者众矣,而仓颉独传者壹也。”《吕氏春秋·君守》记载:“奚仲作车,仓颉作书。”东汉时期的文字学家许慎在《说文解字》中说:“黄帝之史仓颉,见鸟兽蹄迒之迹,知分理之可相别异也,初造书契。……”;秦代的李斯在《仓颉篇》中写到;“仓颉作书,以教后嗣”;《淮南子·本经训》中也说到:“昔者仓颉作书,而天雨粟,鬼夜哭”;《论衡·骨相》中又说:“仓颉四目”。以上的古书记载,把汉字的创造归功于仓颉。

传说仓颉是黄帝的史官,他长着四只眼睛,目光炯炯,面相奇异,能仰观天象,俯察地理,辨鸟兽之迹,见人所不能见。他造字的时候,天上落下小米,鬼神夜夜哭啼,传说中这样一个超乎寻常的人创造了汉字,可见汉字的出现是一件惊天动地的大事,对人类产生了巨大影响(如图 1-1)。

图 1-1　传说中的仓颉

对于仓颉造字说,过去的历史学家们着眼于考证仓颉是否实有其人,如果有,大约在哪个年代。例如,有的学者根据后人修建的仓颉墓地和碑庙出现在陕西白水县、山东寿光县、东阿县、河南开封市、南乐县等地这一线索,考证了仓颉的出生年代、外貌特征、担任官职、活动地域、历代传说史料等内容①,但由于确凿史料的缺乏,很难得出较统一的结论。而在我们看来,仓颉造字说的可取之处,主要在于它说出了汉字起源的一些道理,体现了汉字具有的文化意义。

首先,这种传说把结绳与仓颉造字衔接起来,认为在人类社会发展到一定阶段以后,结绳无法适应更多、更快地记录、传递信息的需要,人们必须探索新的方式,创造更多的相互区别的符号来记录更多的信息。在“兽蹄鸟迹之道,交于中国”的时代,人们从鸟兽蹄迒之迹得到了“依类象形”“分理别异”的启示,逐渐创造了汉字。汉字产生于社会的发展和人们的交际需要,从这一角度分析,仓颉造字说有其存在的价值。

其次,传说仓颉是黄帝的史官,也是有道理的。文字产生在国家形成过程中,是政事往来的需要,汉字形成过程中起主要作用的应是与文字有密切关系的巫史,直接导源于巫文化的甲骨文不仅是我国最古老的汉字,而且确定了汉字的基本模式和发展方向,开创了中国的文明史,并成为中国文化的重要载体;史学也出于巫文化,最早见诸汉字的历史是从甲骨文开始的,或者说最先用甲骨文把历史事实记录下来的是巫师,所以,“史”是书写、收藏簿书的官,他们是直接并大量使用汉字的人。

(二)八卦说

这种传说突出最早的汉字形体来源。八卦是中国古代富有象征意义的一套符号。它以“—”代表阳,“--”代表阴,由这两个符号组成三个一组不相重复的八种符号就叫八卦。分别是乾、坤、坎、离、震、艮、巽、兑,分别代表天、地、水、火、雷、山、风、泽八种基本物质。孔安国《尚书》序(属伪作,但年代甚古)中说:“古者庖牺氏之王天下也,始画八卦,造书契,以代结绳之政,由是文籍生焉。”《易纬·乾·凿度》认为:“乾卦,天字的古文;坤卦,地字的古文;离卦,火字的古文;坎卦,水字的古文;巽

① 参见何九盈:《汉字文化学》,辽宁人民出版社,2000年1月第一版,第324—335页。

卦，风字的古文；震卦，雷字的古文；艮卦，山字的古文；兑卦，泽字的古文。”；近代刘师培在《小学发微》中也说：“大约《易经》六十四卦，为文字之祖矣。”

有限的卦爻符号，不管是八卦，还是八八六十四卦，是难以演化出众多的原始汉字的，这种看法很难令人信服（如图 1–2）。

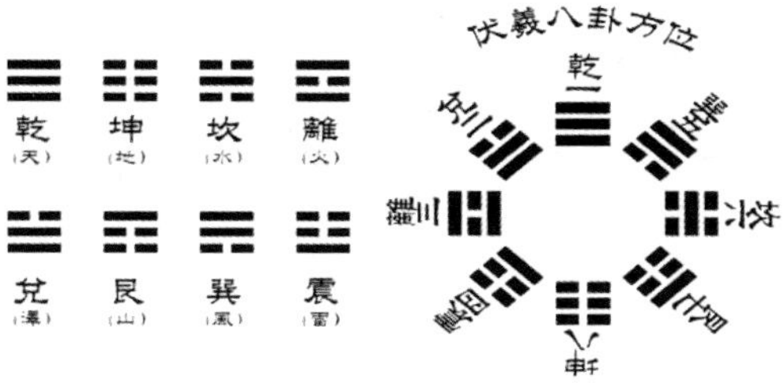

图 1–2　八卦图

（三）河图洛书

关于河图洛书的传说，散见于各种史籍中，但说法不一，见解各异。

相传伏羲氏教民“结绳为网以渔”，养蓄家畜，促进了生产的发展，改善了人们的生存生活条件。因此，祥瑞迭兴，天授神物。有一种龙背马身的神兽，生有双翼，高八尺五寸，身披龙鳞，凌波踏水，如履平地，背负图点，由黄河进入图河（今洛阳市孟津县，白鹤、送庄乡境内），游弋于图河之中，人们称之为龙马。这就是后人常说的“龙马负图”。伏羲氏见后，依照龙马背上的图点，画出了图样，接着，又有神龟负书从洛水出现。伏羲氏得到这种天赐的用符号表示的图书，遂据此画成了八卦。这就是《易 · 系辞上篇》记载的，“河出图，洛出书，圣人则之”。即伏羲氏“作八卦，以通神明之德，以类万物之情”（如图 1–3）。故后人在伏羲氏龙马负图的地方修建了负图寺，以纪念伏羲氏开拓文明的功绩。

唐代诗人李矫在《咏洛》诗中有：“神龟方锡瑞，绿字重来臻”之句，歌颂洛龟负书给中华民族带来了光明。龟书，可能就是我们现在所说的

“甲骨文”。

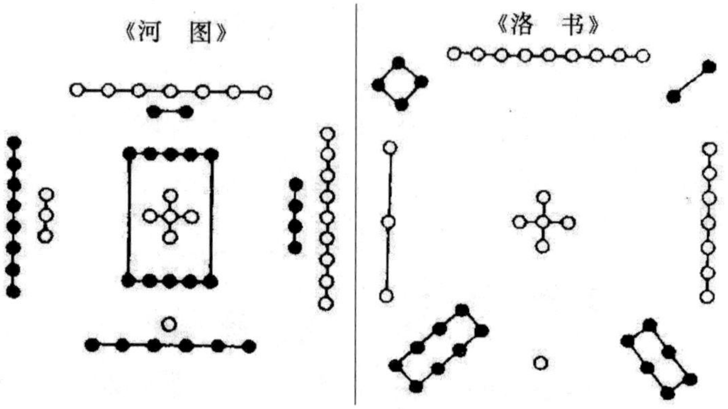

图 1-3　河图、洛书

河出图、洛出书，只是初民的神话，它可能反映文字或先于文字的某种符号最先发生在河洛一带，并不反映汉字的真实起源。

除了以上的几种传说，在汉字历史上还有黄帝造字、伏羲造字、孔子造字、大禹造字等说法。这些传说作为中华民族民间文学的一个有机部分将永载史册，但站在科学的立场上看，以上的种种传说并不可信，它们是古代的人们“圣人崇拜”和“文字崇拜”观念的反映，这些说法都不能正确回答汉字的起源问题。

三、汉字起源传说的意义

汉字起源的种种传说扑朔迷离，充满神奇，难于找到信服的证据，但也不是毫无用处，它们的存在有其积极和合理的一面。

（一）反映出中国人对汉字的丰富感情

中国人对于汉字，有太多附着在上面的神话传说、情感故事。世界上少有这样的民族，能够把对文字的崇尚提升到如此的高度。汉字和中国人精神上的交会和契合，是一以贯之的。汉字起源的几种传说中包含了中国人对自然山川风物的原始崇拜，表达出了中国人对事物的联系和理解，传达出中国人灵动的创造性。汉字以中华民族特有的造境方式，使中国人千年抒怀不已。喜怒哀乐，借助方块字，宣泄自己的感情，抒发自己的抱负，发而为言，著之为文，绵延不绝流淌成为中国的文化长河，陶成精品，冶成箴言，铸就了巍巍的中华魂魄。

余光中《听听那冷雨》："杏花，春雨，江南。六个方块字，或许那片土就在那里面。而无论赤县也好神州也好中国也好，变来变去，只要仓颉的灵感不灭，美丽的中文不老，那形象那磁石一般的向心力当必然长在。因为一个方块字是一个天地。太初有字，于是汉族的心灵他祖先的回忆和希望便有了寄托。譬如凭空写一个'雨'字，点点滴滴，滂滂沱沱，淅淅沥沥，一切云情雨意，就宛然其中了。视觉上的这种美感，岂是什么 rain 也好 pluie 也好所能满足？翻开一部《辞源》或《辞海》，金木水火土，各成世界，而一入'雨'部，古神州的天颜千变万化，便悉在望中，美丽的霜雪云霞，骇人的雷电霹雹，展露的无非是神的好脾气与坏脾气，气象台百读不厌门外汉百思不解的百科全书。"

汉字作为中华文明的传统符号，已经永远地扎根在中国人的心中，那是一种与生俱来的汉字情结。汉字传说中融入了中国人对汉字的复杂感情。有对汉字的神秘感、崇拜、热爱、敬畏。这些复杂的感情汇聚在一起，才出现了种种圣神、变幻的传说。传说看似不科学，但有其情感基础，是汉字文化意义的一种具体表现。

（二）汉字起源问题的复杂性

要完全弄清楚汉字的起源问题是很困难的。造成汉字起源问题复杂性的原因较多，除了前面说到的"源"的多义性产生了不同的看法外，还有其他的一些原因。

汉字创造经历时间较长。商朝（约公元前 17—11 世纪）的甲骨文已经是较成熟的文字。但是再往前考证，甲骨文是从哪来的？汉字的源头在哪里？就出现了不同的看法。有人认为新石器时代遗址（距今约 7000—8000 年）中发现的契刻符号是最早的汉字，但有部分学者提出了不同的看法。马家窑新石器时代遗址(距今约 4000—5000 年)中发现的陶器刻符,山东大汶口文化遗址(距今约 4500 年)中发现的陶器刻符,新石器时代遗址(距今约 4000 年)中发现的陶器刻符等被一些学者认为是最早的汉字,但由于时间跨度太大,发现的符号数量还不是特别丰富,解读的具体汉字也有差异,对符号的含义理解上还有分歧,要细致的理清早期汉字的来龙去脉还很困难。

汉字的来源较多。有的源于图腾(图画),即用某物作为氏族的崇拜物,这种崇拜物叫“图腾崇拜”,也叫“族徽”“族记”,如“牛()、虎()、龙()、龟()”等字就是这样来的。《礼记 · 礼运》中也有这样的记载:“麟、凤、龟、龙,谓之四灵”,“四灵”的形成也应该来源于早期动物崇拜。有的来源于结绳记事,如己()、纪()、世()等字。还有的来源于纹身、陶纹,如“文()”。另外,记数、契刻等途径也产生了一部分汉字。由于汉字的产生非一日所为,产生的途径也多,给考证汉字的来源带来了一定困难。

再加上考古资料的不完整、汉字字形的不断演变、不同民族对汉字的影响等诸多原因,使汉字的起源问题变得很复杂,如果没有新的发现和突破,很难在短期内得出统一的答案。

(三)汉字具有悠久的历史

汉字创造经历时间较长,给考证汉字的起源带来了不利的因素,但从另一个角度看,汉字悠久的历史又是一个鲜明的特征,在世界文字史上独一无二。

世界上出现最早的文字有三种:楔形文字、象形文字和甲骨文。

公元前 4000 年左右,两河流域就有了最早的居民——苏美尔人。他们创造了灿烂的苏美尔文明,最能反映这种文明特征的是他们在公元前 3000 年左右发明的文字——楔形文字。楔形文字也叫“钉头文字”或“箭头字”。苏美尔人把字写在泥版上笔画成楔状,颇像钉头或箭头。为了长久地保存泥版，需要把它晾干后再进行烧制。这种烧制的泥版文书可以长期保存，但很笨重，每块重约一千克，阅读不方便。现在发掘出来的泥版有近一百万块，最大的有 2.7 米长，1.95 米宽。由于复杂的楔形文字不能十分准确和高效率地表达塞姆语言，逐渐被简单、明确的阿拉美亚语的字母文字所代替，到公元一世纪，楔形文字完全灭亡了。

距今 5000 多年前，古埃及出现了象形文字。古埃及人认为他们的文字是月神、计算与学问之神图特造的，和中国人“仓颉造字”的传说很相似。象形文字是指纯粹利用图形来作文字使用，而这些文字又与所代表的事物，在形状上很相像。一般而言，象形文字是最早产生的文字。用文字的线条或笔画，把要表达物体的外形特征，具体地勾画出来。由于古代埃及象形文字的繁难，随着古埃及的灭亡，这种文字逐渐变成死文字，完全被人们遗忘。

中国最早的成熟文字是甲骨文。甲骨文主要发现于河南安阳殷墟，迄今为止发掘出存世的大约有 15.4 万片刻有文字的甲骨。甲骨文和楔形文字、象形文字一样属于表意文字，也是目前世界上唯一使用的一种表意文字的前身。它的书写材料一般为龟甲、兽骨，也可以刻在墙壁、木器、石器等处，有刀刻的，也有朱书、墨书的。春秋后期，汉字脱离甲骨形态，甲骨文逐渐不被认知，长期埋于地下，直到 1898 年，才重新被发现。甲骨文是比较成熟的文字，它以象形、会意、假借、形声为主要造字方法。今天的汉字，仍是以象形字为基础的形符文字，因此甲骨文已具备后代汉字结构的基本形式。可以说，汉字与甲骨文一脉相承，汉字是迄今为止世界上使用时间最长的文字。

第二节　汉字的产生与甲骨文的发现

关于汉字起的源传说有其积极的一面，但是没能科学地阐释汉字的来源。晚近的许多学者对汉字的产生作过不少科学、有益的探索，普遍的观点认为，汉字的产生是与原始记事方法有着密切关系的，从某种意义上说，原始记事方法就是原始汉字的前身。因此，要探讨汉字的起源，就必须对各种原始记事方法有所了解。

一、汉字的产生

（一）原始记事方法

1. 结绳记事

结绳记事是文字发明前，人们在绳子上打结，用以记录的一种记事方法。

《易·系辞下》记载："上古结绳而治，后世圣人易之以书契。百官以治，万民以察。"《老子·第八十章》："使民复结绳而用之。"许慎《说文解字·叙》："及神农氏，结绳为治而统其事……"虽然结绳的起始时代尚不能确定，但从典籍记载以及其他地域、民族遗留下来结绳记事事实可以看出，远古时代汉民族"结绳而治"是可信的。

结绳的方法，孔颖达《周易正义》引郑玄注作了说明："结绳为约，事大，大结其绳；事小，小结其绳。"即根据事件的性质、规模或所涉数量的不同采用不同的系结方法。民俗学资料表明，近现代有些少数民族仍在采用结绳的方式来记录客观活动。如生活在云南省的独龙族，解放前就采用结绳记事的方法进行记录。每当独龙族远行，就借结绳计算日子，每行一天，打一个结。若朋友约定几天后相会，亦可先在一根绳子上打几个结，每过一天解开一结，结子解完即知相会之期已到。结绳记事不仅存在于中国，国外也有这一记事方法，如南美秘鲁的印加人就有结绳记事的传统（如图1-4）。[1]

---

① 参见汪宁生：《从原始记事到文字发明》，《考古学报》，1981年第1期。

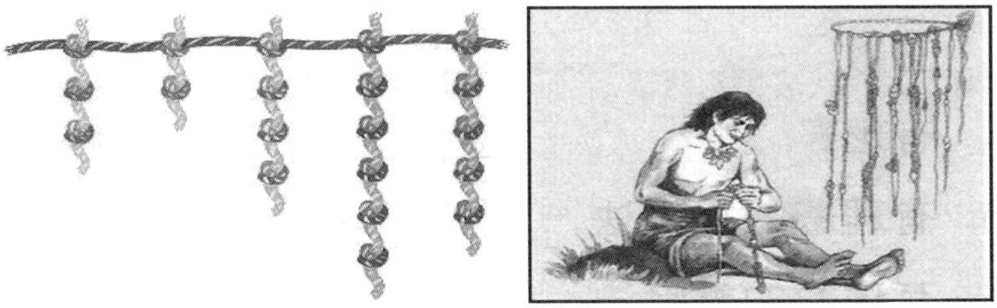

图 1-4　秘鲁印加人的结绳记事

结绳记事是文字产生之前帮助记忆的方法之一，有的汉字可能产生于结绳记事，如丨(十)、凵(廿)、屮(世)等，但结绳记事毕竟不能全面地记载复杂的事物，发展到一定程度时，必然会被图画或文字取代。

2. 契刻记事

契刻是较结绳晚出现的一种记事方法。“契”，甲骨文作“㓞”，左边的“丯”，音 jiè，“丯”中间的一竖，代指一根木头，其上的三横画表示木头上刻下的划齿，“丯”就是在木头上刻画的齿形，即契刻之齿。右边的“ʃ”为刀，“契”的意思是：用刀在木头上刻齿。由此可以确定“契”在殷商时代的初义为刻。汉朝刘熙在《释名 · 释书契》中说：“㓞，刻也，刻识其数也。”邓散木《说文校释》对此字解释道：“㓞，刻也。从刀，丰声。丰又象所刻之文理。”说明契刻主要是用来记录的，特别是记录数目。人们在订立契约关系时，数目是最重要的，也是最容易引起争端的因素，于是，人们就用契刻的方法，将数目用一定线条作符号，刻在竹片或木片上，作为双方的“契约”。这就是古时的“契”。后来人们把契从中间分开，分作两半，双方各执一半，以两者吻合为凭。

马家窑新石器时代遗址中发现过陶制刻符、山东大汶口文化遗址中及丁公新石器时代遗址中也发现有陶制刻符，起源早、持续时间长的仰韶文化遗迹，更加确凿地证实了契刻记事记数的存在(如图 1-5、1-6)。刻木记事在少数民族中也多有实例，如云南佤族过去在发生村寨间纠纷时，必由中间人调节，十二天后举行剽牛洗手仪式。当事人为了记准时间，在竹片上刻十二个缺口，每方各取一竹片，每过一天削去一个缺口，剩下最后一个缺口的当天，即如约前往约定地点举行仪式。佤族还用木刻作通讯联络。如甲乙两寨发生纠纷,甲寨给乙寨送去一件木刻,上面刻两个缺口,代表甲乙两寨,下面刻三个缺口,表示乙寨要在三日内前去甲寨和解,前面刻一斜角,表示事关紧要,不得延误。云南独龙族也用刻木记事:凡借钱于人,要打“木刻”。借出多少钱,就在木刻上刻多少缺口,借者还了多少,再削去多少缺口。

图 1-5　西安半坡遗址出土陶器上的符号

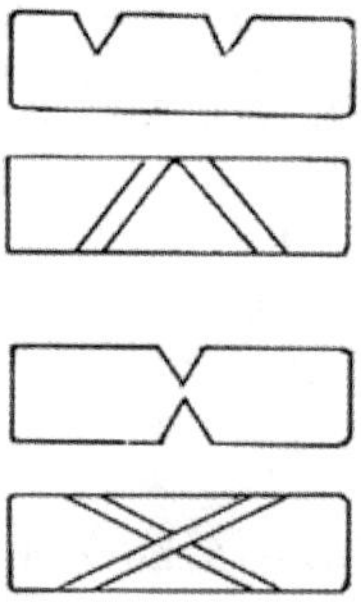

图 1-6　甘肃省西宁县周家寨出土的骨契图形

契刻与结绳都是用实物辅助记忆的方法,没有形成音形义三位一体的固定样式,不能算是文字,但却是文字源头的一部分。

3. 图画记事

图画记事是通过图画来记录各种事件,表达各种思想的记事方法。这种方法和现代人看到的各种绘画作品中表达事件和思想的方式是一样的。

现在能了解到的图画记事首先体现在无文字部落的活生生的图画中,比如印第安人奥基布娃部落的图画记事。现在能了解到的原始人图画记事的另一种方式是岩画。处于早期文化发展阶段的人类往往在岩石上凿刻图画,或用矿物颜料在岩石上绘图画,包括线条、浮雕、彩画等。

岩画产生于旧石器时代晚期,在亚洲、欧洲、非洲、美洲等许多地方都有发现。岩画在我国分布的地区比较广泛,内蒙古、新疆、宁夏、甘肃、青海、四川、云南、广西、西藏,以及江苏、福建等地方比较集中,大量存在着新石器时期的原始岩画。在中国北方,岩画多表现动物、人物、狩猎,表现了北方民族的游牧生活(如图 1-7、1-8)。

中国南方的岩画除了动物、狩猎外，还有采集、房屋、村落、农作物、宗教仪式等内容。和实物记事相比，图画记事表达的信息更丰富。实物记事通常记录的是事物，图画记事不仅可以记录事物，还可以比较方便地记录事件的过程。

图 1-7　壁画

图 1-8　陶器符号（这个陶尊上所刻日月山图纹，具有明显的形象性。这种图像记事与原始文字关系更为密切。）

图画记事的这种性质更接近自然语言记事的性质，在自然语言中不仅要有记录事物的词，也要有描述事件的句子。也许因为这一点，实物记事和文字的产生有联系，但与文字差距较大。图画记事正是文字产生的前身，如果把图形简化，一个图形记录语言中的一个语素或词，而且图形的排列顺序和语言中语素或词的排列顺序一致；每一个图形可以重复使用并保持意义不变；图画中有些图形或记号是纯粹表音的；图画的排列顺序和语言中语素或词的排列顺序相同，这时，图画就成了真正的文字。

正是在这个意义上，可以说文字起源于图画，所以有人把记事的图画叫作“图画文字”。

（二）从原始的记事到汉字的产生

原始记事方法的使用，在一定历史时期适应了人们生产和生活的需要。随着社会的进一步发展，社会交际日益频繁、日益复杂，那些原始的记事方法，已不能适应人们交际的需要。人们迫切需要一种能表达语言而把客观事物和思想准确详尽地记录下来的工具。于是，先民们凭着长期使用各种记事方法所积累的经验，借鉴原有的标记方法，收集各种记事符号和图像，加以吸收、整改，并创造出更多新的符号和图像，来代表语言成分，形成了一系列有音有义的形体符号，作为记录语言符号的文字就产生了。

原始的记事方法与文字之间有很大的差异，区分记事与文字的关键除了上面说到的音形义三位一体的标准外，还有其他的提法。王凤阳："从科学分类上说，划分文字与非文字的唯一标准应该是它是否具有社会性的记录交际功能，至于和语言结合的程度以及结合的途径，这只是史前文字和有史文字的分野，是各种体系的文字的分野，是不能作为文字还是非文字的分野的。"①李大遂："最初的书写符号虽然是少量、孤立的，但只要具有下列三个条件，就有了文字的性质，就可以称其为文字：有标识事物的作用；同一符号被反复使用；与后来的文字有渊源关系。"②

由图画到文字的飞跃，绝非一朝一夕，肯定要经过长期的酝酿才能实现，主要体现为图画文字、象形文字两个重要阶段。

1. 图画文字

古人说："书画同源"，宋代的郑樵《通志·六书略》认为："书与画同出……六书也者皆象形之变。"现在的学者普遍认为，汉字由图画文字到象形文字的发展阶段走过了漫长的过程。

图画是文字发展的重要阶段。由于劳动和生活的需要，上古人常把所观察到的和自己生活有密切关系的事物画在岩石、器物、石壁上。起初，这些记事的图画是非常生动而逼真的，人们一看便知道画的是什么。如想要人知道所说的是鹿，就精心地画出一只鹿。有时还同时画几件东西来表示一件事情。但时间久了，当人们习惯了这种图画之后，就不再

① 王凤阳：《汉字学》，吉林文史出版社，1989 年版，第 32 页。
② 李大遂：《简明实用汉字学》，北京大学出版社，2003 年版，第 18 页。

画得那么复杂、细致，只用几根线条勾勒个大概轮廓，把原来画的复杂图画，简化成一定的图案符号，人们见到这个符号，也就知道它所代表的是什么了。这样，图画就逐渐脱离了对具体事物的描绘，变为事物的一般意向的代表，可以拿它所代表的事物的名称来称呼它。于是，图画便和语言相结合而成为交流思想的工具了。例如前面提到的鹿，由完整的图画变成甲骨文的，这就形成了原始的图画文字或称图形文字。也就是说在符号记事的基础上向前发展就出现了文字，最早的文字是图画文字，然后再发展为象形文字。

图画文字是以图画和一些符号组成的画面来表达一定意思，但不是一图一音，尚不具有真正文字性质，或者说是一些处于萌芽状态的原始文字。

民族学家在我国四川凉山地区看到了一种图画文字。在凉山甘洛县居住着一支尔苏人（现归入藏族），是当地的土著居民，彝族迁入凉山后，他们才退居山区。尔苏人现存三种用图画文字书写的书，一种是“母虎历书”，一种是占卜书，另一种是识图认字书，共有二三百个 图画文字，其画面中心是以一些动物头部为主体，两边配有一些日月星辰和符号，每幅画面都表示一定的意思。在四川的木里、冕宁、越西、石棉等县西番人（藏族）的巫师们所使用的经书也是以图画文字写成的，巫师们视图诵经，从事宗教活动。另有一种“图语书”是识字课本，为巫师们传艺时教授弟子的文字学教材。目前尚未发现新石器时代的图画文字，也许是材料太少，即使出土了但尚未认识。比如有些陶器上绘有单独的画面，应该具有（或者是表达）一定的意思，具有图画文字的性质。比如河南出土的彩陶缸上的鹳鸟石斧图，就是由鹳鸟、鱼和石斧组成的一个独立画面，显然是表达一定意思。关于它的含义，有的人为是悼颂死者，有的认为是氏族权威的象征，有的认为是反映原始生产，还有人认为其主题是男女爱情。不管作何解释，都说明该画面是有特定的含义，并不是单纯的绘画作品，将之视为原始图画文字，并非毫无道理的。此外，半坡彩陶上的人面鱼纹，也是一种独立的画面，可以把它看作图画文字。

以上实例清晰地表现出了图画与文字的并列关系，并不是先有图画，后有文字。“‘汉字’与‘图画’应该是同源的。就是说，汉字与图画的区分是后来的事，在最初的时候可能不分，它们都是对客观物象的描摹。后来作为文字符号使用的越来越抽象，作为绘画艺术欣赏的越来越逼真，这才分道扬镳。可见书与画是兄弟关系，而不是父子关系。”①

2. 象形文字

象形文字是按事物的形体绘出想象的图形（经常是用事物最具代表性的局部，如动物的头部），用事物的本来名称，进而确定象形字的读音。它是在图画文字基础上发展而成的，已不再是用整个画面来表示意思，而是用图像和符号来代表语言成分，形成了一系列有音有形的形体符号，这是文字的雏形。

在我国少数民族中也有许多使用过象形文字。如云南省丽江地区的纳西族的巫师（称为东巴）所使用的文字也叫东巴文，就是象形文字，大都是用简洁的线条勾勒物体的轮廓来表达，如勾勒出鱼全身轮廓就是“鱼”字，勾勒出一朵花就是“花”字。贵州省三都县的水族有自己的文字，共 200 多字，称为水书，也是象形文字。如画个简单的牛头就是“牛”字，画个简单的虎头就是“虎”字，画个螺旋形就是“螺”字，画个伸开两手的人形就是“人”字。在考古发掘中也发现有关象形文字的材料，如在山东大汶口文化晚期作为祭器的陶尊上有刻划而成的象形文字，主要是日、月、山、斧、锛等图形。斧、锛等字为象形文字，有的则是日月与山组成的会意字，与商代甲骨文中的一些字已很接近，虽然不能就说它是甲骨文的前身，但至少可以表明在新石器时代晚期已经产生了表意的文字，为文明时期真正文字（汉字）的诞生奠定了基础（如图 1-9）。

① 李运富:《汉字学新论》，北京师范大学出版集团，2012 年 5 月第一版，第 32—33 页。

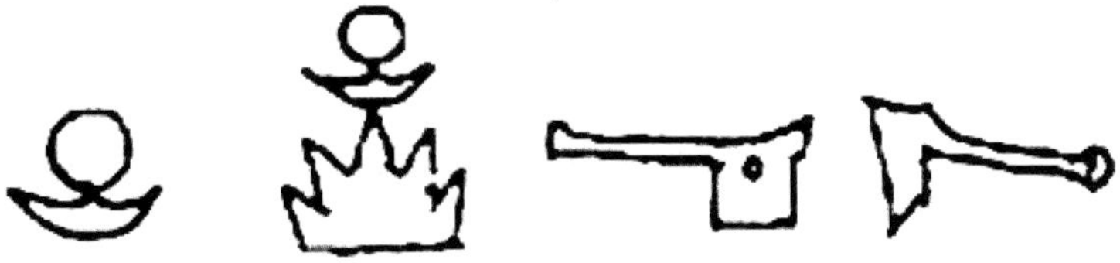

图 1-9　大汶口文化陶器象形文字符号(唐兰、李学勤考释文字为:炅、炅山、斤、钺)

(三)古汉字溯源

甲骨文是我国目前所能看到的最早的成体系的文字。它已经比较复杂,已发现多达 3000 个以上字词,包括名词、代名词、动词、助动词、形容词等数大类,而且还能组成长达 170 多字的记叙文。所以学者们肯定:甲骨文绝不是我国文字的初创阶段,在它以前,一定已经有一段较长时间的发展过程了。

20 世纪以来,随着考古资料的不断发现,学术界掀起了一个又一个利用最新考古资料来探索汉字起源的热潮。由于学者们对出土材料的理解和取舍始终存在着差异,因此对汉字起源的认识目前还无法形成统一的结论,在汉字的起源时间上有几种有代表性的说法:贾湖契刻与汉字起源八千年说;半坡遗址、临潼姜寨遗址等仰韶文化遗址的陶符与汉字起源六七千年说;汉字起源四千年说。汉字起源四千年说又可分为大汶口文化陶文文字说、丁公陶文文字说和王城岗陶文文字说等。

1987 年,在河南舞阳城北的沙河故道旁发现了一些甲骨,上面有一些刻画的符号。经碳 14 测定,距今 7762 年(±128 年),这里是一处保存完好的相当于裴李岗文化时期的原始社会聚落遗址。遗址文物中有三件龟甲各刻有一个符号,一件石器上竖排连接地刻有四个符号,不少学者撰文认为,贾湖刻符的发现,为探索中国文字的起源提供了珍贵的实物资料,有学者甚至认为贾湖刻符是"到目前为止新发现的我国最早的甲骨契刻符号，也是至今我国年代最早的文字或文字前形式”①。

由图画传递信息和记事到产生图画文字，再由图画文字和花纹图案的表义成分转变为约定符号以至记词符号，这需要一个相当长的过程。这就是文字起源的过程。欧洲和美洲的一些古老文字的这个过程，大约始于新石器时代而止于有史时期的开始。从所获得的资料看，汉字的产生就其上下限而言，也正是在此时期内。

在距今约 6000 年的西安半坡、临潼姜寨等仰韶文化遗址中，出土的陶器上刻有的几十种符号，郭沫若认为：“其为文字，殆无可疑。”②

距今约 4500 年的我国东部大汶口文化和良渚文化遗址中也有陶文存在，它比较端正规整，形体很像后来青铜器上的铭文，而且能够依照古文字规律释读，和殷商甲骨文有一脉相承的迹象，不少学者认为，这是我国最早的文字。在距今四千多年的登封王城岗遗址中，发现出土的陶器上也有陶文，有的学者认为，这才是我国最早的文字，而且是夏朝文字无疑。

大多数文字学家认为，在已出土的文物中，能够提出的根据，最远的只有公元前 4000 年左右属于仰韶文化的彩陶纹，以及时间与此相近的属于大汶口文化的陶器刻符。它们的时代，都在新石器时期的中期，可以暂时把这一时期作为汉字起源的上限。从理论上说，汉字起源的上限也许比这还要早些，那要等发现新的考古证明时再向上推移了。至于汉字起源的下限，我们可以从小屯殷墟甲骨文往上推测。当图画文字与陶器花纹中的表意图案演变为记词字符，汉字由零散的、个别的字符逐渐积累，达到一定的数量后，再通过人为规范，成为一种文字体系。这一过程，如果跟记词字符产生的那段过程相比，应当是短一些。这不仅是因为，生产和政治的发展都越来越迅速，更因为起源阶段具有多元性（由于部落不同，可能有多种原始文字存在）、自发性、群众性的特点，而初期发

① 唐建：《贾湖遗址新石器时代甲骨契刻符号的重大考古理论意义》，《复旦学报》，1992 年第 3 期。

② 为郭沫若于 1958 年 7 月 6 日为半坡博物馆题词。

展阶段却是在少数集中使用汉字的人手中,自觉进行的。小屯殷墟甲骨文已是能够完整记录汉语的文字体系,这个体系形成的开端应当在夏商之际。《尚书·多士》记载西周初年周公的话说:“惟殷先人,有册有典:殷革夏命。”这就是说,商人在灭夏时,已经有了记事典册。从古史文献也可以看出,夏代是中国第一个有完整世系流传下来的朝代。那么,汉字字符开始积累的年代,似可估计为夏初,也就是公元前2100年左右。

表1-1　汉字的产生

汉字产生时间	代表地点	代表文化	发现符号、文字	是否为文字
距今8000年左右	河南舞阳	贾湖文化	甲骨等刻符	部分赞同
距今6000年左右	西安半坡	仰韶文化	刻画符号	郭沫若等赞同
距今5000多年	山东莒县	大汶口文化	陶器符号	大多数赞同
距今4000多年	山东昌乐	龙山、良渚文化	骨刻符号	大多数赞同
距今3000多年	河南安阳	甲骨文化	甲骨文	成熟文字

从表1-1可看出,原始汉字在新石器时代中期开始产生,到它发展成初步的文字体系,大约经历了2000多年。

近年来,对于汉字产生的上限以及最早汉字的看法有了新的变化。有学者将汉字的源头提早到距今8000年左右的宁夏大麦地岩画、河南舞阳县贾湖遗址文化、甘肃秦安大地湾遗址文化,[①]并提出了较细致的分析数据和结论,但有学者并不同意这一观点[②]。尽管对于最早汉字的看法还有一些争议,但有些共同的观点:早在原始氏族社会时期,人们曾创造出一些抽象的或图形的记事符号,这些符号与汉字的产生联系密切;汉字的产生经历了漫长的时期;早期的记事符号种类较多……我们有理由相信,随着考古的新发现和对汉字不断的深入研究,人们对于汉字真

① 李运富:《汉字学新论》,北京师范大学出版集团,2012年5月第一版,第23—26页。

② 裘锡圭:《汉字的起源》,载刘庆俄编:《汉字新论》,同心出版社,2006年3月第一版,第531页。

正的源头的了解会越来越多,离汉字源头的真相会越来越近。

二、甲骨文的发现

甲骨文发现以前的一些疑似汉字的符号,总体看起来,符号数量稍少,带有含混、模糊的成分,是否看作真正意义上的汉字,证据不十分充足,有待进一步研究。目前学术界一致公认的最早的成熟汉字是甲骨文。

按照最早收集甲骨的学者王襄说:甲骨文的发现是在 1898 年冬末,而它的价值为人所知则在 1899 年秋。最早发现甲骨文的人,被学界公认为清末著名金石家王懿荣。

清末光绪二十五年(1899),在北京清朝廷任国子监祭酒(相当于中央教育机构的最高长官)的王懿荣(1845—1900)得了疾病,从药店购买的中药中发现一味药材“龙骨”上刻有一种和篆文相似的文字。王懿荣是当时有名的金石学家,对古文字有很深造诣。“龙骨”上的这些奇异文字,经研究初步断定是一种很古老的文字。举世闻名的甲骨文就是在这样偶然的机会中被发现的。

王懿荣共收集甲骨片 1000 余片,还没来得及作深入研究,八国联军便逼近北京城,他被任命为京师团练大臣。1900 年 7 月,侵略军兵临城下,慈禧太后带领皇室人员仓皇出逃,王懿荣服毒坠井而死,年仅 56 岁。后来人们称王懿荣为“甲骨文之父”,在甲骨文发现 90 周年的 1989 年秋,在他的家乡山东烟台市福山区建成王懿荣纪念馆,以纪念他的功绩(如图 1-10、1-11)。

图 1-10 王懿荣

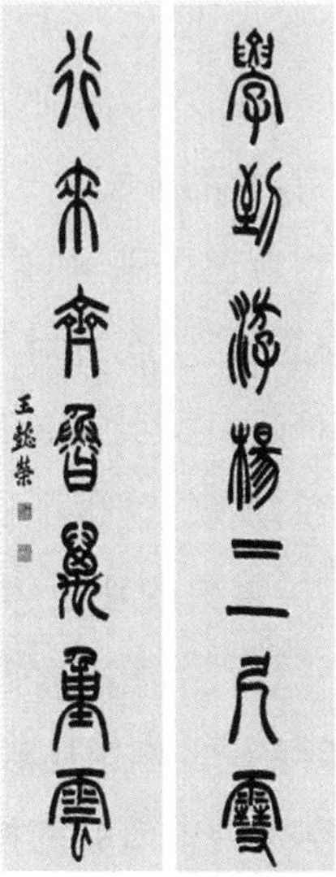

图 1-11 王懿荣书法作品：学到游杨三尺雪，行来齐鲁万重云

另一金石学家王襄和王懿荣基本同时，是我国殷墟甲骨文的最早鉴定和购买者之一。王襄不仅有鉴定、购买甲骨之功，还有著述传世，对甲骨学研究做出了一定的贡献。

甲骨文被发现之后，引起学术界的轰动。刘鹗、孙诒让、罗振玉、王国维、郭沫若、董作宾、唐兰、陈梦家、容庚、于省吾、胡厚宣等一大批著名学者都先后进行了卓有成效的考释和研究，形成了一门专门的学问——甲骨学（具体情况将在第三章中讲述）。

甲骨学现在已成为国际性的一门学问，日本、英国、美国、法国、加拿大都有一批甲骨专家，出版了一批有关甲骨和殷商史的专著。

甲骨文的发现在汉字学历史上具有重要的意义。

第一，提供了前所未有的丰富而又系统的古文字资料。长期以来，文字学家虽知《说文》所录之篆文、籀文并非最早的文字，想突破《说文》的藩篱，寻求考释古文字的新途径，但因材料所限，不可能有大的进展，甲骨文的问世，在文字学家面前出现了一片新天地，使古文字研究领域产生了一次大飞跃，学者们把甲骨文、金文、篆文进行比较研究，既弥补了金石学、《说文》学的不足，纠正了一些谬误，又给其中很多科学性的结论提供了有力的证据。

第二，为建立科学的汉字学体系奠定了坚实的基础。通过对甲骨文形体结构的研究，通过对其内部规律的探索，揭示了这一古老汉字体系的特点，对认识汉字的起源、汉字的性质等问题有重要意义，对推进科学的汉字学的发展，产生了积极的影响；此外，甲骨文在汉字漫长的发展历史上具有极重要的地位，是汉字发展过程中的一个重要阶段，通过它可上溯汉字源头，下考汉字流变，和后来的金文、小篆、隶书乃至今天使用的楷书和行书形体相比较，可以看出一脉相承的轨迹和发展演变的规律，是汉字发展史研究的桥梁。

可以说，没有甲骨文研究便没有科学的汉字学。

第三节　汉字学简史

为了更好的使用汉字，人们逐渐开始了汉字的研究，两汉时期形成了专门研究汉字的学问——汉字学。汉字学属于文字学的范畴，既具有文字学的一般属性，又表现出自身的发展轨迹和特殊规律。

一、文字学及分类

文字学是以文字作为研究对象的一门科学，它研究文字的性质和类型，文字的结构和功能，文字的起源和发展，文字的改革和规范，文字和语言的关系，文字与社会文化的关系等问题。

根据研究目的、任务的不同，文字学可以分成若干类型。

从研究对象的范围看，文字学可以分为普通文字学和个别文字学。普通文字学主要研究人类各种文字的特点和规律，各种文字系统之间的渊源关系，例如苏联学者 B. A. 伊斯特林的《文字的产生和发展》。个别文字学研究某种具体文字系统的特点和规律。

从研究内容的时限看，文字学可以分为共时文字学和历时文字学。共时文字学研究某一时期的文字系统，例如我国的甲骨文字学、战国文字学、现代汉字学等。历时文字学从发展变化的角度研究文字的历时变化，例如文字发展史、汉字发展史等。

从文字记录的口语单位上看，可以把文字分为语素文字、音节文字和音素文字。

还可以根据文字形体特征是否接近图画，把文字分为图画文字和线条文字；根据发生方式把文字分为自源文字和借用文字（自源文字是指没有受到其他文字影响独立形成和发展的文字；借用文字是指直接或间接借用其他语言中已经使用的文字所形成的文字）。

多角度的文字学分类有利于全面研究文字的特征。

二、汉字学及研究范围、内容

（一）汉字学定义

在中国学术界，汉字学应用的名称较多：汉字学、文字学、中国汉字学、汉语汉字学、中国文字学、汉语文字学等，这些名称所包括的具体内容有时一样，有时不一样，为便于称呼和符合历史习惯，我们用汉字学这一名称。

汉字学是语言学的分支学科，它是研究汉字本体系统知识和汉字文化系统知识的一门科学。汉字学的任务是探讨汉字的性质和发展规律，以及制约汉字发展的人文因素，以求对汉字的未来及国家语文政策的实施效果作出合理的预测。

（二）汉字学研究范围

从历时的角度看，我国对汉字的研究开始较早，并逐步建立起了学科的研究范围、内容及理论体系。早在中国古代的周秦时期，汉字学就已经开始萌芽，到了两汉的特定历史文化背景下，汉语文字学创立起来了，许慎的《说文解字》问世，既是两汉字学发展的总结，也是汉字学创立的标志，自此以后，形成了中国古代传统的汉语言文字学研究体系，我们习惯称之为“小学”，包括音韵、训诂和文字学，由于汉字具有形、音、义三个要素，所以历来文字学与音韵学、训诂学难分彼此。到了近现代，汉字学的研究进入到了一个新的阶段。从汉字学的内容和理论体系来看，大体可以分为三种主要类型：一是从汉字的音形义三个方面进行综合研究，可称为“综合派”；二是从字形与字义两方面建立系统，可称为“形义派”；三是强调汉字形体结构的研究，可称为“形体派”。近代的唐兰先生认为，“文字学”研究的对象当为“字形”，而“字音”和“字义”则属于语言学的研究范围，应该排除在汉字学研究范围外，这一观点和著作《中国文字学》对后来的汉字学理论研究影响深远①。我们可以将历时条件下的汉字学研究范围归纳为：

汉字学研究范围
- (1)综合派→研究范围：汉字字音、字形、字义
- (2)形义派→研究范围：汉字字形、字义
- (3)形体派→研究范围：汉字字形

从共时角度看，不同的专家、学者有不同的看法。除了上面三大体系的不同范围外，还涉及古代文字、现代汉字、汉字应用、汉字文化、汉字教学、汉字心理机制等方面，可以说，汉字学的范围很宽泛，不同的研究目的和任务对研究重点的把握也不一样。

（三）汉字学研究内容

汉字学以汉字为研究对象，探讨汉字的起源、性质、结构和发展规律，探讨汉字形、音、义之间的关系以及汉字书写、正字法、标点符号等内容。当然，汉字学不仅仅研究汉字本体知识（汉字的产生、发展、构形等

① 参见黄德宽、陈秉新：《汉语文字学》（增订本），安徽教育出版社，2006年8月第二版，第243—253页。

规律)，从广义角度考虑，它还应该包括汉字作为一个文化系统与整个民族的社会历史、文化制度的关系，通过汉字来了解汉民族的社会历史、文化形态和思维模式。

对于汉字学研究的具体内容，不同的专家、学者有不同的看法：

“汉语文字学，从汉代的‘小学’算起，已经有1000多年的历史。它实际上包含汉字形义研究、汉字字源和汉字字用研究、汉字构形研究、汉字文化研究等四个方面的内容。”①

王宁提出汉字学应包括四个部分：(1)汉字构形学，探讨汉字的形体依一定的理据构成和演变的规律，包括个体字符的构成方式和汉字构形的总体系统中所包含的规律。(2)汉字字体学，汉字字体是指不同时代、不同用途(鼎彝、碑版、书册、信札等)、不同书写工具(笔、刀等)、不同书写方法(笔写、刀刻、范铸等)、不同地区所形成的汉字书写的大类别和总风格。(3)汉字字源学，研究探讨形源的规律和汉字最初的构形方式。(4)汉字文化学，一方面是宏观的，即把汉字看成一种文化事象，然后把它的整体，放在人类文化的大背景、巨系统下，来观察它与其他文化事象的关系；另一方面则是微观的，即要研究汉字个体字符构形和总体构形系统所携带的文化信息，对这些文化信息进行分析、加以揭示。②

为教学的方便，我们在参照不同专家观点的基础上，将汉字学研究范围归纳为：

汉字学、汉字和汉语的关系、汉字的性质、汉字的起源、汉字的发展、汉字的四定及文化功能、汉字的发展规律、汉字的使用、汉字的整理与规范等。从历时上看包括了古文字学、现代汉字学，其中现代汉字学是主要部分；从广义上看包括了汉字系统理论知识和汉字文化学知识，属于综合性的汉字学。

汉字学研究内容 {
(1)汉字本体系统→汉字发生、发展、结构、应用等规律
(2)汉字文化系统→汉字文化种类、功能、作用等

① 赵峰：《汉字学概论》，厦门大学出版社，2009年7月版，第10页。

② 参见王宁：《汉字构形学讲座》，上海教育出版社，2002年版，第10页。

三、汉字学的发展①

(一)萌芽时期

先秦是汉字学的萌芽时期。据我们现在所知,东周已有些探索汉字学的零星材料了。“六书”之名始见《周礼》,而学者大多认为《周礼》是春秋时期某人所作。仓颉造字传说,最早见于战国文献《世本》《韩非子》等。周代出现了童蒙识字课本《史籀篇》,旧说为周宣王时太史籀所作,编者选取了当时的常用字,编成章句、韵语行文,以便儿童学习,像后来的“天地玄黄,宇宙洪荒”的《千字文》一样。秦代天下一统后,文字也统一了。丞相李斯作《仓颉篇》、中车府令赵高作《爰历篇》、太史令胡毋敬作《博学篇》,这些都是推行小篆的范本。但还没有系统研究汉字的著作出现,先秦只能说是汉字学的萌芽时期。

(二)《说文》学时期

春秋以来,人们已经开始进行文字分析了。如《左传·宣公十二年》楚庄王所言“夫文,止戈为武”,《十五年》伯宗说“故文,反正为乏”,《昭公元年》医和所说“于文,皿虫为蛊”,这些都是通过字形去分析解释形体的。从分析字形的不断实践中,初步形成了一种分析文字结构的六书说,它被许慎加以发挥和运用,成为《说文》一书的理论基础。

汉代是汉字学的创建时期,东汉许慎的《说文解字》标志着汉字学的正式建立,对后世汉字学的影响极为深远,因此,清末以前都称为“《说文》学时期”,直到 20 世纪初还有人把汉字学叫“许学”。

在《说文》的影响下,后世产生了众多的汉字研究成果,大致归为四类:形、音、义综合类字典;规范汉字类字书;《说文》注释类书;古文字

---

① 根据刘志成主编《汉字学》整理,四川出版集团天地出版社,2008 年 8 月第八次印刷,第 11—19 页。

研究。

1. 形、音、义综合类字典

模仿《说文》，以部首统字，每字均释义、注音，并举书证。例如：西晋吕忱《字林》7卷，亦540部，收字12824个；南朝梁顾野王《玉篇》，部首基本依据《说文》，增13部，删11部，总数为542部，今流行的张氏泽存堂本收字为22509个，这是我国现存第一部专释楷隶形体的字书，对研究汉字发展、训释典籍、考核古书都有重要参考价值；宋司马光《类篇》45卷，分部从《说文》，部内属字不以笔画为次，而是按《集韵》次序排列，收字31319个，比《玉篇》原本增加近一倍，多有唐、宋间产生的新字新义，是阅读古代文献的重要工具书；明梅膺祚《字汇》12卷，以十二地支标目，合并《说文》部首，成214部，部首排列、部内属字均以笔画多少为序，这是对汉语字典的重大改革，全书收字33179个，是明代一部重要字典，在字典史上有重要地位；明代张自烈《正字通》12卷，为增订《字汇》而作，分部属字悉依《字汇》，每字头下抄录《字汇》原文称为旧注，“按”以下为张氏增订之语；清张玉书等奉敕撰《康熙字典》42卷，此书沿用《字汇》体例，也以地支之名分12集，每集分上、中、下3卷，则为36卷；加上凡例、等韵、总目、检字、补遗、备考6卷，全书42卷。全书收字47035个，如加上补遗、备考则超过4.9万个，是清初以前汉字的总结，保存了大量汉字形、音、义资料，也增强了字典的实用性，注音详细，义项收录也比较完备，引证资料丰富，至今仍是翻检罕见字的常备工具书。

2. 规范汉字类字书

《说文》一书的写作目的，其中有一条就是为了规范汉字。此后，专门规范形音、纠正俗字误字的书很多，流传下来主要有：唐颜元孙《干禄字书》1卷，全书共808组俗、通、正字，以四声为次，同声调者以唐本《切韵》韵部为序，“正”是符合篆隶变化规律并有字书根据的字，“通”是通行的隶楷，“俗”是民间手写体，书名“干禄”，乃干求功名之意，是供为官、应试用字之工具书；唐张参《五经文字》3卷，分部以自定的160部，收字3235个，收字除见于《易》《书》《诗》《礼》《春秋》五经之外，也兼收《论语》《尔雅》中的字，每字多以反切或直音注音，辨每字的异体、形似、异读、假借等；唐玄度《九经字样》1卷，为补充《五经文字》而作，收字421个；宋郭忠恕《佩觿》3卷，“觿”即锥，古代成人随身佩带用以解结，书名意谓随身携带此书以解识字之难，卷上叙文字形体、读音变迁的原因，卷中、卷下辨形似之字，以形似字四声关系分为10类；宋张有《复古编》2卷，据《说文》以辨俗书之讹；宋李从周《字通》与其类似；明代则有焦竑《俗书刊误》12卷、叶秉敬《字孪》4卷；清代此类书更多。

3.《说文》注释类书

注释或研究《说文》，到清末以前已有几百种，其中最有名的是：南唐徐锴《说文解字系传》40卷，因其兄徐铉也治《说文》，故其书也称“小徐说文”；徐铉校订《说文》，通称“大徐说文”，即今社会上流行的本子，徐铉对许书详加勘正，并新附402字，统加反切注音，大徐给后人留下一个公认的刊定本子，使许书以接近原貌流传；清代有“《说文》四大家”之说，段玉裁《说文解字注》30卷，此书作者历时31载，至今仍为最权威的《说文》注本，成就是多方面的；桂馥《说文解字义证》50卷，例证丰富，字义疏证精细；王筠《说文释例》20卷，对许书体例进行了全面阐发和细致总结，涉及部首、部首排列、列文次第、说解、重文字体、阙、读若、六书等，另有《说文句读》，亦便于初学；朱骏声《说文通训定声》18卷，打破部首属字传统，而改以古韵18部按谐声偏旁属字，便于观察音义关系，使汉字进入了形、音、义全面结合的研究阶段，并且详细分析了每个汉字代表的词义关系。“大小徐本”“《说文》四大家”的具体内容将在第四章第四节中展开。

4. 古文字研究

宋代汉字学一项重要成绩就是古文字研究，在金文的收集和考释方面著述二十多种，最著名的是薛尚功的《历代钟鼎彝器款识法帖》20卷，收器513，以时代为序，同时代者以器别类从，每器摹铜器铭文并附释文，后附说解,此书开铜器款识之先河,至今仍是古文字学的重要参考书,在古文字字典的编纂方面,有郭忠恕《汗简》7 卷和夏竦《古文四声韵》5 卷,郭书以《说文》为序,引书 70 家,每字先列古文,下注楷字及所据之书,夏书按中古韵书韵部 210 部排列(韵部与《广韵》稍有差异),与《汗简》互为补充,同为研究古文字特别是战国文字的重要工具书;清代又掀起了古文字研究的热潮,主要是对金文的研究,有《西清古鉴》等 4 部,共收录铜器四千多件,此后,私家著录之书蜂起,重要的有阮元《积古斋钟鼎款识》10 卷、吴式芬《攈古录金文》3 卷、吴大澂《窸斋集古录》26 册等,考释古文字成就最大的,当数吴大澂,吴氏另著有《说文古籀补》《字说》,在分析金文形体结构、考订源流上成就是当时最高的。

(三)现代文字学时期

清末甲骨文发现以来,汉字学的发展步入了辉煌时代,汉字的研究形成了新的分支,古文字学、《说文》学、现代汉字学的体系正式建立。

1. 古文字学

清末,光绪二十五年(1899)前后于河南安阳小屯村附近发现了甲骨文,过去也叫契文、殷墟卜辞、甲骨卜辞、殷墟文字等,总计获得甲骨有 15 万片左右,各种著录书近百种,使用起来很不方便,20 世纪 70 年代出版了郭沫若主编的《甲骨文合集》,此书吸收了前人重要成果,并经辨伪、校重、缀合,是甲骨文发现以来集大成之作,为甲骨研究提供了全面、科学、准确的资料;姚孝遂、肖丁《殷墟甲骨刻辞摹释总集》,此书摹释的资料有《甲骨文合集》《小屯南地甲骨》《英国所藏甲骨集》等书,包括了当时已经著录的全部资料,摹释均以各书原编号为序,上栏为摹,下栏为释,吸取当今文字研究成果,给甲骨学及有关学科利用甲骨文资料提供了方便;姚孝遂、肖丁《殷墟甲骨刻辞类纂》,与前书为配套之著作,可据之检索刻辞文句;铜器总数已发现有铭文的共一万多件,著录书众多,集其研究及著录大成的是中国社会科学院考古研究所编的《殷周金文集成》,共计 16 册,与之类似的有中国台湾学者严一萍编的《金文总集》、邱德修编的《商周金文集成》；其他货币文、古玺、封泥、陶文、竹简、帛书等，均有著录研究之专书；古文字字典方面，重要的有孙海波《甲骨文编》、容庚《金文编》、李孝定《甲骨文集释》、周法高《金文诂林》、徐中舒《甲骨文字典》、戴家祥《金文大字典》以及徐中舒《汉语古文字字形表》、高明《古文字类编》等；古文字学理论著作也有很多，如唐兰《古文字学导论》、高明《中国古文字学通论》、何琳仪《战国文字通论》等。

2.《说文》学

综合注释《说文》再没什么突破，民国时期丁福保《说文诂林》15 卷，汇集编时以前研究《说文》著述 182 种，仍按大徐本原部首、部内属字为序，各家之说分系每字之下，又附以已识之甲金文，此书乃说文资料汇编，检一字而诸说齐备，极便研究；分析评价《说文》的通论式著作有陆宗达《说文解字通论》、姚孝遂《许慎与说文解字》、蒋善国《说文解字讲稿》、董希谦等《许慎与说文解字研究》等。

3. 现代汉字学

清末，由于鸦片战争战败，一些爱国人士寻找富国强兵之路，形成了清末汉字改革热潮。著名教育家陈鹤琴先生在 20 世纪 20 年代写了我国第一部字量研究的专著《语体文应用字汇》，统计当时白话文语料 55 万多字，得出字种 4261 个。在其影响下，“学生分级字汇”“民众常用字汇”等都有人仿效制定，著名戏剧家洪深还写出了我国最早的限制汉字字量的方案《一千一百个基本汉字使用教学法》。字序的排列，清以前有部首、音序（按《广韵》或《平水韵》）、笔画，民国时期，出现了按字形编排的方法，影响最大的是王云五《四角号码检字法》；音序也出现了按汉语老式拼音字母为序的方法，蒋一先《中国检字法沿革史略及七十七种新检字法表》可以参考；字形上，民国时期开始提倡手头字、简体字，容庚先生还编有《简体字典》，收简体字 4445 个。正字法的书，比较有名的是顾雄藻《字辨》；汉字注音，有注音符号、国语罗马字、拉丁字母等方式，此类书有罗常培《国音字母演进史》；叶籁士提倡汉字改革的《拉丁化概论》

也是一本重要著作。

新中国成立后现代汉字的研究将在汉字四定和第十章(现代汉字的简化和规范化)中详细介绍。

四、"汉字学"的重要性

学习汉字学的目的是要更加全面、系统地了解和掌握汉字的性质、结构、特点及其发展规律,这在今天的生活、学习、工作中具有多方面的作用和意义。要继承丰富的文化遗产,离不开汉字学;要提高目前语文教育和对外汉语教育的水平,离不开汉字学;在日常生活中使用汉字,减少和纠正错别字,离不开汉字学;要实现汉字的健康发展、顺利地进行改革,离不开汉字学;至于说到学习书法、篆刻等传统的汉字文化艺术,更离不开汉字学的知识。

(一)科学地学习汉字

学习汉字学,可以帮助我们正确地教学汉字,提高学习汉字的效率。从学习汉字的质与量两方面考虑,大致可以分为两个层次,一是初级的识字,二是较高层次的汉字系统。

先说识字。汉字学的知识可以帮助我们把握汉字自身固有的传承规律,利用汉字自身固有的传承规律进行汉字学习,优于一般的汉字教学法。例如,传统上汉字被分为"文"(主要独体字——象形、指事)和"字"(主要合体字——会意、形声)两个部分,汉字中的"字",是由"文"拼写而成的,"文"实际上相当于"字"的"拼义字母",例如独体的"人"和独体的"木"组成合体的"休",独体的"百"和独体的"百"组合成合体的"皕"。汉字的总量高达数万,但用来拼写这些汉字的"拼义字母"即所谓的"文"的数量却很有限。所以,首先学习"文",然后由"文"入"字",以"文"解"字",这正是汉字教学本应遵循的最根本的汉字传承规律之一。而多年来的汉字教学实践,却始终以"字"为最小的意义单位,忽略了组成"字"的"文"的教学基础。再如,组文成字的方法,古代的人概括为六种类型，即所谓“六书”（有人习惯用“四体二用”），尽管汉字数量庞大，但所有的汉字，无论其形体差异如何庞杂，却统统是按照非常有限的几种“字法”——“六书”来加以拼写的。因此，把握“六书”，按照结构汉字的“字法”对每个汉字进行结构类型分析，这也是汉字教学本应遵循的最根本的汉字传承规律之一。但汉字教学以“词”为最小语法单位，很少用“字法”拼义规则进行汉字教学。①

再说较高层次的汉字系统。汉字包括音、形、义三个方面，掌握了三个方面才能准确了解一个汉字。例如：“周”的形体甲骨文作是个象形字，象器物上的雕纹之形，后来作为方国名又增加了意符“囗”（wéi 边界内的地域），字形繁化为“”，这是“周”的字形，通过字形分析，我们可以推导出，“周”字的本义是彫刻（“彫”与“雕”字合并，已不再使用），即“彫”字之初文，而“周到、周围、周期、周密”等义项都是假借义和假借义的引申；由于“周”经常被用来表示这些假借义，所以人们后来又造了一个“彫”（琢文也。琢者，治玉也。从彡，周声。）字，作为表示“彫刻”义的专字。这是“周”的字义。通过语音分析，上古时期“周”和“彫”读音相同，所以，“雕、调、啁、凋”等形声字皆以“周”为声符，这是“周”的读音。把握了这些内容，我们才算是基本上认识“周”这个字了。以上知识，如果没有汉字学的理论，很难准确掌握一个汉字。

最后看汉字教学。《郑伯克段于鄢》子封曰：“可矣，厚将得众。”公曰：“不义不暱，厚将崩。”其中将“不义不暱”解释为：对君主不义，对兄长不亲。暱：同“昵”，亲近。这种解释是对的，但为何“暱”是“亲近”的意思呢？有些难理解。《说文解字》：“暱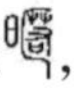，日近也。从日匿声。《春秋传》曰‘私降暱燕’，昵、暱或从尼。”看来，“暱”表示“亲近”的意思与“尼”有关。，“暱”通“尼”，尼（）古文字上下结构，表示两人依附在一起，表示“亲近”的意思。因此，“不尼”就是不亲近，这是从郑庄公与共叔段的兄弟情分上说的。郑庄公是兄长，共叔段为幼弟，二人关系应该

① 参见周克庸：《汉字文字学》，贵州人民出版社，2009 年 7 月第一版，第 35 页。

非常亲近,但是共叔段不忠于国君是“不义”的,不亲近兄长是“不尼”的。由“暱”考证到“尼”,通过“尼”的字形来理解“亲近”的意思,比直接讲“暱”意思更容易理解记忆,并且符合古汉语的用字方法——通假。

(二)推动对外汉字教学

对外汉字教学不同于母语汉字教学,汉字特有的方块结构对拼音文字的线形结构无异于一种巨大的颠覆。由于汉字习得的确比拼音文字习得难度大得多,汉字读写一直是阻碍外国留学生书面语突破的瓶颈问题。因汉字难认、难写、难记,长期以来一直是外国留学生特别是非汉字圈学生学习汉语的一大难题,汉字教学在对外汉语教学中仍然处于口语课、文学课、语法课的附属地位,“随文识字”基本没有体现汉字教学的特点和汉字教学的规律,制约着对外汉语教学的发展,严重阻碍了学习者汉语水平的提高。

自20世纪80年代末,人们在研究汉语汉字特点的基础上提出了“字本位”的观点,逐渐引起了学术界的关注,甚至出现了有关“字本位”的专著,如潘文国《字本位与汉语研究》、赵敏《“字本位”教学法新理念与汉语教材的编写》、王俊《字本位与认知法的对外汉语教学》等。尽管“字本位”理论有许多不成熟的地方,但不可否认的是:“字本位”理论既丰富了普通语言学的内容,又保持了中国传统语言学的研究特点,它不仅从汉语的语言事实出发对汉语言自身进行了理论上的总结和概括,更是在汉语方言研究、对外汉语教学、语言对比研究、中文信息处理、符号学和中小学语文课程教学等领域的实践方面做出了十分突出的贡献。

特别是在对外汉语教学中,大批教师围绕“字本位”理论的应用积极探讨和实践,总结出了许多有效的规律:增加集中识字的阶段,遵循由简到难的教学原则;在词汇教学中充分利用核心字表义的作用,重视内部理据,通过“组词”“扩词”等方法,提高效率;应当适度区分对汉字文化圈的学生和欧美学生的教学;以“字”为汉语的基本结构单位,汉语教学的起点,把“字本位”教学思想贯彻始终,在整个教学过程中突出体现字的书写、字的理据、字的扩展，形成"字→词→句→文"的教学单元顺序……

汉字确实是汉语教学和汉语研究中没有得到充分重视的一个问题，"字本位"将许多人的视角吸引到了汉字身上，唤起了人们对汉字的重新重视和审视，回归汉语教学"字不离词，词不离句，句不离文"的起点——汉字。

（三）有利于提高汉语水平

1. 可以防止胡乱讲解汉字①

根据以"六书"为出发点的汉字构形理论，我们知道汉字是由具有一定功能的构件组合而成（独体字由一个构件组成），构件的组合是有词语理据的，而且理据是成系统的。现代汉字的形体虽然发生了很大变化，但都有规律可循，如果联系字源并参照汉字系统，绝大多数现代字形仍然有道理可讲。分析和讲解现代汉字当然会有一些新的类型和属性需要采用新的办法加以处理，但总体原则应该跟分析讲解古代汉字是一致的。

然而，在当今的中小学汉字教学和对外汉字教学中，违背分析讲解汉字形体基本原则的现象却相当严重，一些人胡乱拆解，随意联想，把汉字教学完全当作提高教学效率的游戏，结果本来具有严密构形规律的汉字系统被打乱，一字一个故事，一字一个说法，学会一个，迷糊一片，不但未能减轻学生的记忆负担，反而容易让学生养成不顾客观规律而随意说解的不良习惯，从而给以后的学习带来负面影响，这是急需用传统的汉字构形学原理和方法来加以引导和纠正的。例如有人说解从"火""昭"声的"照"字是一个"日"本人，拿着一把"刀"，杀了一"口"人，滴下四点（"灬"）血。稍加分析，就知道这完全是一种错误的说解。首先，所说理据与词项"zhào"（光耀）毫无联系；其次，构件"灬"定性错误，它本是

① 参照赵峰：《汉字学概论》，厦门大学出版社，2009年版，第9—11页。

“火”的变体，不能表示血，汉字的构造与日本人无关，“日”在构字时从不表示日本人；再次，“日”“刀”“口”不是直接构件，不能作为理据使用；最后，如此说“照”，无法与“昭、招、沼、诏、召、迢、笤、龆、髫、苕、绍、邵、韶、劭”及“热、烈、煎、熬、焦、煮、然”等含有相同构件的字讲解一致，不符合系统的要求。只要我们掌握传统汉字学中分析构形的原理和方法，就能在现代汉字教学中有效克服错认构件、误判功能、牵强会意、混淆层次、扰乱系统等等胡乱讲解汉字的毛病。

2. 可以帮助辨析形近字和纠正错别字

由于汉字形体的局限和客观事物相互联系的复杂性，汉字在据义构形的时候就难免出现一些形近字，加上长期的发展演变，现代汉字中形近字更多。形近字给学生的认读和使用带来很多麻烦，所以是汉字教学中的一项重要内容。对于形近字的辨析，通常是在形体上作机械对比，然后让学生查字典比较相互之间在音义方面的差异。学生只好死记硬背，并不明了形近字之间何以会有这些异同，结果自然记得少忘得多，错别字照样大量出现。传统汉字学告诉我们，汉字构形是有理据的，汉字的演变也是有规律的，因而现代汉字大都仍然可以讲解。如果我们能从字源上讲清形近字各自的构造原理，又能从演变过程中说明某些因变化而形成的形近字的现实依据，然后结合辞例用法，让学生不但知其然，而且知其所以然，那么学生的印象肯定很深，读错用错的机会就可能大大减少。例如“寇”与“冠”，前者的构形理据是手持棍棒之类的武器侵入房舍敲击主人的头部，所以指外来的强盗、敌寇、寇仇；后者的构形理据是手持帽冕加戴于人的头上，或者按法制规定给人加戴帽冕，所以指帽子，也指戴帽子的行为，冠冕堂皇、衣冠禽兽是也。二者的共同点是都从“元”（人头），不同的地方有两个：一是“攴”与“寸”，前者以手持物，表示敲击，后者实同“又”（手），或以为表法度；二是“宀（）读 mián”与“冖（）读 mì”，前者表示房子，后者表示帽子。又如“即”与“既”，左旁相同，读音也近，所以常常用错。考其字源，二者皆为会形字，

"即"象一个人面向食器靠近即将进食之状，故有靠近(若即若离)、即将、立即等义；"既"象一个人吃完饭扭头向后准备离开食器之状，故有完成(既成事实)、既已、既往等义。"既然"是对已经发生的事实的认可，当用"既"；"即使"是假设的事实前提，客观上尚未发生，当用"即"。再如"祭"与"登"，学生往往将其上部混同或写错，其实，从字源看，祭字上部本是以"又"持"肉"，表示祭祀，而登字上部则是左右相反的两只脚(止)，表示自下而上的脚步运动，现在的写法虽然与原形不同，但其演变轨迹可寻，基本上还能作构件对应。上述各字经过这样一番讲解之后，学生再认错写错用错的可能性就比较小了。如果能联系其他相关字形作系统的讲解，效果会更好。

(四)有助于正确理解古代文献

古人作文常用本字本义，而这些本字本义在现代汉语中多数已不用或很少使用了，有的连字词书中也查不到确切的解释，这就造成了阅读古代文献的困难。要解决这样的问题，就要懂得汉字的构形规律，学会因形求义的方法。有了这个基本功，问题往往可以迎刃而解。

例如《尚书·酒诰》中有这么一句："人无于水监，当于民监。"这里的"监(监)"字如果按现在"监察""监督"等意思去解释显然不通。如果我们去考查一下"监"字在上古的构形，疑难则可以立即冰释。"监"字甲骨文作，西周金文作，均象一人睁目俯视器皿之形，是上古未有铜镜之前人们以水取影照面的生动写照。所以"监"的本义，是以水照影，即后人的所谓"照镜子"。"监"是"鑑"的本字。在《尚书》这句话中，人与民相对，人指统治者，民指庶民；水监与民监相对，水监是具体的人人皆知的生活常事，民监则是用喻，用以水监影作比方，说明一条抽象的政治哲理：黎民百姓像一盆清水，能清清楚楚地反映出统治者的贤象；统治者要想知道自己的"尊容"即政德，应该时常体察黎民百姓对你的反映。这个例子说明古人用字是何等的准确、形象。

再如,《老子》第二十九章有这么一句:“是以圣人去甚、去奢、去泰。”这里的“奢”是指物质消费的奢侈,“泰”是指生活起居的安逸,意思明确易懂;可是“甚”指的什么就不那么明白易懂了。查专供读古书用的《辞源》,“甚”字之下列有五个义项:(1)厉害,过分;(2)超过;(3)很;(4)诚,真;(5)什么,怎么。《辞海》只列两个义项,意思与《辞源》第(1)、第(5)相同。如果分别用这些解释去“套”,只有“过分”的意思比较接近,于是一般注本就把“甚”解释为“过分的事情”,意似可通,然而句中的“奢”和“泰”都有具体所指,“过分的事情”究竟是指何事,也理应有所实指。实指什么?我们不妨用因形求义的办法试一试。查“甚”字金文作,小篆作。《说文》:“甚,尤安乐也。从甘匹,耦也。”“尤安乐”即特别安乐;耦同偶,指配偶。朱骏声在他的《说文通训定声》中作了进一步的解释:“‘甘’者饮食,‘匹’者男女,人之大欲存焉,故训安乐之尤。”由此可知,“甚”字从甘匹会意,甘匹即甘于匹配,本义指“沉湎于色情之事”。老子所谓“去甚”,用的也是本字义。主张清静、无为、寡欲以养生的道家,当然首先要远离和除去溺于色情之事。

随着出土文献发掘和研究的深入,通过古文字和出土文献,对传世典籍进行校订和解读成为近年来学界研究的热点。下面再举两例。

中文系古代汉语课程一般都要学《触龙说赵太后》。这篇文选出自《战国策·赵策》。过去其篇名依据今本《战国策》一直写作《触詟说赵太后》,其中詟读 zhé。但《史记·赵世家》中却写作触龙。究竟是触詟还是触龙,一直莫衷一是。直到 1973 年,长沙马王堆汉墓出土的战国纵横家书,其中触龙见赵太后章有一句“左师触龙言愿见太后,太后盛气而揖之”,据此我们才确定其人是触龙。由于古籍是竖排的,《战国策》误将龙和言当做一字,而写作了詟。

又如 1936 年在云南昭通出土一方汉代铜印,过去一直释为“汉叟邑长”,学界据此认为汉晋时期云南有属于氐羌系统的叟族活动。近年来赵平安先生通过对甲骨文到秦汉文字的系统梳理,论证了秦汉印章中过去释为“叟”的字,实为《说文解字·巢部》的“㽬”字,“汉叟邑长”实为

“汉㝵邑长”，㝵邑长是㝵族的首领，而㝵族就是甲骨文中的下覍、覍方。由此，我们对云南㝵族历史的研究可上溯到商周时期。①

典籍中这样的例子很多，如果不求甚解，就很难确切地把握文意。有时囫囵吞枣地似乎读懂了，实则所得非真。要想探寻古人用字立意的良苦用心，对文辞得到真真切切的理解，除了其他途径之外，因形求义实在是不可不用的有效方法，我们应该学会使用它。

第四节　汉字与汉语

一、“汉字”称谓的由来

“汉字”这一称呼自中国古代经历了多个阶段的演变而来。据查阅现有的资料，“汉字”称谓的的演变大致有以下几个重要的阶段：

（一）称为“名”或“书”

在现存的先秦文献中曾将汉字称“名”，甲骨文作小篆作。例《仪礼·聘礼》：“百名以上书于策，不及百名书于方。”称文字为“名”（“策”和“方”都是形状不同的竹木简）。《周礼·春官·外史》：“掌达书名于四方。”郑玄注：“古曰名，今曰字。”贾公彦疏：“名者，即今之文字也。”古代的人为何将文字称为“名”呢？《说文·口部》：“（）名，自命也。从口、从夕。夕者，冥也。冥不相见，故以口自名。”有学者认为，“名”和“命”即给事物以名称，就是用声音号呼事物，把文字称作“名”，则是由于古人把“文字”与“词”相混，将标志“语词”的“文字”直接看成

① 参见赵平安：《从㝵字的释读谈到㝵族的来源》，《新出简帛与古文字古文献研究》，商务印书馆，2009年，第27页。

了指称事物的“名称”（书写符号的文字与语言的语词相混）。[1]

在先秦文献中也曾将汉字称“书”。《韩非子·五蠹》：“古者仓颉之作书也，自环者谓之厶（私），背厶谓之公。”《荀子·解蔽》：“好书者众矣，而仓颉独传者，壹也。”称文字为“书”。为何将文字称为“书”呢？《说文·聿部》：“（）书，著也，从聿者声。”本义是“写”（甲骨文，是以手执笔写口所言），引申指写成的“文字”。王钧《说文句读·聿部》：“书，书写其本义也，因而所写之字为之书。”

（二）称为“文”或“字”

前人称说文字也有单言“文”的。如：《左传·宣公十二年》：“夫文，止戈为武。”《左传·宣公十五年》：“故文，反正为乏。”《左传·昭公元年》：“于文，皿虫为蛊。”《左传》称文字为“文”。《孟子·万章上》：“故说诗者不以文害辞。”也称文字为“文”。

还有单言“字”的。如：《商君书·定分》：“有敢剟定法令，增损一字以上，罪死不赦。”

顾炎武和江永又做了进一步考证。顾炎武《日知录》：“春秋以前言文不言字，如《左传》：‘夫文止戈为武’，‘故文反正为乏’，‘于文皿虫为蛊’，及《论语》：‘史阙文’，《中庸》：‘书同文’之类，并不言字。”江永《群经补义》：“其称书、名为字者，盖始于吕不韦著《吕氏春秋》，悬之咸阳市。曰：‘有能增损一字者，予千金。’此称字之始，前此未有以文为字者也。”证明先有将文字称为“文”的说法，后才有将文字称为“字”的说法。

先“文”后“字”的顺序很重要，揭示了古代汉字结构的一个重要看法。许慎《说文解字》：“（文），错画也，象交文。”“（字），乳也，从子在宀下，子亦声。”“文”是一个象形字，甲金文，象人的正面形，中间画有交错花纹，表示在人的胸腹部纹身，汉字形体在不断演化，隶楷以后省略了交错花纹的部分。“文”的本义是纹身之纹，纹是一个后起字。

---

① 参见向光忠：《文字学刍论》，商务印书馆，2012 年版，第 2 页。

"字"是会意兼形声字，房屋内有子出生，本义是生殖（乳也是生殖的意思）。许慎《说文解字·叙》："仓颉之初作书也，盖依类象形，故谓之文。其后形声相益，即谓之字。文者物象之本，字者言孳乳而浸多也。"按照许慎的意思，从描摹物体形状的图画演变来的象形字、抽象符号形成的指事字，形体结构是独体的，叫作文。这是由文的纹饰引申为物象意义的。其后由象形字、指事字互相组合，构加部分都作为形符的会意字，即所谓形相益；构加部分都作为声符的形声字，即所谓声相益。这些合体结构的，叫作字。这是由字的本义生殖引申为文字形体孳乳意义的。并且以为"文"是仓颉初造汉字时的形体，"字"是后来"文"发展的结果。

（三）"文字"连用

"文字"连在一起使用，最早见于秦代的琅琊刻石："书同文字。"这里的"文字"与现在的"文字"意思相近。

（四）"汉字"称谓产生

在古代中国，因为没有与他国区分的必要，多称呼为"文""字"或"文字"。"汉字"一词目前较早的出处见于《金史·本纪·章宗一》："十八年，封金源郡王。始习本朝语言小字，及汉字经书，以进士完颜匡、司经徐孝美等侍读"。《金史》中"汉字"一词还有多次出现，如："女直初无文字，及破辽，获契丹、汉人，始通契丹、汉字，于是诸子皆学之"。"长子布辉，识女直、契丹、汉字，善骑射"。"汉字"一词也见于《元史》中，《元史·兵志·马政》："（马）收除见在数目，造蒙古、回回、汉字文册以闻，其总数盖不可知也。"可见在元明时期，"汉字"是用来区别于少数民族文字的称呼，指中原地区居民所使用的文字。

二、文字与语言

文字与语言的关系很复杂，有两种观点比较有代表性。

（一）文字与语言关系密切，语言是第一性的，文字是第二性的

文字是记录语言的书写符号系统；文字是在语言的基础上产生的，是记录语言的工具，而并非语言本身。文字和语言有密切的关系，但是文字和语言之间不能划等号。

文字和语言，它们都是人类用来交流思想的工具，是两套不同的符号系统。就文字和语言之间的关系而言，语言是第一位的，而文字是第二位的，文字是依附于语言，是在语言基础上产生的。

文字是一种视觉符号系统，对应人们的视觉，形体是其存在的唯一方式。任何一种文字，都是以其形体与语言的某种单位发生联系。语言是一种听觉符号系统，诉诸人们的听觉，语言符号的形式是语音。文字的产生大约在五六千年前，语言产生的时间要比文字早得多，至少在一万年前。文字是作为语言的补充交际手段产生的，使得语言可以传于异地，流于异时。故语言是第一性的，而文字是第二性的，文字是辅助语言的工具。

文字是在语言发展到一定阶段的产物，它是社会发展到文明阶段并向前发展的重要条件。文字克服了时间和空间的局限，扩大了语言的交际功能，使得人类的知识、经验可以长久的传播，有了文字，就有了人类的文明史。

文字的功能是记录语言，由于文字的出现而产生了书面语，书面语是文字记录下来的语言的存在形式。

文字是记录语言的符号，因此它必须适应语言的特征，满足记录语言的需要。文字的形体、它记录语言的哪一级单位，都是从语言的特点出发的。例如：一个汉字记录一个音节，这与汉语的早期词语的单音节特性有关；腓尼基语、希腊语初期采用辅音文字，希腊语后期增加元音，这都与语言的特征有关。

文字对语言也有影响：文字促使书面语的形成，为语言的加工提炼

提供了可能,增强了语言的表达性;文字促进了共同语的形成,使语言朝着规范化方向发展;文字是人们学习和掌握语言的有力工具。

（二）文字与语言不同源、不从属

文字不是语言现象。文字虽然和语言关系密切,但它不是语言的派生物。文字的产生和语言无关,语言的历史已经有若干万年,文字的历史最多也不超过万年。语言也不是文字的唯一决定因素,同一语系的民族有的可以有文字,有的没有文字;有的用这种文字,有的用那种文字,这都不完全取决于语言。

“语言是用声音来传播信息的,文字是通过书写来保存、传递信息的,二者不同源,是两股道上跑的车。”①

文字不完全是记录语言的书写符号。西方的语言学理论和中国的大多数语言学理论一直都把文字定义为只是“记录语言的书写符号”。而且,以此确立语言(“语言”一词只指有声语言)和文字的基本关系。然而,语言和文字关系的这一界说并不完全正确,或者说并不全面。其实,语言和文字都是人表达思维的工具和交流信息或社会互动的符号。文字在一定程度上可以脱离语言,从而与语言平行从属于人的思维和社会信息的互动。《易·系辞》称:“上古结绳而治,后世圣人易之以书契……”许慎《说文解字》也说:“及神农氏结绳为治,而统其事”,“黄帝之史仓颉。见鸟兽蹄迒之迹,知分理之可相别异也,初造书契。仓颉之初作书,盖依类象形故谓之文……”。尽管这里所讲的文字的起源并不很多,可再清楚不过的是,不论是神农的结绳记事,还是仓颉的创文造字都不是声音的记录。那么辨明此点的意义何在呢?语言与文字产生的先后,其实无关紧要,但它们产生的根源却与其各自的社会功能紧紧相连。语言虽然较为便捷,但是它致命的弱点是受到时间和空间的严格限制。而文字正是为了突破思维表达和社会信息互动的这种时空限制,才

① 王凤阳:《汉字学》,吉林文史出版社,1989年版,第29页。

应运而生。所以,语言和文字虽同源出于人的思维和社会的信息互动,但它们的社会功能却完全不同。语言取其便捷,而文字则求其久远。用语言学的术语来说,就是文字要达到最大的历时和共时效应。如果文字只是记录语言的书写符号,那么,文字的这种"历时和共时效应"就必然受到语言的约束,特别是受到语言本身局限的约束,如语言随时间及种种社会因素(如外族入侵等)而变化极大,因地域方言方音的影响而发生庞杂的歧义,等等。这样一来文字也只是语言有限度的时空延长,它无法摆脱语言本身固有的缺陷。所以,一种文字,越是能摆脱语言的局限与羁绊,直接与思维沟通,它就越能发挥文字的历时性与共时性的社会效应,从社会功能上说它也越成熟越先进。而汉字就是当今世界上独一无二的这样一种文字。

以上两种不同的观点源于文字与语言关系的不同看法,"语言是第一性的,文字是第二性的"的观点影响到汉字的相对独立性,文字的定义也会受到一些影响;第二种观点比较适合汉字的实际,突出了汉字在整个汉民族发展史上的特殊作用和地位。

三、汉字与汉语

(一)文字不断向语言靠拢

汉字和汉语的结合经历了三个发展阶段:第一阶段是原始汉字和早期汉语的结合;第二阶段是古汉字与古代书面语言的结合;第三阶段是隶楷阶段的汉字与口语的结合。[①]

在新石器时代,汉字基本属于图画文字。大汶口陶文、西安半坡陶文等汉字源头的符号,数量较少,并不能完全反映语言、记录语言。一个符号可能是一个词、一个句意,书写形式也不稳定。原始的汉字符号在用于宗教祭祀、图腾徽志、传递信息、官府文书等不同的场景中,逐渐有

① 参见何九盈:《汉字文化学》,辽宁人民出版社,2000 年版,第 268—271 页。

了音形义的定型化，向语言靠近了一步，这是汉字与汉语了第一阶段的结合。吕叔湘在《语文常谈》中也说到：尽管文字起源于图画，但图画是与语言不相干的独立的表意系统，只有在图画向语言靠拢，被语言吸收，成为语言的一种形式（用图形或笔画代替声音）之后，才成为真正的文字。吕叔湘先生的话讲明了汉字的一个发展过程，早期的汉字来源于图画，图画受到语言的影响，才发展成“真正的文字”。这说明汉字从产生之日起就不断的在向语言靠拢。

夏、商、周、秦两千年间，中华民族经历了由松散联合到全国政令统一团结对外的时代，汉语形成了由方言众多到以雅言为中心的“通语”制度，汉字经历了由图画象形发展为以谐声为主的阶段。更重要的是书面汉语的建立使汉字和汉语融合为一体。这一时期，出现了“五经”“六经”“十三经”等大量的经典文字著作，这些经典文字著作使汉语和汉字升华为一个体系精密、内容丰富、宜于表达各种思想和事物的工具。汉民族的思维方式、哲学思想、道德伦理规范等通过书面汉语得以传承，汉字与汉语完成了第二阶段的结合。

汉字的隶变是汉字发展史上一次重要的文化事件，通过隶变汉字完成了从古文字到今文字的过渡。隶变开始于战国中期，结束于东汉中后期，在这一漫长时期中，汉字完成了从大篆向小篆、小篆向古隶、古隶向今隶的演变。通过隶变汉字由象形化趋向更加符号化，增加了汉字的数量，增强了汉字识读书写的功能，并丰富了汉字的书写形式，对后来汉字的发展具有深远意义。汉字隶变还有一点是非常重要的，它使得汉字与汉语口语分化日趋加重的文言文出现了一种新形式——白话文。汉字与白话的结合意味着：从汉字方面来说，隶体楷化比篆体更容易书写，也更容易普及，汉字要自觉地记录汉语，就必须规范化，趋简是规范化的一个重要表现，所以，汉字形体上的简化是伴随汉字发展向语言靠拢的一个必然趋势；从语言方面来说，汉字由于与口语相结合，使得语言产生了巨大的生命力，不至于变成死语言。汉字隶变完成了汉字和汉语的第三次结合。

当然，第三次的结合并不完善和彻底，唐宋以后，白话文书面语逐渐兴起，到了近现代的"白话文运动"达到一个高潮。"白话文运动"完成了汉字和汉语口语的紧密结合，不但在政治上、文化上有重要的意义，在汉字史上也同样具有重要意义。

（二）汉语对汉字的影响

瑞典汉学家高本汉曾评价说："中国不废除自己特殊的文字而采用我们的拼音文字，并非出于任何愚蠢和顽固的保守性，中国的文字和中国的语言情形非常适合，所以它是必不可少的。"①

三千多年来，汉字虽然在不断地丰富和发展，但是整个文字体系却没有发生根本性的变化，几千年来汉字形成的表音兼表意的符号系统，没有发展成为纯粹表音的符号体系，关键的原因是汉语的性质和特点制约着汉字的创制和发展。语言的性质和特点表现在语音、词汇、语法多方面，三要素中，词汇是语言的建筑材料，是核心要素，文字记录语言，也是以记录语言中的词为原则的，语言对文字的制约，主要就是语言中词的性质和特点对整个文字体系的制约。汉语是孤立语，汉字创制的时代以及汉字发展的相当长的历史时期，汉语的词汇中都是单音节词占优势；词的音节短小，没有形态变化，同音现象多，影响和制约着汉语语音和语法的发展，成为汉语最重要的特点；汉语的音节有声调，汉语在相当长的时间内依靠词义引申义和音变的方式造成新词，汉语依靠语序作为组词造句的主要手段，都是汉语对汉字影响和制约的结果。汉字是记录汉语的书写符号体系，最大的职能是记录和交流信息，汉语的特点必将制约着汉字的特点。②

1. 决定了汉字一字一音节的特点

上古汉语以单音节词为主，语素和词基本上是一致的。后来，随着

① ［瑞典］高本汉：《中国语和中国文》，山西人民出版社，2015年版12月版，第50页。

② 参见郑振峰、王军等编著：《汉字学》，语文出版社，2005年版，第12—14页。

词语双音化，汉语逐渐由单音节词语为主演变为双音节词为主，同时也产生了一部分有三个音节以上的复音词。不论是双音节还是复音词，绝大部分都是由原来的单音节词作为构词材料构成的。汉语中的词实现双音化之后，语素单音节的状况没有任何实质的变化，只是语素和词的对应关系发生了一些变化而已。

2. 影响了汉字构形原则的选择

汉语是孤立语，缺乏形态变化，主要靠虚词和语序等句法手段表示语法意义。汉语的这些特点影响了汉字构形原则的选择，决定了汉字长期停留在表意文字体系中。汉语缺乏形态上的变化，这就决定了汉语本身的特点允许汉字以音节为单位造字，这样做并不影响汉字记录汉语的精确性。同时，汉语的音节与语素又有对应关系，这就使得汉字采用据义构形的原则创造汉字，并使得用这样的汉字长期记录汉语成为可能。

3. 促使汉字发展成为以形声字为主体的文字系统

汉语的音节数量较少，而古汉语又以单音节词为主，这就必然造成大量同音词的存在。同音词的大量存在会给交际带来不便，汉语的形声字是分化同音词的一个较好的方式。形声字由形旁和声旁两部分构成，一组声旁相同的形声字，往往读音也相同，这可以保证它们比较方便地记录同音词，不同的形旁又把它们从意义上相互区别开来。例如，“溶、熔、蓉、榕”等字，形旁不同，都用“容”做声旁，相同的声旁“容”使它们和它们所要记录的词的语音发生联系，不同形旁又使它们在意义上相互区别开来。

（三）汉字对汉语的反作用

汉字首先必须与汉语相适应，然而汉字形成以后，必定逐渐地成为影响汉语的一个重要因素。不少语言学家和文字学家往往注意到了汉语对汉字的制约作用，忽视了汉字对汉语的反作用，对于汉语与汉字之间的双向互动关系认识不足。汉字属表意文字，因此它与汉语之间并非象拼音文字与它们所记录的语言那样是简单的记录与被记录、适应与被适应的静态关系，而是一种相互影响相互促进的动态关系。汉字对汉语的语音、词汇、语法等都有着较为明显的反作用。著名爱国人士安子介先生曾高度评价汉字对汉语的积极影响，认为这种积极影响集中体现在两方面：一是使汉语简洁；二是使汉语构词灵活。①

1. 约束方言分化

由于我国幅员辽阔、民族众多，加上语言本身不断的发展，各种语言分支、各个地区的发展进程不统一，造成了语言的多样化。但是汉语几千年来一直没有分化为几种不同的语言。其中汉字起了非常重要的作用。由于汉字是表意文字，具有超方言的性质，操不同方言的人进行交际，口里说的什么，对方听不懂，用汉字写出来，彼此都能看懂。用汉字写成的文本，可以用不同的方言诵读，别人可能听不懂，但能够看懂，汉字的这种作用，使得汉语书面语有了巨大的凝聚力。用汉字写成的汉语书面语文本，可以在任何一个汉语方言区使用；实际上，汉字起着一种用眼睛看的民族通用语的作用。有了建立在汉字基础上的民族通用语，客观上加强了不同方言区的人们，甚至不同民族与汉民族的沟通和交往；从某种意义上说，扩大了汉语的交际职能。这种特殊的民族通用语，也约束了方言的进一步分化，使汉语的方言始终没有分化成不同的语言。

2. 简化语音系统

据汉语语音史的研究，汉语语音系统的演变有一个不断简化的趋势。比如，复辅音的消失，鼻韵尾的减少，入声的消失，声母、韵母的减少，等等。这些现象和语音系统的自身演变，和语词双音化等语音因素都有重要的关系，但是也不能排除汉字区别同音词的功能对语音系统简化的影响。文字产生之前，语音是别义的唯一重要的手段。语音系统越复杂、越精细，同音结构就会越少，语言中的歧义结构就会越少。文字产

① 参见刘光裕：《“汉字需要再认识”——谈安子介的汉字研究》，《汉字文化》，1995年第2期。

生之后，字形成了别义的重要的辅助手段，这就大大减轻了语音系统别义的负担，使得某些语音现象的别义作用逐渐消失，从而失去了存在的必要性，促使汉语语音系统的简化。

3. 影响汉语构词[①]

汉字构形的理据性，字形与其记录的词的意义之间联系的紧密性和汉字始终一贯又不断完善的表意化特点，强烈地影响了千百年来使用这一文字的汉族人民的思维方式，从而也影响了汉语中词的构造方式。例如，古汉语中有一种反训现象，即晋郭璞在《尔雅注》中指出的："诂训义有反复旁通，美恶不嫌同名"的现象，察其源，当与其字形构造方式有关。例如"受"字在古文字阶段的构形一直是二手（代表二人）相互授受一只小舟（也有人认为是授受一只盘），一方为"授与"，另一方则为"接受"，因而同存于"受"的"授受"这对反训词，其实是文字对语言中词的反作用结果。而反训在投入文字使用的范畴时，起作用的只是相反或相对的两个义项中的一个，这种一对反训词在实际使用中的偏义特点，应当是导致汉语复音词中的特殊类型）偏义复词产生的原因之一。反训词已基本成为历史现象，偏义复词则一直是汉语中词的基本类型，也是特有的构造方式之一。再如，汉语中有一种词类活用现象，溯其源，往往也和字形的构造有关。例如甲骨文中（雨），构形多是以在上的一横表示"天"，下有数点表示下落的雨点，其形可视作"雨"，也可理解为"下雨"，于是，在古汉语中"雨"就有了名词和动词两类可视语境、语流灵活运用的词性类别。

4. 形成修辞手法

汉字对汉语修辞也有一些作用。利用汉字的谐音、同音、多义、同义、等义、近义；形近、形同、合并字形、析离字形等汉字音形义方面的特点，可以使语言表达增色，或生动形象、或幽默风趣、或委婉曲折，形成反

---

① 参见达柯：《汉字对汉语的反作用》，《汉字文化》，1997 年第 3 期。

复咀嚼、耐人寻味的修辞效果,具体内容将在汉字字音的文化义,汉字字形的文化义,汉字字义的文化义,汉字字序的文化义,汉字字量的文化义中讲述。

5. 意化外来词语

外来词由于原词的多音节多音特点,如译成汉语往往较长,并将成为和汉字体系表意化特点不相称的由多个假借字组成的多音节单纯词。于是,往往经历了三个阶段的"改造"。第一阶段是"吞音式"硬译,往往在对译的过程中,"吞没"几个音:如过去上海人把"number one(工头)叫做拿摩温",把"comprador(买办)叫康伯度",而金属中的"aluminum译成铝",假如这一阶段都像"铝"那样被"吞"得只剩一个音,那就不再变化了,不然,还要经历两个阶段的变化。第二阶段是音义兼顾,中西合璧。如大陆的"汉堡包",台湾的"镭射"。第三阶段,表意式:如大陆"laser"翻译作"激光",把"fuzzy"翻译为"模糊"。现代汉语汲取外来语已经过100多年的历程,基本已达到最后的意译高级阶段,从《汉语新词词典》[①]中1654个新词的统计来看,只有"巴士、的士、电波、迪斯科/三明治"等寥寥可数的不到十个词停留在汉语翻译的第一、二阶段,其余大量的外来词均已纳入"意化"的渠道。从外来词"消化"过程可以看出,其中一个关键性的因素是汉字体系对假借字的比例自然控制,所以,外来词的"意化"过程,也可视作汉字对汉语反作用的过程。

汉语和汉字的关系实在是太密切了,有时汉语或汉字同步上发生了突然的变化或出现了明显的症候,甚至都难以分辨到底是语言影响了文字,还是文字影响了语言。比如说,汉代是文字大汇总的时代,又是汉字中最能产的类型——形声字被确认为主型汉字的时代,但是社会用字的数量不但没有激增,反而得到了有效的控制,除了文字规范化这一因素外,最主要的原因有二:其一,双音词发展(主要由语法造词法构造),使

① 闵家骥、晁继周、韩敬体、刘庆隆等编纂《汉语新词词典》,上海辞书出版社,1987年12月版。

词素的造词能力几何级数地膨胀;其二,形声字在语词记录上的单音节双词素特点,起了与双音词相似的作用。究竟是哪一因素起支配作用?学术界尚无定见,因为实在难区分。

又如,宋代,既出现了王圣美的“右文说”,又出现了张有的“联绵字”之称;前者是对形声字音符中淡化了的同源词素观念的重新挖掘,后者则是对汉唐以来由于双音词增长的影响而变化了的联绵字观念的再认识。把两者放在一起,我们可以发现汉语中双音词增长和汉字中同源词淡化的同步,然而,究竟是由于汉语影响了汉字,还是汉字影响了汉语呢?这又是一个值得仔细研究,深入探讨的问题。

汉字对汉语不仅有积极的影响,还有消极的影响,如:助长历史上的言、文长期分家;使古音研究更为困难;为歧义句的存在提供基础等。

总的来说,汉字对汉语的消极影响是较小的,积极影响是主要的。

练习一

一、填空题。

1. 汉字产生以前,原始的记事方法有:__________、__________、__________等。

2. 汉字的产生,经过了:__________、__________、__________三个阶段。

3. 汉字起源的传说有:__________、__________、__________、__________等。

4. 从研究对象的范围看,文字学可分为__________文字学和__________文字学。

二、名词解释。

1. 图画文字　　2. 象形文字　　3. 仓颉造字

4. 结绳记事　　5. 汉字学

三、简答题。

1. 汉字是怎样产生的?

2. 甲骨文发现的经过。

3. 学习汉字学的重要性。

4. 汉字学研究的内容包括哪些?

四、论述题。

1. 请概述汉字学的发展分期。

2. 请论述汉字与汉语的关系。

五、请查阅《说文解字》或其他工具书,将下列文字写成小篆(参见“附录:小篆知识简介”)。

1.《春晓》(唐·孟浩然)　春眠不觉晓,处处闻啼鸟。夜来风雨声,花落知多少。

2. 不以物喜,不以己悲。

附录：

小篆知识简介

一、小篆的产生

（一）小篆及产生

小篆又称秦篆，是由大篆省略改变而来的一种字体，产生于战国后期的秦国，通行于秦代和西汉前期。

小篆由来的两种说法：（1）秦创小篆说。小篆是在秦始皇统一中国后（前221年），推行“书同文，车同轨”，统一度量衡的政策，由宰相李斯负责，在秦国原来使用的大篆籀文的基础上，进行简化，取消其他六国的异体字，创制的统一文字汉字书写形式。一直在中国流行到西汉末年（约公元8年），才逐渐被隶书所取代。东汉许慎《说文解字·叙》称：“秦始皇帝初兼天下，……罢其不与秦文合者。（李）斯作《仓颉篇》，中车府令赵高作（爰历篇》，太史令胡毋敬作《博学篇》，皆取史籀大篆，或颇省改，所谓小篆者也。”（2）小篆为战国文字说。著名学者、书法篆刻家徐无闻先生认为，在一个极为短促的秦王朝是不可能在一夜之间创造出一种文字来的，一种文字的的形成要经过长期的过程的，秦始皇只是对战国时期就已形成的小篆进行加工、整理和推广而已。

（二）小篆作品及历代代表书家

1. 小篆作品：

《泰山刻石》《琅玡刻石》《峄山刻石》《会稽刻石》《芝罘刻石》《碣石颂》、李阳冰《三坟记》、吴昌硕篆书、吴熙载篆书、陆维钊篆书、杨沂孙篆书、邓石如篆书、赵之谦篆书，等等。

2. 小篆历代代表书家：

秦代：李斯

唐代:李阳冰

宋代:徐铉、释梦英、张谦仲、喻湍石

元代:赵孟頫、吾丘衍、周伯琦、吴叡

明代:李东阳、赵宧光

清代:王澍、邓石如、吴让之、赵之谦、徐三庚、杨沂孙、吴大澂、吴昌硕

(三)小篆的影响

小篆是中国历史上第一个由国家规定的标准汉字形态。它的诞生标志着汉字的统一,是我国汉字发展史上重要的里程碑,为后来隶、楷、行、草诸书的变革开辟了广阔的道路,对汉字的规范起到了重要的推动作用。

1. 沟通古今文字的桥梁

在今天我们所见到的出土文物中,文字的载体多种多样,简牍、兵器、货币、玺印、玉石,都能成为铸刻或书写文字的材料。从时间上来看,这些铸刻或书写在不同材料上的文字有的比甲骨文还要早,如何解读这些文字?由于《说文解字》中保留了大量的小篆字体和材料,为我们研究早期古文字提供了依据,可以帮助我们解读这些古文字,许多甲骨文字就是依靠小篆考释出来的。

2. 汉字结构的规范化

小篆是古汉字的最后一个阶段,同以前的各种字体相比,小篆笔画粗细匀称,更加线条化,行款也更加整齐。它废除了一些异体字,改变了原来一些汉字的偏旁,使每个汉字的偏旁及其结构部位都固定了下来,为方块型汉字的形成奠定了基础。

3. 汉语书面语用字高度统一

小篆相对甲骨文、金文,书体更趋简化,是我国汉字的一大进步。它的形成,结束了从甲骨文以来一千多年汉字形体纷繁、写法多种多样的

混乱局面，从而使汉语书面语用字高度统一起来，这对促进各地文化交流、汉民族文化的发展，以及汉民族书面语的形成和统一，都起了积极的推动作用。各地文化交流最大的障碍便是语言文字不通，小篆规范了文字，使各地思想文化得到了更好地传递、理解，进而推动了各地文化交流。

4. 对书法发展具有重要影响

尽管文字的规范和统一，从自然流变的角度限制了文字向美术字的发展，但它至少给了我们一个可供学习和参考的文字范型。小篆笔画统一匀称，结体谨严，遒劲庄重，兼而有之，在中国书法艺术上有着极大的影响。它是由西周金文那种圆润笔势不断发展而形成的，从字体风格的角度来看，它具有规范整齐、匀称优美等特点，在秦朝灭亡后的两千多年里一直受到书法家们的喜爱，几乎历代都有善于书写小篆的大家出现。此外，小篆也是中国历代封建王朝制作官用印玺的首选字体，篆刻艺术就是受到这方面的影响而发展起来的。

二、小篆的书写

（一）小篆的特点

小篆的结体不同于隶书、楷书，主要有以下几个特点：

1. 长方形字形。以方楷一字半为度，一字为正体，半字为垂脚，大致比例为三比二。

2. 上紧下松。小篆的大部分字主体部分在上大半部，下小半部是伸缩的垂脚。当然也有下无脚的字，主体笔画在下部，上出的部分则可以耸起。

3. 笔画横平竖直，粗细均匀，所有横画和竖画等距平行，所有笔画方中寓圆，圆中有方，使转圆活，富有奇趣。

4. 平衡对称，空间分割均衡，左右上下对称，这是篆书不同于其他书体的重要特征。有独体对称,有字的局部对称,还有圆弧形笔画左右倾斜度的对称。

(二)搭接笔的技法

篆书的许多笔画看似一笔完成,实则靠若干搭接笔而写成,要使接笔处不留痕迹,主要是前一笔的尽处无须回锋,后一笔势插入,两笔重合正好将搭接处掩藏于笔画之中。搭接笔是篆书笔法技巧中很重要的一环,掌握了这一环节,就能使字舒畅婉转,遒劲自然。

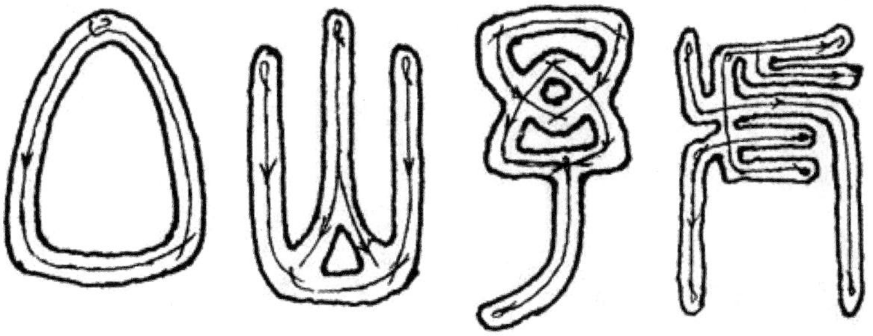

(三)小篆的笔顺

笔顺是写好篆书的关键之一,合理的笔顺有助于字的结构安排,有助于书写速度的提高。因此,掌握篆书的笔顺,对初学者来说,也是入门的一把钥匙。

篆书的笔顺和汉字笔顺规则基本相仿,如先横后竖、从上到下、从左到右等,这些对初学者来说是不成问题的。重要的是和汉字不同的笔顺,而这些不同之处正是篆书笔顺的特点,掌握了这些特点,就能把握好篆书的结体,做到对称均衡。

1. 先中间后左右

对称均衡是篆字的特点。对于有中心竖线的篆字,应先写中间竖笔或中间部位的笔画,中间定位后,再写左右对称的其他笔画。

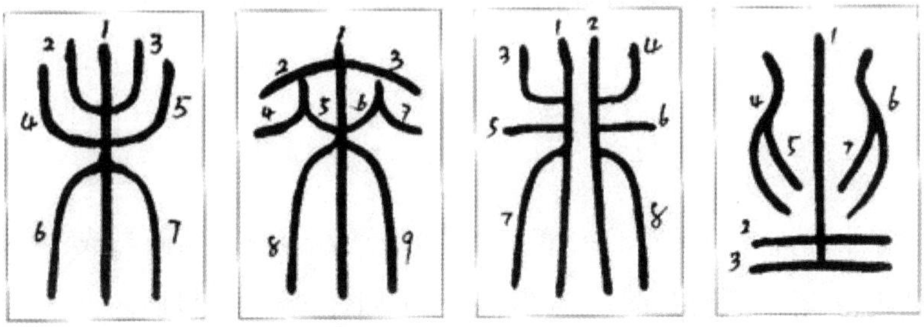

未　　来　　非　　坐

对于有中心长弧(一般为撇、捺笔)的篆字,应先从中间长弧写起,再写左右对称的笔画。

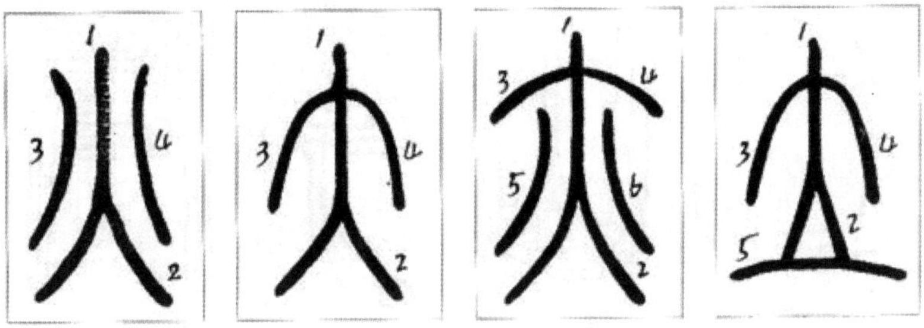

火　　大　　亦　　立

2. 先外包后里头

对于有字框的笔画,一般应写出外框的笔画,随后再写框内的部分。这样可以控制篆字形体的大小,避免整体不一致。

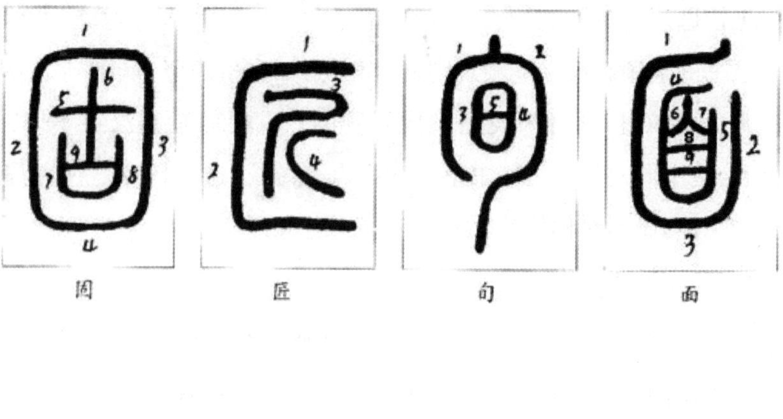

固　　匠　　旬　　面

3. 先主笔后副笔

对于篆字中有主笔曲画的字，宜先写主笔后写副笔。

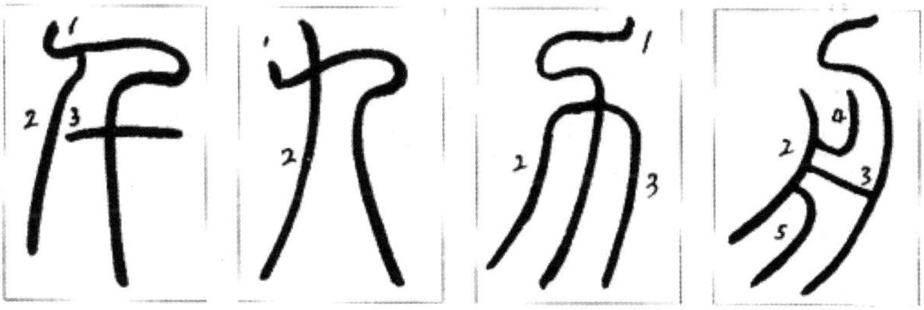

千　　九　　力　　舟

4. 先副笔后主笔

篆字当中，个别有主笔曲画并起支撑的作用的字，应先写副笔后写主笔，以便更好的掌握重心。

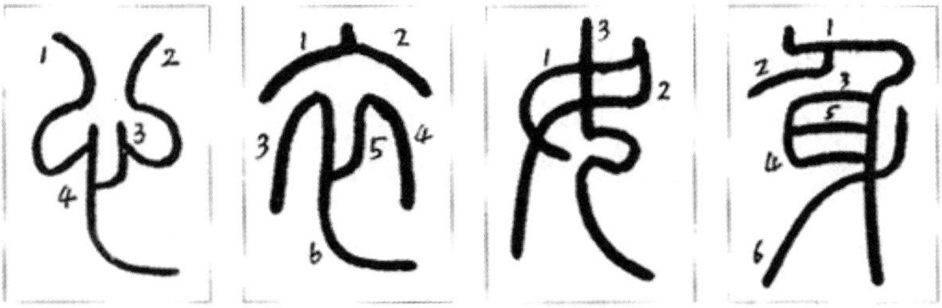

心　　衣　　女　　身

5. 灵活运用

对于笔画较为复杂的篆字，笔画要求并不过分强求一致，只要顺手，可以灵活运用，做到分布均匀就可。

壽（寿）　　鳥（鸟）　　琴　　家

第二章　汉字的性质和特点

汉字的性质是什么？汉字是怎样一种文字？近一百年来，中外学者围绕汉字性质展开了持久的讨论，苏培成在《二十世纪的现代汉字研究》一书中介绍了中外学者的不同看法：徐银来的音义系文字说、姜亮夫衍形—单音缀文字说、云中的象形文字说、帅平均的形义声文字说、索绪尔的表意文字说、布龙菲尔德的表词文字说、赵元任的语素文字说、吕叔湘等赞同的语素文字说、叶蜚声和徐通锵的语素—音节文字说、尹斌庸的音节—语素文字说、郑林曦的词文字说、黄伯荣和廖序东的表意文字说、周有光的意音文字说等，据统计共有三十多位中外学者的观点。

第一节　汉字的性质

一、汉字性质的不同看法

文字是记录语言的符号体系，这是世界上一切文字的共性，汉字也具有这种共性，但汉字也具有自身的性质，汉字的性质是汉字学研究的首要问题，正确认识汉字的性质，是正确解决汉字种种问题的基础。关于这一问题，人们已经做了许多研究，有了许多不同的答案，较有代表性的有表意文字说、意音文字说、表音文字说、表词文字说、语素文字说、意符音符记号文字说等几种观点。

造成汉字性质认识分歧的主要原因是“汉字”这个词具有丰富的多义性。[①] 从汉字应用的不同语境来看,汉字具有丰富的多义性。“汉字”是一个概括性很强的概念,它是一个笼统的、抽象的、模糊的概念,但进入到具体的语言环境中,它的含义就会变得具体、清晰,或者指“形”,或者指“意”,或者指“用”。例如:

(1)这个字写得不好看。(字——汉字,这里的“字”主要指汉字的外形、字形。)

(2)“好”字是左右结构。(字——汉字,这里的“字”主要指汉字的结构、构成。)

(3)他写的作文文字流畅。(字——汉字,这里的“字”主要指汉字的应用,即字用,也可以说是指文字记录单位的组合。)

汉字的“字”除可以指称文字记录的单音词外,还可以指称文字记录的多音词,如“创业者的字典里找不到‘害怕’这个字”(电影台词),“只有一个字:不服”,“可以用一个字来形容:惊心动魄”;或仅指称文字记录的音节单位,如说“他说起话来一个字一个字地往外蹦”,“这篇文章有8000字”;指称文字记录的语音,如“咬字很准”“字正腔圆”;甚至能指称文字记录单位的组合,如“文从字顺”“文字流畅”。

除了以上主要原因,造成汉字性质认识分歧还有以下原因:第一,判定汉字的性质时,各家所持的标准不同,有的学者主张以字符同语言的音义联系状况为标准,于是就有表意文字说、表音文字说;有的主张以汉字记录的语言单位为标准,于是有表词文字说、语素文字说、音节文字说的区别;有人主张以汉字的主体部分——形声字的结构功能为标准,则有意音文字说。第二,对汉字的处理、分析不同,有的学者着眼于汉字的全体,对古今汉字作综合分析来讨论性质,有的着眼于汉字的局部,对汉字进行分阶段的断代分析。由于这些原因,导致了对汉字性质认识的不同看法。

---

① 参见李运富:《汉字学新论》,北京师范大学出版集团,2012年版,第6—7页。

近年来，随着汉字应用领域和范围的扩展，随着人类认识水平的不断提高，汉字研究的热潮再度兴起，有关汉字性质的问题，再次成为汉字研究的焦点。对它的研究，不仅具有重大的理论意义，而且具有重要的实践价值，下面重点介绍意音文字说和语素文字说。

所谓汉字的性质，包括两个层面：第一个层面是指汉字与其他文字的区别，例如，人们常常把汉字称为表意文字而与表音文字相区别。第二个层面是指汉字作为文字这种特殊的事物与非文字的区别，例如人们一般把文字称作语言的符号而与其他事物相区别。

对于汉字性质的看法，可以通过汉字的定义表现出来。

中国古代就有不同的观点，如汉代的许慎在《说文解字》中就提出"文"与"字"的观点。南宋的文字学家戴侗在《六书故·六书通释》中说："夫文，生于声者也。有声而后形之以文，义与声俱立，非生于文也。"清代陈澧在《东塾读书记》中也说过："声不能传于异地，留于异时，于是乎书之为文字。文字者，所以为意与声之迹也。"这些看法突出了汉字适应汉语、记录汉语的特点。

目前，在我国语言、文字学界，占据主导地位的说法是："文字是语言的书写符号系统。"或者表述为"文字是语言的符号"。例如：高名凯、石安石主编的《语言学概论》："文字是记录语言的书写符号的系统，是最重要的辅助与扩大语言的实际作用的工具。汉字就是记录汉语的书写符号的系统，它包括汉字所有的形体（声符、意符等）、它的书写规则（如笔顺、自上而下或自左而右的书写顺序等）、所有的字和标点符号。"胡明扬主编的《语言学概论》："文字是语言的书写符号系统。说文字是语言的书写符号系统，那就是说文字不是一般的符号，而是用来书写某一种语言单位的符号。"黄伯荣、廖序东主编的《现代汉语》："文字是记录语言的书写符号系统，是最重要的辅助性交际工具。……汉字是记录汉语的书写符号系统。"裘锡圭："文字是记录语言的符号。"①此外，一般的语言

① 裘锡圭：《文字学概要》，商务印书馆，2013 年版，第 1 页。

文字学专著、教材和工具书，大致都持这种说法，例如《辞海》："汉字是记录汉语的文字。"《现代汉语词典》："记录语言的符号，如汉字、拉丁字母等。"《汉语大字典》："记录语言的书写符号。"

也有少部分专家和学者有不同的说法。申小龙：汉字是汉民族思维和交际最重要的书面符号系统。① 王凤阳：文字是作为社会记录和交际工具用的和语言日益适应的书写的符号体系。② 李运富：汉字是汉族人创造的，不受时空限制而能表示一定的意象信息（事物和观念）、也能记录汉语（词、语素和音节）的平面视觉符号。③

世界上所有的文字，都是记录语言的符号系统，都是全民的书面交际工具，这是共性。但是，各种文字又有它们各自不同的特点。文字的不同特点可以从两方面去看：一是看文字符号所代表的语言结构系统中的单位，二是看文字符号本身的性质。为什么要从这两个方面去看呢？因为文字是语言的载体，是记录语言的符号系统，研究一种文字自然要联系文字所代表的语言系统中的单位和文字本身使用怎样的符号来考察，只有这样，才能比较全面地揭示一种文字的特点，也才能比较真切地看出不同文字的特点。

从这两个方面去看汉字，汉字是一种什么类型的文字呢？

二、汉字是语素文字

根据一种语言的文字符号所记录的语言结构系统中的单位来看，记录语素的是语素文字，记录音节的是音节文字，记录音素的是音素文字。汉字记录的是汉语里的什么单位呢？汉字主要记录汉语里的语素。例如"学习"这个词，写下来是两个字，这两个字代表了汉语里两个最小的音义结合体"学"和"习"，即语素。由于汉字记录语素、代表语素，汉字

① 参见申小龙：《论汉字的文化定义》，《浙江社会科学》2002 年第 6 期。

② 参见王凤阳：《汉字学》，吉林文史出版社，1989 年 12 月第 1 版，第 21 页。

③ 参见李运富：《汉字学新论》，北京师范大学出版集团，2012 年版，第 4 页。

也就有了所谓"字义",显然,这字义是语素义。汉字代表语素是汉字区别于表音文字——音节文字、音素文字的一个重要特点。表音文字所记录的不是语素,而是纯粹的语音单位。例如,记录英语的拉丁字母,除有形有音外,它不表义,它只代表音素,作为记录英语的文字符号,它仅仅是表示一定语音的字母。

汉字也记录少量非语素的音节,如"葡""萄""枇""杷"等。这些音只有 pú、táo、pí、pā 等语音,而不独立表义。但汉字所记的这类音节,并不同于音节文字中的文字符号。因为音节文字中的文字符号是专门用来记录语言中的音节的,如日文的假名"タ"是记录音节的,而汉语中的这类音节仅仅是某个多音节语素中的具体音节,它们只有处在"葡萄""枇杷"等多音节语素中,才具有代表音节的作用,否则就失去了存在的价值,而且字形上往往还有表义的成分,如"葡萄"二字所从的"艹","枇杷"二字所从的"木",标志着"葡萄""枇杷"的种概念范畴,这种情况是音节文字不可能有的。

所以,从汉字跟汉语的关系看,汉字是语素文字。

三、汉字是意音文字

从汉字所用的文字符号本身的性质看,汉字是意音文字。文字所使用的符号大致可分为三类,即意符、音符、记号。跟文字所代表的语素在意义上有联系的字符是意符,只在语音上有联系的字符是音符,在语音和意义上都没有联系的是记号。表音文字只使用音符,汉字则三类符号都使用。汉字里的象形字、指事字、会意字以及形声字中的形旁属于意符,因为它们跟所代表的语素在意义上有直接联系。汉字里的音符指形声字中的声旁。虽然汉字和表音文字都使用音符,但汉字的音符同表音文字的音符有很大区别。表音文字的音符是专职的,汉字的音符是借现成汉字充当的,属借音符性质。在汉字发展的过程中,象形字大多变得不象形了。如古代汉字的"⊙""☽"演变成了如今楷书的"日""月",在字形上已经不太能看出与太阳、月亮的联系了,因此可以说已变成了记号。但是这些“记号字”在形声字中常作形旁或声旁,还起着表意或表音的作用,可见还不是单纯的记号,而是具有双重的性质:对古代的象形字来说,今天已演变成了记号,从形声字的偏旁看,这些字符号一直到今天仍保持着意符或音符的性质。

由于现代汉字以形声字为主,而形声字是意符和音符的结合,虽然音符是借汉字来充当的,但它毕竟是汉字的表音成分,记号在形声字中还起着表意和表音的作用,因此,从汉字使用的字符来看,主要是由意符和音符组成的一种文字系统。

汉字是语素文字和汉字是由意符、音符组成的文字系统,这两个方面是相关联的。语素文字要表示语素的意义,所以会选择意符和借音符性质的音符,把汉字两个方面的性质联系起来看,可以说汉字主要是由意符和音符表示的语素文字。

汉字记录的语言单位是语素文字;汉字所用的符号性质是意音文字,这两个结论是汉字性质的一种代表性看法,除此之外,还可以从其他的角度和途径去理解“汉字”。因为,对于同一事物的认识可以从不同的角度来进行,而各个角度的认识结果可能并不一致,所谓“横看成岭侧成峰,远近高低各不同”。任何单角度的考察往往只能揭示事物性质的某个方面,而难以反映事物性质的全貌,只有把各个角度的不同属性综合起来,才能获得对一个问题的全面而客观的认识,才能真正把这个对象区分出来。为了更准确地描述事物和区分事物,我们在确定某一事物性质的时候不妨多选择几个观察点,汉字的性质也应该多方面地考察,如果把各方面的考察结果综合起来,就有希望获得汉字性质的“准确、全面”的认识,就能避免各执一端的分歧争议。

下面再介绍一种与语文教学密切相关的看法。

四、汉字具有工具性和人文性

从汉字记录汉语所形成的作品——语文来看,汉字具有工具性和人文性。文字最大的功能是记录语言,汉字的最大功能是记录汉语,从书面语的角度考虑,汉字记录汉语的结果形成了语文。从文字记录语言的应用角度考虑,汉字的性质与语文的性质有很大的相似性。

(一)工具性是汉字的根本属性

我们先了解语文工具论。1978 年叶圣陶发表了《大力研究语文教学,尽快改进语文教学》一文,他指出:“……语文是工具,自然科学方面的天文、地理、生物、数、理、代;社会科学方面的文、史、哲、经,学习、表达和交流都要使用这个工具,要做到个个学生善于使用这个工具(说多数学生善于使用这个工具还不够),语文教学才算对极大地提高整个中华民族的汉学文化水平尽了份内的责任,才算对实现四个现代化尽了份内的责任”。1980 年的中学语文教材编辑座谈会上,叶老再次强调:“语文是人与人交流和交际的必不可少的工具。不善于使用这个工具,就无法工作和生活甚至可以说就不能做人。”从“做人”的高度认识语文的功用,使“工具论”又增加了新内涵。叶老的话较集中地表现了语文工具论的主张。概括地说,语文工具论,是以叶圣陶先生为代表的前辈语文教育专家,对语文传统教育深刻分析批判之后的产物,也是 20 世纪我国语文教学经验的根本性总结,对我国语文教学的发展无疑已经起了而且还在继续起着巨大的推动作用。当然,“语文工具论”也有一定的局限性:突出了语文的实用性,忽视了语文的其他属性;注意到其物质层面的属性,缺失了人文性和精神要素;强调了语文学科的基础工具性,削弱了语文的人文主义精神。

在汉字研究的历史上,也曾出现过文字工具论的主张:“科学的文字观告诉我们:文字不过是一种文化的工具。它是人们创造的,而且由于人们的不断努力,它永远是在演进之中。”①这种文字工具论,把握了汉字的主要职能。文字工具论对人们认识汉字的性质,破除文字神造说、文字神圣论来说,当然有很大进步意义,它打破了文字的神秘性,打破了对

① 周有光:《汉字改革概论》,文字改革出版社,1961 年版,第 2 页。

文字的迷信，给改革者开拓了道路。清末以来一浪高过一浪的汉字拼音化运动，就是在这一理论的指导下兴起的，但过分强调文字的工具性，会使人们忽视文字自身的规律和结构，轻视文字所具有的文化功能，任意地去改造汉字，给汉字的发展带来不利的影响。

(二)汉字也具有很强的人文性

为使语文学科性质的看法更加科学合理，现行的《语文课标》将语文定性为："语文是最重要的交际工具，是人类文化的重要组成部分。工具性与人文性的统一，是语文课程的基本特点。"工具性着眼于语文课程培养学生语文应用能力、实用功能和课程的实践性特点；而人文性着眼于语文课程对于学生的思想感情的熏陶感染的文化功能和课程所具有的人文学科的特点。工具性与人文性的提法符合当前课程改革的基本理念，也有利于语文学科的发展进步。

用来记录语文的汉字也具有很强的人文性。汉字是用来记录汉语语素的意音符号系统。从汉字的起源看，汉字是人类社会的产物，是由人创造出来的，所以具有人文性；从汉字存在的环境看，汉字与中国社会发展紧密相连，相互依存，共同发展，所以具有人文性；从汉字的功能来看，人们使用汉字记录汉语、交流信息，记录与交流的主体是人，所以具有人文性。

在汉字起源中介绍过仓颉说、八卦说、河图洛书、孔子造字、大禹造字说等传说，这些说法在学术上并不可靠，但创造和使用汉字的主体都有一个共同的特点：人及人类活动，这一主体特点一直影响和贯穿整个汉字的发展历史。甲骨文时代的巫师们，秦始皇的"书同文字"，李斯、赵高的小篆，程邈的隶书，王羲之的行书……这些实例都证明在汉字发展和汉字使用上做出过杰出贡献的主体都是人。因此，汉字的研究和使用应该关注人文性，这是无法回避的客观存在。

就文字与文化的关系来说，一种文字的历时效应越长，它所涵载的文化内容越丰富，一个民族和社会越发达，这种民族文字所包含的科学技术信息量也越巨大,那么这种文字的社会价值也越高。中国自周秦以来,数千年间由汉字所积累的文化典籍车载斗量、汗牛充栋,无法计数,它是中华民族最丰富的文化宝藏。我们学习研究汉字的目的,不光因为它是一种传递信息的工具,更重要的,还在于它是打开中华民族文化宝库的金钥匙,它是掌握和运用这种文化的唯一不可或缺的工具。

除了从语言单位、符号性质、语文性质三方面来论证汉字的性质外,有的文字学家还从社会的角度讨论文字的性质,提出“文字属于社会现象”,[1]指出:文字不是自然现象,也不是阶级现象或语言现象,它是依存于社会的社会现象。文字是社会现象。文字的发展变化受社会诸因素的制约,尤其是受社会关于书面记录和交际的需求量和文字承载量的制约,这是文字发展的一个普遍的规律。

第二节　汉字的特点

汉字的特点指的是汉字与其他文字的不同之点,主要是与拼音文字的不同之点。

一、汉字字数繁多,结构复杂,缺少完备的表音系统

汉字的数量,有一个由少到多的发展过程。中国科学院考古研究所编纂的《甲骨文编》共收字 4672 个,刘钊、洪飏、张新俊编纂的《新甲骨文编》收字 3504,基本反映了商代甲骨文的数量。容庚编纂的《金文编》收字 3772 个。商周时期汉字数量总体是差不多的。到了战国时期,文字数量大大增加,目前仅楚文字所见单字数量已有七千字左右,如果再算上其他系文字,总量大大超过甲骨文、金文的数量。《说文解字》大致反映出秦汉时期的小篆数量,其中正字 9353 个,重文 1163 个,共 10516 字。

---

① 王凤阳:《汉字学》,吉林文史出版社,1989 年版,第 22—24 页。

较战国文字又有了增长。南朝时期顾野王编纂《玉篇》,收字 16917 个。唐代王仁昫编纂的《刊谬补缺切韵》收字 18000 个。到了宋代,陈彭年编纂的《广韵》收字 26194 个,丁度编纂的《集韵》收字 53525 个。清《康熙字典》收字 47035 个,民国初年编纂的《中华大字典》收字 48200 个。徐中舒主编的《汉语大字典》收字 60370 个。用于处理中日韩越等国所用表意文字的 CJK 字符集及其扩展包目前已收字符十几万个。

这些收录几万字的字书、字典,其收录的绝大部分都是很少使用或不再使用的汉字,这些字在文献中都很少见到,只是被保存在字典中。真正常用的汉字数量,在各个历史时期基本稳定在五千字左右。即使在当前时期,现代汉语用字也只是在一万左右,国家公布的《现代汉语通用字表》收录汉字七千个,《现代汉语常用字表》收录汉字三千五百个。

汉字字数众多的根源在于汉语的特点。由于汉语的音节结构比较简单,音节数量比较少,和语言中的语素的数量相比较,简直不成比例。比如现代汉语声母和韵母拼合组成的基本音节只有四百来个,再配上四个声调也只有一千二百多个,而现代汉语语汇系统中的语素,多达数千个。在这种情况下,读音相同的语素就非常多,加之汉语词形简短,以双音节词为主,假借词也非常多,而且往往是常用词。假如书面上不用形体各异的汉字把这些同音的语素和词区别开来,就会造成混淆、造成使用上的混乱,影响交际使用,严重的甚至有可能引起误会,造成损失。汉字字形分化字义的作用,我们可以从一些汉字的分化过程看出来。比如“云(甲骨文)”,本意就是云彩的云,后来增加了“说话”的意义,为了区别,便另外造了一个“雲”来区别;“其(甲骨文)”本来就是簸箕的意思,后来产生了表示第三人称的意义,于是人们便在其字基础上增加一个竹字头,构成“箕”;“莫(甲骨文)”,从构形上看是太阳淹没在草丛中,就是傍晚黄昏的意思,后来引申出否定的意义,表示没有人,为了区别,于是在原字形的基础上另加一个“日”来区别,这就是“暮”字。类似的例子很多,例如“昏—婚”“然—燃”“止—趾”“采—採”“益—溢”等。可见,汉字字数繁杂,有其不便于学习掌握的一面,但也有其便于区别意义的一面。

汉字的结构复杂,可以从几个方面来看,一方面,汉字笔画很多,以七千个通用汉字为例,笔画在 7 画至 15 画的多达五千以上,最多的一个汉字笔画多达 36 画(齉);另一方面,汉字的结构单位笔画和部件,在组合成字时不是按照统一的方向排列组合的,而是上下左右全方位展开,多向行进,具有平面型特点,而且结构单位的组合模式也是多种多样的,笔画组合有相离、相接、相交几种,部件组合有左右结构、上下结构、包围结构、框架结构等,而且很多字往往是几种方式的总和,结构就更复杂了。所以,学习汉字如果只知道笔画部件,不知道结构方式,依然无法把一个字写出来。

而且,汉字结构中可以说是没有精确的表音成分,虽然汉字系统中有数量众多的形声字,但是形声字的音符并不能完全表音,由于汉语语音的演变,现代汉字形声字的音符表音情况复杂,有的音符在一个字中可以表音,在另外一个字中不能表音,这种情况夹杂在一起,很难判断,例如“台”在“抬、胎、邰”中是表音的,在“殆、怠、迨、治、冶”中是不表音的。根据现代形声字音符的表音情况,如果用音符去推断一个不认识的字的读音,大部分都有可能出错,而人们在使用汉字时,往往有这样一种错觉,认为汉字既然是音意文字,那么就可以利用其音符来推断字音,结果常常推断错误。例如下面这些汉字,之所以读错,很大程度上是人们盲目使用音符推断造成的结果:“诣、愎、菅、龋、啮、酵、涸、烨、酗”。人们常说,汉字难读,这同汉字结构上不能精确表音不无关系。

二、汉字构形具有理据,绝大多数是形声字

汉代的文字学家分析小篆系统所得出来的六种造字、用字的条例,称之为“六书”。“六书”讲的是用汉字记录汉语的六种表词法。汉字记录汉语的方法可以概括为 4 种:表形(象形字)、表义(指事字、会意字)、表音(假借字)、音意兼表(形声字)。汉字在造字初期是依据它所记录的某一个词义来构形的,在字形和词义之间存在着一定的联系,所以可

以利用字形分析来了解词义。在现代汉字中，形旁主要有两个作用：一是提示，二是区别。所谓提示，指的是形旁具有“见山之旁知山，见水之旁知水”的表义作用。形声字形旁的区别性能突出地体现在声旁相同的同音字上。大量的形声字是在假借的基础上通过加形旁或改形旁分化而成的。汉字由假借到形声大大增强了汉字的表意的理据。由于早期形声字是在假借字上加意符形成的，如果本源字和分化字存在着意义上联系，那么声旁不仅有示音作用，而且有示源作用。至于后期直接由形旁和声旁拼合而成的形声字，由于受到早期形声字声旁示源功能的类推影响，也往往选择具有示源作用的声旁。例如：“诽”字的音义来源于“非（）”，“闺”字的音义来源于“圭（）”，“湄、楣”的音义来源于“眉（）”，换句话说，“非、圭、眉”等字作为以上形声字的声旁，不仅有标示语音的作用，而且有指示语源的作用。这是语言的同源系统在文字系统上的体现，也是构成形声字声旁的一种理据。形声字声旁具有表音作用，因为声旁本身也是汉字，所以声旁的表音性质与拼音文字的字母表音决然不同。形声字的形旁提示语义，声旁提示语音，声旁相同的字以形旁区别，形旁相同的字以声旁区别，即使是形旁相同的同音字，也可以用不同的声旁区别。汉字构型的理据，尤其是形声字的构型理据，为记录汉语提供了一定的依据，为人们学习和掌握汉字提供了方便。

三、汉字是二维的平面文字

汉字在形体上表现为二维平面组合的方块形，构字部件沿着横向和纵向展开。例如，“林”“明”是横向组合，“炎”“赏”则是纵向组合，“照”“筋”既有横向组合，也有纵向组合。在平面内，不管有多少构成部件，都要均衡分布在一个方块的框架中；为了保持方块框架的平衡稳重，这些构成部件要服从方正的整体需要，而做必要的变形调整。大多数拼音文字的文字符号都是采取线形排列，顺着一个方向延伸的。

现代汉字的构字单位分为笔画、部件、整字三级。一个汉字，不论有多少笔画，多少部件，都要均衡的分布在方方正正的框架里，不能超越，所以,汉字又被称为“方块字”。方块形的汉字以平面作为信息分布形式,字形结构复杂,它的结构成分都是通过横向和纵向两个坐标来展开的,这就使笔画和笔画的组合方式各有各的模样,视觉分辨率高,有利于提高阅读的速度,便于形成书法艺术。

有人对7000个汉字的组合结构进行了统计,左右组合结构的字有4650个,约占66%;上下结构的字有1395个,约占19%,两类结构加起来有6000多字,占80%多,可见,二维方块式是汉字系统性的基础。①

从甲骨文到现代楷书,期间有过小篆的长圆和隶书的扁方等态势的不同,但总体来讲,保持方块型是基本不变的,汉字形成方块形特征的原因较多:(1)客观物体是以空间形式存在的,具体对象的空间转化为平面符号,一般是块状的,即使条状的对象,描绘出来也总是长度有限的条块状,可见,对于以“依类象形”为基础的表意文字体系来说,客观对象的空间决定了平面符号的块状性。(2)最早的书写工具是硬笔(棍棒、石块、刀具等),容易形成方折直线,这是方块汉字的框架基础。(3)甲骨上的自然格纹,简牍的长条形影响(为多写字,字的长度要适当限制)。(4)正方块在木板雕刻上最便利。(5)汉民族的思维习惯(天圆地方、方州、方局等)。②

四、汉字是形音义的统一体

因为汉字所记录的是语素,而语素是音义的统一体,每个语素既有声音又有意义,加上汉字的形体,所以汉字是形音义的统一体。一个汉字,它可能代表好几个语素,可能表示好几个音节,但是独立地看,每个汉字必定是表示一个音节的,必定是表示一个语素的,而且必定是有形的,所以有人说汉字的字音是汉字的名称,汉字的字形是汉字的躯壳,汉字的字义是汉字的灵魂,形象地说明了汉字是形音义三位一体的,是形

① 参见何九盈:《汉字文化学》,辽宁人民出版社,2000年版,第181—182页。
② 参见李运富:《汉字学新论》,北京师范大学出版集团,2012年版,第248页。

音义的统一体,三者之间密不可分。这一特点与音素文字和音节文字是很不相同的,例如英文的字母 a、b、c、d、e 等,日文的あ、い、う、え、お等,它们有形体,有自己的读音,但是没有意义,因此不是形音义的统一体,因为它们记录的是语言中的音素、音节,没有独立地和语素对应,因此单独看都是没有意义的。

正因为汉字的这个特点,所以我们初学汉字有一定困难,但是如果学习了一定数量的汉字以后,进而学习词就不困难了,例如我们学习了“电”字,可以和别的有意义的汉字组成“电话、电灯、电线、电视、电影、电流、电机、电表、电动”,而对这些个新词,我们基本上不用重新学习记忆,很容易理解掌握,因为我们学会了一个一个的汉字,实际上就等于学会了一个一个的构成词的语素,掌握了这些构词成分的形、音、义,再来学习理解这些个词语,自然就非常容易了。反观音素文字,人们在学习字的时候非常容易,比如像英文,只有 26 个字母,几节课就可以学会,日文有 50 音图,初学也很容易,但到了学习词的阶段,就比较困难了,因为每个词都有不同的拼写形体,记忆起来也并非易事。

五、汉字有较强的超时空性

汉字的超时空性,可以从两个方面来认识:一是古今一致性比较强,二是具有沟通方言的特殊作用。汉字的超时代性,就是古今可通,上千年前的文献中的汉字,今天我们照样认识,其中看不懂的,不是汉字本身,而是古今语素意义的变化。虽然汉字已经有数千年的历史,但是由于古今汉字结构方式、结构体系在本质上是一致的,同语言中的基本单位的对应关系相同,即都是记录语素(在古代同时又是词),没有发生本质的变化,所以就具有了通贯古今的特殊作用了。比如我国历史上宋话本、元曲、明清时代的小说,我们今天阅读起来基本上没有太大的困难。而同时代的用拼音文字记录的文献,今天一般人就很难看懂了,只有专家才能看懂,因为拼音文字要随词语读音的变化调整自己的拼写。

汉字的超空间的特性,还具有特殊的沟通方言的作用。汉语方言复杂，有七大方言（也有八大方言区之说），如果细分，方言更多，而且各方言间的差异特别大。口头上，好多不同方言区的人几乎不能进行交谈，除非用双方共通的中介语（如普通话），否则就不能进行沟通。可是书面上用汉字笔谈，就出现了非常奇妙的情况：无论你是上海人、广东人，还是湖南人、福建人，沟通毫无障碍。当然，汉字的这种沟通方言的作用，根本之处在于汉字记录的是汉语，虽然汉语方言众多，但各个方言的语法结构特点（词的特点、句子的特点）基本是一致的，语素意义差别小，不然，同样也是看不懂的。

六、汉字用于国际文化交流有一定困难

当今的世界，经济和科技的发展非常迅速，国际交往日益频繁。语言文字不但用于国内的交往，而且还要用于国际的交往。拉丁字母是世界性的字母，同是使用拉丁字母的国家，进行文字交流十分方便。科技术语可以转写，人名地名也可以转写。斯拉夫字母、阿拉伯字母、希腊字母等字母，和拉丁字母转换也不困难。而汉字的国际流通性比较弱，从国家来看新加坡在使用，日本和韩国还在部分使用，再有就是海外的华侨与华裔。汉字和拉丁字母的性质很不相同，要让拉丁字母的科技术语和人名地名变为汉字，要经过翻译。翻译费时费力，跟不上科技发展的步伐。这对我国的国际文化交流是不利的①。

从上面的分析可以看到，汉字的特点中有优点也有缺点，学习汉字，需要我们正确全面的认识汉字的特点，不过分夸大汉字的优缺点，学好汉字，使汉字在我们的生活和学习中发挥更大的作用。

---

① 参见苏培成：《现代汉字学纲要（增订本）》，北京大学出版社 2001 年版，第 8 页。

第三节　汉字和汉文化

汉字作为文化符号不只是表现汉语、储存信息、传达信息，在客观上它还为人类文化的发展起过特殊的促进作用。我们的祖先有四大发明，其中两大发明的造纸术、印刷术跟汉字有直接的关系，这是值得深入研究的。

早在 1936 年 2 月，北京大学中文系教授、语言学家沈兼士写了一篇《鬼字原始意义之试探》，发表在北京大学《国学季刊》五卷三号上，著名学者郭沫若、陈寅恪先生给沈兼士写信表示肯定，在信中，陈寅恪先生热情赞扬道："凡解释一字即是作一部文化史。中国近日著作能适合此定义者，以寅恪所见，惟公此文足以当之无愧也。"

同时代的著名学者闻一多也曾十分大胆地指出：《齐诗·东方未明》中的"折柳樊圃"与性欲有关，认为《谷风》中所讲到捕鱼的"笱(笱)"，也是隐喻女阴，与"媾(媾)""觏(覯)"有联系。[①]

沈兼士、闻一多等前辈的汉字研究突出了汉字的文化功能，给后来者提供了很好的研究思路。罗常培的《语言与文化》一书于 1950 年由北京大学出版社出版发行，此书虽然篇章较短，仍不愧为文化语言学的"开山之作"，20 世纪 80 年代以后，中国的文化语言学之路由此而生机蓬勃起来，并逐渐渗透到许多学科的研究中，取得了丰硕的成果。

汉字文化学的研究者认为，文化是一个国家、一个民族的灵魂。文化表现于人们的生活方式、传统习俗，文化更凝固于传统著作、经史子集中。清以前历代文献就超过 20000 余种（而精选文献组成的《四库全书》，收书 3503 种、79309 卷，存目书籍 6793 种、93551 卷，分装 36000 余

---

① 参见闻一多：《诗经的性欲观》，《闻一多全集》，第 3 卷，湖北人民出版社，1993 年版，第 190 页。

册，约10亿字），要读完实非易事。因此，庄子2000多年前就感叹："吾生也有涯，而知也无涯。以有涯随无涯，殆已。"典册、书籍之物质载体是竹木简牍，是笔墨纸砚，而其内容载体则是汉字。因此，我们认为，由汉字入手，读其音，解其形，悟其义，达到品读中国文化的目的，实为一条捷径。

一、汉字是汉文化的一部分

（一）"文化"的来源和含义

"文化"是中国语言系统中古已有之的词汇。"文"的本义，指各色交错的纹理。《易·系辞下》载："物相杂，故曰文。"《礼记·乐记》称："五色成文而不乱。"《说文解字》称："文，错画也，象交文"均指此义。文化在汉语中实际是"人文教化"的简称。

"化"，甲骨文写作，小篆作，本义为改易、生成、造化。如《庄子·逍遥游》："化而为鸟，其名曰鹏"。《易·系辞下》："男女构精，万物化生"。《黄帝内经·素问》："化不可代，时不可违"。《礼记·中庸》："可以赞天地之化育"等。归纳以上说法，"化"指事物形态或性质的改变，同时"化"又引申为教行迁善之义。

"文"与"化"并联使用，较早见之于战国末年儒生编辑的《易·贲卦·象传》：(刚柔交错)，天文也。文明以止，人文也。观乎天文，以察时变；观乎人文，以化成天下。

西汉以后，"文"与"化"方合成一个整词，如"文化不改，然后加诛"（《说苑·指武》），"文化内辑，武功外悠"（《文选·补之诗》）。这里的"文化"，本义就是"以文教化"，它表示对人的性情的陶冶，品德的教养，本属精神领域的范畴。

现在的"文化"可以有广义和狭义两种理解。广义的文化指人类在社会实践中所创造的物质财富和精神财富的总和；狭义的文化指社会的意识形态，以及与之相适应的制度和组织结构。

“汉字文化”是汉民族文化所属各种文化中的一种。“汉字文化”既不等于汉字，也不等于汉语，它是指汉字的文化内涵和意义。“汉字文化”具体是指：由汉字直接和间接产生的中华民族物质财富和精神财富的总和。

(二)汉字与文化的关系

汉字常能折射出社会的文化烙印，并在历史演变中进一步透视出文化变异的信息，所以，汉字与文化的关系非常密切。

1. 汉字从属于汉文化

有人说：“汉字是汉文化的根。”这种说法是倒果为因，事实上汉文化是汉字的根。因为汉文化比汉字的历史要长久得多，先有汉文化而后有汉字。我们当然也看到，汉字产生之后对促进汉文化的发展起了巨大的作用。①

汉字是记录汉语的视觉符号系统，是文化的重要载体，而文字本身也是人类创造的，所以说“文字是文化的产物，又服务于文化，促进文化的发展，它自身又是文化的一个部分”②。换句话说：汉字是汉民族文化的一部分，汉字与文化是部分与整体的关系，汉字的创造和使用是一种文化现象，也就是说，汉字是汉文化的一个子项。

汉字主要通过字形蕴含中国文化。人类在农业化时代的后半期开始创造文字，经过漫长的岁月，最终形成了能完整地记录语言的文字体系。文字的产生是人类社会由野蛮进入文明的标志。不同民族创造文字的时间虽然有早有晚，但是各种民族文字都是该民族文化的重要组成部分。汉字字形较集中地反映了中国文化，因为汉字的创造和演变渗

① 参见苏培成：《现代汉字学纲要（增订本）》，北京大学出版社，2001 年 12 月版，第 12 页。

② 何九盈：《汉字文化学》，辽宁人民出版社，2000 年 1 月版，第 42 页。

透、固化了当时的文化信息。汉字的音义虽然来源于汉语，而汉字的形体及其与汉语音形义的结合则源于对客观事物的认识。在汉字的创造过程中，汉人祖先将自己对外部世界的感受和观念，将自身的情感体验和道德标准融入了汉字，使得汉字能够体现中国人的文化思想和民族精神。所以汉字不仅是有声汉语的记录形式，而且是可以直接反映客观存在、体现认识主体心灵的符号。从这个角度讲，汉字不仅仅是一种文化的负载体，而且是文化的“化石”。

汉字的形体和职能虽然经过了几千年的发展演变，但其理智性的结构特点、艺术性的意象本质并没有发生根本性的变化。汉字形体，尤其是古汉字的形体，沉淀了非常丰富的历史文化信息。与拼音文字相比，汉字所涉及的文化事项更多，跟古代社会的文化事项关系会更密切，以至在远离当初文化环境的今天，它们仍然可以进行汉字与汉文化的互证。

在研究汉字与文化的关系时，有一种观点认为：用汉字来证文化，目的是说明文化现象，那应该属于文化学；如果用别的文化现象来证汉字，目的在阐释汉字现象，那应该属于汉字学。[①] 这种观点从学科研究的目的性上看有一定的道理。汉字与文化相结合的研究就是汉语文化学，文化学与汉语文化学两者不是并列关系，在研究原则、方法等方面汉语文化学只能从属于文化学，两者不是同一平面的对象。如果真要揭示两者之间的关系，那就是逻辑学上所说的母子关系、包容与被包容关系、从属关系，文化学是母项、包容者、种概念，汉字文化学是子项、被包容者、属概念。

如果从另一个角度来分析汉字与文化的关系，还可以有不同的发现。文化学与汉字文化学两者之间可以相互为证，“汉字与中国文化的其他子系统的互相影响和制约，使汉字这种世界文字中使用历史最为悠久的文字与民族文化的关系显得更为亲密。对于汉字的研究，离不开文

① 参见李运富：《汉字学新论》，北京师范大学出版集团，2012 年版，第 245 页。

化的阐释，因为文字本身就是文化的一部分。对于中国文化，特别是汉民族文化的研究，汉字，尤其是古汉字，也是不可或缺的研究对象。人们一方面可以从文化的角度来看汉字对汉文化的影响，如对汉语发展的促进与限制，对民族团结、国家统一的历史作用，对汉民族思维方法、认识模式的深刻影响等；另一方面可以用文化的眼光来考察汉文化对汉字发展、使用的影响和规约，探讨汉字系统中隐含的汉民族的心理状态、价值观念、生活方式、思维特点、道德标准、风俗习惯、审美情趣等各个方面的特殊文化因素，从个体字符的构形上获取其所携带的物质文化信息、精神文化信息和方式文化信息”①。在汉字的研究过程中，如果能充分利用文化学与汉字文化学两者之间的互证关系，汉字学将会有新的发现，文化学也会有新的进展，形成相互促进的良好态势。

2. 汉字推动汉文化的发展

汉字从属于汉文化，是汉文化的一部分，它是汉民族为了交流思想、传递和保存信息，在漫长的时间里不断创造出来的书写汉语的符号系统。它的发生、发展和演变都要受到其他文化因素的影响和制约。这种制约隐含在汉字系统中，反映汉民族的价值观念、生存方式、思维特点、风俗习惯等内容。同时，汉字又是汉文化的特殊部分，它不仅是一种文化现象，而且还是承载和传播文化的工具，负载了大量的文化信息。与此同时，汉字又推动了汉文化的发展，汉字在表现汉民族对各种事物的观察、思考、认识及反映汉文化的同时，还推动了汉文化的发展。

例如，汉字的产生发展史，其实就是汉字字体的演变史。从最开始的甲骨文、金文、石鼓文、小篆至隶书、草书、行书，最后至楷书，每一字体都有自己的特点，表现不同的意境，具有不同的艺术效果。这些不同的字体以及各种字体的鲜明特点，为书写者追求不同的书写风格、书写效果、书写意境提供了多样的选择，推动了书法艺术的不断发展。

没有汉字，中国人的智慧就得不到充分的发挥；没有汉字，历史和科

---

① 郑卓睿：《汉语与汉文化》，汕头大学出版社，2004年版。

技也无法记载和流传至今；没有汉字，思想和艺术更不可能得以广泛传播和日益提高。

（三）汉字具有丰富的文化功能

中国古代汉字研究形成三大传统：汉字是有灵之物（图腾崇拜、文字崇拜、神道设教等）；汉字是“经艺”“王政”的根本（儒学为基础）；汉字是艺术品。①

汉字作为语素文字，是形音义的统一体，它在自身的结构中包含着丰富的文化因素。从字形里体现出来的构字理据，反映了汉民族的文化特征，具有丰富的文化功能，汉字的文化功能至少体现在以下几个方面：②

尼雅简《仓颉篇》残片：
豁谷阪险，丘陵故旧，
长缓肆延，涣

1. 传播功能

任何文字都是为了满足交流实用之需而创造的。文字作为口头语言的书面体现者，在时空两维中都极富传播力度，是文化交流和文化整合不可缺少的工具。

历史上，汉字作为中原文化传播的载体，在文化传播方面起到了重要的作用。春秋战国时期，由于长期的分裂和战乱，列国所用的文字形体产生了地域特征，从而形成了秦、楚、三晋、齐、燕五系文字。各国在占领区积极推广自己的文字，进而也促进了文化的传播。如秦国在占领区通过推广秦文字，将秦国的法律、制度传播到该地区，为之后的大一统奠定了基础。如

① 参见何九盈：《汉字文化学》，辽宁人民出版社，2000 年 1 月第一版，第 92 页

② 参见詹绪左、朱良志：《汉字的文化功能》，《天津师范大学学报》，1994 年第 1 期。

四川青川郝家坪50号墓出土的青川木牍,湖北云梦睡虎地出土的睡虎地秦简,都反映了当时秦文字在当地的行用情况。再如,1993年在中日尼雅遗迹学术考察第五次调查中,于尼雅14号遗址采集到《仓颉篇》木简2枚。《仓颉篇》是秦汉时期重要的习字教材,尼雅木简上的汉字字迹优美,体现了两汉时期以汉字为代表的中原文化在西域的传播状况。

2. 确证功能

汉字的文化确证功能处于隐性的层面,不太为人注意,但这种功能却在中国文化的发展过程中留下深深的印迹。所谓确证功能,就是以文字来证明文化,这在世界上其他民族中并不多见,但在我国却非常普遍。在中国文化发展的浩浩长河中,汉字能被用来证明一个朝代统治的合法(武则天造字),能够给人们思想行为提供某种规范,甚至被认为具有预卜凶吉、除妖祛病的功能(道教的符箓)。汉字常常不仅仅作为文字符号来看待,同时还被视作挟带着某种观念的神秘符码(文字崇拜)。

3. 镜像功能

世界上各民族文字均凝结着一定的文化信息,汉字中蕴含的文化信息更远非其他文字可以相比,它是世界上至今唯一还在使用的象形文字系统,虽然大多数字已失去其象形的外貌,但在本质上还保留着早期文字的许多特征,而且愈古其特征愈明显,汉字这种重视"象"的感性形式更易于摄入文化信息。在静态形体中流淌着民族文化心理的潜流,映照着历史演进的进程,呈现着先人智慧的灵光异彩。例如,"宫"字甲骨文写作"",象一座大型建筑开着多个窗口,《说文解字》:"宫,室也。从宀,躳省声。凡宫之属皆从宫。"从字形上分析,宫就是一般的建筑,《说文》将宫释为室正符合字形义,汉字字形记录了"宫"的本义。为何后来"宫"专指帝王的宫殿呢?《释文》:"古者贵贱同称宫。秦汉以来,惟王者所居称宫焉。"所以,先秦以前的"宫"字要理解为"室"(一般的居室)。例,《礼记·内则》:父子皆异宫。《易·系辞下》:"上古穴居而野处,后世圣人易之以宫室。"

再如,我们可以从汉字考察中国远古时期的婚姻制度。如今人们多从父姓,但表示姓氏的“姓”字却从女从生。《说文解字》:“䊵(姓),人所生也。从女从生,生亦声。”姓字本义为人由谁所生。如《左传·昭公四年》:“问其姓,对曰,余子长矣,能奉雉而从我矣,”陆德明释文解释道:“女生曰姓。”这里的“姓”,用的就是本义。远古时期的姓,大都是从女的,如黄帝姬姓、神农姜姓、少昊嬴姓、虞舜姚姓、夏禹姒姓。这反映出,姓最早是用来分别母系关系的,是母系社会时期的遗留。《白虎通·号》记载:“古之时未有三纲、六纪,民人但知其母,不知其父。”这种“但知其母,不知其父”的现象,正是源于母系氏族社会时期的群婚制。《吕氏春秋·恃君》:“昔太古尝无君矣,其民聚生群处,知母不知父,无亲戚兄弟夫妻男女之别,无上下长幼之道。”史籍中对商王、周王始祖的记载,也是详于母亲,而对于父亲却语焉不详,如《史记·殷本纪》:“殷契,母曰简狄,有娀氏之女,为帝喾次妃。三人行浴,见玄鸟堕其卵,简狄取吞之,因孕生契。”《史记·周本纪》:“周后稷,名弃。其母有邰氏女,曰姜原。姜原为帝喾元妃。姜原出野,见巨人迹,心忻然说,欲践之,践之而身动如孕者。”《史记》中记载商王的始祖契,其母亲是有娀氏之女简狄,周王的始祖后稷,其母亲是有邰氏女姜原。但契与后稷的生父则没有道明,只说是感天受孕。这一方面是为了表明两人是天帝之子,将祖先神化,另一方面也反映出契与后稷并不知其生父是谁。

4. 表现功能

表现功能是说汉字的形体具有激越人们情感和表现情感的功能。诗人刘湛秋在《我爱你,中国的汉字》中说:“它们可不是僵硬的符号,而是有着独特性格的精灵。……这些横竖勾勒的奇妙组合,同人的气质多么相近。它们在瞬间走向想象,然后又从想象中流出,只在记忆中留下无穷的回味。这是一些多么可爱的小精灵呵!”在这里汉字已不是语言符号,而成了和人们情感相通的独特形式。20 世纪 80 年代以来,中国的许多画家从汉字中汲取营养,创作了许多极富创意的作品,成为现代美学新潮的重要组成部分。从中也可看出汉字的潜在表现能力。

汉字文化的传播功能、确证功能、镜像功能、表现功能主要通过汉字的形体显现出来，并“因形以考音，因声以知义”，揭示汉字音形义蕴含的丰富民族文化。由于古今汉字形体变化较大，探寻汉字形体的文化意义原则上要以古文字作依据①。

二、正确看待汉字的文化功能②

（一）客观的汉字文化功能

在汉字发展的历史长河中，汉字的确积累了无穷的文化宝藏，许多汉字文化现象值得我们世代继承和发扬，但也应该看到，汉字的文化功能不是超越一切的，不能过分的夸大汉字的文化功能。

汉字与文化之间虽然存在着互证关系，但这种互证关系并不完全对等。从总体上来讲，文化对汉字的证明功能要大于汉字对文化的证明功能，因为汉字毕竟是一种记录语言的符号，而且是历史积淀的产物，尽管它与文化之间存在着密切的关系，但它并不具备细致描写文化的功能，也不具备最终确认文化的功能，更不具备确认文化所属时代的功能。这就要求我们在进行汉字文化研究时，一定要对汉字文化功能的有限性有清醒的认识，准确把握汉字文化功能的量度，而不能随意加以夸大。王宁先生指出：“汉字中所贮存的文化信息，只能从每个字的构形——一个小小的方寸之地，简化了的线条、笔画，以及字与字的关系中得到，所以是有限的，如果夸大它，从自己的主观臆测出发，弄出许多玄之又玄，广之又广的新鲜事来，其实是难以说服人的，也就把《说文解字》与中国古代文化这个题目给糟蹋了。”③

汉字构形系统是历史积淀的产物，是伴随着人类社会的发展逐步形

① 参见何九盈：《汉字文化学》，辽宁人民出版社，2000年版，第182页。
② 参见王立军等：《汉字的文化解读》，商务印书馆，2012年版，第1—5页。
③ 王宁：《〈说文解字〉与中国古代文化》，辽宁人民出版社，2000年版，第2页。

成的，这就决定了它必然具有很强的历史层次性。但当汉字积淀为一个完整的构形系统时，这种历史层次性已深深地隐藏在整个构形系统的背后，变得很难甚至无法考察了，因而也就无法运用汉字去确认文化所属的时代。汉字构形中包含的一些文化现象，究竟应归属于哪一历史层面，一定要持谨慎的态度，要尽可能排除主观随意性，在汉字构形和文化现象之间建立起客观、真实的联系。有人不了解这一点，而是笼统地不分时代层次地去考察汉字的文化功能，其结果只能导致错误的结论。如同样是《说文·女部》字，有人根据从女的字多，认为“男女地位的不平等完全可以从汉字字形中得到充分的证明。《说文》中女部下面有 258 个字，可以看出早先妇女的社会地位是比较高的”。有人又认为，女部中的“大量贬义词，反映了古代社会女子地位低下，受歧视受侮辱”，依据同样的《说文解字》，同样的女部，为什么会有如此差异的结论呢？问题的关键在于《说文·女部》字本身的复杂性，它们决不可能是同一时代产生的，因而也就不可能反映某一个时代的社会观念。究竟哪些汉字起源于母系社会，哪些汉字起源于父系社会，现在已无法考察，所以，单凭女部字，既不能证明“早先”妇女的社会地位高，也不能证明“古代”社会女子地位低。

汉字是一个符号系统，每个字符的存在都受着系统的制约，它既以某种方式与其他字符相联系，又以不同的构形与其他字符相区别。联系和区别是每个字符存在的两个必要条件，是汉字符号的本质内涵。汉字符号的系统性特点要求我们在分析汉字构形时，一定要从系统性原则出发，而不能孤立地分析单个字符。如有人认为甲骨文“母（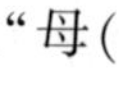）”字中的两个指事符号象征“胸前两乳十分发达”，并据此论证原始社会存在女性生殖崇拜。这种论证是十分牵强的。汉字造字最初采取的是依类象形的方法，而象形就是要突出事物的显著特征，只有如此，才能将相类似的事物区分开来。如“牛（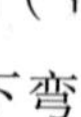）”“羊（）”二字的构形就突出了牛角和羊角一个向上弯、一个向下弯的特点，从而使二字的形体有了明显的区别。

“母”字的构形之所以突出两乳，也是出于与其他字符相别异的考虑，因为“女()”字所表示的母亲和“女”字所表示的女子在外形上很难区别，除了母亲的乳房比一般女子较为发达外，其他特征很难在字形中体现出来，于是，古人便在“女”字的基础上加上表示乳房的两点，作为“母”字的构形。这种构形，既保持了与“女”字的联系，又体现了与“女”字的区别，显然是为了满足汉字构形系统性特征的需要，而不是为了表示什么生殖崇拜。可见，汉字是一个具有严密系统性的符号体系，每个字符都不是孤立存在的，而是受整个系统制约的。因此，我们不能为了一时方便而胡乱讲字，否则就会造成困惑，甚至是歪曲汉字历史。

总之，汉字文化必须建立在科学的基础上，不能违背汉字的发展规律，也不能违背文化的发展规律。汉字文化学是科学，不是幻想，更不是个人无根据的联想和猜测。汉字构形确实蕴涵着丰富的文化内涵，在文化研究方面具有极大的参考价值。但是，我们在研究汉字文化时，一定要用科学的理论来指导，用谨慎的态度去操作，要树立正确的汉字文化观念，准确把握汉字文化功能的量度，合理分析汉字的构形；要明确汉字文化研究所要达到的目的，弄清汉字文化研究所要解决的问题以及能够解决什么问题，正确认识汉字文化学方法的适用对象，避免出于赶时髦心理的随意滥用。只有这样，才能使汉字的文化功能得到正确的体现。不过，要想做到这一点并不容易，既需要有坚实的汉字学功底，又需要有较高的文化学修养，两个方面缺一不可。

（二）汉字文化功能的民族性

文化现象与自然现象的差别是显而易见的。自然现象一般说来只有共性，而没有民族的个性，文化现象虽然也有共性，但是更值得注意的是民族的或区域的个性。例如化学反应中西一律，但是绘画风格中西迥异。因此研究自然现象的学科四海咸宜，研究文化现象的学科却不能强求一律。例如物理学中西无别,文字学却相违甚远了。①

汉字是文化现象,具有社会性,应该具有民族个性。因为,具有民族特异性的文化,总是受到特殊的自然与社会环境、民族生活和民族习惯、民族心理的影响,是在长期的历史发展中逐步形成的。它更容易反映后天形成的综合的文化的深层结构。探讨汉字与文化的关系,应当对这部分材料给予更多的重视。

汉字文化功能的民族性主要通过独特的汉字本体元素和多样式的汉字文化呈现出来,较集中的表现为以下几方面:

1. 汉民族重形象的表现形式。汉民族偏重表象的思维是一种近乎"形象思维"的模式,这不是说汉民族的思维品质不好,主要是汉民族的原始思维模式就是建立在"观物取象"的基础上的,感性的成分就占了优势。这种思维的模式体现在汉字造字上就是许慎在《说文解字·序》里所说的:"古者庖牺氏之王天下也,仰则观象于天,俯则观法于地,观鸟兽之文与地之宜,近取诸身,远取诸物;于是始作易八卦,以垂宪象。……仓颉之初作书也,盖依类象形,故谓之文。其后形声相益,即谓之字。文者,物象之本;字者,言孳乳而寖多也。""仰、俯、观"是观察的角度多,"天、地、鸟兽"是观察的对象多,"观物取象"的结果是产生了汉字,出现的顺序是先有"文",再有"字"。可见,没有形象思维就没有汉字的产生。

2. 汉民族有独特的审美情趣。汉民族喜爱四平八稳,以对称为美,喜欢成双成对,两两照应,这些审美取向产生了许多世界上独一无二的艺术形式,对联、书法、篆刻、回文等正是汉民族艺术形式最典型的表现,"雾锁山头山锁雾,天连水尾水连天"(厦门鼓浪屿联)这一回文对联最能体现这一特点。

3. 汉民族性格较为含蓄。因此在汉语中,利用汉字独特的音形义条件构成了比喻、一语双关等多种修辞手法。

---

① 参见邵敬敏:《文化语言学中国潮》,语文出版社,1995 年版,第 3 页。

4.汉民族风俗文化特征。汉字字形中保留了许多礼俗、服饰、饮食等风俗文化特征。如:《说文解字》:“(尾),微也。从到毛在尸后。古人或饰系尾,西南夷亦然。凡尾之属皆从尾……今隶变作尾。”甲骨文和小篆的“尾”字都像一个人的后面长了一条尾巴,其实,这不是尾巴,是尾饰。尾饰最早是原始狩猎中用于伪装的工具,随着社会的发展,尾饰失去了它的原始意义,审美功能日益突出,广泛的用于服装设计中,汉字字形中记录了这一变化过程。汉字字形中反映的礼俗、服饰、饮食等风俗文化不是个别现象,而是形成了组别和聚合:炙、豆、烹、鬲、簋、既等字反映了饮食文化;死、丧、亡、葬、崩、斃等字反映了丧葬文化……

民族性的形成与汉字的形成都是中华民族长期与自然界斗争认识理解改造自然的结果,是民族久远文化的积淀,在它们共同的形成过程中,必然相互影响以至相互作用,并在运动变化中发生碰撞、交融,共同推动中华民族的发展进步。

第四节　汉字文化圈

一、“文化圈”与“汉字文化圈”①

(一)“文化圈”

近代兴起的文化学和文化史学的显著特色之一,是能够站在全球视角,关注多种文化的个别性与联系性,于是,“文化圈说”应运而生。率先提出此说的是文化传播学派。这一学派的代表人物——德国学者格雷布内尔(F·Graebner 1877—1934)与奥地利学者施密特(W·Schmidt

① 本部分根据冯天瑜《“汉字文化圈”刍议》一文整理,载《吉首大学学报》(社会科学版)第25卷第2期。

1868—1954)在20世纪初叶提出“文化一次发生论”和“文化圈理论”。“文化一次发生论”具体展开为“埃及中心主义”，认为重要的文化成就(如文字)发端于埃及，并且总是只发生一次，然后沿着埃及→腓尼基→克里特→希腊迈锡尼半岛这一路线扩散开来，其他地区所享用的文化成果也由这一发源地传播而来。此说陷入独断性，直接导引出欧洲中心主义，因而遭到批评与抵制。“文化圈理论”认为，世界上存在若干文化圈，每个文化圈包含一定的物质文化和精神文化的共有成分，文化圈由核心(文化源地)和边缘(文化受容区)组成，核心影响并制约边缘，边缘则反作用于核心，随着历史条件的变化，核心与边缘可以置换，在各文化圈之间，也发生强度不等的相互作用。“文化圈说”反映世界文化史实际，因此被普遍采用。

“文化圈”作为文化传播形成的文化场，指具有相同文化特质、文化结丛的文化群体所构成的人文地理区域，往往是由某一先进民族或国度组成“中心文化丛”，以其首创的文化影响周边地区，历经岁月，在核心与边缘的互动中逐渐形成。目前学术界较普遍的看法是，希腊、罗马文化，从希伯来到伊斯兰时期的闪族文化，印度文化，汉字文化，都曾是具有强大扩散力的文化源地，在很长的时段和相当广阔的地域，形成各自的文化圈。另外还有一种更具全球视野的划分：即东地中海文化圈(后扩展为北大西洋文化圈，即俗称的西方文化圈)、西亚北非闪族文化圈(今伊斯兰文化圈)、南亚文化圈、东亚文化圈和中南美印第安文化圈。

(二)“汉字文化圈”

“东亚文化圈”以地理属性得名，其范围约指东亚大陆及周边半岛和岛屿，大致包括今天的中国、朝鲜、韩国、日本、越南、新加坡。从人类学看，这一区域居民同属蒙古人种；从文化人类学看，这一区域居民的文化共相是汉字、汉文、儒学、华化佛教、中国式律令制度，以及中国式生产技术、生活习俗等。这一以中国大陆为主体，以中南半岛东侧、朝鲜半岛为两翼，日本列岛等地为外缘的文化圈，从泛宗教视角可称之“儒教文化圈”“华化佛教文化圈”。而汉字千百年间在这一广袤地域是通用的官方文字和国际文字，中国式农业及手工业技艺、儒学、华化佛教、中国式律令均由汉字记述与传播，它们共同组成以汉字为信息载体的“汉字文化”。所以，这一区间最传神的称号是“汉字文化圈”。

“汉字文化圈”包括使用汉字或曾经使用汉字，并承袭汉字文化传统的民族与国家。这些东亚民族及国家并无共同语言，除中国大陆及台湾的汉人、新加坡等东南亚华人是以汉语为母语外，其他如中国的众多少数民族及越南人、朝鲜人、日本人等，都有各自的语言，却曾经或至今仍在使用汉字或汉字型文字，并且长时期以汉文、儒学、华化佛教、中国式律令等汉字文化要素作为自己传统的重要组成部分，人们能读写汉字，根据汉字的书写格式和文法进行思想文化交流。例如中国人与日本人在语言不通的情况下，可用汉字、汉文进行“笔语”，达成一定程度的沟通。语言相异而文字相通是汉字使用范围内所特有的现象。

汉字文化圈的存在是一个不争的历史事实，汉字新造字在日本的出现也印证了汉字文化圈的实际存在。东汉许慎的《说文解字 · 鱼部》收字 103 个和 7 个重文，共计 110 个字，超过收录字总量的百分之一，应该说已经不少了。到了汉字逐渐从朝鲜半岛传入日本时，此时鱼部字的总量肯定还会有一定的增加。因为汉字起源的地域主要在黄河流域，内陆环境鱼类较少，日本则是个岛国，鱼类资源丰富，许多居民主要靠渔业为生，对鱼的种类的了解和识别，关系到自身的生活和社会经济的发展，在这种情况下，鱼部的汉字不能满足日本居民的需要，于是就按照鱼的特性，在符合汉字结构的前提下，创造了一些当时日本特有的汉字，如，“鮗”（冬天才能捕到的鱼），“鰯”（弱鱼，离开水很快就会死掉），“鯱”（显得比较老成的鱼），“鱈”（肉色雪白的鱼），“鮲”（隐藏在沙地里的鱼），“鰹”（一种晾干以后的吃鱼）。说明汉字强大的生命力、影响力。[①]

“汉字文化圈”这一概念并非在汉字的发祥地中国提出，而是日本学

① 参见王继洪：《汉字文化学概论》，学林出版社，2006 年版，第 13—14 页。

者率先使用的。20世纪中叶，日本人已提出“汉字文化圈”概念，昭和三十八年(1963)平凡社出版的河野六郎执笔的《日本语历史》多次出现这一短语，其中第三章更是专门讨论“汉字文化圈”的形成及演变。此后，语言学家藤堂明保系统阐述“汉字文化圈”的内涵，探讨汉字文化圈的形成及发展历史，对这个概念予以学术界定。1974年美国汉学家开始使用“汉字文化圈”一语。20世纪80年代以来，周有光、陈原等中国语言学家也采用这一概念。现在“汉字文化圈”已成为通用短语。1988年，日本语言学家野村雅昭给“汉字文化圈”下过定义：在东亚位置上，由于中国的政治、文化影响，形成过去使用汉字，或现在仍然使用汉字的地域，总称为“汉字文化圈”。

二、汉字的传播

在漫长的岁月中，汉字伴随着灿烂的中国文化向四方传播，逐渐形成了汉字文化圈。汉字文化圈的范围是指包括中国、朝鲜半岛、日本群岛、以及东南亚的广袤地带，包括几十个独立国家和地区。在这一地区，语言情况复杂，除了中国大陆、台湾地区、新加坡等，把汉语作为母语或官方用语之外，其他国家都有自己的语言。这些有自己语言的国家和地区，有的在历史上曾借用过汉字，如朝鲜和越南；有的至今还在使用汉字，如日本、新加坡等。汉字文化圈的形成丝毫不带强迫成分，完全是由这些国家或地区自觉自愿地接受使用，这是因为汉语汉字创造了在东方地区遥遥领先的古代文化，汉字记载了先进的文明成果，这些文明的成果传播的过程中带去了作为其载体之一的汉字。

汉字向南传播，从黄河到长江直到现在的云南、广西和越南等地。广西的壮族仿照汉字创造了壮字，云南的白族仿照汉字创造了方块白文，方块白文是白族民间长期使用的一种汉字系文字，历史上称为“白文”或“僰文”。中国境内还有瑶族文字、“方块苗文”“水书”等少数民族文字都曾受到汉字的影响。在越南，秦始皇三十三年设象郡，郡治包括今越南的北部和中部；汉武帝平定南越国，今越南的北部和中部已成为汉朝的交趾、九真和日南三郡，汉字随行政的需要南行至岭南直到现在的越南，据说大约在公元前 40 年汉字传入越南，越南把汉字称为“儒字”，意思是儒家的文字。在这之后的一千多年间，汉字成为越南的正式文字。唐宋时代，越南开始借用汉字书写自己的语言，以后在相当长时间内越南语和汉语两种语言并用，汉语和汉字作为正式的官方语言和文字，这种文字被称为“汉越字”。上古汉语的借词在汉字初始传入越南时就被越南语所吸收，到公元 12 世纪前的一段时间，越南语中出现了大量的系统借用的“汉越字”，是官方和民间宗教活动的正式文字，被越南人民视作本民族的文字。10 世纪以后仿照汉字创造了方块喃字，又称“字喃”，“喃”即通俗的意思，是按照汉字的造字方法，以汉越音为读音而创造出来的越南民族文字，是一种半表音、半表意的以汉字为基础的方块字。19 世纪中叶，越南被法国占领后，语言文字生活也发生了巨大的变化。1885 年法国在越南南方推行拉丁化拼音文字，方案由法国神甫罗德设计。1945 年越南独立以后作为法定文字，称为“国语字”，汉字则被废除了，与汉字有深远渊源关系的喃字也衰落了，越南法律规定以拉丁化拼音文字为法定文字，不再使用喃字，但汉字对越南各方面的影响至今仍然存在。

汉字向北传播，传到了我国现在的内蒙古、辽宁、吉林、黑龙江、宁夏和甘肃，产生了契丹字、女真字、西夏字。契丹族所建立国家后改国号为辽，其疆域东北到今日本海黑龙江口，西北到蒙古人民共和国中部，南到今海河、河北霸县、山西雁门关一带。契丹族仿照汉字而创立了契丹字，分为契丹大字和契丹小字两种。契丹大字是方块形的表意文字，其中夹用汉字；契丹小字的产生稍晚于契丹大字，是拼音的方块组合。女真族首领称帝后建立金朝，其疆域东北到今日本海、鄂霍次克、外兴安岭，西北到蒙古人民共和国，西以河套、陕西横山、甘肃东部与西夏为界，南以淮河、秦岭与南宋接界，女真字以契丹大字或汉字为基础增减笔画而成，后世称之为女真大字，12 世纪中叶又创制了按音拼写的女真小字。党项族建立的西夏国包括今宁夏、陕西、甘肃西北部、青海东北部和内蒙古一部分地区,1227 年为蒙古所灭。西夏文是仿照汉字楷书而创制的,笔画比汉字复杂,多在十画以上,呈方块形。

汉字向东传播到朝鲜和日本。汉末到三国时期,汉字传入朝鲜,成为正式文字。朝鲜人同中国人一样,学习用汉字书写的“四书”“五经”。此外,汉字也用以记录朝鲜语,但汉语和朝鲜语相差甚远,汉字不适应朝鲜语的特点,因此在朝鲜李朝世宗二十八年(1444),为发展民族文化,创造了朝鲜语的表音字母——训民正音,称为“谚文”。19 世纪,汉字谚文混合体称为正式文字,汉字写词根,谚文写词尾。第二次世界大战后,朝鲜南北分别成立政府,在北部建立的朝鲜民主主义人民共和国,从 1948 年开始废止汉字,要求除涉及古文以外的文章一律都用朝鲜字母书写。尽管汉字被废止,就国家而言,汉字的教学活动仍在进行。1968 年恢复了汉字教学,同年发行的汉字教科书使用汉字 1500 个。各类全日制中学从初中开始就教学生学习汉字,一直到高中毕业,要求学生能掌握 2000 个左右的汉字,少数大学还开设了古汉语课。南部建立的大韩民国国会于 1948 年颁布《谚文专用法案》,限制使用汉字,1972 年制定《教育基础汉字表》,收字 1800 个,韩国的书面语至今仍是汉字、谚文并用,纯用韩文写的文章仅见于小说等文学作品,其他书刊报纸还是韩文、汉字并用,以求文章的深奥和高雅,韩国教育系统要求学生高中毕业时每人要掌握所规定的 1800 个汉字,一般大学毕业生要能认识 3000 个左右的汉字,目前随着“汉语热”在朝鲜半岛持续升温,韩国人也在逐步接受和学习简化字。

晋朝时,汉字传入日本,成为古代日本的官方文字。日本民族借用汉字大约经过了三个阶段:学习阶段、借用阶段、仿造国字和创造字母阶段。《日本书记》明确记载中国学者王仁携带《论语》《千字文》到日本做皇太子老师的历史事情,日本和中国的“同文时期”长达 500 年。由于日语和汉语的结构不同,日本人学习和使用汉字有许多困难。汉字知识传开后,日本开始借用汉字作为音符,书写日语,形成日语音节字母。日本借用汉字的方法主要有两种,一是音读,另一种是训读。日语中大量用来记录日语的符号是随后创造的假名。假，即借用，名是名号，指汉字。假名是借用汉字整字或汉字字形的部分字形的笔画作为符号来表示日语的音节单位，是汉字字形被日本化了的产物。起初使用整个汉字，这反映在 759 年成书的《万叶集》中，又被称为“万叶假名”，是用汉字的整字音符来书写日语，又被称作“音假名”。还有训假名，是用训读法读汉字。现代假名是在“万叶假名”基础上发展起来的、不用现成汉字而借用汉字字形的部分笔画作表音符号的文字体系，分“片假名”和“平假名”。“片假名”中的“片”是不完整的、不成熟的意思，它是日本人在阅读汉文典籍时，用简化的楷书的片段在经书的汉字旁边注音、注义、写虚词、词尾时形成的一种假名。片假名形成于平安时期的中期。平假名中的平即通俗易懂的意思，是在盛行草书的平安时代，简化草书而形成的。平假名开始主要在女性当中流行，用于写和歌、记日记，写物语故事，又称“妇女字”“女手”，在书法方面有独特的表现价值。

从汉字传入日本到假名成熟，经过了一千年，一开始假名只是汉字的注音符号，不是正式文字，后来也是汉字为主，假名为副。第二次世界大战之后，日本实行语文平民化，限制汉字的字数，1946 年公布“当用汉字表字”(1850 字)，1981 年公布《常用汉字表》(收字 1945 个)，这样，日本文字就变成假名为主、汉字为副的混合文字。有时即使我们不懂日语，也能大致猜出什么意思，如：王さんは东京大学の留学生です(小王是东京大学的留学生)。汉字的影响通过各种渠道渗透在日本的当代历史中，渗透在日本的社会中，也渗透在日本人的精神意识和日常生活中。

新加坡由多个民族组成，大的民族有三个：华族(74.1%)、马来族(13.4%)和印度族(9.2%)。除了华语(普通话)作为官方语言之一外，汉语的许多方言，如闽南话、潮州话、广州话、客家话、上海话，等等，在华族中也很通行。为了保持华族优良的传统文化、价值观念和道德观念，打破华人方言之间的隔膜，并促成新加坡华人有一共同的语文表征，有必要使华语成为日常生活中应用的语言，20 世纪 70 年代末，时任总理李光耀主持开幕了以“多讲华语，少说方言”为主题的声势浩大的推广华语活动。此外，1968 年新加坡教育部成立简化汉字委员会，1976 年发布的修订本《简化字总表》所收简化字与我国的简化字完全相同，书写上也采用横排方式，并且采用与我国一致的汉语拼音。

马来西亚有中国血统的马来人和华侨占全部人口的 76%。学校推行双语教育，华文被列为第二语文。马来西亚教育部于 1973 年成立简化汉字委员会，1981 年正式颁布《简化汉字总表》，所收简化汉字与我国也完全相同。

泰国有中国血统的泰籍人和华侨占全部人口的 10%。1983 年 12 月，泰国教育部同意所在的华文学校都可以教简化字，并通知有关部门发行《简化字与繁体字的对照手册》。

随着中国在世界上经济、政治地位的迅速提高，汉字迎来了发展、传播的新的契机，国运盛而汉字兴，历史悠久的汉字将继续为推进世界文明的进步而做出贡献。

三、外族或外国文字对汉字的影响

实际上，汉族与其他民族或外国接触交往的历史，多数比他们开始借用或借鉴汉字造字的历史要久远得多，还有不少汉字文化圈以外的国家和民族也同汉族有过程度不同的文化交流。这些接触和交流，不可避免地在汉语汉字中留下了痕迹。汉语中有不少来自外国语和外族语的成分，许多语词如狮子、葡萄、苜蓿、枇杷、槟榔、没药（药名）、佛、菩萨、阎罗、和尚、魔鬼、站（驿站）、胡卢巴（药名）、祖母绿（玉名），等等，早在几百年乃至将近 2000 年以前就传入中国了。近代以来随着“西学东渐”，传入的新词更多，不胜枚举。

不过在多数情况下，汉语的使用者都是通过译音、译义或音义结合，运用已有的汉字对这类外来语词加以记录。但是有时候也为这类新词专门制造了新字。例如《说文解字》的“玉部”中就有一个“珋”〔liú〕字，注为：“璧珋也，出西胡中。从玉丣声。”《说文解字注》：“璧流离三字为名，胡语也。西胡，西域也。班固曰：西域三十六国皆在匈奴之西。”据现代学者考证，它是梵文俗语 veluriya（后译作“璧流离”或“吠琉璃”）汉译省称的新造专用字。古波斯国（今伊朗）传来一种花卉，原译作“抹利、抹厉、末丽、末利”，后来造出“茉莉”二字，成为规范词形，加草字头表示它们的意义类别是植物。还有“魔”字，则是梵文 mara 的汉译省称的新造专用字。唐代和尚玄应编了一部佛经字典《一切经音义》，卷二十一指出：“魔，书无此字，译人义作。”这说明了佛经的译者依义所造的新字。

近代俄国门捷列夫的元素周期表传入中国以后，化学家们充当仓颉，更创造了许多新字，例如氯（chlorine）、氖（neon）、镁（magnesium）、钪（scandium）、砷（arsenic）、硒（selenium）等。这些字一般使用形声方法组造，如金字旁表示是金属元素，石字旁表示是非金属固体元素，气字头表示是非金属气体元素，其余部分则表示读音。这些新形声字构造合理，符合需要，很快就通行开了。

也有些新字是用其他方法创造的，例如管唧筒（即压水机）叫“泵”，原是广州人对英语“pump”的音译造字，取“重石压水”之意，是会意字。这个方言字，后来也被普通话吸收了。

可见汉语对于外来语的摄取、吸收是积极的，在这个过程中产生了不少新字，丰富了汉字的库藏。这是中外文化交流的一个侧面，值得我们重视并研究。

第五节　汉字文化分类

一、关于文化的分类

从宏观上分析，汉字文化的分类涉及文化类型的分类问题。文化类型是对文化进行分类的术语，是人们在特定的地理环境和长期的历史生活中形成的文化形态特征。文化类型主要从形态上来区别其外在形式结构，从现象形态上分析地区的民族的文化个性特征。

文化的分类，有多种不同的分类标准和方法。

第一种将文化分为广义、狭义文化。广义文化指的是人类在社会历史发展过程中所创造的物质和精神财富的总和。它包括物质文化、制度文化和心理文化三个方面。物质文化是指人类创造的种种物质文明，包括交通工具、服饰、日常用品等，是一种可见的显性文化；制度文化和心理文化分别指生活制度、家庭制度、社会制度以及思维方式、宗教信仰、审美情趣，它们属于不可见的隐性文化，包括文学、哲学、政治等方面内容。狭义的文化是指人们普遍的社会习惯，如衣食住行、风俗习惯、生活方式、行为规范等。

第二种把文化分为信息文化、行为文化和成就文化。信息文化指一般受教育本族语者所掌握的关于社会、地理、历史等方面的知识；行为文化指人的生活方式、实际行为、态度、价值等，它是成功交际最重要的因素；成就文化是指艺术和文学成就，它是传统的文化概念。

第三种，有些人类学家将文化分为三个层次：高级文化（high culture），包括哲学、文学、艺术、宗教等；大众文化（popular culture），指习俗、仪式以及包括衣食住行、人际关系各方面的生活方式；深层文化（deep culture），主要指价值观的美丑定义，时间取向、生活节奏、解决问题的方式以及与性别、阶层、职业、亲属关系相关的个人角色。

还有人把文化分为信息文化、行为文化和成就文化等不同的文化类型。文化具有多样性和复杂性，这些文化种类的划分，不一定适用于所有的文化领域。

二、汉字文化的分类方法

分类，是指按照种类、等级或性质分别归类。把无规律的事物分为有规律的，按照不同的特点分类事物，使事物更有规律。对汉字文化的种类进行分类可以帮助我们全面、深入地认识汉字文化的本质、特点、范围等问题。

现在常见的汉字文化分类的方法主要有以下几种：

（一）要素分类法

以汉字三要素字形、字音、字义为汉字文化的分类标准，这种分类方法为许多研究者所选用。如，何九盈著《汉字文化学》（辽宁人民出版社，2000 年 1 月第 1 版），该书第二章包括“汉字形体的文化功能；汉字音读的文化功能”两节内容，是较明显的汉字三要素分类法。其他著作还有：王立军等著《汉字的文化解读》（商务印书馆，2012 年 10 月第 1 版）、张玉金《当代中国汉字学》（广东教育出版社，2000 年 7 月版）等。

这种分类的优点很突出：与古代汉字理论汉字教学相接轨，分类标准统一，便于归类，方便大多数学习者理解。不足之处是：汉字的三要素字形、字音、字义统一在汉字结构中，三者之间相互依存、共同发挥作用，而汉字文化现象常常同时受到三者的共同影响，很难断定三要素影响所占的分量，给分类带来麻烦，例如，汉献帝元年初，长安有童谣说：“千里草，何青青。十日卜，不得生。”“千里草”实为“董”，“十日卜”为“卓”，这首童谣是讲董卓的。而无论是“千里草”还是“十日卜”都是自下而上解字，而不同于通常的自上而下解的，暗示董卓将自下摩上，以臣凌君。“青青”指爆发，暗指董卓暴盛当权，却又迅速败亡，落个“不得生”的结局。这是拆字格的运用，主要涉及汉字的字形、字义，在进行汉字文化归类时，这一实例归在字形的文化功能、字义的文化功能均有道理。还有，有些汉字文化现象很难进入三要素里，如，“秀山轻雨青山秀，香柏鼓风古柏香”是优秀的回文对联，与汉字的顺序（字序）联系最为紧密，归入音形义的文化功能似乎不妥。

（二）对象分类法

汉字反映的对象较丰富，包括观念形态（包括宗教信仰、价值观念、法律政治等意识形态的东西）、精神产品（文学艺术和一切知识成果，代表性的场所为博物馆与图书馆）、生活方式（衣食住行、民情风俗、生老病死以及社会生活的一切方面）等大项目。例如，赵诚《甲骨文与商代文化》(辽宁人民出版社,2000 年 1 月版),按照“方国、先公、神祇、先王、旧臣、亲属、配偶、诸妇、祭祀、其他”等多种类型进行甲骨文的文化研究,包括观念形态、精神产品、生活方式等方面。其他著作还有:董来运《汉字的文化解读》(上海古籍出版社,2002 年 9 月版)等。这种分类方法的优点是:分类结果较清晰,能突出物质文化和精神文化各自的特点。不足之处是:子项较多,很难列举穷尽。

(三)综合分类法

这种分类方法不但用到汉字本体传统的三要素分类标准以及汉字所反映的对象的分类标准,有的还涉及其他的一些分类标准,所以称其为“综合”的汉字文化的分类标准。例如,王继洪《汉字文化学概论》(学林出版社,2006 年 6 月版)、王宁等《〈说文解字〉与中国古代文化》(辽宁人民出版社,2000 年 1 月版)等。这种分类方法的优点是:分类标准的多项性带来了巨大的兼容性,完全能够承载内容丰富、形式多样、数量巨大汉字文化现象。不足之处是:由于分类标准不统一,难于驾驭,容易出现子项相容的问题。

(四)单一分类法

由于这种类型的汉字文化研究只有一个或几个外延,涉及对象较少,几乎不存在分类的问题。例如,姚淦铭《汉字与书法文化》(广西教育出版社,1999 年 7 月版)。其他著作还有:臧克和《中国文字与儒学思想》(广西教育出版社,1999 年 7 月版)、刘志基《汉字体态论》(广西教育出版社,1999 年 1 月版)等。

三、《汉字教程》的分类方法

为便于研究分析,并突出汉字的文化特点,本书根据现代汉字使用标准化最重要的四个方面:定量、定形、定音、定序,以及传统汉字学将汉字分为音形义两个标准进行综合分类,从汉字的形、音、义、量、序五个方面总体介绍以汉字为本体产生的文化现象。

(一)分类特点

1. 突出分类对象

何九盈等学者认为,汉字与文化结合的研究主要有四个方面:(1)从汉字的历史出发,通过探讨汉字系统的发生、发展、演变的过程,考察汉字与社会、经济、政治、教育的等方面的关系。(2)从汉字的流行地域出发,通过探讨汉字的流传、应用、兴废、改造等情况,考察汉字与当地社会、经济、政治、教育等方面的关系。(3)从汉字的性质和功能出发,考察与汉字有关的语言、思维、心理以及文学等方面的关系。(4)从汉字的存在方式出发,考察与汉字有关的科学发明、生产技术,以及书写技巧、艺术创作等方面的关系。以上四个方面包括两个角度:汉字本体蕴含的文化和汉字应用的文化,或者说汉字的本体文化和汉字的使用文化。

汉字的本体文化是指汉字本身所蕴含的特征、来源、形象、意义及汉字所反映出来的地域性思维方式、社会现状等一系列精神和物质上的文化功能。汉字的本体文化是汉字产生后所具有的静态文化义,是与生俱来的文化内容。如,“好”甲骨文写作“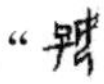、”等。《说文解字》:“(好),美也。从女子。”段玉裁注:“好本为女子,引申为凡美之称。”后人根据以上的解释和字形分析,产生了不同的意义:“好”指“女子貌美”;借男女相悦来指代“爱情美”;认为是“女子能生育”;认为是借助母子间相互喜爱的形象来表达“喜爱”义……,这些不同看法皆来源于汉字的本体考证,属于汉字的本体知识和本体文化意义。

2. 注重汉字应用

汉字的应用文化是指汉字在实际使用过程中产生、形成的一系列精神和物质上的文化功能,是汉字产生后在使用过程中逐渐形成的文化义。例如,汉字谜语“八九不离十”(谜底:杂),《说文解字》:“ 杂,五彩相会。从衣集声。”这个谜语是在“杂”字的应用过程中建立起来的,没有汉字的使用,就没有这样文化现象。再如,民间有给孩子取贱名的习俗,人们以为贵人难养,而贱民生命力顽强,给新生婴儿起个贱名,求其好养活。于是狗、猪、羊、牛、贱业等常常成为贱名的来源。战国时期卫宣公有臣叫司空狗,汉赋大家司马相如其乳名就叫“犬子”,晋诗人陶渊明乳名为“溪狗”。追根溯源,取贱名是人们试图通过特殊汉字的应用表现对传宗接代的渴望和对人的生命本色的一种张扬。还有回文、书法篆刻、谐音等中国文化样式,都是在汉字的在实际使用过程中产生、形成的。

汉字的本体文化和汉字的应用文化并不是泾渭分明的两个方面,在汉字的现实世界里汉字的本体文化和应用文化大多数情况下是结合在一起的,很难分清彼此。现代汉字的定量、定形、定音、定序称为“四定”,是汉字规范化、标准化的使用标准,汉字的音形义是汉字结构标准、汉字本体,是同一对象的两个方面。但从汉字的应用来说,一个汉字的正确使用必须做到音形义三者均正确(读准字音、写对字形、用对字义),只要音形义任何一方面出现问题,就会出现错误。如,字音出错会出现误读方音等现象,字义出错会出现用错多义字等现象,字形出错会出现别字等现象。汉字的使用要做到规范化、标准化,不但要做到“四定”,也要做到三不误——“读准字音、写对字形、用对字义”,“四定”的结果,不管是《现代汉语常用字表》《异读词审音表》《现代汉语通用字表》,还是其他的成果,最终还是为了汉字的正确使用,还是要落实到“读准字音、写对字形、用对字义”上面来。所以,从汉字应用的角度看,可以将“四定”与汉字的形音义合并考虑,综合衡量,这样的“合并、综合”实际上早有学者在主张。冯志伟指出:“传统的文字学认为,汉字具有形、音、义三个要素,但是,汉字作为记录汉语的符号,它必须作为一种交际工具而存在,在交际过程中,有的汉字使用得多些,有的使用的少些,呈现出一定的统计规律性。因此,从使用的角度来看,汉字还具有第四个要素——字频。”①在考虑汉字的文化功能时,我们将“四定”与汉字的形音义“合并、

① 冯志伟:《现代汉字和计算机》,北京大学出版社,1989年版,第109页。

综合”，从汉字的形、音、义、量、序五个方面总体介绍汉字的文化功能。

（二）汉字文化内容

1. 汉字字形的文化功能

字形文化，顾名思义，是指蕴涵于汉字形体之中的文化。这种文化，首先指古人在初创汉字时蕴涵于汉字形体之中的，或者是通过字形保存下来的丰富而生动的昭示古人文化心态及其历史演进轨迹的文化信息；其次，字形在不断地演变过程中，人们有意识或无意识地灌注于其中的文化信息。这种汉字形体专指古汉字形体，其文化信息资料包括政治文化、经济文化、社会生活文化、伦理道德文化、哲学思维文化、科学技术文化，等等，也可以概括为物质的和精神的两类。

字形文化研究的对象，概括地说包括两类，一类是汉字字形结构自身，这是对汉字形体结构所做的一种静态的和表层的分析和研究，其具体内容是研究形体构成的内部各要素与其中所沉积的诸种文化信息；另一类是对汉字形体所做的动态的深层次的研究，其具体内容是汉字形体符号的来源、单个形体符号之间的组合方式和形体符号系统等以及其中蕴涵的古代汉民族丰厚深邃的文化意识。当然，它还应该包括汉字的书体（字体）、异体字以及以汉字本体应用所产生的如书法、篆刻、对联、回文诗等特有的文化现象。

2. 汉字字音的文化功能

语音是由人的发音器官发出来的、用来表示一定意义的声音。语音是语言的物质外壳，是语言的意义的载体，语言的交际作用主要通过语音来实现。语音具有生理属性、物理属性、社会属性。社会属性是语音的本质特点，也是语音区别于自然界其他声音的本质属性。

语音的社会属性主要从“地方特征”和“民族特征”两个方面反映出来。

根据上面的语音理论知识，我们将谐音、别字、同音字、多音多义字等归为汉字字音的文化功能。

3. 汉字字义的文化功能

字义是汉字在语言交际中所传递的实际内容，这就决定了字义与文字使用者的思想意识是最容易贴近的，也决定了字义本身会有丰富的层面与内涵。与此相应，字义不但会有较强的文化蕴涵功能，而且它的这种功能又富于层次的变化，并因层次的不同而各具特点。应该说，这后一点尤其值得研究。汉字字义文化蕴涵的功能主要包括同字异义的联系、理性意义与联想意义的联系、字义的全息内涵及汉字的构词意义等若干不同字义层面。①

具体来看，汉字字义的文化功能主要包括：姓氏文化、文字预言、文字狱、敬惜字纸、语义双等汉字文化现象。

4. 汉字字量的文化功能

汉字的字量不属于汉字的结构组织，字量是汉字的应用要素。在中华民族长期的汉字使用过程中，人们逐渐形成了较集中的与“数”的概念相关的各种文化心理，如：数的概念、数的变换、数的凶吉、数的象征和暗示、数的范畴……“数”已不再是单单表示数目多少的计数计量概念，“数”成为了汉字文化中独特的组成部分。汉字总数量不断增加，可证明汉字是有强大的生命力的，正所谓“流水不腐，户枢不蠹”；汉字的数字包含着世界观、宇宙观；汉字的数字也体现着中国人的好恶、爱憎的情感；数字还能折射美丑、对称的审美；与字数有关的对偶、排比等语言形式体现了汉字的对称美。

5. 汉字字序的文化功能

“字的顺序”是一个含义很丰富的概念，可以指字表的顺序，也可以指识字教学识字字序，还可以指字的组合顺序（分为内部组合顺序和外部组合顺序。内部组合顺序——是指笔画的书写顺序，即笔顺；外部组

① 参见刘志基：《字义文化蕴涵论》，载《中文自学指导》1997 年第 4 期。

合顺序——又叫书写顺序,是指从一个字到另一个字的书写和阅读顺序),甚至可以指称版面的组合顺序,即字和行结合起来的顺序。在广义字序的使用中,形成了回文、词语接龙、词语的多种同音异位组合、顶针、父子联名制等多种汉字文化样式。

练习二

一、填空题。

1. 从汉字符号记录汉语的主要方法看,汉字是:____________________文字。

2. 从汉字的符号记录了汉语里什么样的单位看,汉字是:__________文字。

3. 汉字文化圈包括中国、__________、__________、__________、__________等国家和地区。

4. 本教材将汉字的文化功能分为:__________、__________、__________、__________、__________五个方面。

二、名词解释。

1. 意音文字　　2. 方块字　　3. 语素文字

4. 汉字文化圈　　5. 汉字文化

三、简答题。

1. 举例说明汉字符号记录汉语的主要方法。

2. 举例说明汉字符号记录了汉语里什么样的单位。

3. 汉字有哪些特点?

4. 举例说明什么是汉字文化。

5. 汉字文化研究的分类方法有哪些?

四、论述题。

1. 谈谈你对汉字性质的看法。

2. 论汉字性质与汉字文化的关系。

五、请查阅《说文解字》或其他工具书，将下列文字写成小篆。

1. 淡泊明志，宁静致远。

2. 学而时习之，不亦说乎。

第三章　汉字的形体演变

汉字的历史，从早期零散的原始字算起，大约已有五六千年以上。从能够比较完整地记录语言的甲骨文字算起，也有三千六百多年的历史。汉字在漫长的发展中经历了一系列演变，包括汉字结构和汉字形体的变化。

汉字的形体，是指出现在不同历史阶段并被广泛使用的不同字符形体，即通常所说的字体。古代曾有过"秦书八体"的说法，秦书八体是指秦代通行的八种书体，汉代许慎《说文解字·序》中说："自尔秦书有八体：一曰大篆；二曰小篆；三曰刻符；四曰虫书；五曰摹印；六曰署书；七曰殳书；八曰隶书。"由于《说文》里没有仔细地描述这八种书体，后人难以理解这八种书体的面貌，争议较多。人们常将历史上各种不同字体的种类高度概括为真、草、隶、篆。依据时代的先后和不同的书写材料划分，汉字形体的演变经历了几个不同的历史阶段：

甲骨文→金文（殷商）→大篆（西周、春秋）→战国文字（战国）→小篆（秦朝）→隶书（汉朝）→楷、草、行书

汉字从历时的演变出发，可以分成两大阶段。这两个阶段以秦代的隶书作为分界：自甲骨文到秦代的小篆、秦隶，通称古文字；自汉隶书以后，通称今文字。古文字：甲骨文—金文—大篆—战国文字—小篆。今文字：隶书—章草—行书—楷书（如表3-1）。

表 3-1 汉字形体演变

古文字			隶书	楷书	简化字
甲骨文	金文	小篆			
			馬	馬	马
			魚	魚	鱼

20 世纪 50 年代初，语言学文献中出现了“现代汉字”这个术语，引发了广泛的讨论研究，并逐步建立了新学科“现代汉字学”。人们对“现代汉字”的理解并不完全一致，一种是从字体的演变着眼，现代汉字和古代汉字相对而言，与上面从汉字的历时演变划分为古汉字、今汉字相类似；另一种是着眼于汉字记录的语言，与古代汉语用字相对的现代汉语用字，即以形声为主要造字方式，以楷书为通用印刷体，基本上采取语素—音节原则来记录汉语的一套符号系统。

第一节 古文字形体——甲骨文、金文

一、甲骨文

（一）甲骨文的名称

甲骨文是殷商时代的代表文字，19 世纪末年在殷代都城遗址，今河南安阳小屯被发现，是迄今为止发现的我国最古老而又是比较成熟的文字。由于这种文字是契刻在龟甲、兽骨（主要是牛肩胛骨）之上，故称之为“甲骨文”。

商人（或称商殷、殷商）迷信神鬼，凡事必先占卜吉凶，其内容包括社

会生活的各个方面，如祭祀、战争、农事、渔猎、出入、风雨、年成、疾病、生育等。东汉许慎《说文解字·卜部》：“占（占），视兆问也，从卜从口。”“卜（卜），灼剥龟也，象炙龟之形。一曰象龟兆之徒（纵）横也。”指的就是卜人（也称贞人）根据用火烧灼甲骨所坼裂成的裂痕来卜问。具体方法是把龟腹甲、龟背甲、牛胛骨经过一定的修治，磨刮平整，使其成固定的形状，而后在背面用锋刃器挖出圆形的钻窝和梭形的凿槽，卜者用火烧灼已制好的钻凿处，甲骨的正面就会出现不同形状的裂纹。竖的裂纹称为“兆干”，横的裂纹称为“兆枝”。兆干、兆枝像个爻字，故又称为“卜兆”。占卜之后，卜人根据这些裂纹的不同形状来判断吉凶祸福，并将所卜内容的文字契刻在甲骨上。因为甲骨文主要内容是占卜的记录，所以甲骨文又称为“占卜文字”“卜辞”“贞卜文字”。

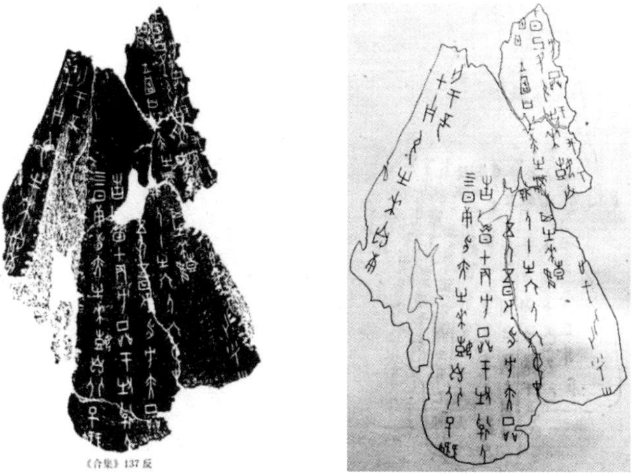

图 3-1　甲骨卜辞(《甲骨文合集》137 反)

从 1898 年甲骨文首次发现到现在，据学者胡厚宣统计，共计出土甲骨 154600 多片，其中大陆收藏 97600 多片，台湾地区收藏有 30200 多片，中国香港藏有 89 片，总计我国共收藏 127900 多片，此外，日本、加拿大、英、美等国家共收藏了 26700 多片。到目前为止这些甲骨上刻有的单字约 4500 个，迄今已释读出的字有 2000 个左右。除殷墟外，1953、1954 年在郑州商代中期遗址中还捡到有字甲骨2片；自1954年始，又先后在山西洪洞，北京昌平，陕西丰镐、周原遗址、岐山凤雏出土西周时期有字甲骨约三百片，为研究西周的历史文化提供了珍贵的资料（如图3-1）。

河南安阳小屯村发现的殷墟甲骨文，并不是我国发现的最早的有符号的甲骨。目前发现的最早的文字性甲骨符号，有河南舞阳贾湖裴李岗文化遗址龟甲上契刻的符号（如图3-2），距今8000年左右，从其形状看，具有多笔组成的结构，应承载契刻者的一定意图，有近似甲骨文的“目”字、“曰”字等符号，由于是单独出现，不能确证为文字；在陕西西周腹地丰镐遗址张家坡发现有字甲骨，上面刻有类似文字的符号；山东省桓台史家遗址出土了岳石文化的刻字卜骨，是否文字尚有争议，但比安阳出土的商代晚期甲骨文提前了近300年；山东省昌乐县出土了4500年前的100多块兽甲骨，上面刻有600多个符号，目前尚未解读。

图3-2　裴李岗龟甲上的契刻符号

（二）甲骨文的内容

迄今为止，殷墟出土的15万多片有字甲骨，周原出土的300片左右有字甲骨，按内容可分为两类：其中，绝大部分是占卜文辞，少量是记事及其他方面的文辞，即非占卜文辞。

1. 占卜文辞

占卜文辞的内容：祭祀先公先王的卜辞占很大比重，祭祀种类繁多，且多杀牲用人。此外，有征伐、田猎、年成、天象、旬夕、疾梦、妇事、往来、使令等。

占卜文辞的文例：一篇格式完整的占卜文辞一般由四个部分组成：前辞，命辞，占辞，验辞。前辞：记占卜日的干支和卜人的名字，也叫叙辞。命辞：即命龟之辞，记录贞问的问题，也叫贞辞。占辞：记根据卜兆判断吉凶的言辞。验辞：记占卜后是否应验的情况。

例如下面一段卜辞：

《甲骨文合集》3297 正“庚子卜，争贞：翌辛丑，启？”

《甲骨文合集》3297 反“贞：翌辛丑，不其启？王曰：今夕其雨，翌辛丑启。之夕允雨，辛丑启。”（如图 3-4）

这条卜辞的组成部分和意思分别是：

前辞：“庚子卜，争贞。”意思是：“庚子这天占卜，一个叫争的史官问道。”

命辞：“翌辛丑，启？贞：翌辛丑，不其启？”意思是：“明天是辛丑，天会晴吗？（又）问：明天是辛丑，天不会晴吗？”

占辞：“王曰：今夕其雨，翌辛丑启。”意思是：“商王看了兆纹以后说道：今晚上要下雨，明天辛丑，天将放晴。”

验辞：“之夕允雨，辛丑启。”意思是：“傍晚时果然下了场雨。第二天辛丑，天也放晴了。”

格式完整的占卜文辞不太常见，大多省略了几个部分的内容。

图 3-3 《甲骨文合集》3297 正

《甲骨文合集》3297 反

2. 非占卜文辞

非占卜的甲骨文，大都刻在不作占卜用的兽骨上，少数还刻在人或兽的头骨上，既不钻凿，更无所谓灼兆，其内容主要有：表谱文辞、记事文辞等。

例①："虎骨刻辞"辛酉，王田于鸡麓，获大烈虎，在十月，唯王三祀协日。(如图 3-4)

译文：辛酉这天，王在鸡麓这个地方打猎，获得大虎。商王三年十日举行祭祀。

根据研究，捕获此虎之王为商代最后之王帝辛，即纣王。以此骨庆祝王的英勇，也显示其地位的高超。在古代，捕猎的纪念品和战争的虏获物都是威权的表征。因为只有高阶层人士才能招集党徒从事大规模的狩猎或战争。虽然老虎对人和家畜都会造成威胁，中国人并不厌恶它。中国人一向崇敬老虎，还认为它有强烈的灵力。老虎被视为农业的保护神。[①]

例②："鹿头骨刻辞" 己亥，王田于口口，才(在)九月，隹(唯)王十口。(如图 3-5)

① 参见《台大文物学普及读物 09》"商代骨雕"。

译文:九月乙亥这天,商王在口地田猎。

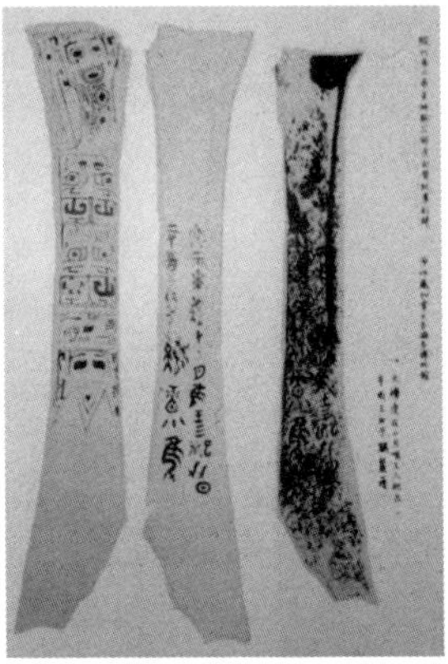

图 3-4 殷代帝乙帝辛时期虎肋骨“辛酉王田”纪事刻辞

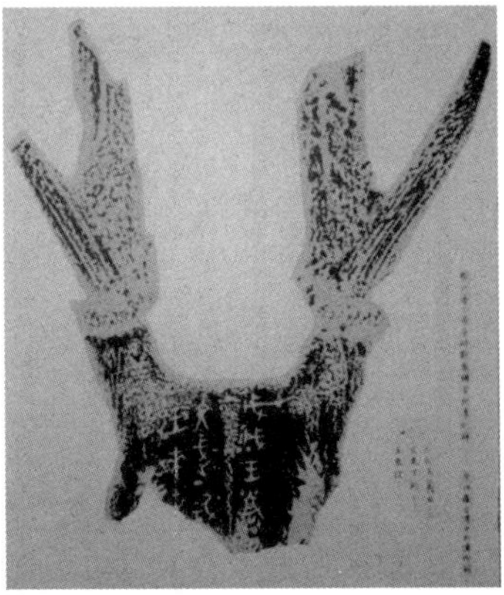

图 3-5 鹿头骨刻辞《合集》37743

(三)甲骨文的特点

1. 象形程度较高,图画特征突出

例:龙→

虎→

2. 结构上“六书”具备

甲骨文已具备后代所归纳的汉字记录汉语的各种方法,即象形、指事、会意、形声、转注、假借六法。甲骨文以象形字、会意字为主;形声字占总字数的 22%左右;转注字已经萌芽;假借现象也很普遍,一片甲骨卜辞中假借字往往要占 50%以上,这是早期文字符号还很不齐备时特有的现象。这表明甲骨文虽然还是一种早期文字,但已脱离原始文字阶段,已经走向成熟。

象形:(马) (鸟) (鹿) (龟)

指事:(上) (下) (亦) (刃) (四)

会意：(从)　(鸣)　(获)　(休)　(牧)

形声：(河)　(追)　(星)　(杞)　(宅)

假借：(我)　(自)　(来)　(不)

转注：(老)　(考)　(耋)　①

3. 处于不定型文字阶段

甲骨文还很不规范，字的构形与书写带有相当大的随意性，异体字繁多，这主要表现在以下几个方面：

方向和部位不确定：在不发生混淆的前提下，字形书写允许部位移易，正反无别，正侧无别，正倒无别，上下无别，左右无别，同一字有多种写法。如“福”字，《甲骨文字典》里有100多种写法：

构字成分不确定：在书写上允许义近的偏旁换用。基本部件所表示的事物类属相同或相通，在某些字中可以互相代替，变换使用。在不发生混淆的前提下，同一字允许笔画损益，可以增减笔画甚至偏旁。

启：　昔：　好：　雨：

异字同形现象尚存：这是指两个完全不同的字在构形上的混同，它违反了字形求别律，是文字形体在孳乳、分化过程中的一种形体交叉现象。例如：、山与火二字一形。

合文现象普遍：合文或称合书，就是把两个甚至三个字合写在一起，只占一个字的位置，形式上是一个字，而实际上读两个或三个音节，代表两个或三个词或词素。甲骨文中使用合文的，主要有先公先王的称谓和数字、月份。合文现象反映了早期汉字存在一个字读几个音，可以充当

① 假借、转注实例引用杨五铭编著《文字学》，湖南人民出版社，1986年10月第1版，第135—136页。

主谓、动宾、偏正、联合词组的现象，这是原始图画记事法的孑遗。

如：(小子) (五十) (小臣) (五月) (十三月) (太乙)

4. 笔画多为细瘦的直笔(如图 3-6、3-7)

由于甲骨文是用刀刻写在坚硬的龟甲兽骨上的，所以线条瘦劲，多为直笔，转弯的地方也都是陡角，整体显得刚劲有力。如图形的太阳“日”，有时被刻或四方或五方形、。有些肥体之物，往往只刻个轮廓或改用其他线条代替。

5. 中国书法的开始(如图 3-6、3-7)

中国的书法，严格讲是由甲骨文开始，因为甲骨文已具备书法的三个要素，即用笔、结字、章法。

图 3-6 甲骨文

图 3-7 甲骨文

甲骨文中有少量刻辞是先用毛笔写好后再用刀刻的，如著名的“鹿头刻辞”(见图 3-5)和“兽肋骨刻辞”(见图 3-4)，呈圆润的肥笔，与金文相似。由于甲骨文用刀刻在龟甲骨板上，因此其刚劲有力，瘦劲、峻峭，方笔多，圆笔少，露锋多，肥笔少，富有刀笔味。但也有一部分甲骨文刻辞与同时期的金文是很相像的，其结构体势、笔画粗细与同时期的金文大致相同。因此甲骨文作为一种书法形式，其表现力是十分丰富的，并不是单一的瘦、刚、方、细的特点，这就为我们进行甲骨文法创作留下很大的空间。

（四）甲骨文的研究

《老残游记》一书的作者、古文字学家刘鹗（字铁云，1857—1909）将他所收藏的 5000 多片甲骨中精选 1058 片，编成《铁云藏龟》6 册。这是著录甲骨文拓本的第一本书。

1904 年，孙诒让（1848—1908）根据《铁云藏龟》一书的资料，“究两月力”，写成《契文举例》一书，考释的字共有 185 个，例（乙）、（子）、（癸）、（告）等字。这是第一部考释甲骨文字的专著。

刘、孙二人对甲骨学有开拓之功。此后，甲骨文的重要学术价值逐渐为人们所认识，研究的学者也越来越多，其中最著名的是被学术界称为“甲骨四堂”的罗振玉（号雪堂）、王国维（号观堂）、郭沫若（号鼎堂）、董作宾（号彦堂）。

罗振玉（1866—1940），字叔蕴，又字叔言，晚号贞松老人，浙江上虞人，公认为甲骨学的奠基人。他的第一个成就是确定了甲骨文的出土地点为安阳之小屯村。第二个成就是进一步确定甲骨文的时代是殷商。第三个成就是收集并考释甲骨文字并促进其刊布流传。其著录甲骨文的专著有《殷墟书契前编》（1913 年）《殷墟书契菁华》（1914 年）《铁云藏龟之余》（1915 年）《殷墟书契后编》（1916 年）《殷墟书契续编》（1933 年）；其考释甲骨文的专著有《殷商贞卜文字考》（1910 年）《殷商书契考释》（1914 年，释出单字近五百个，其中很多得到学界认可）等。

王国维（1877—1927），字静安，一字伯隅，浙江海宁人。少从罗振玉学。他的最大贡献，是首创以甲骨卜辞证史。1917 年初，他写成《殷卜辞中所见先公先王考》及《殷卜辞中所见先公先王续考》两文，根据出土甲骨文字考证了殷代先公先王的名号、世系和称谓，证明《史记·殷本纪》

所载大体可靠,同时也纠正了其中个别世系错误。把甲骨文的考释和殷商历史结合起来进行研究,开辟了史学研究的新天地。他在甲骨文考释、断代和缀合等方面也有很大成绩。

郭沫若(1892—1978),原名郭开贞,四川乐山人。他是第一个运用辩证唯物主义和历史唯物主义立场、观点研究古文字的学者,在甲骨文的搜集著录、分期断代、文字考释、断片缀合等方面都有卓越的成就,其主要著作有《甲骨文字研究》(1931 年)《卜辞通纂》(1933 年)《殷契粹编》(1937 年)等。此外,在《中国古代社会研究》等著作中,也有许多关于甲骨文的论述,奠定了科学的甲骨文研究的基础。他晚年主编的《甲骨文合集》是中国第一部甲骨文资料总集。

董作宾(1895—1963),原名作仁,号平庐,河南安阳人。他是国立中央研究院历史语言研究所的专任研究员,多次亲身参加殷墟甲骨的发掘与整理,接触第一手甲骨文资料,并著录成书,有《新获卜辞写本》《殷墟文字甲编》《殷墟文字乙编》(上、中、下辑)。他最大的贡献是建立了甲骨文分期学说,首先提出由贞人推断甲骨文的时代。他 1933 年发表的《甲骨文断代研究例》提出了五期分法(武丁;祖庚、祖甲;廪辛、康丁;武乙、文丁;帝乙、帝辛)和十项断代标准(世系、称谓、贞人、坑位、方国、人物、事类、文法、字形、书体),数十年来基本为甲骨学界所遵循。

除"四堂"之外,陈梦家、王襄、于省吾、唐兰、胡厚宣、容庚、商承祚、杨树达、姚孝遂、李孝定、岛邦男、松丸道雄等,都对甲骨文的研究做出了重大贡献。据统计,到目前为止,各种甲骨文论著在 3000 种以上。

甲骨学的著述。除了前文中提到的专著、论文,还有商承祚的《殷墟文字类纂》、王襄的《簠室殷契类纂》、叶玉森的《殷契钩沉》《说契》《研契谭枝》、朱芳圃的《甲骨文字编》、孙海波的《甲骨文编》、董作宾的《甲骨文断代研究例》《甲骨文字集释》、金祥恒的《续甲骨文编》、严一萍的《殷商编》《甲骨文断代研究新例》、饶宗颐的《甲骨文续编》《殷墟文字甲乙编》等。

甲骨文字典。徐中舒《甲骨文字典》,刘兴隆《新编甲骨文字典》,刘星池《甲骨文画帖字典》，中国社会科学院考古研究所编辑的《甲骨文编》，王本兴著《甲骨文字典》，刘钊、洪飏、张新俊编纂的《新甲骨文编》等。

二、金文

金文是吉金文字的简称，主要是殷周时代铸刻在青铜器上的铭文。青铜是铜和锡的合金。古人称铜为金，因此叫作金文，也叫作"钟鼎文字"。这是因为钟是乐器、鼎是烹饪器，都是常见的用器，因而就用钟鼎来代表一般铜器，以前也有把金文叫作"钟鼎款识"的，"款"是刻，"识"是记，合起来就是"款识"。

据典籍和地下考古资料证明，我国在夏代以前已开始铸造和使用青铜器。迄今为止，所发现夏代以前的铜器有铜铃、铜刀等。铸有铭文的先秦铜器历代都有发现，至今已出土超出万件，其铸造时代从殷商一直到战国，而以商、周时代为多。据容庚《金文编》第四版载，金文已识字共2420个，未识的字有1352个，共计3772个，这个数字当与实际情况相差不会太远。金文可分为商代金文、西周金文、春秋金文、战国金文四个时期。

（一）商代金文

商代金文和甲骨文属于同一体系的文字，只是因为所用材料和制作方法不同而各具特点：商代金文笔形圆润肥厚，显得庄重正规，有许多笔画由块面构成，显出浓厚的图画性和原始性，在比较郑重的场合使用，是当时的正规字体；而甲骨文则线条瘦劲，笔画多方折，比金文显得草率，是日常使用的俗体文字。

现存有铭文的青铜器，最早属于商代中期，只有很少几件，铭文都限于两三字。例如，1976年出土于河南安阳殷墟妇好墓的鸮尊，原器为一对两只，铸于商代后期，尊口内侧有铭文"妇好"二字。商代晚期，铭文一般仍很简短，多为一字或两三字，内容为器主的族氏，作器者的名字或受祭祀先人的称号。记族氏的,多为族徽字,来源于图腾崇拜。其中最著名的是后母戊鼎,重 875 公斤,是迄今发现的最大的青铜器,鼎腹铸有"后母戊"三个字,是商王祖庚或祖甲为祭祀其母所铸的。至殷商晚期的帝乙、帝辛时期才开始出现三四十字的较长铭文,但未发现超过 50 字的。代表作品有《小子卣》《四祀其卣》《戍嗣子鼎》等。

(二)西周金文

西周自武王克殷至平王东迁雒邑(今河南洛阳附近),历经二百五十余年。以西周金文为代表的这个时期的汉字,上承殷商金文,下启春秋金文,是汉字发展史上值得重视的过渡阶段,也是古文字走向成熟的重要时期。像周原甲骨文那样的俗体文字肯定不少,但因出土实物太少,对其面貌至今难以具体阐述。西周的正规字体是青铜铭文,已发展到全盛时期,内容由单纯记名发展为记事,百字以上的铭文已经习见。例如,成王时的令彝有 187 字铭文,康王时的大盂鼎有 291 字铭文,宣王时的毛公鼎(现藏台北故宫博物院)更有长达 497 字铭文,是迄今所见字数最多的铜器铭文(如图 3-8)。1994 年山西曲沃北赵晋侯墓出土刻铭 355 字的周厉王三十三年的晋侯苏编钟,是近年西周考古的重大发现。这类铭文内容极为丰富:册命赏赐,征伐铭功,祀典诰命以至诉讼契约,都在记录范围之内。例如利簋铭文记述武王牧野之战获胜的经过,史墙盘铭文是典型的颂祖之文,虢季子白盘铭文记与玁狁的战争,大盂鼎铭文记策命和赏赐(如图 3-9),卫禾鼎铭文记玉器、毛皮与土地的交易,散氏盘铭文记土地交易和转让(如图 3-10),毛公鼎铭文记周王告诫及褒赏臣下等。

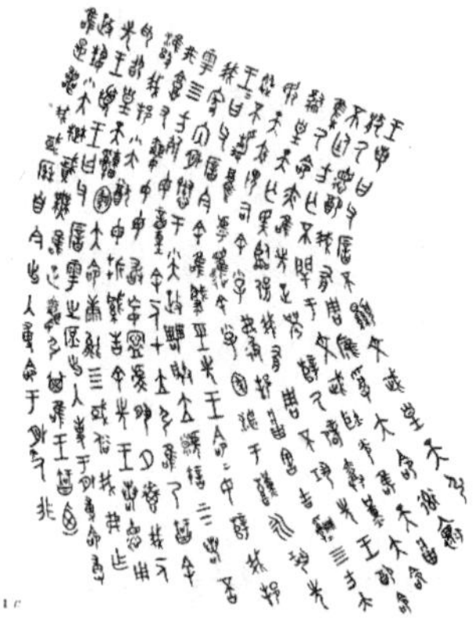

图 3-8　毛公鼎铭文摹本(部分)

图 3-9　大盂鼎铭文(局部)

图 3-10　散氏盘

西周金文的主要特点:新出现的独体象形字很少,而形声字却大量增加;文字构形较甲骨文规范和固定;笔画趋向线条化,曲折笔画趋向平直化;行款基本固定。

(三)春秋金文

春秋时期王室衰微,诸侯争霸,各诸侯国势力逐渐强盛,其中齐、晋、楚、秦等国都曾称霸一方,形成各自的势力范围和不同风格的区域文化,在文字上的反映,就是开始出现了文字书写和布局的不同倾向。春秋金文多铸刻在列国诸侯和卿大夫所铸造的铜器上。春秋初期的金文几乎都沿袭西周晚期金文的体制,字形没有显著的差别,到了中期尤其是后期,诸国文字不同的风格和特点就比较显著了,突出的有:长条化、整齐化倾向;装饰化、美术化倾向(出现了当时主要流行于楚、宋、吴、越等国,多见于矛、戈等兵器上的"鸟书")。

(四)战国金文

战国时期,秦与东方各国的文字分化大大加剧,形成秦系文字和六国文字的两大系统,这时的各国金文自然也就各具其所属文字系统的特色。秦系文字将在下一节"大篆"中讲述,这里介绍六国金文。

图 3-11　中山王方壶

图 3-12　中山王方壶铭文

六国金文，指战国时东方六国及相邻小国铜器上的文字。

战国已经开始进入铁器时代，古代青铜文化已近尾声，青铜礼器大为衰落，礼器铭文明显少于春秋时代，而兵器铭文却大量增加。兵器铭文多直接用刀刻在兵器上，而不是铸于兵器上。“物勒工名，以考其诚”，记载督造的机构、官名和制器者名字，是典型格式。

六国金文铭辞多较简短，但有两宗礼器铭文不仅字多，而且字形和内容都非常重要。一是 1978 年在湖北随县发掘的属于战国初期的曾侯墓中的几套编钟，每个钟上都有标志乐律的铭文，总字数达 2800 字，属于楚系文字。二是在河北平山县中山王墓中发现的刻有长篇铭文的大鼎（刻有 469 字）和方壶（刻有 450 字，如图 3-11、3-12），铭文内容表面上颂扬相邦的贤明和功绩，实际是以燕王哙让位于相国导致国破身亡的教训，告诫嗣子警惕在中山国发生燕国的悲剧。铭文文字规整，书法精美，属三晋系文字。

战国时期还有一种特别的金文——符节文。符，是作为调兵遣将凭证的兵符；节，是作为过关验证信物的金节。刻于兵符、金节上的文字，称之为符节文。最著名的是1957年安徽寿县出土的楚怀王交给鄂君启的青铜节，共五件，分为舟节和车节，是鄂君启水陆两路从事商业活动的通行证。刻写的文字字体匀称规则，端正大方，属于楚国正规的官方文字。

金文在形体上跟甲骨文非常接近，因使用的书写工具和材料不同于甲骨，金文在形体结构和笔画等方面，有如下的特点：

（1）笔画粗壮丰满，笔势圆转，出现了连贯的折笔。

（2）字形接近长圆，大小差距缩小，渐趋整齐。

（3）笔画粗细和结构布局较为匀称。

（4）异体字仍然存在，但是比甲骨文已经大为减少。

（5）限于材料和内容，金文的字数比甲骨文少，但是，金文的形声字明显多于甲骨文。

第二节　古文字形体——春秋、战国文字

春秋战国时期，诸侯力政，不统于王。原本统一的文字，也渐渐分化，产生地域特色。王国维最先注意到这一现象，在《战国时秦用籀文六国用古文说》一文中指出秦系文字与殷周文字较为接近，而东方六国文字则与殷商文字形体差异较大。秦国位于西周故地，继承了西周的文化，且社会文化发展较慢，文字演进也就相对保守，因此秦文字与西周文字一脉相承，变化较小。东方六国远离西周故地，在春秋战国漫长的时间里，其语言、文字、文化都渐渐发展出地域特色，尤其是文字，产生了较大的变化，与西周文字及之后的秦文字有很大的不同。因此我们将春秋战国时代的汉字分为秦系文字、六国文字两部分介绍。

一、秦系文字

春秋战国时期,秦系文字先后经历了籀文、大篆、小篆、隶书等发展阶段。

(一)籀文与大篆

籀文传说是西周晚期周宣王时太史籀所编《史籀篇》上的文字。《汉书·艺文志·六艺略》小学类首列《史籀》十五篇,《注》曰:"周宣王太史作大篆十五篇,(汉光武帝)建武时亡其六篇矣。"又说:"《史籀篇》者,周时史官教学童书也,与孔氏壁中古文异体。"《说文》根据残存的9篇收录了223个籀文(也有220字、216字等不同说法),《说文·叙》云:"宣王太史籀著大篆十五篇,与古文或异。"

关于太史籀,学界曾有过广泛的讨论。王国维认为太史籀并非人名,"此篇首句盖云'太史籀书',即太史读书之意,故后人称为《史籀篇》。班、许以太史为史官,籀为人名,甚误。"(《观堂集林·史籀篇疏证序》)。高亨认为太史籀为周幽王时的内史聚子,谓"籀聚古通用"(《文字形义学概论》)。唐兰认为周宣王为周元王之音误,史籀即《汉书·古今人表》中春秋、战国之际的史留(《中国文字学》)。何琳仪认为史籀就是趞鼎(《殷周金文集成》)铭文中的"史留",考证史留即史籀,其生活在周厉王至周宣王时期(《战国文字通论》)。

《史籀篇》既是太史籀所编,起初所用字体应与西周金文一致。但《史籀篇》早已失传,目前我们能够见到的籀文一是《说文解字》中的籀文,一是唐初发现的石鼓文。分析《说文》所收籀文与石鼓文不难发现,其形体结构与西周晚期金文非常接近,因此我们可以认为籀文是西周文字向秦文字过渡的一种字体。

什么是大篆?严格来说,大篆不是指单独的一种字体,大篆是指一个阶段的文字,是早期秦文字的名称。具体而言,大篆是春秋早期到战国早期秦系通用文字，[①]而籀文属于早期大篆。[②]

《说文解字》中的籀文、石鼓文、诅楚文以及春秋早期的秦公钟、秦公镈、秦公簋上的金文是大篆的典型文字。小篆在大篆的基础上孕育产生，其与大篆的区别还是较为明显的。下面是《说文解字》一书中的几个籀文形体，从中可看出小篆与大篆的差别，括号内为籀文：

石鼓文是春秋时期秦国刻在石鼓上的一种文字（如图 3-13）。所谓石鼓，是 10 块鼓形石头，高约 90 厘米，直径约 60 厘米。每个石鼓上刻有四言韵文的诗一首，内容主要是歌颂贵族的畋猎游乐生活，又称“猎碣”（碣，特立之石，方为碑，圆为碣）。石鼓于唐初在天兴（今陕西宝鸡）三畤原出土，现存北京故宫博物院。按原石推算，10 块石鼓上应有 600 多字，但经风化磨损，已残缺不全。现存的北宋拓本有 465 字，而今在石鼓上实存 321 字。

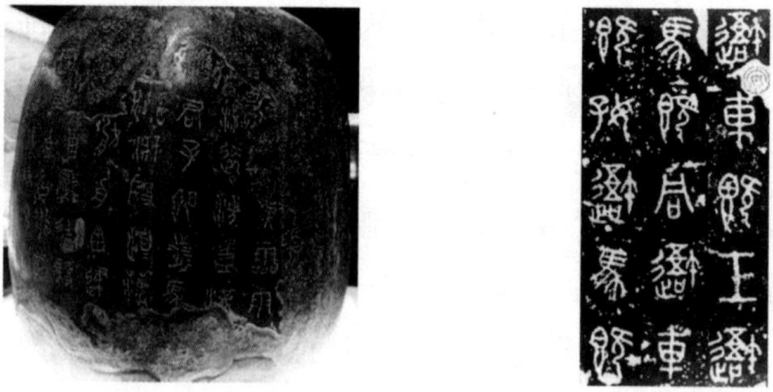

图 3-13　石鼓与石鼓文（局部）

关于石鼓文刻制的年代，自发现以来便争论不休。近人马衡《石鼓

① 参见赵平安：《隶变研究》，河北大学出版社，2009 年版，第 9—10 页。
② 同上，第 12 页。

为秦刻石考》云:石鼓出土于秦国雍地,鼓文中所见的水名"汧"正在雍地,故为秦国之物。石鼓为秦制已成定论,但究竟属于秦国哪一代,仍有分歧意见:一说为秦襄公八年(前720,郭沫若);一说为秦文公时(前765—716,震均、罗振玉、马叙伦等);另一说为秦献公十一年(前374,唐兰)。石鼓文一部分结构繁复,近似籀文,另一部分结构比较简单,接近小篆,是上承籀文、下启小篆的过渡形体,大体可以看做是春秋、战国间的秦国庄重文字。因为采用凿刻的方法,在石头表面点击而成,因此可以避免刀具或者铸造的"书写"限制,基本反映了当时实际使用的汉字形体特点:

(1)笔画粗细均匀一致。

(2)大小接近方形,形体相对统一。

(3)结构工整,上下结构和左右结构混用的异体字得到统一。

(4)限于考古发现,现存大篆字样数量不多。

(二)小篆

至少从战国中期,大篆开始解体,秦国的文字主体变为小篆和古隶。具体而言,小篆是从大篆演变而来。大篆从战国中期开始演变为一种繁简夹杂的综合文字,大篆中的繁体演变为小篆,大篆中的简体演变为古隶。①

秦始皇统一六国后,命李斯等人对小篆进行系统整理,作为实行"书同文"政策而颁行的标准字体,因此小篆又称秦篆。

李斯对小篆的整理在《说文解字·叙》中有较为详细的记述。"其后诸侯力政,不统于王,恶礼乐之害已,而皆去其典籍。分为七国,田畴异亩,车涂异轨,律令异法,衣冠异制,言语异声,文字异形。秦始皇帝初兼天下,丞相李斯乃奏同之,罢其不与秦文合者,斯作《仓颉篇》、中车府令赵高作《爰历篇》、太史令胡毋敬作《博学篇》,皆取史籀大篆,或颇省改,

① 参见赵平安:《隶变研究》,河北大学出版社,2009年版,第108页。

所谓小篆者也。”可知李斯等人是以秦国原有文字作为统一的标准，首先废除一切与秦文不同的俗体、异构，只保留其中与秦文一致的部分；然后通过《仓颉篇》等字书，写出标准字体即小篆的样板，广布天下而推行的。

李斯等人对小篆的整理，并非创制文字，而是对秦国当时现有的小篆文字进行规范。因为我们所能见到的多数小篆，早在秦始皇统一六国在前，已经在秦国广泛使用了。例如：现存上海博物馆的商鞅方升铭文，其字体几乎与小篆全同，而此器是秦孝公十八年（前 344）商鞅任大良造时颁行的容量一升的标准器，比秦始皇统一六国早了 123 年。又如诅楚文《大厥湫文》318 字，与小篆同者占总数的 95%，仅有 15 字不同或不见于今本《说文》所收的小篆。该文作于秦惠文王后元十三年、楚怀王十七年（前 312），距秦统一还有九十多年。另外，流入日本的秦国新郭虎符，铭文 40 字，已是相当标准的小篆，称秦王为“王”，而不称“皇帝”，王国维认定“当为秦并天下前二三十年物”（《秦新郭虎符跋》）。可见李斯等人不过是把秦地流行已久的比较简省的字体加以搜集、整理、加工，使之定型化、标准化，并称之为“小篆”。有了小篆一名，才把规范前的秦国篆书称为大篆。从大篆到小篆是一个逐渐演变的过程，二者之间并没有截然分明的时代界线。

现在能见到的小篆，除《说文》中保留的 9353 个以外，还有秦代刻石。秦始皇为了“示强威，服海内”，曾到峄山、泰山、琅琊、芝罘、东观、碣石、会稽等地巡视，每到一处，均立石刻铭以歌功颂德。秦二世也巡视各地，在始皇所立刻石上加刻诏书和随从官员姓名。

现存仅泰山刻石和琅琊台刻石的残石，各刻石相传均为李斯以小篆书写。《峄山碑》为后人摹刻（如图 3-14）。

图 3-14　峄山碑(局部)

小篆的特点：

1. 比较全面地保留了汉字的构形理据

早在战国文字多歧异的时代，秦国文字就较好地继承着西周金文的传统。而在秦统一六国后，李斯等人在标定小篆时，又以本国文字为蓝本并参以正统的籀文。小篆作为正体古文字的终结，较为全面而系统地保持了汉字寓义于构形的本质特征。

2. 文字形体定型化

小篆一般每字只规定一种统一的写法，从而减少了异体字。例如“草”字，小篆以前有过多种写法，小篆只采用笔画最简单的一种写法草，其余的(䒑、屮、艸)都作为异体字而废除了。特别是小篆省略的某些字的偏旁，淘汰了各种合文。小篆还固定了偏旁部首的写法和位置，不管偏旁部首在什么位置上，其写法一律相同，不得增减笔画或变化构形。偏旁部首位置一经确定，便不允许随便移易。例如“琛(琛)”，在小篆以前，“玉”旁可在左边，也可在右边，甚至可以在左上方或右上方，小篆则规定只能在左边。在文字定型化的过程中，还使许多变体字取得了合法地位。例如“則(则)”，贝字旁原是鼎字，侯马盟书或作贝，小篆取形于三晋古文;“𣁋(具)”,上原从鼎,取形于笔画最少的讹变字;“𩠐(员)”下从鼎,石鼓文仍如此,小篆当是秦整理文字时简化字形而产生的变体字。

3. 字形进一步符号化

小篆形体由粗细等匀的曲线和直线构成,书写要求整齐端正,笔画分布均衡,字的大小相同,这样一来,古汉字那些“画成其物”的象形字、象形偏旁和以形会意字就被高度抽象化、线条化和符号化,图画性就大大减弱了。

4. 结构上更多使用“形声相益”的方式

小篆时代新增加的字,绝大多数为形声字,所以,《说文》中形声字占了总字数的 80%以上。

秦始皇利用政权的力量推行小篆,对古汉字进行了一次全面的整理、加工和改造,第一次使官方正式字体实现了标准化、规范化,很快结束了长期以来“文字异形”的局面。这对增强汉字的社会职能,对增强国家的统一和民族的团结,对促进社会经济和文化的发展,无疑是极为有益而功不可没的。从文字的发展看,小篆是古文字阶段的最后一种字体,是古文字通向今文字的桥梁。要研究古文字,要探究汉字的渊源,必须利用小篆,所以它的历史地位是十分重要的(如图 3-15、3-16、3-17)。

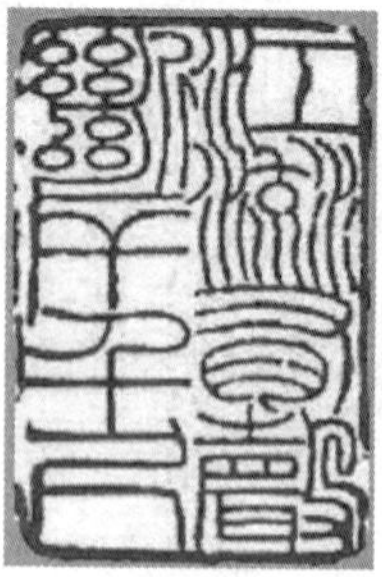

图 3-15 小篆:江流有声断岸千尺

图 3-16 2008 年北京奥运会会徽

图 3-17 北京大学校徽

二、六国文字[①]

六国文字主要指战国时期齐、楚、燕、韩、赵、魏等国的文字,《说文解字》中的古文就是六国文字。

春秋中期以后,由于长期的地方割据,各诸侯国的文字开始发生明显的变化,其形体结构与书写风格渐渐失去了西周文字的特点。[②] 到了战国时期,各诸侯国的文字地域特点更加鲜明,形成了不同的文字体系。

近代,王国维首先意识到秦国文字与东方六国文字在形体上存在较大差异,因此提出了东土文字、西土文字的概念。所谓东土文字即六国文字,而西土文字就是秦文字。1959 年,李学勤先生发表《战国题铭概述》一文,该文在广泛搜集战国文字材料的基础上,按地域把战国文字分为齐国题铭、燕国题铭、三晋题铭、楚国题铭、秦国题铭五系,较之王国维的东西二土文字向前迈进了一大步。李学勤先生提出的战国文字五系分类是目前学界研究战国文字的主流分类方法。齐系文字包括春秋中叶以后齐、鲁、邾、倪、任、滕、薛、莒、杞、纪等国的文字。燕系文字主要是春秋中叶以后燕国的文字。三晋文字包括晋、韩、赵、魏、中山、东周、郑、卫等国的文字。楚系文字包括楚、吴、越、徐、蔡、宋及周边小国的文字。

以上齐系、燕系、三晋、楚系等四系文字就是我们所说的六国文字。秦系文字主要是春秋战国时期秦国的文字。

秦兼并六国后,为了巩固政治上的统一,规定以秦的字体作规范,“罢其不与秦文合者”,在东方通行的六国古文由此绝灭。但当时有些学者把用六国古文书写的书籍隐藏起来,到汉惠帝四年(前 191)废除“挟书令”后,这些旧书重现于世,如北平侯张苍献《春秋左氏传》,武帝时鲁恭王坏孔子宅而得《礼记》《尚书》等数十篇,都是用六国古文写的书籍。王国维指出:“壁中古文者,周秦间东土文字也。”(《史籀篇疏证序》)这

① 参见刘志成主编:《汉字学》,天地出版社,2008 年版,第 99—101 页。
② 参见何琳仪:《战国文字通论》(订补),上海古籍出版社,2007 年版,第 2 页。

就是说,“古文”本指汉代发现的古文经书上的文字,今人则专门用来指称战国时代的六国文字。六国文字歧异纷呈,千姿百态,从文字发展的历史来看,正是六国文字歧异的特点,从反面促进了秦朝对文字的统一和改革。

从字形结构上讲,六国古文有以下特点:

(1)有声符的合体字迅速发展,形声字取得了明显的优势。

(2)假借现象相当普遍

例如:借“隹”表语气词“唯”;借“乌”的异体“於”表介词“于”;借“虐”表代词“吾”,这些是“本无其字”的假借。又如:借“型”为“刑”;借“攻”为“工”;借“几”为“其”;借“甘丹”为“邯郸”等,属“本有其字”的通假。

(3)形体歧异繁多

同一个字,各诸侯国写法不同。同一国、同一地写法也有差别。甚至同一题铭,也会异体歧出。字形结构也不稳定,偏旁位置不固定。如“者、市”两字,不同诸侯国写法不同(如图3-18)。

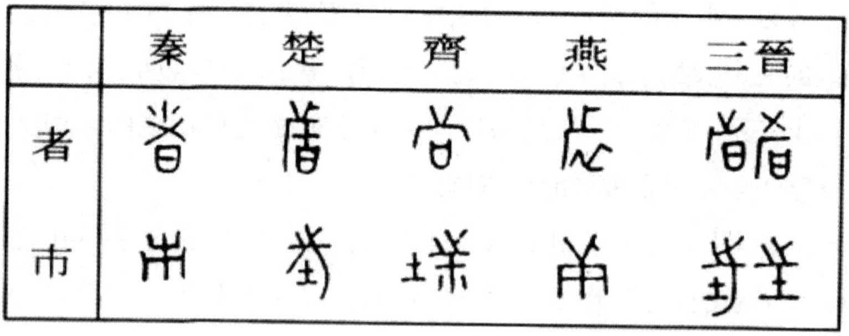

图3-18　六国文字

(4)形体省变、繁化、讹变突出

由于这一时期文字书写的随意性过大,出现了大量过于省减笔画的形变,有的甚至无规律可循。这些形变后的字,其构形依据难以推断,战国文字不易释读的原因正在于此(如图3-19)。

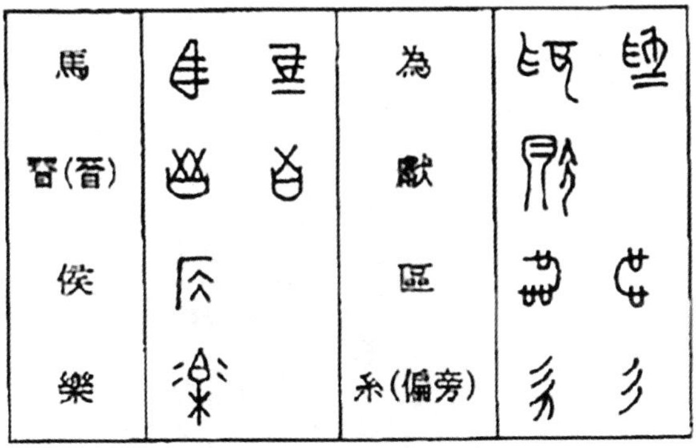

图 3-19　六国文字

(5)仍有合书文字

其表达方式比商周金文更为复杂。

除以上共同特点外,六国古文还有其各自的特点。从结构整体上看,韩、赵、魏三晋文字和西周、春秋金文差距不如楚、燕、齐大。从风格上看,三晋文字端庄整饬,用笔纤巧细腻;楚文字纵横恣肆,疏阔遒劲,笔势圆转流畅,横画多作昂起的圆弧形;燕文字工整而呆板,笔画僵硬,多用方折;齐文字体式修长,笔画匀整,喜用繁饰。

如果说商代文字可用甲骨文为代表,西周、春秋时期文字主要以金文为代表,那么六国古文的材料就比较多样了,有简帛文、金文、货币文、古玺文、陶文、玉石文,还有《说文解字》与《三体石经》中的古文。

“三体石经”古文是三国时人所见的战国文字。石经是魏齐王曹芳正始二年(241)刊刻的,故也称魏石经、正始石经。原物共 35 石,用古文、小篆、汉隶三种字体对照刻写,内容为《尚书》《春秋》及《左传》之一部分,共有 14.7 万多字。石碑原立在河南洛阳魏故城朱家圪瑭龙虎滩一带,经西晋永嘉之乱已崩毁。其拓本唐代尚在,现在仅剩残篇。清末开始陆续出土了石经的一些残石,目前所见石经古文单字为 440 个,其形体结构同于《说文》古文者 70 字,约占总数的 16%;同于《说文》中篆文者 155 字,约占总数的 35%;同于甲骨文、金文者 87 字,占 20%;同于六国古文者 56 字，占 13%；形体讹别不知所从者 56 字，占 15%。这说明《说文》中的古文远非古文的全部。石经中的古文与《说文》中的古文是同一系统的文字，都源于商周而通行于战国时代（如图 3-20）。

图 3-20　三体石经（局部）

第三节　今文字形体

今文字，是指秦隶书以后的字体。秦隶书，又称古隶，一般认为是古今文字的过渡字体。今文字包括汉隶、草书、行书、楷书四类。西汉通行的主要是隶书，辅助字体是草书，东汉晚期形成了行书，大约在魏晋之际形成了楷书。

一、隶书

（一）隶书的来源

隶书又称“汉隶”“佐书”“史书”“八分体”等，是用笔画结构取代篆文的线条结构使之更便于书写的一种字体。

隶书的产生源于便捷书写的需要。官方的正规篆书，因线条诘屈繁复、圆转弯曲的笔画太多，书写费时费力，人们在非郑重的场合便把字写得草率和简化一些，将本该工整的弧行笔画变成了比较平直的笔画，于是，“解散篆体”的隶书便在社会上流行开来。《晋书·卫恒传》引卫恒《四体书势》说：“隶书者篆之捷也。”即说明了隶书与篆书的渊源关系。篆书快写即成隶书。隶书突破了篆书的束缚而首先在民间产生。

隶书因“施之于徒隶”而得名。《汉书·艺文志》云：“是时始造隶书矣，起于官狱多事，苟趋省易，施之于徒隶也。”《四体书势》又说：“秦既作篆，奏事繁多，篆字难成，即令隶人佐书，曰隶字。”他们认为，隶书是为了适应官狱奏事繁多而产生的，又称“隶字”；因是避免篆书之繁复而使用的辅助字体，故又称“左书”或“佐书”。还相传隶书是程邈创造的。《四体书势》：“下杜人程邈为衙狱吏，得罪始皇，幽系云阳十年。从狱中作大篆，少者增益，多者损减，方者使员（圆），员（圆）者使方，奏之始皇。始皇善之，出以为御史，使定书。或曰邈所定乃隶字也。”其实，在秦始皇推行小篆之前，民间已有隶书的萌芽。1979 年在四川省青川县战国墓出土的木牍，上有墨书文字，其形体基本上是小篆，但其中有些字已是隶书的写法。各地出土的战国时期秦国的兵器、漆器、陶器上有一些省减笔画、直笔多、弯笔少的简体字，已是隶书的雏形。即使真有程邈其人其事，也与史传仓颉造字、太史籀作大篆、李斯作小篆的性质一样，他也只能是做了些搜集、整理、加工的工作。

（二）隶书的种类

根据发展阶段的不同，隶书分为秦隶和汉隶两种。

秦隶，又称古隶，是战国晚期到西汉初期使用的不成熟的隶书。它和篆书并行，是与篆书相辅而行的日常手写体，二者的区别仅仅是草率与否的不同而已。秦隶是古文字和今文字的过渡形式，在构形上多因袭篆书而小讹，多数字带有浓厚的篆书意味，点画用笔的特点也不很突出，尤其是波势不明显。1975 年湖北云梦睡虎地秦墓出土竹简 1100 多枚，其简文可以视为秦隶的代表（如图 3-21）。1972 年山东临沂银雀山汉墓出土的竹简，1973 年湖南长沙马王堆汉墓出土的汉简和马王堆帛书，1977 年安徽阜阳双古堆汉墓出土的阜阳汉简，都是西汉初年之物，但文字基本上保持了秦隶的特点，是西汉初古隶书文字的代表。

图 3-21　睡虎地秦简（局部）

汉隶，又称今隶、八分书，是在秦隶的基础上经过加工、改造和美化而成的一种独具特色的新字体。它在汉武帝或稍晚到昭帝、宣帝时代已趋于成熟，成为官方的正式字体，是今文字的开端。汉隶和秦隶相比较，最大的特点在笔势不同。秦隶是简捷的篆书，除笔形平直方折外，没有什么法则，残存有篆书的痕迹；而汉隶则使平折方直的笔画进一步呈现波势，每个字都用“挑法”，横画落笔处出现上仰的捺势，结构平整，布局稳重匀称，已彻底打破篆书的结构，极少见篆书的影子。为什么汉隶又叫八分书，历来说法不一：一说以为汉隶的波折向左右分开，“渐若八字分散，故曰八分”（唐张怀瓘《书断》）；一说以为八分是写字的尺度，“字方八分，言有楷模”（《书断》引王愔说）。目前，同意前说的人较多。现在能见到的汉隶，主要是东汉中期（顺帝以后）的石刻文字。传世的东汉碑版近 200 种，其中较著名的有：《石门颂》（建和二年，148 年）、《孔庙礼器碑》（永寿二年，156 年）、《史晨前后碑》（建宁二年，169 年）、《熹平石经》（熹平四年，175 年）、《曹全碑》（中平二年，185 年）、《张迁碑》（中平三年，186 年）等。最有代表性的据说是蔡邕执笔的《熹平石经》，把七种儒家经典刻在石头上，立于洛阳太学讲堂门外，成为全国读书人读经的范本，实际上也起了规范文字的作用。该石经原有石碑 46 块，总字数 20 万左右，现残存 8000 余字，书体规整精美，是汉隶发展到顶峰时的作品。

此外，在敦煌、居延出土的汉简（属汉武帝晚期到汉宣帝时代），已大量采用八分书。1959 年和 1972 年甘肃武威两次出土的东汉早期简，1973 年河北定县、1979 年青海大通先后出土的西汉晚期简，文字都属于成熟的汉隶。

“隶分”是指篆书中同一个偏旁部首，在隶书中分化为不同的形体。例如：“河（）”“益（）”“泰（）”都含有“水”；“奉（）”“举（）”都有“手（）”，在篆书中是同样的形体，在隶书中形体却不相同；“隶合”是指篆书中不同的偏旁部首，在隶书中因位置的缘故而同化为不同的形体。例如：“春（）”“秦（）”“奉（）”“奏（）”“泰（）”五个字相

同的部件分别有不同的来源；“魚（）”“燕（）”“鳥（）”“馬（）”“热（）”等字下面相同的四个点在篆书中也各有不同的来源。

因此，隶书是汉字从古文字向今文字演变的分水岭。由篆书到隶书的变化学术界称之为“隶变”。隶变是汉字结构体制的根本变化，在汉字发展史中具有特殊重要的意义。

我国在西汉时期就发明了纸，约在西汉末东汉初就有了纸书。到了晋朝（公元 265—420）纸书完全代替了过去的竹、帛书。1924 年和 1965 年我国先后在新疆地区发现了两份晋人抄写的纸本《三国志》残卷。这是我国迄今看到的最早的纸卷书，用隶体字书写。因此，可以说目前已知的中国第一部写在纸上的书是《三国志》。

（三）隶书的特点

因为篆书书写时费时费力，迫于繁忙的公务文书而对篆书应急变通形成的隶书写法，具有鲜明的特点（如图 3-22、3-23）：

1. 笔画舒展平直，由此确立了汉字“横、竖、撇、点、折”的基本笔画系统。

2. 字形由长圆变为扁方。

图 3-22　汉隶　张迁碑（局部）

图 3-23　汉隶　曹全碑（局部）

3. 打破篆书的形体结构体系，根据书写方式和结体部位确定构字成分的具体写法，出现了“隶变”。

4. “隶变”主要指汉字由篆书变为隶书后，字的形体所发生的“隶分”“隶合”的变化。

二、楷书

楷书也叫“真书”“正书”，是东汉末年开始通行的字体，一直通行到现在，已经有1800多年的历史了，它的形体是直接由汉隶演变而来。至此，汉字字形基本定型，并一直沿用至今。因为是采用毛笔为书写工具，所以，在“横平竖直”的基础上，改变了隶书和魏碑的笔画波磔，形成了独特的书体。楷书的特点：

1. 楷书笔形平直，没有波磔；笔势伸展、大方。

2. 字形变扁方为方正，大小均匀工整。

3. 楷书确立了汉字形体规范，两千年来几乎没有什么改变。

三、行书

行书是介于楷书和草书之间的一种书体。行书产生于东汉，盛行于魏晋，直到今天，仍是人们日常广泛使用的手写体。

行书是在楷书的基础上，简化笔画，适当加入了草书简捷流畅的书写特点，既便于书写又便于识别，因此较为流行。关于行书的特点以及它和楷书、草书的区别，在一些古代书论中讲得十分清楚。张怀瓘在《书断》中说：“行书，即正书之小讹，务以简易，相间流行，故谓之行书。”又在《书议》中说：“夫行书，非草非真，离方遁圆，在乎季孟之间。兼真者谓之‘真行’，带草者谓之‘草行’。”《宣和书谱》曰：“自隶法扫地，而真几于拘，草书几于放，介乎两者行书有焉；于是兼真则谓之‘真行’，兼草则谓之‘行草’。”上引论述说明，流行于世的行书介于楷书（真书、正书）与草书之间，与楷书相近的叫“真行”（也叫“楷行”“行楷”），与草书相近的叫“草行”或“行草”。行书的特点是不像楷书那样拘谨、难写，也不像草书那样放纵、难认，在保持楷书形体轮廓的前提下，适当运用草书那样的连笔，但各字保持独立，适当地省减笔画，形体结构清晰，书写自由快捷，笔法活泼流畅，有极大的实用价值。

行书相传为东汉末年刘德升所创。《四体书势》说："魏初有钟(繇)、胡(昭)两家，为行书法，俱学之于刘德升。"《书断》也说："行书者，刘德升所作。"但刘的行书字迹没有流存下来。传世最早的行书作品是钟繇的《墓田丙居帖》，但经翻刻，多失其真。西晋时，朝廷设书博士，以钟繇、胡昭的行书书法教子弟，行书书法因而盛行。此后，历代名家辈出，王羲之、王献之、欧阳询、虞世南、褚遂良、薛稷、李邕、颜真卿，以及宋代的苏轼、黄庭坚、米芾、蔡襄等，皆为行书大家。其中，王羲之的《兰亭序》(如图 3-24)被誉为"行书第一"，据说真本已被葬入唐太宗墓，但由于临摹者功力深厚，其娟秀清隽的风格仍在临摹本中显现出来。颜真卿的《祭侄稿》笔势雄奇，神采飞动，被称为"行书第二"。此外，王羲之的《快雪时晴帖》《丧乱帖》，颜真卿的《与郭仆射书》，李邕的《李思训碑》及米芾的《苕溪书帖》等，都是极著名的行书作品。

行书中保留楷书的特点多的，叫做"行楷"；

保留草书特点多的就叫作"行草"。如米芾的行书(如图 3-25)。

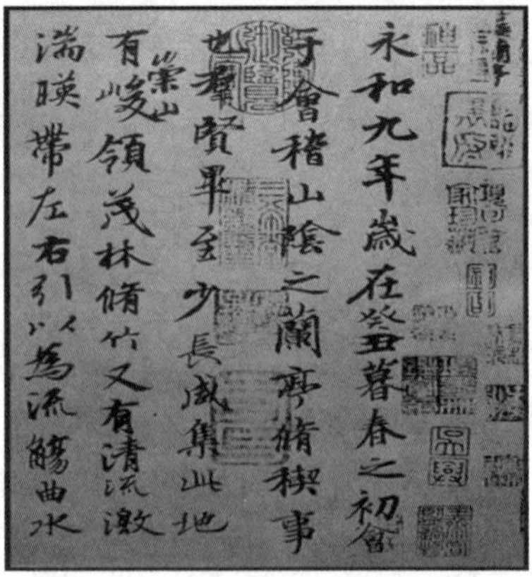

图 3-24　王羲之《兰亭序》(摹本)(局部)

图 3-25　米芾行书(局部)

四、草书

“草书”，又称破草、今草，由篆书、八分、章草，沿袭多种古文字变化而成。草书本于章草，而章草又带有比较浓厚的隶书味道，因其多用于奏章而得名。章草进一步发展而成为“今草”，即通常人们习称的“一笔书”。今草大部分较章草及行书更趋于简捷。草书给予观者豪放不羁、流畅之感（如图 3-26）。

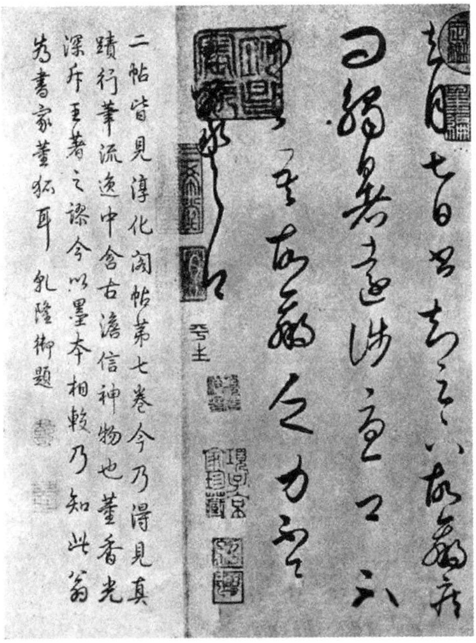

图 3-26　王羲之《七月帖》

五、现代汉字的字体

现代汉字的字体可分为手写体和印刷体两大体式。

手写体有楷书、行书、草书等字体。楷书是现代通行的汉字手写正体字，也叫正楷。行书是楷书主要的辅助字体，它的形体和笔势介于草书和楷书之间。草书的特点是笔画相连，书写快捷，一般用于书法或快速记写。

印刷体有宋体、仿宋体、楷体、黑体四种。下面分类介绍这四种字形。

1. 宋体又称老宋体，是通行的汉字印刷体。字形方正，笔画严谨，横笔细，竖笔粗，有装饰性点线。书报的正文一般都用此字体。

2. 仿宋体是采用宋体的结构、楷书的笔法而成，其笔画粗细一致，结构均匀，字形清秀，有长、方、扁三体。多用于排印文件或诗词的正文、文章的引文、书籍的序言、图版的说明等。

3. 楷体又称活体。形体与手写楷书接近，字形端庄，笔画浑圆。多用于排印通俗读物、中小学课本和儿童读物。

4. 黑体又称粗体、方头体。笔画粗重，字形丰满，阅读醒目。多用于标题、标语、广告或文章中表着重的部分。

以上四种字体中，宋体和楷体是常用的印刷体。但是在字形整理前，宋体的字形结构和笔形与楷体有较大的差别。例如楷体的“即”字，宋体作“即”，楷体的“真”字，宋体作“真”。宋体与楷体之间存在的这种差别，不仅给汉字的识字教学增添了负担，也给人们的应用带来不便。为此，有关部门对印刷宋体字形进行了整理。由于印刷楷体的字形结构和笔形同手写楷书基本一致，为便于人们学习和应用，整理字形的一条重要原则是尽可能使宋体的字形结构和笔形向楷体靠拢。1965 年 1 月文化部和中国文字改革委员会联合公布的《印刷通用汉字字形表》，为 6196 个通用汉字规定了通用字体（即“宋体”）的规范字形。印刷部门遵照这个规范刻制成铅字字模，大小按统一的标准编号。现在一般书报、期刊都用这种字体印刷。

第四节　汉字形体演变规律

汉字的形体演变，主要表现在两个方面：一是结构，一是笔势（即笔画姿态)。从甲骨文到楷书,它的结构虽有变化,但变化不大,如“明”由“日”和“月”两个偏旁组成,数千年没有变化。而汉字的笔势则随着新字体的产生而屡经变化,如“日”的笔画姿态,从甲骨文到楷书,每种字体都在演变。汉字演变的规律主要有:

一、笔画线条化

笔画:有一个形成过程。从甲骨文到篆字的古文字阶段,笔画逐渐形成直笔和圆转两种。甲骨文和金文笔画图形化特征明显,经过一段时期,到了秦始皇统一中国汉字后,小篆字形全由线条组成,字的大小统一,组字部件和部位也基本固定,隶变以后逐渐形成笔画匀称、线条统一的楷体字的笔画系统。例如:

(甲骨)→(金)→(小篆)→(隶)→鱼(楷)

(甲骨)→(金)→(小篆)→(隶)→鸟(楷)

二、字形符号化

字形的符号化可以从汉字的理据性和书写的简化两方面进行分析。先看汉字的理据性,汉字历史上曾经有过“六书”理论,把字形和字义联系起来,以便于分析和理解汉字的读音和意义。这种做法不是把汉字作为符号,而是作为表达意义的图形组合来看待,每个组成部分都有其由来和理性。通过分析可以找出字形演变的来龙去脉,从而发现意义的根据。篆书之前,汉字的形和义是结合的。如“龟”字,甲骨文作、,有正侧两种写法,金文作、,画的都是一只龟的形状。小篆作,也仍象龟的侧面形。

随着汉字的发展演变,这种理性逐渐被破坏和丧失。最大的一次字形系统演变是从篆书到隶书的“隶变”。隶书以后,字的形、义便相离了。

“隶变”从根本上打破了古代汉字的理据性,到了楷书所继承的理据性逐渐减弱。

再看书写的简化。近现代汉字特别是经过了简化的现代汉字,汉字符号系统彻底地符号化了。文字要便于书写,书写要求便捷。在汉字的形体演变过程中,为了追求书写的快捷,汉字的笔画(或线条)和结构呈现出简化的发展趋势。

从甲骨文开始到现行的楷书,形体的简化从未中断。汉字的由繁趋简是形体演变的一个重要趋势,也是由文字本身的工具性决定的。作为记录语言的书写工具,人们总是希望它能够最大限度地方便使用,在写字的时候,人们总是希望写得越快越好,这就导致了书写求简的趋势。文字形体演变的过程就是简化的过程。文字越符号化,越便于书写和使用,文字越统一规律化,越便于学习和书写。只有文字形体的不断简化,才能提高文字的使用价值和作用,才能适应语言的发展形势,满足人们的实际需要。当然在书写过程中出现的简体字,有时会降低字与字之间的区别,因而给阅读造成障碍;有时会破坏字形提示音义的功能,增加识字困难;有时个体字符的简化还会造成系统的繁难。理想的状态应该使上述三方面达到平衡,既要保持足够的区别,又要适当照顾到字形提示音义的功能,最大限度的简化,这一内容留在第十章(现代汉字的简化和规范化)进行详细介绍。

三、结构规范化

汉字的使用与发展都带有社会性,每一个汉字字符的创造与改变,一般都经过三个阶段:个人使用、社会通行和权威规范。从个人使用到社会通行,这是汉字自行发展的阶段;从社会通行到权威规范,这是人为规范的阶段。没有前一个阶段,汉字的社会性能便要丧失,它记录汉语的使用价值便会减弱,而没有后一个阶段,汉字演变的合理性和构形功能系统的形成规整和严密化是难以实现的。所以,汉字需要人为规范,又必须在尊重汉字的社会通行情况的基础上进行规范,在掌握汉字发展趋势并因势利导的前提下加以规范,这种规范才是具有社会性和科学性的。汉字在发展演变的历史过程中产生了大量的异体字，这其实是一种繁化，不利于汉字的日常应用。中华人民共和国成立后由国家组织人力整理了一批异体字，废除了不常用的字形，只保留一个写法。如，用“X”这一记号代替：赵（趙）、风（風）、区（區）；用“又”代替：邓（鄧）、树（樹）、仅（僅）、难（難）、鸡（雞）等。新中国成立以来所做的异体字规范和简化汉字的工作，从总的方向看，是符合汉字历史发展趋势的，因此，它才能被广大汉字的使用者所接受，收到最大限度的社会流通效果。

四、字集标准化

标准化是信息革命带给汉字的新特点。由于计算机中文信息处理技术的应用发展，促进了汉字“形、音、义、用”各方面的标准化。其中最主要的就是字符集的标准化。

比较重要的是《信息处理交换用汉字编码字符集·基本集》。与之相关的有《现代汉语常用汉字表》《现代汉语通用汉字表》《印刷通用汉字字形表》等。

五、书写的匀称化

汉字的匀称化就是汉字书写要整齐美观，来保持方块字的统一形式使其匀称平衡。随着人们的书法美学意识增强，就要求文字不光能表意，还要好看，而美化汉字的一个最基本的方法就是使之匀称化。汉字共经历了两次匀称化。第一次小篆把古文大篆的曲线匀称圆转化了。第二次是隶书把小篆的形体平直方正化了，奠定了汉字的方块形式。匀称化属于书法美学范畴，我们民族一直追求书写的整齐美观，匀称化对汉字的影响至大，并由此形成了世界上独一无二、光彩夺目的书法艺术。写汉字必须掌握汉字的匀称平衡规律，来保持方块字的统一形式，也就是说，写字要受字的四方形所制约。每一个字不管笔画多少，也不管结构繁简，都要写得整齐匀称，不可轻重失衡。这样笔画多的和结构复杂的，就要写密一些，以免写得比笔画少的字大，笔画少结构简单的，就要写得稀一些，要把方格填满，不可挤做一团。

匀称平衡规律还要求一个偏旁的结构的高度和宽度与笔形的繁简成正比例。笔画繁多的，高度和宽度就大些，反之高度和宽度就小些。小篆形体长方，隶书结体四方，有些在小篆中上下重叠的字，隶书多变为左右并列的字。就重叠和并列的字来说，如果是四个同等高度和宽度偏旁的组合，每个偏旁应各占四分之一，如果是两个偏旁左右并列的组合，笔画少的所占地方少，笔画多的所占地方多，书法上习惯称之为“让左”（左边占地多）“让右”（右边占地多）。

练习三

一、完成下列表格。

汉字形体演变过程

汉字发展阶段	形成时代	代表性文字	主要载体	汉字实例 3-5 个
	殷商	甲骨文	龟甲、兽骨	
		大篆	石器	
	汉魏	楷书		木、好、镁、芹

二、填空题。

1. 汉字的形体演变主要经历了：________、________、________、________、________、________等几个阶段。

2. 汉字形体演变的规律有：________、________、________、________。

3. 古文字是指：________、________、________、________、________等汉字形体。

三、名词解释。

1. 隶变　2. 甲骨文　3. 金文　4. 大篆　5. 小篆

四、查阅《说文解字》，写出下列现代汉字的古文字形体。

我、水、牛、鱼、文、休、上、亦、众、东、车、鹿、刃

五、简答题。

1. 汉字的形体演变经历了哪几个阶段？

2. 隶书的特点有哪些？

3. 汉字形体演变的规律是什么？

4. 楷书的形体有哪些特点？

5. 英语与汉字在形体上有哪些不同特点？

六、请查阅《说文解字》或其他工具书，将下列文字写成小篆。

1. 己所不欲，勿施于人。

2. 生如夏花之绚烂，死如秋叶之静美。

第四章　汉字的结构及《说文解字》

古汉字象形字较多,是属于表意体系的文字;现代汉字形声字居多,可看作意音体系的文字,汉字的字形和字义有着密切的关系。倘若我们能对汉字的形体结构作出正确的分析,那么对于我们了解和掌握汉字的本义和引申义,特别是对于我们阅读古代文化典籍有着极大的帮助。

一提起汉字结构,总离不开“六书”之说。所谓“六书”,就是前人分析汉字结构所归纳出来的六种类型。“六书”这个名称,最初见于《周礼·地官·保氏》;“六书”的细目,始见于西汉刘歆的《七略》。用“六书”分析汉字的结构,是从汉代古文经学家发端的。

我国历史上关于“六书”的说法很多,但就其名目和名目的次序而言,主要有三家。

第一家是东汉的班固。他在《汉书·艺文志》里说:“古时八岁入小学,故周官保氏掌教国子,教之以六书。谓象形、象事、象意、象声、转注、假借,造字之本也。”

第二家是东汉的郑众。他在《周礼·地官·保氏》注中说:“六书,象形、会意、转注、处事、假借、谐声也。”

第三家是东汉的许慎。他在《说文解字·叙》里说:“一曰指事、二曰象形、三曰形声、四曰会意、五曰转注、六曰假借。”

过去的学者,通过对这三家说法的比较,大都采用了许慎的名称,这不仅因为他对“六书”的名称都有具体而详细的解释,同时他还有我国分析研究汉字的第一部专著《说文解字》。而在次序上则大都采用班固的说法。因为汉字起源于图画，象形、指事、会意都和图画有着密切的关系，所以图画在前；而有标音成分的形声字则是在象形的基础上发展起来的，这符合由表意到表音的文字发展规律，所以形声字在后；假借则只是有读音上的联系，与字义毫不相干，所以放在最后。可见，这种次序的排列是很有道理的，于是就很自然地形成了后世大家所公认的“六书”的名称和次序：象形、指事、会意、形声、转注、假借。

应当说明，“六书”是古人根据汉字结构归纳出来的汉字构造结论，绝不能认为我们的祖先就一定是依照这六条法则来创造汉字的。班固在他的《汉书·艺文志》中说，“六书”是“造字之本”。这种说法显然是不严密的。实际上，象形、指事、会意、形声才是造字之法，而转注和假借是不能产生新字的，它们仅是用字之法，和汉字的结构不发生联系。

第一节　汉字造字法——象形和指事

一、象形

许慎《说文解字·叙》说：“象形者，画成其物，随体诘诎，日月是也。”意思是说，象形字就是字形画成字义所表示事物的形状，随着物体的外形而曲折字的笔画，日字、月字就是这种字。

“日”字篆文象太阳形 ，中间一短横是填空隙的饰画，无实义；“月”字篆文象弦月形 ，中间二画，也是饰画。可见，“象形”造字的方法重在“神似”而不在“形似”，目的是表示意义而不是再现事物。如果考察甲骨文字，这两个字的象形程度更高，然而许慎未见过商周文字，仅依据篆文来作分析。许慎的定义和例字，表明象形字有如下特点：

1. 是独体字，即《说文解字·叙》中所谓“文”。

2. 由象形符号构成，字形近于图画，所画即为字义所表事物的轮廓或具有特征的部分;部分象形字中有饰画。

3. 字形包括正视、侧视、仰视、俯视等多个角度。

象形字举例:

(人) 甲骨文象人体的侧视形。《说文解字》:(人),天地之性最贵者也。此籀文。象臂胫之形。凡人之属皆从人。

(女) 甲骨文象交手曲膝的妇女形。《说文解字》:(女),妇人也。象形。王育说。凡女之属皆从女。

(目) 甲骨文象人眼形。小篆改横为直,形已失真。《说文解字》:(目),人眼。象形。重童子也。凡目之属皆从目。,古文目。

(臣) 甲骨文象竖目形。字形画顺服的奴隶俯身时的一只眼睛,本义指奴隶。《说文解字》:(臣),牵也。事君也。象屈服之形。凡臣之属皆从臣。

(自) 甲骨文象鼻子形。小篆形已失真。后加声符成形声字“鼻”,以表其本义。《说文解字》:(自),鼻也。象鼻形。凡自之属皆从自。

(又) 甲骨文象右手形。《说文解字》:(又),手也。象形。三指者,手之列多略不过三也。凡又之属皆从又。

（马）　甲骨文、金文、小篆，象马的侧视形。《说文解字》：（马），怒也。武也。象马头髦尾四足之形。凡马之属皆从马。，古文。，籀文马与同，有髦。

（牛）　甲骨文象牛头形。《说文解字》：（牛），大牲也。牛，件也；件，事理也。象角头三、封尾之形。凡牛之属皆从牛。

（羊）　甲骨文象羊头形。《说文解字》：（羊），祥也。从，象头角足尾之形。孔子曰："牛羊之字以形举也。"凡羊之属皆从羊。

（鹿）　甲骨文象鹿侧视形。《说文解字》：（鹿），兽也。象头角四足之形。鸟鹿足相似，从匕。凡鹿之属皆从鹿。

（木）　甲骨文象有枝干根梢的树形。《说文解字》：（木），冒也。冒地而生。东方之行。从中，下象其根。凡木之属皆从木。

（衣）　甲骨文象两袖宽松、两襟相掩的古代服装。《说文解字》：（衣），依也。上曰衣，下曰裳。象覆二人之形。凡衣之属皆从衣。

（水）　甲骨文象流水形，字内小点为水流过的山丘之属。本义为河流通称。《说文解字》：（水），准也。北方之行。象众水并流，中有微阳之气也。凡水之属皆从水。

（申）　甲骨文、战国玺印文象闪电形，本义是电。小篆讹作两手持一物形。《说文解字》：（申），神也。七月，阴气成，体自申束。从臼，自持也。凡申之属皆从申。

（眉）　甲骨文、金文、小篆象眼目上的眉毛形。《说文解字》：（眉），目上毛也。从目，象眉之形，上象额理也。凡眉之属皆从眉。

（果）　甲骨文象树上结有果实形。小篆将甲骨文上的三个果实省为一个，同时加上饰画"十"。《说文解字》：（果），木实也。从木，象果形在木之上。

（血）　甲骨文象用牲血祭祀时盛在器皿中的血滴形。《说文解字》：（血），祭所荐牲血也。从皿，一象血形。凡血之属皆从血。

（雷）甲骨文象闪电中发出雷声形。金文加形符雨成形声字。小篆是一个声符被部分省略的形声字。《说文解字》：（雷），阴阳薄动，雷雨生物者也。从雨，畾象回转形。

（元）　商代金文、甲骨文象侧视之人形，突出特大的头部，以表头。甲骨文先把金文的上部变做一横画，后又在其上加一饰画。《说文解字》：（元），始也。从一从兀。

从“人”到“申”，各字的结构，全部皆象物形；从“眉”到“元”，各字的结构，则将物形附于另一物形上，以后者为限制性条件，让人能够判断前者之所象。段玉裁说：“有独体之象形，有合体之象形。”[①]就是指的“人”和“眉”这两类结构不同的象形字。另外，据朱骏声的《说文通训定声》统计，《说文》中的象形字共 364 个。

二、指事

许慎《说文解字·叙》说：“指事者，视而可识，察而见意，上下是也。”意思是说，指事字一看就可以认识，仔细观察就能发现它的意义，上字和下字就是这种字。

《说文解字》释字 9353 个，除了在对“上”“下”二字诠释时明确其为指事外，其他即便是后世公认的指事字，均以象形、会意例释之，再加上《说文解字·叙》中关于指事字之界说，言辞简约，语焉不详，故导致了古今对指事字结构类型认识上的分歧。

于省吾、梁东汉对指事的阐释，在众说中更为合理。他们认为，指事是一种用抽象符号来指示字义所要表达事物的字。（于省吾《甲骨文字

① 段玉裁：《说文解字》卷十五上。

释林》和梁东汉《汉字的结构及其流变》)这种说法是根据许慎的例字"上""下"与小徐本中注有指事二字的"本""末"和"刃"等字的构形特点推论出来的,抓住了字的形义关系,为大多数人所普遍采用。他们把指事分为两种:一种是纯象征性符号构成的,例如:一、二、三、四、上、下等,这类指事字很少;另一类是在象形字的基础上增加提示性符号构成的,如"刃"在"刀"加一点,表示刀口;"甘"在口内加一点,表示口中含有甘美的食物。指事字有如下特点:

1. 是独体字。

2. 分为纯符号指事字和加提示象征符号的指事字。纯符号指事字,如:一、二、上、下。加提示象征符号的指事字,如:亦、刃、朱。

3. 表义的联想性、规定性不明,数量不多。《说文解字》中较明确只有上、下两个字;王筠《说文释例》统计《说文》中的指事字有129个;朱骏声《说文通训定声》统计《说文》中的指事字有125个。

指事字举例:

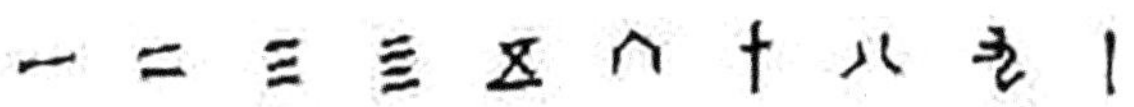

一　二　三　四　五　六　七　八　九　十

上　下　形　彭　晕　皂

(上)　甲骨文以弧形为基准线,代表某一事物,其上方的短横为指示性符号,表示字义是位置在高处。金文改弧形为长横,或加一竖作饰画。小篆改短横为竖。《说文解字》:丄(上),高也。此古文上,指事也。,篆文上。

(下)　甲骨文构造与"上"相似而方向相反,本义是位置在低处。金文、小篆的字形变化也与"上"相同。《说文解字》:丅(下),底也。指事。,篆文下。

(本)　金文、小篆在木下用点或横指出树根之所在,本义指树根。《说文解字》:(本),木下曰本。从木,一在其下。

(末) 金文在木上用一横画指出树梢之所在,本义指树梢。《说文解字》:(末),木上曰末。从木,一在其上。

(朱) 金文、小篆在木中用点或横指出树的主干之所在,本义指树干。后加木旁作"株",表其本义。《说文解字》:(朱),赤心木。松柏属。从木,一在其中。

(亦) 甲骨文在正面人形(大)的两腋下加两个点,以指明人的臂腋之处,本义为腋。"腋"是从肉夜声的后起形声字,其声符"夜"是从夕亦声的形声字。《说文解字》:(亦),人之臂亦也。从大,象两亦之形。凡亦之属皆从亦。

(亡) 甲骨文在刀上加一竖画,以示其锋芒之所在,本义为刀的锋芒,是"鋩"字的初文。小篆字形有变化,《说文》误释为:"逃也。从入从乚。""逃"为其假借义。

(寸) 小篆作又下加一横,以指出中医所谓寸脉或寸口之所在。林义光《文源》:"又,象手形,一识手后一寸之处。"本义为寸脉、寸口。

(中) 甲骨文在带有或不带有漂斿的旗杆中央加一个圈,以指出中央部分,本义是中央、内里。《说文解字》:(中),内也。从口。丨,上下通。,古文中。,籀文中。

(厷) 甲骨文在一条人臂上加弧形指示符号,以指人胳臂自腕至肘的一段部位,本义是手臂从肘到腕的部分。是"肱"字的初文。

(孔) 金文作子上加一符号,指示小儿头角上有孔洞,本义当为囟门,即婴儿头顶骨未合缝处,也称脑门儿。《说文》训孔为通,应为词义的引申,字形的假借。

(身) 甲骨文作人上加一弧形符号,指出身体的躯干部分之所在,本义是身体的躯干部分。金文字内增加了装饰性点画。《说文解字》:身,躳也。象人之身。从人,厂声。凡身之属皆从身。

(曰)　甲骨文在口上加一横画,表示话从口出,本义是说。小篆把上面的横画变为竖折。《说文解字》:(曰),词也。从口,乙声。亦象口气出也。凡曰之属皆从曰。

(尤)　甲骨文在又上加一横画,又为右手形,上加符号以表示手指上生出的瘤状物,本义是一种皮肤病,是“疣”字的初文。《说文解字》:(尤),异也。从乙,又声。

指事字与会意字、象形字容易相混,应注意分辨。

指事字是独体字,会意字是合体字,纯符号的指事字一般不容易与会意字相混,如:上、下、一、二等是纯符号的指事字。加提示象征符号的指事字与会意字的区别,王筠在《文字蒙求》做过说明:“会意者,会合数字以成一字之意也。指事或两体,或三体,皆不成字,即其中有成字者,而仍有不成字者介乎其间,以为之主,斯为指事也。”比如“本”,其中“木”可独立成字,而用来提示树根部位的那一横是不能独立成字的,而且这一横在字义的表达上是起重要作用的,所以“本”是指事字。

指事字和象形字都是独体字,二者区别在于字内有无抽象性、指示性符号。凡字内有抽象性、指示性符号的独体字为指事字,字内除饰画之外,只有象形符号的独体字则为象形字。例如:(至),甲骨文象矢射中目标,本义是到达。字下的一横表示目标,为指事符号,所以“至”字是指事字。另外,汉字经过多次形体演变,字形结构也必然随之变化,应该根据不同形体分析字形结构。例如,(旦),金文象旭日初升,下边还连着地面(一说为云气)之形,本义为天明、早晨,是象形字。到了小篆,日下的地面变成了一横,看作表现位置的指事符号为宜,因而小篆“旦”字为指事字。同样情况的字还有夭、天等字。①

① 参见石玉成:《汉字学初探》,云南民族出版社,1996年版,第124—125页。

清代学者段玉裁认为表示某一类事物的独体字为指事字；清代的王筠把无形可象的事而造的独体字称为指事字；明人吴元满、清人朱骏声把用其他五书都无法解释和归类的字都称为指事字。以上这些说法有一定的道理，可以在学术观点上供我们借鉴。

第二节　汉字造字法——会意和形声

一、会意

许慎《说文解字·叙》："会意者，比类合谊，以见指撝，武信是也。"意思是说，会意字是并列字类即两个以上的字，会合它们的意义，来表现该字义所指向的事物，武字、信字就是这种字。

"(武)"字篆文由止戈二字组成，许慎引《左传·宣公十二年》中"止戈为武"，把"武"的本义解释为制止干戈(即战争)。"(信)"字篆文由"人""言"二字会合成意，许慎解释其本义为诚实，人言必须诚实。而按现代学者研究，"止"本象人的脚，在别的会意字中多表人的行走前进，所以止戈会意是持戈前进，即征伐用兵的军事行动之意；"信"字是以"言"作形符以"人"作声符的形声字，而非会意字。

从许慎的定义和例释中，可以发现其所谓会意字的特点：

1. 合体字，由可独立成字的偏旁组合而成；

2. 偏旁都是形符，即表义的偏旁。

就《说文解字》中对具体字的分析来看，会意字有两种类型：

一种是以形会意(即通过偏旁的形象意义来会意)。

(休)　《说文解字》：(休)，息止也。从人依木。庥，休或从广。

(杲)　《说文解字》：(杲)，明也，从日在木上。

第二种是以义会意(即通过偏旁的独立词汇意义来会意)。

(雀)　《说文解字》:(雀),依人小鸟也。从小、隹。

(否)　《说文解字》:(否),不也。从口,从不。不也,不亦声。

从汉字的实际情况来看,西周春秋以前产生的会意字,绝大多数是以形会意的,战国秦汉以后产生的会意字,则大体上是以义会意的。

会意字举例:

(析)　甲骨文从木从斤。斤为斧的象形。本义是破木,即劈开木头。

(伐)　甲骨文从戈从人,表以戈刃砍人的头。本义是砍杀。《说文》据小篆释形为“从人持戈”,非是。

(及)　甲骨文从人从又,表一只手把前边的人抓住。本义是赶上逮住。

(光)　甲骨文从火在人上,表人头顶上有火光照耀。本义是光辉。

(只)　甲骨文从又持隹,表捕鸟在手。本义是猎得禽兽。为后世获字初文。《说文》释义为“鸟一枚也”,是后起义。

(秉)　甲骨文、金文从又持禾。本义是执持。

(疒)　甲骨文从人从爿。爿象床形,为“牀”之初文。人旁或有数点,象人有病出虚汗。本义是疾病。小篆人讹作一。

(宗)　甲骨文从宀从示,表示室内置示(即神主)。本义是宗庙。

(毓)　甲骨文从女从倒子,表妇女生小孩,本义是生育。为“育”字之初文。

(男)　甲骨文从田从力。力象耒形。表示用力在田间耕作的人。本义为男子。

(妇)　甲骨文从女持帚。表示从事家务劳动,侍箕帚的女性。

本义为妇女。

(从)　甲骨文从二人相随,本义是相听从。

(比)　甲骨文从二匕。匕象饭匙形,二匕放在一起,表示并列。本义是并列。因人与匕字形近,故古人常把“比”和“从”字形混淆。《说文》释为“密也。二人为从,反从为比。”亲密当是词义的引申,字形的假借。甲骨文中“比”与“从”二字各自都正反无别,故“反从为比”非是。

(步)　甲骨文从二止。以一前一后的两脚表示徒步行走。本义是步行。

(北)　甲骨文从二人。以一左一右背对着的二人表示背离。本义是背离。作北方讲,是字形的假借。

(友)　甲骨文从二又。以两只右手放在一起来表示友好相助。本义是朋友,即同志友好的人。

(劦)　甲骨文从三力。力象原始的农具耒形。三耒并耕,表示合力。本义为合力。后起字恊、勰、协,一表同心之和,一表同思之和,一表同众之和。

(森)　甲骨文从三木。以表林木繁茂。本义是树木众多的样子,即树木丛生茂密。

以上会意字均为以形会意。它们有的形符不同,有的形符相同,人们或称前者为异文会意,后者为同文会意。

(劣)　从少力,本义是羸弱少力。

(甦)　从更生,本义是复苏。这个意义初借用苏草之“苏”表示,后造此字。

(尟)　从是少。也写作“尠”,从甚少。本义是少见、少有。这个意义最早借“鲜”字表示,后造此字。现已作为异体字被废除。

(嵩)　从山高,本义是高山。后借以表中岳的山名。

(昶)　从日永。永有长义。本义是日长。

以上会意字均为以义会意。它们形符大多可以连读成词语，所构成的词语就是字的本义。

二、形声

许慎《说文解字·叙》说："形声者，以事为名，取譬相成，江河是也。"意思是说，用表示事物类别的字作为意符，再取一个表示读音的字作为声符与意符相结合，就形成了形声字，江字、河字就是这种字。

"(江)"字许慎认为其本义是长江，"从水，工声"。"(河)"字许慎认为其义是黄河，"从水，可声"。这两个字是用与其字义所表事物有关的"水"字作形符，分别取音同音近字"工"和"可"作声符来构成。

从许慎的定义和例字，可以看出其所谓形声字的特点：

1. 是合体字；

2. 是偏旁一部分表义是形符，另一部分表音是声符。

考察形声字的形符，会发现它表示字义有两种情况：

第一种是表示形声字的本义。

例如："辉""爸""斧""狗"等字的形符"光""父""斤""犬"的意义，就是它们的本义。

第二种是表示形声字字义的类属。

例如：从玉的形声字中，据《说文解字》，"璧"本义是瑞玉环，"瑗"本义是大孔璧，"璜"本义是半璧，"瑛"本义是玉光，"玲"本义是玉声，"理"本义是治玉。诸字字义不同，但跟玉都有关，"玉"作为形符，表示出它们的字义类属。

在所有形声字中，前一种字数极少，绝大部分均属后者。

形声字的声符，是给形声字标音的，即通过它独立成字时的语音与由它构成的形声字语音之间的音同或音近关系来标示形声字的读音。然而由于汉字不是由某一个人所造，而是由不同时代、不同地区的众人集体创造的,因此声符能准确标音,只是就创造某个形声字的人他所使用的语音系统而言的,在不同的时代或不同的地区,用当时的普通话(通语、雅言)或当地的方言读这个形声字,就未必跟它的声符读音相同了。这就意味着,进入了汉字系统的形声字,声符的标音功能有的能保留,有的会减弱,有的甚至已失去。

必须指出,有些形声字的声符还有表义示源功能。由于字所记录的源词分化出派生词,字形被假借,不少汉字出现一字多义现象,为表义明确,就在其上增加形符造出分化字来记录其某一义项,这是早期形声字的主要来源。在这类形声字中,声符是由源字直接转化成的,自然具有表义示源功能,例如:甲骨文(),从斤辛声,为“薪”的本字。因假借为新旧之“新”,后加形符“木”作新,从木(省)声,以表“薪()”义,其声符既标示读音,又表义示源。再后来篆文又加形符“艸”作“薪”,从艸新声,其声符也如此。甲骨文又(),象右手形,本义为右手,常借作“有”,金文加上形符“肉”作有(),“又”既标示读音,也有表义示源作用。后期形声字是由形符加声符拼合构成,但是由于受到早期形声字的影响,其中一部分也往往选择具有表义示源功用的声符。例如:《说文解字》释“(拘),止也,从句从手,句亦声。”“(钩),曲也,从金从句,句亦声。”而释“(句),曲也。”“拘”和“钩”这种被后人称为会意兼形声的字,其实就是具有表义示源功用声符的形声字。

有学者据《说文解字》的解说提出,形声字有的形符不止一个,有的声符不止一个。例如朱宗莱《文字学形义篇》中就把形声字分为一形一声、一形二声、二形一声、二形二声、三形一声、四形一声等类型。之所以如此,一是因为迷信《说文解字》的字形说解,二是因为对一些汉字的源流还不太清楚。如“碧()”字,《说文解字》释为“石之青美者,从玉、石,白声。”后人称为二形一声的形声字。然而,既然是石,就不可能是玉,有两个表示意义类属的形符,则反而使字义难明,故“碧”字应释为

“从石、珀声”为好。“宝()”字,《说文解字》释为“珍也,从宀、玉、贝,缶声。”后人称为三形一声的形声字。可是考之甲骨文,为从宀从玉从贝的会意字;西周金文加上声符“缶”,成为缶声的形声字。因此我们认为形声字都应该是一形一声的,多形多声说不符合汉字实际。

形声字举例:

(裘) 甲骨文初文是象皮衣形的象形字,后加声符“又”成为形声字。金文、小篆形符被“衣”字同化,成为从衣、又声或求声的形声字。本义是皮衣。

(其) 甲骨文是象簸箕形的象形字。金文后在字下加声符“几”成为形声字。本义是簸箕。小篆又在字上加形符“竹”,成为从竹其声的形声字,以表其本义。

(星) 甲骨文、金文初为象繁星形的象形字,当隶定为“晶”;后加声符,成为从晶、生声的形声字“曐”;隶变省形为“星”。本义指天空上除太阳和月亮以外发亮的天体。晶字后来专用来表星光明亮。

(罔) 甲骨文象渔猎用的网形,是象形字。小篆加声符成从网、亡声的形声字“(罔)”。本义是渔猎用的网。后又加形符糸,成为从糸、罔声的形声字“網”,以表其义。

以上形声字都是在一字上增加声符形成的,它们跟原字一般是一字异体的关系。增加声符的字通行以后,原字多被废除,少数二者分化成两个字,如星和晶。

(暮) 甲骨文,从日在四屮(草的象形字)或四木中,会意字,本义是日将落时,隶定为“莫”。后在“莫”下加形符,成为从日莫声的形声字“暮”,以表其本义。

 (溢) 甲骨文象器皿中有水漫出形;小篆从皿从水。二者均为“益”字,本义是水漫出。后在“益”字旁加形符,成为从水益声的形声字“溢”,以表其本义。

(俘)　甲骨文有三形，从又或廾、从子，即“孚”字，本义为俘虏、俘获；金文从爪从子。有一形从行省、孚声，即“俘”字的正体，义与“孚”相同。《说文解字》谓“俘”字“从人孚声”，“从人”当为“从彳”的讹变。

以上形声字都是在一字上增加形符形成的，它们跟原字一般是古今字的关系。表原字的本义，其字内声符具有表义示源功能。

(唯)　甲骨文象鸟形，即“隹”字，与“鸟”本为一字。甲骨文、金文常借以表发语词，后世加形符“口”，成为从口、隹声的形声字“唯”，其本义为应答声。

(贞)　甲骨文为象鼎形的象形字，即“鼎”字，甲骨卜辞中借以表卜问之“贞”。后期甲骨文、金文、小篆在鼎字上加形符，成为从卜、鼎声或鼎省声的形声字，以表卜问义。

(祐)　甲骨文象右手侧视形，即“又”字，本义是右手。甲骨卜辞借以表有无的“有”、保佑的“佑”、福祐的“祐”等。后在字左加形符，成为从示、又声的形声字，其义为天神给予的帮助，是从示、右声的“祐”字的初文。

以上的形声字都是在一假借字上增加形符的，它们跟原字虽不是一字异体的关系，两者本义不同，但其字内声符仍有表义示源功能，只是跟声符字所表示的本义无关联罢了。

(釜)　小篆从金、父声，本义是一种锅。今省作“釜”，从金省、父声，形符被部分省略。

(亭)　小篆从高省、丁声，本义为设在路旁的有楼的公房。

(岛)　小篆从山、鸟声，本义为海洋中有山的陆地。今字形从山、鸟省声，声符被部分省略。

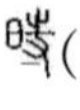(时)　小篆从日、寺声，本义是四季。今字形由“時”省作“时”，从日、寺省声。

以上形声字都是偏旁不完整，被部分省略的字。其中形符被部分省略者，后人称为“省形形声字”；声符被部分省略者，后人称为“省声形声字”。它们跟不省形或不省声的初文是一字异体的关系。

第三节　“六书”简评及汉字结构其他学说

一、“六书”简评

“六书”理论是我国最早的论述汉字结构原理的系统理论，它的提出在汉字科学研究的历史上有着重要的贡献。“六书”理论在全面分析小篆构形的基础上，归纳出了象形、指事、会意和形声四种汉字结构类型，指出了汉字的结构规律，也包括了汉字孳乳和应用的法则，这个结论与汉字的形体构造和具体使用基本上是相符的，因而对文字学研究做出了不朽的理论贡献，直到今天，六书仍有其研究和实用价值。

“六书”传统理论作为分析汉字结构的传统方法，统治了汉字结构分析近两千年。但是汉字的形体结构随着历史的发展不断进行着演变，由于时代的局限，六书也有不科学、不完善的地方，主要表现在几个方面：

1.“六书”是许慎对小篆造字法、用字法的总结，而小篆形体与汉字造字之初的甲骨文、金文的形体相差较远，致命之处在于小篆已经开始符号化，图画性大大减弱，象形、指事、会意，已有许多看不出其本来的面目。而当时作者所掌握的古文字材料不多，只有少量籀文，所以难免有据形解意之处。

2.“六书”的概念界限不清，对每一书的界定不够明确，仅仅靠许慎对“六书”的简单的定义很难划分出明确的界限。由于“六书”的影响力，后世学者都把它看为准则，遇到不符合“六书”的条例，不惜生搬硬套，使得有价值的“六书”成为了汉字研究的枷锁。另外，又由于六书的界限不清，使得一些字被归入不同的类。如：“齊(齐)”“飛(飞)”许慎认为是象形字,而王筠认为是指事字;“(高)”“(夹)”许慎认为是会意字,而王筠认为是指事字等等。从而可以看出六书界限的模糊性。除了这种对汉字归类见解完全不同的情况以外,还有一种情况是,许多字在实用时可以同时归入不同类型,后世学者有不同的意见,这样就形成了许多学者所谓的兼类,在学习的过程中,这一兼类字在学习和记忆中容易混淆。例如,《说文解字》:“(娶),取妇也。从女,从取,取亦声。”会意兼形声。“齿”字,甲古文为象形字,但小篆为形声字,这是汉字字形演变形成的兼类。

3.“六书”中的象形、指事、会意和形声前四书与转注、假借后两书的性质不同,不能放在同一层面上,许慎把结构类型和用字方法都放在一个层面上。实际上,在分析构字法时,却只用了前四书,后两书为用字法。

4.汉字发展到现在,“六书”还存在一个比较严重的问题就是它并不能概括所有的汉字。特别是隶变以后的汉字,符号化更加严重,象形字更加失去了图画的意味,指事字也没有了指事的基础,会意字看不出所会之意,形声字有的形符和字义无关,有的声符和字音不完全相同甚至完全不相同。

二、汉字结构的其他学说

基于“六书”传统理论的局限性,一些学者在分析古文字资料,研究现代汉字形体结构的基础上,相继提出了一些汉字构造的学说。各家提出的理论各有其依据与特点,各有其局限性和合理性,我们介绍以下几种说法:

(一)四体二用说

“四体二用”是清代语言学家戴震分析汉字“六书”得出的结论,形成于乾嘉时期。“四体”即象形、指事、会意、形声四种为造字法,“二用”

则指转注、假借两种为用字法。

戴震是清代著名的语言学家，在前代学者的影响下，首先提出了四体二用说。他在《答江慎修先生论小学书》中说："震谓'考''老'二字属谐声、会意者，字之体；引之言转注者，字之用。大致造字之始，无所凭依，宇宙间事与形两大端而已：指其事之实曰指事，一二、上下是也；象其形之大体曰象形，日月、水火是也。文字既立，则声寄于字，而字有可调之声；意寄于字，而字有可通之意。是又文字之两大端也。因而博衍之，取乎声谐，曰谐声；声不谐而会合其意，曰会意。四者，书之体止此矣。由是之于用，数字其一用者，如初、哉、首、基之皆为始，卬、吾、台、予之皆为我，其义转相为注，曰转注。一字具数用者，依于义以引申，依于声而旁寄，假此以施于彼，曰假借。所以用文字者，斯其两大端也。六者之次第出于自然，立法归于易简。存诸心十余载，因闻教未达，遂纵言之。"戴震提出四体二用说后，其弟子段玉裁对此大加弘扬，与其师相唱和，四体二用说开始为大多数文字学家所接受。

四体二用说在学术界影响极大，尽管仍有异议，但在传统语言学中，对破除人们过分迷信六书说，引导人们因音求义，透过字去把握词，推动对汉字结构的进一步研究，有一定积极的意义。

（二）唐兰的"三书说"

1935年唐兰先生在《古文字学导论》中批判了六书说，提出了三书说，创立了关于汉字结构的新理论。唐兰把汉字分成象形文字、象意文字、形声文字三类。其所谓象形文字是"画出了一个物件，或一些惯用的记号，叫人一见就能认识这是什么"。"一定是独体字"，"一定是名字"，"一定是本名之外，不含别的意义"可以"分做三类。一是属于人身的形，可以叫做'象身'，二是自然界一切生物和非生物的形，可以叫做'象物'，三是人类的智慧的产物，可以叫做'象工'"。如：人、口、虎、山、弓、一。包括六书中表名词的象形字和指事字中的一小部分。所谓象意文字"是图画文字的主要部分"，"不过象意文字不能一见就明了，而是要人去想的”。“象意文字的范围,包括旧时所谓‘合体象形字’‘会意字’和‘指事字’的大部分。”如:大、休、立、见、名、雀。唐氏后来在《中国文字学》中写道:“象形、象意、形声,叫做三书,足以范围一切中国文字。不归于形,必归于意,不归于意,必归于声。形意声是文字的三方面,我们用三书来分类,就不容许再有混淆不清的地方。”

唐氏之说,对传统理论是一个冲击,对文字学的发展起了促进作用,但未能很好地解决实际问题。这是因为唐氏三书说并没有给非图画文字类型的以义会意的会意字留下位置;不包括假借,把假借字排除在汉字基本类型之外,不能真正反映汉字的实际;象形、象意的界限不很明确,难以把握,划分意义不大,例如:“雨”字,唐氏在《古文字学导论》上编当中当作象形文字,上编《正讹》里又改称为象意文字,“上”和“下”字,《古文字学导论》中当作象意文字,《中国文字学》中又改称为象形文字,可见唐氏在划分象形、象意时,也“有混淆不清的地方”。

(三)陈梦家的“三书说”

陈梦家先生在1956年出版的《殷墟卜辞综述》的“文字”章里,描绘了甲骨文字的发展过程,并且附带谈到整个汉字发展的问题,把汉字分为象形、假借、形声三种基本类型(为区别于唐兰先生的“三书说”,后人将陈梦家、裘锡圭先生的“三书说”称为“新三书说”)。陈氏认为假借字必须列为汉字的基本类型之一,唐兰的象形、象意应合并为象形。陈氏所谓象形实际上包含许慎所谓的象形、指事、会意和无声符的转注字,其所谓形声实际上包含许慎所谓的形声和有声符的转注字。陈梦家先生说:“象形、假借、形声并不是三种预设的造字法则,只是文字发展的三个过程。汉字从象形开始,在发展与应用的过程中变作了声符,是为假借字;再往前发展而有象形与假借之增加形符与音符的过程,是为形声字。形声字是汉字发展的自然的结果。”

(四)裘锡圭的“三书说”

裘锡圭先生在1988年出版的《文字学概要》中,认为陈氏三书说是基本合理的,但应把象形改为表意,假借不应该限制在本无其字的假借范围里,应该把通假也包括进去。提出:“三书说把汉字分成表意字、假借字和形声字三类。表意字使用意符,也可以称为意符字。假借字使用音符,也可以称为表音字或音符字。形声字同时使用意符和音符,也可以称为半表意半表音或意符音符字。”在对三书分别进行研究时,还从每一书中再分出一些种类,例如表意字就又分成抽象字、象物字、指示字、象物字式的象事字、会意字、变体字等六种,会意字再分成图形式会意字,利用偏旁间的位置关系的会意字、主体和器官的会意字,重复同一偏旁而成的会意字、偏旁连读成语的会意字和其他等六类。

陈梦家、裘锡圭等人的新三书说,总的说来眉目清楚,界限分明,较合逻辑,比六书说简明。但其分类标准不如六书说只据汉字形义关系单一,还要着眼于汉字发展的过程,而假借字如上一节所论并不是一个独立的汉字发展阶段的产物,它产生极早,在汉字字形发展的每一个阶段都产生,并促进汉字字形向其下一个阶段发展,把假借作为汉字发展过程中的一个阶段是不合汉字实际的。另外新三书往往还要再分种类,如前面介绍的裘锡圭先生的表意字分类,分类结果比六书繁复得多,很难掌握。汉字有一些不能纳入六书的文字,同样也有一些不能纳入新三书的文字,裘锡圭先生在《文字学概要》中就用“不能纳入三书的文字”一节专门对后者作过论述,并把它们划分成记号字、半记号字、变体表音字、合音字、两声字等五类,由此可见新三书说跟六书说一样并不能概括全部汉字的结构,还不是十分完善的理论。正是由于上述原因,陈梦家等人的新三书说与唐兰的三书说一样至今还无法取代六书说的地位,现在讲汉字结构的人大多数仍然沿用六书说。

(五)王宁的汉字构形理论

王宁教授认为:“汉字是由构形单位按照一定的方式组合而成的,这种构形单位就是部件。”部件应该具备两个条件:必须参与构件;必须具有一定的功能,即必须和整字的意义和读音有一定的联系。根据部件在字形中的功用不同,可分为表形功能、表义功能、示音功能、标示功能。在分析部件功能后,进一步阐述了汉字部件的组合类型和模式。认为组合类型可分为平面组合和层次组合。平面组合由基础部件一次性集合而成,所有基础部件在一个平面上,只有一个层次。层次组合通过基础部件逐层累加的方式组成整字,各基础部件处在不同的层次上。在此基础上,将组合模式分成十种:成字部件零合成、标形合成、标义合成、会形合成、形义合成、会义合成、形音合成、义音合成、无音综合合成、有音综合合成。同时,与传统构造的分析方法进行了对比,“这十种模式既全面又系统,可以涵盖各个历史时期、各种形制的汉字构形,而且相互之间界限分明,不易混淆,避免传统六书适用面窄,归类较难,边缘现象较多的弊病,是一种更为科学的汉字构造分析法。当然,作为汉字构造的模式——组合模式,也并非尽善尽美,仍有一些边缘现象不能被涵盖进这十种‘组合模式’中,需要作个别处理”。

还提出,汉字的发展变化既有渐变性,又有阶段性。要想准确把握汉字发展的脉络,摸清汉字发展的趋势,不能仅仅探讨汉字个体自身的形体变化,而应从系统论的角度出发,在对各个历时层面的汉字进行全面测查、分析,弄清每个共时平面的汉字构形状况的基础上,按时序排列这些平面构形系统并予以历时的比较,才能真正了解一个平面到另一个平面构形系统各种属性变化。

以上是对传统的“六书”理论的发展和革新进行的总体介绍,在“六书”理论已经不能完全适应现代汉字发展的情况下,需要一些新的汉字结构分析方法。学者们提出了一些新的汉字构造理论,有创新、有突破、也有不足。汉字学毕竟是一门博大精深的学问,没有一种理论是恒久完美而正确的,只有顺应时代的发展不断的扬弃、革新,才能引导我们更好的学习汉字。

第四节 《说文解字》

深入研究许慎六书说的原意,不难得出这样的结论:传统六书说从本质上讲是总结汉字形义关系的理论,阐述了六类汉字的形义关系,有人进一步指出,六书说是人们分析、总结汉字的形体结构和使用情况而归纳出来的六种条例。六书说产生后,它对分析汉字形体结构和创造新汉字产生了深远影响。

图 4-1 许慎塑像

图 4-2 文化宗师

一、作者和成书

《说文》的作者许慎(如图 4-1 和 4-2),字叔重,东汉豫州汝南郡召陵县(今河南省郾城县)人。许慎的具体生卒年今已不详。据考证,许慎生活的年代大约在 65—122 年。许慎是东汉著名古文经学家贾逵(30—102)的学生,博学多闻,被时人称为“五经无双许叔重”。许慎早年曾担任过“郡功曹”。由于他在任内“奉上以笃义，率下以恭宽”（《太平御览》卷二六四），被推举为孝廉。后来又迁升为洨长（即洨地之长，故治在今安徽省灵璧县南）。又曾担任太尉南阁祭酒，所以人们又称许慎为许祭酒、许洨长。许慎的著述除《说文解字》外，还有《五经异义》《孝经古文说》和《淮南鸿烈解诂》等书，今天都亡佚不传了。

据许慎《说文解字·后叙》及许冲《上〈说文解字〉表》，许慎于汉和帝永元十二年（100）草成《说文》，到了汉安帝建光元年（121），于病中遣许冲进京，将此书献给汉安帝，《说文》开始广泛流传。东汉的郑玄（127—200）注《周礼》《礼记》就已引用了《说文》，说明许慎的这部著作在当时就已传开。唐代陆德明的《经典释文》、李善的《文选注》、玄应和慧琳的《一切经音义》等书，都大量地引用《说文》。字典性质的《字林》（晋吕忱著）和《玉篇》（梁顾野王著），则是在《说文》的基础上加以扩展而形成的。

到了宋代初年，有徐铉（917—992）、徐锴（920—974）兄弟校订《说文》。弟徐锴（字楚金）重新校订《说文》，作《说文解字系传》四十卷，世称“小徐本《说文》”。徐锴于书中有不少自己独到的见解，后世学者多所肯定。兄徐铉（字鼎成）奉诏与其他几位学者共同校订《说文》。徐铉等人在依据不同的版本正误补阙之外，做了以下三件事：根据孙愐的《唐韵》于每字之下增加反切，于是《说文》的每个字下才有了注音；一部分字补充了注释，注明“臣铉等曰”字样；增加了一部分新字，附在每部之后，称之为“新附字”。徐铉等校定的《说文》世称“大徐本”，这是我们现在通行的《说文解字》版本。

“大徐本”在传抄刊刻中形成了诸多版本，主要有以下几种。

明末毛晋、毛扆父子购得宋刻“大徐本”《说文》，雕板印行，因此版本扉页有“汲古阁藏”四字，被称为“汲古阁本”。清乾隆三十八年（1773），朱筠重刻汲古阁本，中华书局《四库备要》所收《说文解字》即据此本影印。此外光绪七年（1881）淮南书局也重刻过汲古阁本。

嘉庆九年（1804）孙星衍重刊宋本，收入其所集《平津馆丛书》中。孙刻本《说文》既保留了宋本原样，又讹误较少，此后刊刻《说文》者多依据此版本。同治十二年（1873）陈昌治在孙刻本的基础上刻制一篆一行本，现今中华书局版《说文解字》即是影印的此版本。同年，粤东书局也据孙刻本重刻《说文》，称为古经解汇函本。其他依据孙刻本翻刻的《说文》还有同治十三年（1874）东吴浦氏重印本，光绪元年（1875）平江洪氏刻本，光绪十一年（1885）上海同文书局石印本，光绪十一年吴县朱记荣影刊平津馆丛书本等。

嘉庆十二年（1807），额勒布重刊鲍惜分所藏的宋本《说文》，因其扉页题有"藤花榭藏板"，这一版本又称"藤花榭本"。藤花榭本《说文》讹误较少，其源头应是北宋小字本《说文解字》。

光绪七年，丁少山校勘汲古阁旧藏宋监本《说文》，重新刊刻，书末有潘祖荫为此版本所作的叙。

此外还有三种宋刻递修本，一是青浦王昶藏宋小字本，这一版本被收入《四部丛刊》中。二是汪中所藏宋小字本，书末有道光十八年（1838）丁晏跋文，此书后归山东聊城杨氏海源阁，因此又称"海源阁本"。三是黄氏志淳本。

二、《说文》的体例

（一）《说文》全书的结构和字体

《说文解字》全书共 15 卷。第一卷至第十四卷为正文，第十五卷是《叙》《部首》和《后叙》。按照《说文·后叙》的统计，《说文》全书收入 9353 字，重文 1163 字，说解字数 133441 字。许慎分全书为 540 部，将全书之字分别隶属于 540 部首之下。即凡从某个部首得义的字，都从属于该部，所谓"以类相从"（《说文解字·叙》）。

每一部之内，字的排列先后大体依下述原则：

1. 先列专有名词，后列普通名词、形容词等。例如石部，先列专有名词磺、碭、磬等字，次列普通名词碣、磏、碬、砾、碑等字，再次列形容词硞、砚、砝、磕、确、硗等字，最后列动词礙、哲、碎、破、砻、研等字。

2. 先列带有美好祥和意义的字，后列含有丑恶灾祸意义的字。例如示部，先列礼、禧、禛、禄、褫、祯、祥、祉、福、祺等，后列祲、祸、祟等字。又如鸟部凤、鸾（皆神鸟）在前，黑部黥（墨刑）在后。

3. 由部首叠加而合成的字，或与部首形体相反的字，列于该部的末尾。例如祘（示部）、甡（生部）、磊（石部）、聶（耳部）等字列于每部的末尾。

《说文》540部首的次序，大体上是依据部首的形体相近或意义相关来排列的。即所谓“据形系联”。例如上、示相次，因其皆与“上”意义相关。这样，形成了“始一终亥”的《说文》各部次序。

许慎的《说文解字·叙》说：“今叙篆文，合以古、籀。”即是说，《说文》收录有三种字体：小篆、古文、籀文。

小篆是《说文》的正体，是许慎据以说解文字形、音、义的基本形体，是秦时官方规定“书同文”使用的书体，相传由丞相李斯对史籀大篆略加省改而成。古文是战国时期使用于东土六国的文字，其特点是形体比较简省。

（二）《说文》的说解

《说文》对每个字的说解，包括字义、字形和字音三个部分。

1. 说解字义

《说文》对每一个正篆，首先解释其意义。许慎根据自己所掌握的资料，说明该字最初造字时所代表的意义。这些解释反映出上古时期人们对自然和人类社会的认识，以及我国古代的历史和文化。

例：黑　《说文解字》：（黑），火所熏之色也。从炎，上出囪。囪，古窗字。凡黑之属皆从黑。

礼　《说文解字》：（礼），履也。所以事神致福也。从示从豊，豊亦声。，古文礼。

《说文》说解字义的方式，主要有直训、描写、譬况和声训等。

直训，即直接说解某字的意义。例如：

(祠)，春祭曰祠，品物少，多文词也。从示，司声。仲春之月祠不用牺牲，用圭璧及皮币。

(吾)，我自称也。

(言)，直言曰言，论难曰语。

描写，即对被说解的对象的特征进行描述。例如：

(虫)，一名蝮，博三寸，首大如擘指。

(龙)，鳞虫之长，能幽能明，能细能巨，能短能长，春分而登天，秋分而潜渊。

譬况，即用常见的事物来比方被解释的对象。例如：

熊　《说文解字》：(熊)，兽似豕。山居，冬蛰。从能，炎省声。凡熊之属皆从熊。

虽　《说文解字》：(虽)，似蜥蜴而大。从虫，唯声。

声训，声训是用与被释词古音相近、意义相关的词来进行解释。声训大多解释该事物得名的原由，具有追寻语源的作用。例如：

日　《说文解字》：(日)，实也。太阳之精，不亏。从口一。象形。凡日之属皆从日。

月　《说文解字》：(月)，阙也。太阴之精。象形。凡月之属皆从月。

户　《说文解字》：(户)，护也。半门曰户。凡户之属皆从户。，古文户从木。

2. 说解字形

说解字形在说解字义之后，指出该字的形体结构类型，揭示其和字音、字义的关系。《说文》说解的形体结构类型有象形、指事、会意、形声四种，其常用的术语如下：

(1)象形。《说文》的象形字的说解术语有“象形”“象(像)……之形”“象(像)……”等等。例如:“果(果),木实也。象果实在木之上。”“高(高),崇也。象台观高之形。”

(2)指事。《说文》对指事字的说解术语有“指事”“象形”“象(像)……之形”“象(像)……”“从某从某”等。例如:“刃(刃),刀坚也。象刀有刃之形。”“甘(甘),美也。从口含一。一,道也。”

(3)会意。《说文》对会意字的说解术语有“从某从某”“从某某”等等。例如:“位(位),列中庭之左右谓之位。从人立。”“休(休),息止也。从人依木。”

(4)形声。《说文》对形声字的说解术语有“从某,某声”,“从某从某,某亦声”等等。例如:“吞(吞),咽也。从口,天声。”“娶(娶),取妇也。从女,从取,取亦声。”

《说文》的字形说解对象形、指事、会意、形声四种结构类型有明确的说明。但对转注、假借二书,当今文字学家没有明确的统一认识(参见“四体二用”)。

3. 说解字音

《说文》对正篆说解的第三个内容,就是指明字音。其方式有 4 种:注明谐声偏旁,即“某声”“亦声”和“省声”;“读若”;“读同”;声训。例如:

觛(觛),小觯也。从角、旦声。读若灌。

雀(雀),依人小鸟也。从小、隹。读与爵同。

马(马),怒也,武也。(按:马、怒、武,三者古音相近。)

(三)清代《说文》四大家

近人丁福保编《说文解字诂林》,收录至 1928 年研究《说文》的专著 182 种,66 册。1932 年又收集近代研究《说文》的著述 256 种,编成《说文解字诂林补遗》16 册。《说文解字诂林》及《补遗》总共 82 册，成为《说文》研究资料的总汇。从这部卷帙浩繁的资料汇编中，可以见到历代各家研究《说文》的成果。

在历代的《说文》研究中，清代是成就辉煌的时期。在清代研究《说文》的众多学者中，最杰出的是段玉裁、桂馥、王筠、朱骏声，人称"《说文》四大家"。

1. 段玉裁（1735—1815），字若膺，号茂堂，江苏金坛县人。乾隆举人。著作《说文解字注》，突出成就在于"就古音明古义"。汉代以来，《说文》往往被看做是形书，人们多从字形去考察古字的意义。段玉裁打破了这种局面。在注解《说文》之前，段玉裁深入地研究了古音，对上古韵部系统做了归纳，写出了《六书音均表》，然后用"因形以考音，因声以知义"的方法去研究《说文》。段玉裁的研究说明，中国杰出的学者们已经清楚地认识到了词的音义与文字的关系，明确地提出其声音代表词义而不是字形代表词义。这与后来的普通语言学理论不谋而合。从最初的象形文字发展来的形体复杂的汉字研究中，独立地得出这样的结论，需要非常敏锐的洞察力。段玉裁等人是现代语言学理论和实践的先驱。

2. 桂馥（1736—1805），字冬卉，号未谷，山东曲阜人。乾隆进士。曾任云南永平县知县。著作《说文解字义证》，特点是，大量引用古代文献资料来证明《说文》说解的意义。因此有人批评桂氏只是罗列古训而没有自己的论断。对此，王筠曾评论说："桂氏征引虽富，脉络贯通。前说未尽，则以后说补苴之；前说有误，则以后说辨正之，凡所称引，皆有次第，取足达许说而止。非专胪古籍，不下己意。"从资料的前后排比中以见判断，客观而不失见地，这就是桂氏的深意。

3. 王筠（1784—1854），字贯山，号菉友，山东安丘人。道光举人。王氏著《说文释例》，说明《说文》和六书理论的条例、体制，以帮助人掌握读《说文》的门径。在《说文释例》中，王氏常引用当时能见到的一些古文字资料补充、订正《说文》，这是前人未能做到的。王氏的《说文解字句读》，是他对《说文》的注解。《说文解字句读》的特点，是在前人之说的基础上“博观约取”，即广泛地观览而精要地摘取，并且提出许多独到的见解。因此，《说文解字句读》远不只是“便于初学诵习”的入门书。

4. 朱骏声（1788—1858），字丰芑，号允倩，江苏吴县人。曾做过黟县训导。《说文通训定声》共十八卷，在“《说文》四大家”中篇幅最多。除《说文》原来的九千多字外，又增入“《说文》不录之字”七千多个。《说文通训定声》最大的特点，也是它最为成功之处，就在于它的“舍形取声，贯穿联缀”。这种排列方式，使读者能够直接将古音与古义联系起来，方便寻求词与词之间的音义联系。从语言学理论上说，这是抓住了语言以音表义的实质，突出了语音，而把在《说文》原来编排方式中占得很重的字形降到了次要地位。

清代除了《说文》研究四大家之外，其成就卓著可观者亦不下数十家。如：戴震、王念孙、王引之、钱大昕等。

（四）《说文》的价值①

许慎和他的《说文解字》，在中国学术史及文字学史上有着崇高的学术地位，我们将其学术价值粗略的归纳为五个方面。

1. 奠定了汉语文字学的基础

《说文》是中国第一部系统说解文字的专用字典，具有实用性的一面。同时，它又是一部开辟汉字研究领域的文字学专著，具有深远的学术影响。《说文》的基本内容，就是运用六书的理论来实际分析解释隶书之前的古汉字形体，兼及音义。实现这一规模宏大的系统工程，需要具备关于汉字源流特点的本质认识，还要涉及汉字的起源、演化、功用、构造等一系列具有规律性的重大理论问题。这些重大问题皆在许慎的《说文解字·叙》中有所阐发，并用来指导贯彻全书的说字实践。《说文》的最可贵之点，正在于以理论来联系实际，尤其是把《说文解字·叙》提出

① 根据王蕴智《〈说文解字〉的学术价值及其历史局限》一文整理，载《平顶山学院学报》，2005年6月。

的六书这一衡量汉字造字、用字的理论具体化，做到逐一对每个汉字穷追根源，分条缕析。依赖许书的发凡，使得中国的文字研究早在汉代就形成了一门独具特色的学术体系，奠定了汉语文字学的基础。

2. 开创了字典编纂的体例

《说文》是我国第一部字典。许慎从繁复的汉字形体中归纳出 540 个部首，将 9353 个汉字分别隶属其下，汉字字典的部首编纂法由此产生。后世的字典，如晋代吕忱的《字林》、南北朝梁代顾野王的《玉篇》、明代梅膺祚的《字汇》、张自烈的《正字通》、清代的《康熙字典》、现代的《辞源》、《中华大字典》、《辞海》和《汉语大字典》，都是按部首编排法编纂的。只是后代的字典将 540 部首作了归并，如《康熙字典》为 214 部首，《汉语大字典》为 200 部首，基本上仍是沿袭许慎编写《说文》的传统。

3. 释读古文字资料的津梁

《说文》是一部以篆为主，汇古、籀为一体的字典，论其材料，当属于古文字的范畴。然而这些材料经过许慎长期不懈的整理与研究，一直流行于世，和隶楷字形的对应转换关系比较明显。因此，古文字学家毋庸再把篆系文字当作考释的对象，而是把《说文》当作工具，用为释读古文字的钥匙、沟通古文字资料的津梁。例如，《说文・来部》：“(来)，周所受瑞麦来麰。一来二缝，象芒束之形。天所来也，故为行来之来。”《说文・来部》按许慎的解释，“来”的本义是粮食作物，即小麦，是一个象形字，后来假借为来往之“来”。据此去读甲骨文，像小麦植株之形的正是来字，与许慎的说解相符。再如，《说文》七上鼎部“(鼎)，三足两耳和五味之宝器也。……籀文以鼎为贞”。殷墟卜辞中发现有鼎字，屡见同音假为贞卜之“贞”，西周甲骨卜辞中见有从卜鼎声的贞字，而在周代铭文材料里，这个从鼎的“贞”则又通常借为鼎字，古时贞、鼎二字的用法及其字形关系正由于《说文》之引线而得以证实。

4. 规范和统一汉字的重要工具

《说文》广泛搜集了汉隶之前的篆系文字形体，以字形结构分析为主,形音义融汇贯通。这种正本清源的方法,具有很强的理论性和科学性,因而也就容易树立权威,使人信服,由此确立起规范化的标准和依据。《说文》的字形结构分析首先规范了小篆,从此以后,因为有了可以共同遵循的文字系统,汉字的运用及其发展变化,就纳入了规范化的轨道。汉字隶楷形体的演变,明显地受到了《说文》的指导和约束作用。汉代以后,历代都曾利用《说文》作为规范,统一文字的经典和工具,积极为正字而努力。如魏江式作《古今文字》,"大体以许氏《说文》为本,上篆下隶,竟专能成";北朝李铉删正六艺经注中谬字,名曰"字辩";唐代以后,开科取士,《说文》被列为必试课目,选举中设"明字"科,国子监又设书学博士,这些行政措施,进一步加强了《说文》在实现文字统一中的作用。由唐迄今,千余年来,中国的文字形体一直比较稳定。在此,我们应当看到《说文》的一份功绩,不容忽视许慎及其《说文》在汉字的规范和统一方面所发挥的历史作用。

5. 记录历史文化知识的典藏

《说文》中所记载的那些丰富多彩的上古语言材料,还会反映出早期华夏先民生活的各个侧面。从这个视角来看,《说文》又是一部记录历史文化知识的珍贵典藏。例如,《说文解字·盐部》:"(盐),咸也。从卤监声。古者宿沙初作煮海盐。"段玉裁引玄应《一切经音义》引《说文》:"天生曰卤,人生曰盐。"从盐字的解说里我们知道,在远古的时候,古人就懂得利用蒸发海水的技术人工制盐了。并且《说文》还记载了这位古代制盐技术发明家的名字"宿沙"。再例如,《殳部》:"(殳),以杸殊人也。《礼》:'殳以积竹,八觚,长丈二尺,建于兵车,旅贲以先驱。"《木部》:"杸,军中士所持也。""殳""杸"实际是一字加形符而分化的古今字。殳是一种长兵器,竖立于战车之上。战车上执殳的军人是军队中最勇敢的斗士,作战时驾车执殳,冲锋在前,用殳为全军打开前进的道路。读了许慎对"殳"的解说,我们才更确切地领悟了《诗经·卫风·伯兮》女主人公对英勇的"伯"的倾心赞美:"伯兮朅兮,邦之杰兮。伯也执殳,为王前驱。”

总之，《说文》的内容涉及了历史、哲学、军事、地理、天文、动物、植物、医学和人体解剖，等等，几乎无所不包，反映了当时的社会生活和人类知识领域的各个方面，对研究中国古代文化具有重要价值。

附：《说文解字》部首举隅

1. 一，yī，“一，惟初太始，道立于一，造分天地，化成万物。凡一之属皆从一。弌，古文一”。

用一横表抽象数目，也有认为一象算筹形。

2. 丄，shàng，“丄，高也。此古文上，指事也。上，篆文丄”。

即“上”字，甲骨文作 二 ，以一短笔在一长笔上表意。

3. 示，shì，“示，天垂象，见吉凶，所以示人也。从二。三垂，日月星也。观乎天文，以察时变，示神事也。凡示之属皆从示。𥘅，古文示”。

甲骨文作 ，或加装饰形笔画作 ，象祭祀时的神主之形，象形字。

4. 王，wáng，“王，天下所归往也。董仲舒曰：古之造文者，三画而连其中谓之王。三者，天地人也，而叁通之者王也。孔子曰：一贯三为王”。

甲骨文作 ，象斧头横置之形，用斧头象征王权，金文作 ，仍能看到斧钺之形，金文后简化为 。

5. 玉，yù，“王，石之美，有五德，……象三玉之连，丨，其贯也”。

甲骨文作 ，金文作 ，象三块玉串在一起之形。古文字中的王和玉形体接近，区别在于王的中间一横靠上，玉的三横间距相同。后来又在玉的下部增加笔画以示区别。

6. 珏，jué，“珏，二玉相合为一珏”。

两串玉相并。

7. 屮，chè，“屮，艸木初生也，象丨出形，有枝茎也。古文或以为艸字,读若徹"。

金文作  ,象一棵小草初生的形状。

8. 艸,cǎo,",百卉也,从二屮"。

象两棵小草的形状,用来表示草的通名。后假借草斗的"草"字表示草的通名,而艸只作为偏旁使用。

9. 茻,mǎng,",众艸也,从四屮……读与冈同"。

用四棵草表示草丛之义。后假借鲁莽之"莽"代替。一为屮,二屮为艸(草),三屮为卉(卉),四屮为茻。

10. 小,xiǎo,",物之微也,从八,丨见而分之"。

甲骨文作  ,象三粒尘土,表示小之义。

11. 釆,biàn,",辨别也,象兽指爪分别也。读若辨"。

金文作  ,象野兽的脚印,古人根据脚印辨别附近野兽出没。

12. 牛,niú,",大牲也。牛,件也。件,事理也。象角、头、三封尾之形"。

甲骨文作  ,象牛头之形,上有两角,下有两耳。

13. 口,kǒu,",人所以言食也。象形"。

甲骨文作  ,象人嘴巴张开的形状。

14. 吅,xuān,",惊呼也,从二口……读若讙"。

用两口相并表示喧闹。

15. 走,zǒu,",趋也,从夭止。夭止者,屈也"。

走的本义为跑。金文作  ,上部象人挥臂奔跑之形,下部的"止"表示脚。

16. 止,zhǐ,",下基也,象艸木出有址,故以止为足"。

止字象人脚掌之形,甲骨文作  。止的本义为脚,《说文》误将引申义下基当作了本义。

17. 癶，bō，“，足刺癶也，从止……读若拨”。

象两只脚向外分开之形，表示两脚板向外箕张，刺癶脚，即八字步。

18. 步，bù，“，行也，从止相背”。

上下两个止，象走路时两脚一前一后之形，本义为走路。

19. 辵，chuò，“，乍行乍止也，从彳从止……读若《春秋公羊传》曰：辵阶而走”。

从彳从止，彳表示道路，止为脚，会在路上行走之意。作偏旁时用作行走、运动类字的义符。简体字写作辶。

20. 彳，chì，“，小步也，象人胫三属相连也”。

行的省略。行金文作  ，象十字路口之形，表示道路。彳是行的左半部分，作偏旁时表示与道路、行走等有关的意义。

21. 齒，chǐ，“，口断骨也，象口齿之形，止声”。

甲骨文作  ，象人门齿之形，后在其上部加“止”表示读音。本义为门牙。

22. 牙，yá，“，牡齿也，象上下相错之形”。

金文作  ，象臼齿交错之形，本义为大牙。

23. 足，zú，“，人之足也，在下，从止口”。

甲骨文作  ，象脚和小腿胫骨之形，本义为脚。

24. 龠，yuè，“，乐之竹管，三孔，以和众声也。从品侖，侖，理也”。

金文作  ，象用嘴吹竹管编成的乐器，后在上部加“亼”（口的变形）作  。本义为管乐。

25. 舌，shé，“，在口，所以言也，别味也。从干从口，干亦声”。

甲骨文作  ，象张口吐舌之形，两边的点表示唾液（后省去）。因为舌头分叉，有人认为是用蛇吐舌来表示舌头。本义为舌头。

26. 干，gān，“，犯也，从反入，从一”。

象带叉头的木竿,是一种田猎的武器,本义为一种兵器,后引申为干犯。

27. 十,shí,“十,数之具也,一为东西,丨为南北,则四方中央备矣”。

甲骨文作 ,用一竖表示十。金文作  ,在竖中间加点,后来中间的一点拉为一横,就成为小篆的形体。

28. 卅,sà,“,三十并也,古文省”。

甲骨文作  ,金文作  ,即将三个“十”联一起,表示三十。

29. 言,yán,“,直言曰言,论难曰语。从口辛声”。

甲骨文作  ,舌字上面加一横,这一横表示说话发出的声音。本义为说话。

30. 音,yīn,“,声也,生于心有节于外谓之音……从言含一”。

言、音本一字,后在言字的“口”中加一横表示音。本义为声音。

31. 辛,qiān,“,辠也,从干二,二,古文上字……读若愆,张林说”。

甲骨文作  ,象一种尖头的刑具,用来表示犯罪。

32. 丵,zhuó,“,丛生艸也,象丵岳相并出也。读若浞”。

草木从生的样子。

33. 共,gòng,“,同也,从廿廾”。

金文作 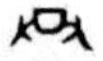 ,象两手供奉一物,本义为供,引申为共同。

34. 革,gé,“,兽皮治去其毛,革更之,象古文革之形”。

金文作  ,象两手整治一张兽皮。本义为给兽皮去毛。

35. 爪,zhǎo,“,丮也,覆手曰爪,象形。侧狡切”。

向下翻覆的手爪形,或认为是鸟爪形。

36. 又,yòu,“,手也,象形。三指者,手之列多略不过三也”。

金文作  ,象右手之形,以表示手。

37. 史，shǐ，“，记事者也，从又持中，中，正也”。

甲骨文作，象以手持笔之形，表示史官。

38. 支，zhī，“，去竹之枝也，从手持半竹”。

象手持枝条之形，表示分支。

39. 臤，qiān，“，坚也，从又臣声。……读若铿锵之铿，，古文以为贤字”。

金文作，从臣从又，臣表示战俘、奴隶，又表示手，两者一起会用手牵人之意，即掔的本字。或认为用手抉目之意。

40. 臣，chén，“，牵也，事君也，象屈服之形”。

金文作，象一个竖着的眼睛。奴隶、臣子伏地，抬眼望君时眼睛是竖着的，故以竖眼表示其人。

41. 殳，shū，“，以杸殊人也，《礼》殳以积竹，八觚，长丈二尺，建于兵车，旅贲以先驱。从又几声”。

甲骨文作，象手持兵器之形，表示手持兵器击人。

42. 目，mù，“，人眼象形，重童子也”。

金文作，象眼睛之形。

43. 自，zì，“，鼻也，象鼻形”。

甲骨文作，象鼻子之形。

44. 歺，è，“，列骨之残也，从半冎……读若蘖岸之蘖。，古文歺”。

象分解骨肉后的残骨之形。

45. 死，sǐ，“，澌也，人所离也，从歺从人……，古文死如此”。

从歺从人，会人剩残骨之意，表示人死。

46. 肉，ròu，“，胾肉，象形”。

象肉之形,中间的曲笔表示肉的纹理。

47. 竹,zhú,“,冬生艸也,象形。下垂者,箁箬也”。

象竹枝之形,表示竹子。

48. 豆,dòu,“,古食肉器也,从口,象形”。

金文作,象豆之形,豆是一种盛肉的器皿。

49. 皿,mǐn,“,饭食之用器也,象形。与豆同意……读若猛”。

甲骨文作,象盛饭的器具,后引申为器皿。

50. 去,qù,“,人相违也,从大凵声”。

金文作,象人离开洞穴,表示离开之义。

51. 木,mù,“,冒也,冒地而生,东方之行,从中,下象其根”。

象树木之形,本义为树。

52. 囗,wéi,“,回也,象回帀之形”。

围的本字,用一个大圈表示围墙、包围、范围之义。

53. 邑,yì,“,国也,从囗。先王之制,尊卑有大小,从卪”。

甲骨文作,上面的囗表示区域,下面的一个跪坐的人(卪),表示人居住的地方。简体字偏旁中的右耳朵就是由邑简化而来。

54. 月,yuè,“,阙也,太阴之精,象形”。

金文作,象月亮之形。隶楷阶段肉与月作偏旁时混同了,要根据字义进行判断。肉旁在与人或动物身体有关的字中出现,月旁在与天文、地理有关的字中出现。

55. 冖,mì,“,覆也,从一下垂也……莫狄切”。

本义为覆盖。冖与宀不同,宀的本义为房屋。

56. 厂,hǎn,“,山石之厓岩,人可居,象形……呼旱切”。

甲骨文作,象山崖之形,本义为山崖。

57. 石，shí，“，山石也，在厂之下，口象形”。

甲骨文作，金文作，从厂从口，厂表示山，口在此为区别符号，表示此字指的不是山，而是石头。

58. 谷，gǔ，“，泉出通川为谷，从水半见，出于口”。

甲骨文作，下象谷口，上象水流而出，会山谷中的水流之意，表示山谷。

59. 女，nǚ，“，妇人也，象形。王育说”。

甲骨文作，象跪坐的女子。

60. 糸，mì，“，细丝也，象束丝之形……读若覛。

甲骨文作，象一束丝之形，简体字中简化为纟。

61. 斤，jīn，“，斫木斧也，象形”。

甲骨文作，象带柄的斧头之形，本义为砍树的斧头。

练习四

一、填空题。

1. “六书”是指：__________、__________、__________、__________、假借、转注。

2. 东汉时期，提出“六书”说的有：__________、__________、__________三家。

3.《说文解字》是东汉时期__________所写的。

4.《说文解字》全书共__________卷。全书收入__________字，分为__________部。

二、名词解释。

1. 象形　2. 指事　3. 会意　4. 形声　5.《说文》大小徐本　6. 唐兰“三书说”

三、仿照例子,指出下列汉字的意符和音符,并用各字的意符和音符写出几个汉字。

例如:江　意符(氵)河、洋、湖　　音符(工)杠、肛、缸

棵　意符(　)________　　音符(　)________

洋　意符(　)________　　音符(　)________

城　意符(　)________　　音符(　)________

粉　意符(　)________　　音符(　)________

饭　意符(　)________　　音符(　)________

揍　意符(　)________　　音符(　)________

四、查阅《说文解字》,判断下列汉字的造字法。

本　衣　休　爸　相　人　亦　湖　木　马

三　上　年　错　该　鹿　从　虎　请

五、简答题。

1. 什么是“六书”?

2. 形声字有什么特点?

3. 象形字的特点。

4. “《说文》四大家”。

5.《说文解字》的价值。

六、请查阅《说文解字》或其他工具书,将下列文字写成小篆。

1. 书读百遍,其义自见。

2. 天生我才必有用,千金散尽还复来。

第五章 现代汉字字形

什么是现代汉字？可以从不同角度进行认识。

传统上从形体的演变着眼把汉字分为古文字和今文字两个阶段：甲骨文、金文、大篆、战国文字、小篆等属于古文字；隶变后的行书、楷书、草书属今文字。隶书是古文字向今文字过渡的一种字体，古文字和今文字的分界点在汉武帝时期。古文字又称古代汉字，今文字又称近代汉字或现代汉字。

还可以按照汉语史和时代进行汉字分期，将五四以前的汉字称为古代汉字、近代汉字，五四以后的汉字称为现代汉字。

我们所说的现代汉字，指的是经过系统整理、由国家发布、通行于我国（港、澳、台除外）现代社会一般应用领域的标准汉字、通用规范汉字，主要指的是解放后大陆地区记录现代汉语的所使用的简化字。

研究现代汉字的学科就是现代汉字学。周有光《现代汉字学发凡》："现代汉字学是个新名称、新事物，他播种于清末，萌芽于五四，含苞于解放，嫩黄新绿渐见于今日。"①并从字量、字序、字形、字音、字义、汉字教学法六个方面对现代汉字学进行内容和方法的研究。

现在使用的汉字分为两类：古今通用的字和记录现代汉语专用的字，叫作现代汉语用字；记录古代汉语专用的字叫作古代汉语用字，或者叫文言古语用字。现代汉语用字简称现代汉字。现代汉字，并不等于现

① 《语文现代化丛刊》，第2辑，北京，知识出版社，1980年。

代使用的所有汉字，现代使用的汉字还包括文言文用的繁体字，港、澳、台用字中的异体。

第一节　现代汉字的结构系统

汉字的形体结构，是指汉字的构造方式，即体现造字意义的字形结构。我们可以从不同的角度去分析汉字的结构，如"章"字，从书写结构讲，分为立、早两部分，就是人们通常所说的"立早章"。古汉语讲汉字的结构，主要是从造字角度讲的。"章"是由音、十两部分组成，东汉许慎《说文解字》："章，乐竟为一章。从音，从十。十，数之终也。"书写结构只能告诉人们一个字的写法，造字结构则能体现一个字的本来意义。"乐竟"是指音乐告一段落。造字之初，就是根据事物的一定意义来造字的。清代王筠在《说文释例》中说："许君之立说也，推古人造字之由，先有字义，继有字声，乃造字形，故其说义也，必与形相比附。"这就是说，在人们的头脑中，先有对某种事物形成的观念，即意义；然后有词的语音形式，即字的读音；最后才依据意义和读音造字，即字的形体结构。所以，汉字的形体、读音和意义，都是有一定的内在联系的。

现代汉字的结构系统分为笔画和笔顺、部件、整字三个层次。笔画是最低层次，部件是中间层次，整字是最高层次，即：笔画→部件→整字就是汉字字形在三个层次上的结构单位。例如，"湖"的三个层次如下：

汉字层：湖。部件层：由"氵、十、口、月"四个部件组成。笔画层：点（丶）、点（丶）、提（㇀）、横（一）、竖（丨）、竖（丨）、横折（㇕）、横（一）、撇（丿）、横折钩（𠃌）、横（一）、横（一）组成。

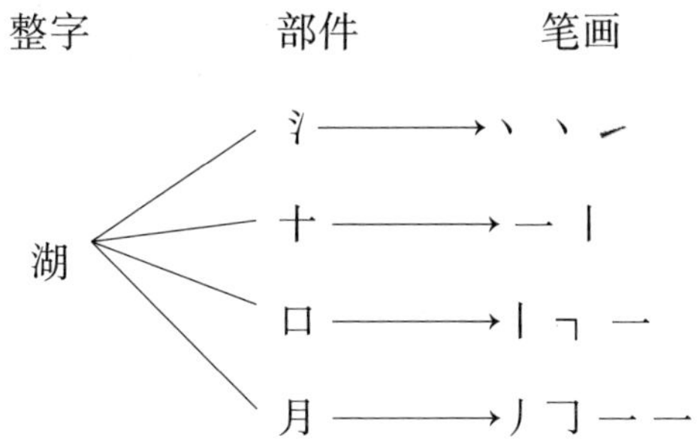

一、笔画

（一）笔画和笔画数

1. 笔画

笔画，指构成汉字的点和线，是汉字构形的最小单位。在工整地书写楷书的时候，从落笔到起笔所写的点、线，叫一笔或一画。

《现代汉语通用字表》中汉字笔画数最少的只有一画，例如“一、乙”，最多的有 36 画，例如“齉”（nàng 鼻子不通气，发音不清）。《汉语大字典》中笔画最多的是由四个“雷”字组成的“靐”（bèng，雷声），有 52 画。“龘”字（dá，《说文 · 龙部》：“龘，飞龙也，从二龙。”本义为鬼魂飞的样子。），《康熙字典》笔画 48 画。

2. 笔画数及计算、统计

正确计算笔画数目，对于汉字教学、查字典和索引都是必要的，排列人名也往往按姓氏笔画的多少和笔形的顺序。

计算汉字的笔画数，首先要用规范的字形，也就是《现代汉语通用字表》《印刷通用汉字字形表》规定的汉字字形，2013 年 6 月国务院公布的《通用规范汉字表》，是规范汉字笔画数目的最新文件。五笔笔形横、竖、撇、点、折的数字代码分别是 1、2、3、4、5。例如，“十”字 2 画，起笔横，末笔是竖，代码是 12，“万”字 3 画，先写横、横折钩、再写撇，代码是 153，“脊”字 10 画，前 4 笔是点、横、撇、点，然后再写中间的撇、点，最后写

“月”字,代码是4134343511。其次,要掌握书写汉字的基本规则。这种基本规则有两条:一是在同一笔画上,笔尖只能走一次,不能走回路。二是写横只能由左向右,不能由右向左;写竖、撇、捺只能由上向下,不能由下向上。根据这两条规则,多数字的笔画数不难计算出来。只有笔画的头和头相接时,在计算时可能遇到困难,这种相接的笔形,可以按以下的办法处理:

(1)在左上角相接的,分为两画。如:厂、几、口、日、四、见。

(2)在左下角相接的,而且是全包围的字,分为两画。如:口、回、田、囚、团。

(3)在右上角相接的,是一画。如:刁、句、己、月、固、马。

(4)在右下角相接的,是两画。如:日、自、届、幽、省、雷。

另外,有些字的笔画数容易算错,应该加以注意,如丐(4画)、互(4画)、片(4画)、卞(4画)、册(5画)、凹(5画)、凸(5画)、世(5画)、亥(6画)、印(6画)、成(6画)、臣(6画)、夷(6画)、卵(7画)、系(7画)、我(7画)、孚(7画)、采(8画)等。

《现代汉语通用字表》收字7000个,其中9画的字最多,有785个,占总字数的11.21%,其次是10画和11画的字。7000字的总笔画数是75290画,平均每字10.75画。

表5-1 《现代汉语通用字表》收字笔画数统计表①

笔画	字数	百分比%	笔画	字数	百分比%
1	2	0.03%	15	331	4.73%
2	21	0.30%	16	276	3.94%
3	59	0.84%	17	185	2.64%
4	136	2.00%	18	90	1.29%
5	201	2.87%	19	81	1.16%

① 表格数据引自杨润陆《现代汉字学》(第2版),北京师范大学出版社,2017年版,第119页。

续表

笔画	字数	百分比%	笔画	字数	百分比%
6	346	4.94%	20	47	0.67%
7	545	7.79%	21	28	0.41%
8	690	9.86%	22	22	0.31%
9	785	11.21%	23	12	0.17%
10	761	10.87%	24	8	0.11%
11	726	10.38%	25	6	0.085%
12	678	9.68%	26	1	0.015%
13	549	7.84%	30	1	0.015%
14	412	5.88%	36	1	0.015%

《辞海》简化字和未简化字共计 11834 个,12 画字最多,有 1206 个,占总字数的 10.191%,其次是 11 画和 10 画,平均每字 11.5516 画:

表 5-2 《辞海》(1979 年版)收字笔画数统计表[①]

笔画	字数	百分比%	笔画	字数	百分比%
1	3	0.025%	18	256	2.163%
2	23	0.194%	19	201	1.698%
3	72	0.608%	20	162	1.369%
4	160	1.352%	21	93	0.786%
5	247	2.087%	22	78	0.659%
6	445	3.760%	23	57	0.482%
7	783	6.617%	24	34	0.287%
8	1020	8.619%	25	24	0.203%
9	1164	9.836%	26	9	0.076%
10	1191	10.064%	27	5	0.042%

① 表格数据引自杨润陆《现代汉字学》(第 2 版),北京师范大学出版社,2017 年版,第 119 页。

续表

笔画	字数	百分比%	笔画	字数	百分比%
11	1199	10.132%	28	3	0.025%
12	1206	10.191%	29	2	0.017%
13	1000	8.450%	30	1	0.008%
14	770	6.507%	31	1	0.008%
15	654	5.526%	32	1	0.008%
16	562	4.749%	36	1	0.008%
17	407	3.439%			

《信息交换用汉字编码字符集·基本集》收字6763个,9画的字最多,其次是10画和11画。平均每字10.995画。

3. 现代汉字笔画数规律

以上两项统计的结果反映了汉字笔画数的分布情况,具有一定的规律,称为区别律和简易律。

为了便于应用,汉字要做到既有区别又比较简易。为了做到既有区别,笔画数不宜太少,如果太少,字形组合的方式就少,增加形似字,这是区别律;为了简易,笔画数不宜太多,多了不便应用,这是简易律。在区别律和简易律两种力量的作用下,就形成了9画至12画字数比较集中的局面。

现代汉字笔画数除了具有区别律和简易律,还具有“高频趋减”的规律。

表5-3 汉字不同字符集平均笔画统计表

内容	字数	平均笔画数
《辞海》和《基本集》所收全部汉字	16339	12.7061
辞海》和《基本集》所收正体字(繁体、异体除外)	11834	11.5516
《汉字信息字典》所收正体字(繁体、异体除外)	7785	10.943
国际基本字集	6763	10.663

续表

内容	字数	平均笔画数
国际一级字	3755	9.766
高频字	1000	7.977

从表中的统计可以看出,收字范围越大,平均笔画数就越高。相反,收字范围限定为常用字或次常用字,它们的平均笔画数就低,这说明平均笔画数与收字的使用频率成反比。我们把使用频率越高的字符集的平均笔画数越少的这种现象叫作高频趋减。这种状况符合汉字使用的规律,越是常用字,独体字的比例越大,形声字的比例越小,笔画当然就少。另外,这种状况和汉字简化工作有关,简化字共有 2235 个,它们绝大多数是常用字或次常用字。汉字简化降低了常用字和次常用字的平均笔画数,在相当程度上减少了学习和使用汉字的困难。

4. 笔画的组合

表 5-4　笔画组合类型

类型	例　字	说　明
相离	二 六 小	笔画之间都有或大或小的距离
相接	匕 工 乍	相接笔画,一画在头上,一画不在头上
	厂 了 凸	相接笔画,两画都在头上
相交	十 丈 车	前一笔和后一笔都是相互交叉的关系

这三种组合类型,经常是综合运用的。例如:“千、天、升”运用了相接、相交两种方式;“亏、乞、亿”运用了相离、相接两种方式;“艺、斗、计”运用了相离、相交两种方式;“丹、匡、仂”运用了相离、相接、相交三种方式。有时候笔画相同,由于组合方式不同,会形成不同的字,例如:“人—入”“甲—电”“力—刀”。

(二)笔形

笔画的形状叫笔形。

1. 基本笔形及笔画变体

传统的汉字基本笔形有八种，即丶(点)、一(横)、丨(竖)、丿(撇)、㇏(捺)、㇀(提)、㇕(折)、亅(钩)。

1965 年，文化部和中国文字改革委员会发布的《印刷通用汉字字形表》和 1988 年国家语言文字工作委员会、新闻出版署发布的《现代汉语通用字表》规定了五种基本笔形，即一(横)、丨(竖)、丿(撇)、丶(点)、㇕(折)，又称"札"字法。"札"字法的笔形有主笔形和附笔形的区别，主笔形是一般的写法，附笔形是主笔形在不同位置或部件中出现的各种不同变形。例如，横(一)是主笔形，提(㇀)是附笔形；竖(丨)是主笔形，竖钩(亅)是附笔形；点(丶)是主笔形，捺(㇏)是附笔形。

表 5-5　传统的八种笔形与五种笔形对照表

五种笔形	横		竖		撇	点		折	
八种笔形	横	提	竖	竖钩	撇	点	捺	折	钩(竖钩除外)
笔形	一	㇀	丨	亅	丿	丶	㇏	㇕	㇄
例字	王	刁	十	利	仁	主	大	口	孔

把基本笔画分为 5 种，简单明了，有利于按笔画及笔形编排字典、索引，也可以用来排列人名顺序。如果将 5 种笔画用于汉字教学，就要讲 8 种笔形，还要讲到基本笔画的各种变体，见《现行汉字笔形表》。

表 5-6　现行汉字笔形表

基本笔形	笔　形			例字	基本笔形	笔形		例字
横　一	主笔形	横	一	一			弯钩	犹
	附笔形	提	㇀	刁			斜钩	弋
竖　丨	主笔形	竖	丨	卜			横折折	凹
	附笔形	竖钩	亅	小			横折弯	朵

续表

基本笔形	笔形			例字	基本笔形	笔形		例字
撇 丿	撇		丿	八	折 ㇕	㇊	横折提	计
点 丶	主笔形	点	丶	主		㇆	横折钩	刁
	附笔形	捺	㇏	八		㇠	横斜钩	飞
折 ㇕	㇕	横折		己		㇞	竖折折	鼎
	㇇	横撇		又		ㄣ	竖折撇	专
	㇖	横钩		买		㇟	竖弯钩	匕
	㇗	竖折		山		㇎	横折折折	凸
	㇄	竖弯		四		㇋	横折折撇	延
	㇙	竖提		以		㇈	横折弯钩	几
	㇜	撇折		乡		㇌	横撇弯钩	阳
	㇛	撇点		女		㇉	竖折折钩	与
	㇢	撇钩		〆[1]		㇡	横折折折钩	乃

中国文字改革委员会和武汉大学计算机系合作对《辞海》(1979年版)所收正字的笔形作统计,得出笔形出现的频率由高到低是:横、竖、撇、点、折。横画出现的频度最高,其他笔形出现的频度十分接近,这形成汉字字形的两个特点:一是横画多,所以字形平衡稳重,二是其他笔形出现均衡有利于汉字字形的变化。

表 5-7 《辞海》(1979 年版)笔形数字统计表

笔形	包含该笔画的字数	出现次数	占笔形出现总数百分比%
横笔	11398	41423	30. 3023%
竖笔	10654	26492	19. 3792%
撇笔	10232	21511	15. 7361%
点笔	9738	22741	16. 6351%
折笔	10890	24535	17. 9485%

① 这是个日本汉字。

(三)笔顺

1. 笔顺规则

笔顺是写字时笔画的先后顺序。独体字和合体字都有书写顺序的问题。汉字笔顺的基本规则是：

(1)从上到下,如:“二、丁、早、主、三、草”等。

(2)从左到右,如:“卜、八、衍、州、好、班”等。

(3)先横后竖,如:“丰、干、正、喜、十、丁”等。

(4)先撇后点,如:“乂、大、衣、人、分、文”等。

(5)先外后内,如:“月、用、周、母、问、闻”等。

(6)先中间后两边,如:“永、承、水、小、办”等。

(7)先外后内再封口,如:“日、国、固、围、回”等。

汉字笔顺的补充规则有：

(1)下三包围结构,先内后外,如:“凶、幽、豳、凼”等。

(2)左三包围结构,先上后内再竖折,如:“区、医、叵、臣”等。

(3)辶廴包围结构,先内后外,如:“过、这、延、建”等。

(4)其他左下包围结构,先外后内,如:“毡、赵、飕、题”等。

(5)上左包围结构,先外后内,如:“厅、质、库、房”等。

(6)由乛勹乁气等构成外框的上右包围结构,先外后内,如:“刀、司、旬、虱、氧”等。

(7)由丁弋为主件构成外框的上右包围结构,先上后内再右,如:“可、式、戒、武、载”等。

(8)点在右上角,最后写点,如:“书、犬、龙、成、术”等。

多数字的写法是以上规则的综合运用,如“插”,从部件看是从左到右;从“扌”看,是先横后竖再提,从上到下;从“臿”看,则是先内后外;从“千”看,是从上到下,先横后竖;从“臼”看,先两边后封口。少数字的笔顺不合一般规律,需要个别掌握,如,“女”字要以撇点起笔,末笔是横;“火、半、坐、臾”等字要先写两边后写中间。有些字的笔顺以前的写法与现在规定的写法不一样，如，“阝”有人先写横撇弯钩，有人先写竖；“忄”有人写点、点、竖，有人写点、竖、点，要以国家规定的正式写法作为笔顺依据。

另外，在当今高科技发展的时代，电脑已被广泛运用到各行各业，汉字在电脑操作中的地位显得越来越重要，我们更应该按照汉字的规范原则写好汉字。按笔顺规律写字对“写规范化汉字”起到促进作用。

2. 汉字笔顺举例

表 5-8 汉字笔顺举例

汉字	正确笔顺	备注
七	一 七	先横
九	丿 九	先撇
匕	㇀ 匕	先撇
了	㇇ 了	共两笔，先横钩
刀	𠃌 刀	先横折钩
力	𠃌 力	先横折钩
阝	㇌ 阝	先横折折折购
乃	㇋ 乃	先横折折折钩
卄	一 十 卄	先横后竖
万	一 丁 万	先横折钩后撇
与	一 与 与	先横后竖折折钩
上	丨 卜 上	先竖后横
山	丨 山 山	先竖后竖折
及	丿 乃 及	先撇后横折折撇
犭	㇀ 犭 犭	先撇后弯钩
忄	丶 丷 忄	先左点后右点
义	丶 丿 义	先点后撇
宀	丶 丷 宀	先点后左点
辶	丶 ㇍ 辶	第二笔横折折钩

第五章 现代汉字字形

续表

汉字	正　确　笔　顺	备　　注
刃	乛 刀 刃	末笔左点
女	く 女 女	先撇点后撇
丸	丿 九 丸	先撇后横折弯钩
叉	フ 又 叉	末笔为点
门	丶 丨 门	先点后竖
车	一 乇 乇 车	撇折后横
廿	一 十 卄 廿	先横后竖
五	一 丅 丏 五	第二笔竖
卅	一 𠂇 卄 卅	先横
比	一 ヒ ヒ' 比	先横
长	ノ 𠂉 长 长	先撇
片	丿 丿丨 广 片	先撇后竖
丹	丿 刀 丹 丹	先点后横
火	丶 丷 ⺌ 火	先左点后撇

3. 笔顺的规范

书法界有“篆隶无笔顺”之说，但在实际书写过程中，客观上也还是有规律可循的，只是篆书的书写顺序一般不限于一种固定的写法，有时可以采用两种或多种写法。现代生活要求语言文字高度的规范化，现代汉字笔顺规范具有非常重要的意义：

(1)正确的汉字都是由一定的笔画构成的，笔画的数目、形态与汉字的正确、美观有很大关系，随意添减笔画改变笔形是造成错字别字的根源。例如：

庆、厌；戊、成、戌；丌、廾；礻、衤；无、旡；爪、瓜；采、釆；免、兔；友、发。

(2)正确计算笔画数目、笔顺，对教学、检索和排序有用。例如：

免、卑、鬼；麦、差、敖、男；市（柿、闹）（沛、肺）；函、承、阵；降、既、解、贯。

(3)正确的笔顺关系到字形的好坏和书写的速度。例如：

乃、及、皮；冉、再；火、女、万、山、九、长、鸟；臣、母、旨、丑、五、比、迅、丢、撇、祭、癸、慢

笔顺规范的依据：

1988 年 3 月 25 日国家语言文字工作委员会和新闻出版署联合发布的《现代汉语通用字表》确定了 7000 个汉字的规范笔顺。但是，由于这个字表中的字未列出跟随式笔顺，使用时只能根据字序进行推断。这不仅给使用带来了很大的不便，由于各人在应用中因理解和推断不同，还出现了汉字笔顺的不规范现象。如“火”“叉”“爽”等字（包括用这些字作部件的字）。为了促进我国语言文字规范化，消除规范笔顺本身存在的难点，满足汉字研究、汉字教学、汉字信息处理、出版印刷和辞书编纂等方面的需要，国家语言文字工作委员会和新闻出版署决定对现行规范笔顺进行完善，研制并于 1997 年 2 月 25 日公布了《现代汉语通用字笔顺规范》。1999 年 10 月 1 日发布、2000 年 1 月 1 日实施的《GB1300.1 字符集汉字笔顺规范》规定了所收的 20902 个汉字的笔顺规范。2013 年 6 月国务院公布的《通用规范汉字表》是规范汉字笔画数目的最新文件。

《现代汉语通用字笔顺规范》是在《现代汉语通用字表》的基础上形成的，规范笔顺完善的具体内容有三个方面：一是在《现代汉语通用字表》的基础上，把隐性的规范笔顺变成显性的，列出了 7000 个汉字三种形式的笔顺；二是明确了字表中“火”“叉”“鬯”“爽”等一些字的笔顺；三是调整了“敝”“脊”两个字的笔顺。

《现代汉语通用字笔顺规范》中每个汉字的笔顺用三种形式表示：一是跟随式，一笔接一笔地写出整字；二是笔画式，用一（横）、丨（竖）、丿（撇）、丶（点）、乛（折）五个基本笔画表示，其中，㇀（提）归为一（横），亅（竖钩）归为丨（竖），㇏（捺）归为丶（点），各种折笔笔画归为乛（折）；三是序号式，用横、竖、撇、点、折五个基本笔画的序号 1、2、3、4、5 表示。

《现代汉语通用字笔顺规范》中 7000 个汉字的字序与《现代汉语通用字表》基本一致，按汉字的笔画数排列，同笔画数的字依笔顺以“横、竖、撇、点、折”为序。由于“敝”“脊”笔顺调整等原因，有些字的字序做

了相应调整。

二、部件

(一)部件及类型

1. 部件

部件也叫字根、字元、字素,是由笔画构成的具有组配汉字功能的构字单位。

一个合体字由两个或两个以上的部件构成。部件是由笔画构成的,多数部件由一画以上的笔画构成,如构成"字"的部件"宀、子";少数部件是由一画构成的,如构成"亿"的部件"亻、乙"中的"乙"。

2. 类型

现行汉字中的部件,按照不同标准可以分成不同的类型。

(1)按照现在能否独立成字划分,可以分为成字部件和非成字部件两类。成字部件可以独立成字,如"岩、男、坐、盆、柴"等字中的"山、石、田 、力、人、土、分、皿、此、木"等。非成字部件不能独立成字,如"字、杉、侍、煮、剔"中的"宀(mián,房屋)、彡(shān,毛饰物)、亻(人的变体)、灬(火的变体)、刂(刀的变体)"。

(2)按照笔画的多少划分,可以分成单笔部件、多笔部件两类。单笔部件只有一个笔画,如"旦、丛"中的横,"旧、引"中的竖,"良、兔"中的点,"孔、乱"中的折;多笔部件有两个或两个以上笔画,如"寺"中的"土、寸","福"中的"礻、畐"。

(3)按照能否再切分成小的部件划分,可以分成基础部件和合成部件两类。基础部件又称单纯部件、单一部件、末级部件,不能再被切分成小的部件,如"分、仍"的"八、刀、亻、乃"。合成部件又称复合部件,可以再被切分成小的部件,如"瓒",第一次切分出"王、赞",其中"赞"是合成部件;第二次切分出"兟、贝",其中"兟(shēn,进)"是合成部件;第三次切分出“先、先”。“瓒”字中的“王、贝、先”都是基础部件。

(4)按照部件切分先后层次划分，可以分成一层部件、二层部件、三层部件等。如上文的“瓒”字，“王、赞”是一层部件，“兟、贝”是二层部件，“先、先”是三层部件。再如“蓓”字，第一次拆分为“艹”“倍”（一层部件），第二次拆分为“艹”“亻”“倍”（二层部件），第三次拆分为“艹”“亻”“立”“口”（三层部件）。

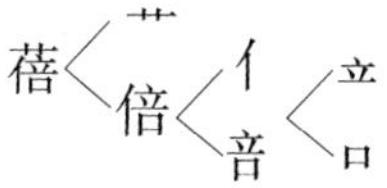

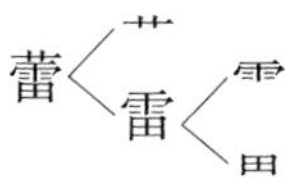

“器”，“暴”为一次性多部件平面组合。

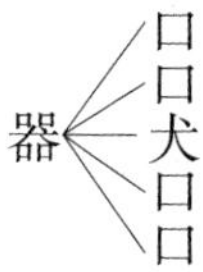

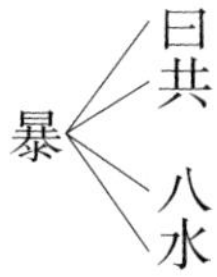

(二)部件的数量及拆分原则

1. 部件的数量

汉字的数量很多，但部件是有限的。1997 年 12 月国家语言文字工作委员会颁布了《GB13000.1 字符集汉字部件规范》（以下简称《汉字部件规范》），所收 20902 个汉字共有单一部件 560 个，分成 393 组，每组一个主形部件，其余是附形部件。2009 年 3 月 24 日，教育部、国家语委发布了 2009 年 7 月 1 日试行的《现代常用字部件及部件名称规范》，共收入现代汉语 3500 个常用字中的部件 441 组 514 个，其中成字部件 311 个，非成字部件 203 个。

各个部件的组字能力不一样，使用频率也不一样。《辞海》（1979 年版）组字频率最高的前 15 个末级部件依次是：口、一、艹、木、人、日、氵、亻、八、土、亠、十、又、田、扌。

同一个部件可以在不同的层次上出现。

《汉字信息字典》对组成 7785 个现代汉字的部件数进行了统计，结果表明，由一个部件构成的字仅有 323 个，占 4.149%；由两个部件构成的字有 2650 个，占 34.040%；由三个部件构成的字多达 3139 个，占 40.321%；由四个部件组成的字，占 16.39%。其他是分别由五、六、七、八个部件构成的字。

组成文字最常用的部件是“口”。平均每 100 个字中，就可能有 20 个“口”。

分析和研究汉字的部件，对于汉字的学习和运用可以收到以简驭繁的效果。

2. 部件拆分的原则

《汉字部件规范》研制组在“关于制订《汉字部件规范》的若干问题”中提出了部件拆分的原则：

制订规范的基本原则：中文信息处理用汉字部件规范必须在两个方面具有严密的科学性。首先，必须符合汉字构形规律；其次，必须在部件的信息量和系统性上符合信息处理的需要。只有在这两方面是科学的，才能避免在部件规范形成中易出现的主观随意性，使最终成果既具有规范意义，又具有应用价值。

部件拆分的原则：

（1）不违背形体的原则：交重不拆，例如：“串”不拆分为“中”“中”、“东”不拆分为“七”“小”；相离相接可拆，例如：“明”拆分为“日”“月”（相离）、“名”拆分为“夕”“口”（相接）、“韭”拆分为“非”“一”（相接）；极少数不影响结构和笔数的笔画搭挂，按相接处理，例如：“孝”为“子”搭挂在“耂”上，可拆出。

（2）遵照结构规律的原则：字形合乎理据的，进行有理据拆分，无法分析理据或形源矛盾的，依形进行无理据拆分，例如：“分”拆分为“八”“刀”（根据理据，有理据拆分）、“赤”拆分为“土”“𡗗”（参考字源，有理据拆分）、“亦”拆分为“亠”“𡗗”（无法分析理据，无理据拆分）、“虎”拆分为“虍”“几”（形源矛盾，无理据拆分）；在进行多部件的有理据拆时，应依汉字组合层次进行，例如：“蓓”第一次拆分为“艹”“倍”，第二次拆分为"艹""亻""音",第三次拆分为"艹""亻""立""口"。

(3)相关对应的原则:有对应关系的简化部件与繁体部件一般应统一处理,例如:"讠"与"言"(简体不拆,繁体也不拆分);主形与变体,尽量统一处理,例如:变体"肉"与主形"月"均不拆分。

(4)合理控制下限的原则:两个以上的相离、相接部分,若其中任何一个无构成其他字的能力,则不再拆分,例如:"西"不拆为"一""西"("西"无构成其他字能力)、"黑"不拆分为"里""灬"("里"无构成其他字能力);两个相离的对称部分,不分开用以构字的,不再拆分,例如:"兆""竹""非"不再拆分;传统独体字和部首,以及构字能力较强或拆分后均为非字部件的,叫有相离或相接部分,不再拆分,例如:"石"不拆分为"丆""口"、"禾"不拆分为"丿""木";拆分出的部件中,有一个是单笔画的,一般应为有理据拆分,例如:"太"拆分为"大""丶"、"生"拆分为"丿""龶"、"犬"拆分为"大""丶"、"自"拆分为"丿""目";最末一次拆分,不可拆分成两个以上的单笔画,例如:"刀"不拆为"𠃌""丿"、"刂"不拆为"丨""亅"、"川"不拆成"丿""丨""丨"、"氵"不再三分、"灬"不再四分。

(5)综合衡量的规则:以上规则无法兼顾时,应权衡其利弊,综合处理。

(三)部件、部位的称谓及部件的变形

1. 部件、部位的称谓

每个部件都应该有名称,以便于称说。成字部件的名称是现成的,就用该字的读音,如果是多音字,可以选用常用的读音。不成字部件中,长期用来做偏旁的大多有习惯名称,例如:冫(两点水)冲、冂(同字框)同、口(口字旁)吃、手(手字底)拿、爫(爪字头)爱、米(米字旁)粗、冖(秃宝盖)写、匚(三框儿)区、囗(方框儿)国、欠(欠字旁)次、月(月字旁)朋、西(西字头)要、讠(言字旁)语、氵(三点水)汽、门(门字框)

问、火(火字旁)灯、穴(穴宝盖)穷、页(页字旁)顶。其中有多种名称的应该选择最通行的说法,没有名称的应该确定一个通俗的、容易被大众接受的名称。

为了便于称说,还要进一步确定汉字的部位名称,因为许多部件可以出现在不同的部位。根据部件在合体字中所处的位置,可以分析出8个部位名称:上"头"下"底"、左"旁"右"边"、内"心"外"框"、中"腰"四"角",简称为十六字口诀。

2. 部件的变形

部件的变形指同一个部件由于出现在字的不同部位而引起的形体变化。又可以分为改变部分笔画形状;变形,用拉长、压扁,使整字的各部分协调匀称。

部件的变形举例:

横改提:"工、土、子、王、车、豆、鱼、马、牛、且、生、丘、立、耳、至、业"等作左偏旁时,末笔的横改为提。如攻、城、孙、玗、辆、豇、鲤、驷、特、助、甥、邱、竦、聊、到、邺。

竖改撇:"半、羊、辛"作左偏旁时末笔的竖改为撇。如判、翔、辣。

撇改竖:"月"在别的部件的下边时起笔的撇改为竖,如有、青、肯、削、消。例外:萌,霸,羸。"肌、肝"等字月在字的左边,撇不改为竖。

捺改点:"人、又、大、夫、木、水、公、分、仓、禾"等右边有捺笔的,作左偏旁或处在包围、半包围结构之中时,末笔的捺改为点.如从、劝、因、规、桃、盥、颂、颁、创、秋。

避重捺:当一个字的临近笔画有两个或两个以上的捺笔时,为了摆稳全字重心,使字形富于变化,只保留一个捺,其余的改为点。如奏、秦、暴、这、述、炎、送、遂、黍、餐等。

横折钩改横折竖:"羽、甫"处于别的部件上边时,去掉钩。如褶、翠、翼、博、敷等。

横折弯钩改横折弯:"几"处在别的部件上边时,去掉钩。如朵、躲、没、铅、般等。

横折弯钩改横折提:“几、九”处在别的部件的左边时,第二画的横折弯钩改为横折提、如鸠、颓、微等。

竖钩改竖:“小、可”用在别的部件上边时,竖钩改为竖。如少、尖、劣、抄、吵、钞、雀、哥、歌等。

竖钩改撇:“手”用在左偏旁或中腰时,竖钩改为撇。如拜、掰、湃。

竖弯钩改竖提:“七、厄、己、毛、元、屯、比、电、先、光、克”等作字的左偏旁时,竖弯钩改为竖提。如切、顾、改、毳、顽、顿、麟、鹤、赞、耀、兢等。

拉长或压扁(以便使整字的各部分协调匀称):如“犬、贝”在左右、左中右结构中要拉长。如状、狱、购、财、贱等,在上下、上中下结构中要压扁,如哭、器、货、贪。

“部件的变形”与“部件的变体”①应该是两种不同的部件变化。“部件的变体”更接近“隶变”中的“隶分”, 即篆书中同一个偏旁部首,在隶书中分化为不同的形体。例如“”(掌)、“”(打)、“”(拜)、“”(看)在篆书中是同样的形体“”(手),隶变后分成了手、扌,这是“部件的变体”,“ 掌、拜、看”中的“手”是“部件的变形”。

三、整字

(一)独体字与合体字

整字就是一个个单独的字,它是汉字的使用单位。根据汉字部件的多少,汉字可分为独体字和合体字。由一个基础部件构成的字是独体字,如:“人、九、大、月、鸟、事”字。由两个或两个以上基础部件构成的字是合体字,如:“报、居、司、问、姜、街”字。

中国古代六书中的象形字、指事字是独体字,会意字、形声字是合体字。

① 参见黄伯荣、廖旭东主编:《现代汉语》(增订六版、上册),高等教育出版社,2017年8月第2次印刷,第150页。

现代汉字的独体字多数来自象形字、指事字，也有少数来自会意字和形声字。合体字多数来自古代的会意字和形声字，也有少数来自古代的象形字和指事字。

一般情况下独体字和合体字不难确定，比如“一、人、又”是独体字，“天、休、观”就是合体字。但应该注意几点：(1)由于汉字形体的演变，部分古汉字独体字变成了现代汉字的合体字，如“→宁、→它、→朋、→鱼、→燕、→虎”；而部分古汉字合体字则变成了现代汉字的独体字，如“→及、→共、→兼、→秉、→乘、→事、→吏、→父”。(2)合体字具有明显的可分离特征，部件之间、部件与笔画之间不交叉连串，不具备这一特点的就不是合体字，如“出、及、串、果、事”等就不是合体字。(3)是合体字分解出的两个以上部件，要么是独体字或常用的部件，要么是便于称说的笔画或部件，否则，不宜作合体字分析，如“卵”可以分离，但不便称说或变通称说，仍应视为独体字。

(二)独体字的数量

教育部、国家语委，2009 年 3 月 24 日发表，2009 年 7 月 1 日试行的《GF0013-2009 现代常用独体字规范》，给出了 256 个常用独体字：

表 5-9 《现代常用独体字表》

笔画数	字数	起笔笔形	独体字
1	2	[一]	一
		[乛]	乙
2	19	[一]	二十丁厂七
		[丨]	卜
		[丿]	八人入儿匕几九
		[乛]	刁了刀力乃又

续表

笔面数	字数	起笔笔形	独体字
3	48	[一]	三干于工土士才下寸大丈与万
		[丨]	上小口山巾
		[丿]	千川个夕久么凡丸及
		[丶]	广亡门丫义之
		[乛]	尸已己巳弓子卫也女刃飞习叉马乡
4	65	[一]	丰王开井天夫无云专丐木五不犬太歹尤车巨牙屯戈互瓦
		[丨]	止少曰日中贝内水见
		[丿]	午牛手气毛壬升夭长片斤爪父月氏勿丹乌
		[丶]	六文方火为斗户心
		[乛]	尺丑巴办予书
5	58	[一]	玉未末击正甘世本术丙石戊龙平东
		[丨]	卡凸业目且甲申电田由史央冉皿凹四
		[丿]	生矢失乍禾丘白斥瓜乎用甩乐匆册鸟
		[丶]	主立半头必永
		[乛]	民弗出矛母
6	29	[一]	耳亚臣吏再西百而页夹夷
		[丨]	虫曲肉
		[丿]	年朱臼自血囟舟
		[丶]	亦衣产亥羊米州农
7	17	[一]	严求甫更束两酉来
		[丨]	卤里串
		[丿]	我身囱
		[丶]	言羌弟

续表

笔画数	字数	起笔笔形	独体字
8	8	[一]	事雨
		[丨]	果
		[丿]	垂秉
		[乛]	肃隶承
9	7	[一]	革柬面
		[丿]	重鬼禹
		[丶]	首
10	1	[丶]	兼
11	1	[丿]	象
13	1	[丿]	鼠

表 5-10 《现代常用独体字表—音序检索表》

音序	字数	独体字
A	1	凹
B	14	八巴白百办半贝本匕必丙秉卜不
C	20	才册叉产长厂车臣承尺斥虫丑出川串囱垂匆寸
D	10	大歹丹刀弟电刁丁东斗
E	4	儿而耳二
F	8	凡方飞丰夫弗甫父
G	13	丐干甘戈革个更工弓瓜广鬼果
H	6	亥禾乎互户火
J	16	击及几己夹甲兼柬见巾斤井九久臼巨
K	3	卡开口
L	12	来乐里力立吏隶两了六龙卤
M	13	马毛矛么门米面民皿末母木目
N	7	内乃年鸟牛农女
P	2	片平

续表

音序	字数	独体字
Q	9	七气千羌且丘求曲犬
R	7	冉人壬刃日肉入
S	29	三山上少申身升生尸失十石史矢士氏世事手首书鼠术束甩水巳四肃
T	7	太天田头凸土屯
W	16	瓦丸万亡王为卫未文我乌无五午勿戊
X	10	夕西习下乡象小心囱血
Y	33	丫牙亚严言央羊夭也业页一衣夷乙已义亦永用尤由酉又于予与雨禹玉曰月云
Z	16	再乍丈正之止中重舟州朱主爪专子自

(三)合体字部件组合的规律

合体字部件的组合方式主要有五大类：

表 5-11 合体字组合类型

大类	小类	例字	大类	小类	例字
左右	左右	形揄貌朝	包围	全包围	国固囟回
	左中右	街班掰衢		上三包围	问同用向
上下	上下	要是贸想		左三包围	匡匣匿叵
	上中下	曼率衰亘		下三包围	凶画击幽
框架	框架	承乘噩巫		上左包围	厄压病居
品字	品字	晶森磊淼		上右包围	句匀可氧
				下左包围	这延毯勉

(四)偏旁和部首

偏旁是构成合体字的表意或表音的单位。构成会意字的两个或三个偏旁,利用相互间的位置关系或意义关系来表示词义,如:“从”中的

“人”“人”、“森”中的“木”“木”“木”、“闪”中的“门”“人”、“岩”中的“山”“石”都是偏旁。构成形声字的偏旁被分别称为形旁和声旁，形旁表示所记录的词的意义或类别，声旁用来表示词的读音。如：“忆”中的形旁“忄”声旁“乙”、“空” 中的形旁“穴”声旁“工” 都是偏旁。

汉字的偏旁在小篆和小篆以前全部能独立使用，而现行汉字的偏旁有些能够独立使用，被称为成字偏旁，如“人、门、豕、鸟、石”等，有些不能独立使用，被称为不成字偏旁，如“棘”中的“朿”、“说”中的“言”、“教”中的“攴”等。

构成会意字的几个偏旁和形声字的形旁，绝大多数是独体字。独体字是封闭性的，数量有限，形声字的声旁是开放性的，从构字原则上说，形声字可以用任何一个独体字或会意字作为声旁，也可以用形声字作声旁以构成新的形声字，因此，形声字的声旁比形旁要多。根据文字改革出版社 1975 年出版的《现代汉字形声字字汇》进行统计，声旁多达 1500 多个，其中 1000 个左右是独体字或会意字构成的基本声旁，如“刀、甫、各、俞”等；500 个左右是由形声字构成的滋生声旁，如“召、攀、客、造”等。

偏旁系统的核心是部首。部首是字书中各部领头的部件或笔画，具有字形归类作用。采用部首给汉字归类，始于东汉许慎的《说文解字》，它把 9353 个汉字归为 540 部，明代梅膺祚的《字汇》合并为 214 个部首，其后《康熙字典》《辞源》《辞海》均为 214 部。教育部、国家语委 2009 年 1 月 12 日发表，2009 年 5 月 1 日试行的《汉字部首表》规定了 201 个主部首，100 个附形部首。《新华字典》(第 10 版)、《现代汉语词典》(第 5 版)、《通用规范汉字字典》等众多辞书都按此规定执行。

偏旁与部首是整体与部分的关系，是包含和被包含的关系，偏旁包含部首，也就是说所有的部首都是偏旁，但偏旁不一定是部首。偏旁的数量很多，而部首的数量则在 200 个左右；偏旁的作用是了解汉字结构、记忆字形，而部首的作用是查检汉字；偏旁的范围较大，部首的范围较小。

在小学语文教学中，“部首”这个术语因使用场合不同而存在两种含义。识字教学中所说的“部首”，通常是指合体字的表义偏旁，分析字形时常提到的“三点水”（氵）、“提手旁”（扌）“四点底”（灬）等，就是这类部首。这类部首是合体字的构字部件，能够帮助学生了解字义，可以叫作“识字部首”；《新华字典》和《现代汉语词典》都有“部首检字表”，在教给学生用部首查字法查字典时，也用到“部首”这个词语，在这种情况下所说的部首可以叫作“检字部首”。识字部首同检字部首大部分是重合的，如“提”字，识字部首是“扌”（称“提手旁”），捡字部首也是“扌”（称“扌部”）。少部分的识字部首同检字部首不一样，如：检字部首“音”可分为“立”“日”两个识字部首，识字部首“春字头”有奉、蠢、泰、秦、春等字，检字部首分别是大、虫、水、禾、臼。

第二节　现代汉字的理据性

一、文字的理据性[①]

文字的理据性是指文字符号和语言成分的对应关系。

文字是用来记录语言的一套符号系统，语言又是音义结合的词汇语法体系，文字记录语言，就是使文字符号和语言成分建立联系，这种联系可以是语音的，也可以是意义的。拼音文字的字形（词形）直接记写语言要素的声音，而汉字记录汉语，它的理据性就表现在汉字字形直接与语言中的音或者义发生联系，如：“众”，是由三个人组成的，“㐺”，用它代表“人多”的意思。汉字中形声字的字形，则与语言要素的声音和意义两个方面发生联系，如：“抬”两个偏旁，“扌”（小篆）表义，“台”（小篆）表音。

① 根据百度文库《浅谈简化字和汉字的理据性》一文整理，以下二、三同。

二、现代汉字与古代汉字的理据性

现代汉字以形声为主要构字方式，以楷书为通用印刷体，基本上采取语素—音节原则来记录现代汉语。古代汉字是一个非常宽泛的概念，它至少可以划分为两个大的阶段，即古文字阶段和隶楷阶段。

古文字阶段起于商代，终于秦代；后一阶段自秦末一直延续到现代。[1] 在时间范围的大跨度、字形演变的大变化面前，对于古代汉字的理据性也要做出具体的分析。如果说小篆以前的文字，基本保留了象形的特点，那么隶变可以说是汉字历史上的一次空前的大简化，它确立了汉字点、横、竖、撇、捺等现代汉字的基本笔画，也确立了现代汉字结构的基本雏形。在甲骨文里表示具体事物、动物的字形，一般都是描摹其外形或者外形特征，这些字形直接与所记录的词语发生联系，可以看作是有理据的。然而，也不是所有的甲骨文都是能够“见形知义”的，因此，其理据性未必就比现代汉字高多少。汉字发展到了周代，特别是春秋战国时代，汉字造字方式发生了根本性转变，形声字增加的速度超过了表意字，形声字的数量也就占了多数。《说文解字》所收 9353 个小篆中，形声字的数量就占了 80%多。这时候，汉字的理据性就越来越强了。

隶楷阶段，尽管随着笔画的确立，象形、指事、会意字的理据性有所降低，但形声字的数量发展迅速，南宋郑樵对两万多汉字的结构做过分析，认为当时的形声字比重已经超过 90%。因此，汉字的理据性不是削弱了，而是大大加强了。现代汉字中，大部分字形是对隶楷阶段汉字的传承，古今通用字仍是现代汉字的主体，简化字和新造字所占的比例不足 20%，即使是简化字和新造字，也不都是毫无理据的，相反，有些字还提高了理据度，比如“态—態”“证—証”“递—遞”等字就比原来的繁体字理据度高了

---

① 参见裘锡圭：《文字学概要》，商务印书馆，1988 年版，第 40 页。

三、简化字的理据性

有人认为,简体字破坏了汉字的结构,破坏了汉字的理据性,这样的说法缺乏对简化字的全面分析。

(一)全面考察汉字整体系

讨论汉字的理据,应该着眼于汉字的整体系统,而不应该拘泥于个别字形,尤其不应该就某个字或某些字的理据,特别是"六书"理据,来否定整个汉字系统的理据性。我们要看这些字是否构成对整个汉字系统的冲击,其冲击度到底有多大,是否到了足以破坏汉字理据的程度。拿"木"字旁的字来说,从整个表意体系上看,汉字从"木"的字,大多还是与木有关的。有学者统计了《新华字典》中 18 个常用形旁,结果发现 2738 个形声字的形旁表义率为 90.03%。对《最常用的汉字是哪些——三千高频度汉字字表》作了统计,1985 个形声字中形旁有表义作用的 1720 个,占总数的 86.65%,形旁没有表义作用的 265 个,占总数的 13.35%。所以从总体上看,现代汉字形旁依然保持着较高的理据度。声旁的情况就差一些了,汉字有多少形声字的声旁可以真正表音?即有多少形声字的声旁读音和整字的读音完全一致?周有光先生统计的结果是:现代汉字声旁的有效表音率是 39%[①]。周先生的数据统计中是以"含旁字"所指,其含义比声旁要宽泛一些。李燕等对 7000 个通用字中的形声字的统计结果为,声韵调完全相同的 2285 字,占形声结构的比例是 40.54%[②]。而事实上,越是生僻字其表音率越高,苏培成对常用字 3500 个统计的结果是 32%。高家莺对倪海曙编著的《现代汉字形声字字汇》所收 5990 个正字进行统计,其中一音声旁所组成的形声字中,字

① 参见周有光:《现代汉字中声旁的表音功能问题》,《中国语文》1978 年,第 3 页。

② 参见李燕等:《现代汉语形声字研究》,《语言文字应用》,1992 年,第 1 页。

音与声旁读音完全相同的1578个，占形声字总数的26.3%。[1] 之所以出现这样的差距，原因在于所选材料及对材料的限制各有不同。不过，按以上的统计结果分析，30%左右的表音率应该说接近汉字的事实。从这个意义上说，现代形声字摹写声音的理据度并不高。

（二）汉字系统的非科学性

汉字系统本身不是科学定律，也不是一个严格的科学体系。汉字的产生、演变、应用是社会不同个体作用的结果，因此，规则的不对称性和规律的不系统性也就在所难免。

汉字不是一时一地某一个人创造的，而是经过长期的发展逐步形成的。在发展过程中，它不是以追求系统的完备性和科学性为主要目标，而主要是书写的简便性，它甚至并没有过多考虑记忆的方便性。再加上语言的发展变化，记录汉语的汉字也会相应的发生音义方面的变化。因此，就会在规则之外出现特例，出现游离于系统之外的汉字。比如从“竹（）”字头的字，一般说来都与“竹”有关系，但是有些字并不是这样，“笑、笨、答、等”等常用字，都已看不出跟竹子有什么关系了；有些竹字头的字“竹”是声旁，如“笃（）”，从马，竹声，本义为“马缓慢地行走”；“筑（）”是个会意兼形声字，从竹从木从丮（抱，用手拿。隶变为巩）。这些字的理据性都是要打折扣的。但根据张书岩主编《标准汉语字典》来看，从“竹”的另外127个字都可以看作与“竹”有关系。另外，形声字声旁的表音规律性也有差异，同样是“皮（）”作声旁的字，可以有：pī（披），pí（疲），bǐ（彼），bèi（被），bō（波、玻），bǒ（跛），pō（坡），pò（破）等。所以认为汉字可以系统类推本身就存在认识上的不全面。

（三）类推简化字占优

从整个简化系统上看，可以类推的简化字还是占多数的。《简化字

---

① 参见高家莺、范可育、费锦昌：《现代汉字学》，高等教育出版社，1993版。

总表》第三表所收的1753个字就是根据第二表的简化字和简化偏旁类推出来的。如“貝”简化为“贝”，貞、則、負、貢、唄、員、敗、貯、貪、偵、側、貨、貫、貴、賤等中的“貝”统统简化为“贝”。而这些可以类推的简化字占了简化字总数的78.43%。所以我们应该承认汉字简化的类推规律还是存在的。至于第一表和第二表中出现的简化字更不应该成为批评简化字的理由。因为简化字中80%的汉字是古已有之的，是在群众中间流行了几百上千年并有广泛群众基础的字，只不过进一步整理规范了这些字，使它们取得了合法身份并成为唯一合法身份的字体。由此看来绝大部分简体字不是新中国创造的。其实简化字作为政府行为推广，早在1935年，当时的国民党政府教育部就公布了《第一批简体字表》，共收324个字。就是现在被人们广泛批评的“破坏六书”原则，被人们广泛举例的用“又”代替十多种偏旁，也是当时就有的。比如当时的方案就确定了“觀”简化为“观”、“歡”简化为“欢”、“權”简化为“权”、“勸”简化为“劝”。

四、汉字理据性的变化[①]

汉字的结构理据不是一成不变的。从甲骨文到现代汉字，记录同一个词语的不同字形，往往反映出不同的结构理据，因而可以做出不同的理据分析，这就说明记录某个词语的字符在结构上发生了变化。例如：“针”字本作“箴”，《说文·竹》：“箴(箴)，缀衣箴也，从竹咸声。”“箴”字以“竹”为意符，说明当时的针是用竹子制成的。《礼记·内则》：“衣裳绽裂，纫箴请补缀。”“针”即作“箴”。青铜时代以后，针多为金属制成，故“箴”字改为“金”旁，写作“鍼”。《说文·金》：“鍼(鍼)，所以缝也，从金咸声。”后来“鍼”简化为“针”。“针”字形旁由于制衣针材料的变迁，导致汉字“针”的结构理据前后发生了变化。对现代汉字的理据性的变

① 参见李运富：《汉字学新论》，北京师范大学出版集团，2012年版，第172—175页。

化我们要做进一步的具体分析。

结构理据的具体变化情况因字各异,归纳起来有三种结果。

(一)理据的消失

理据的消失是指汉字构造时的理据经过演变后不再存在,也就是构件的功能无法再与整字所记录词语的音义联系起来,既不能再说明为什么用这个形体来表示或记录这个语词。比如"開"简化作"开","滅"简化作"灭","廠"简化作"厂","蠶"简化作"蚕","處"简化作"处","當"简化作"当","號"简化作"号","龍"简化作"龙","關"简化作"关","聲"简化作"声","飛"简化作"飞"等。简化后的这部分字变成了纯记号字,而"记号和整字的字义、字音没有联系,是没有理据的。"[①]这部分简化字是经常遭到人们批评的,据统计,也只有 42 个。

理据消失有各种不同的情况。有些字是部分构件发生变化,导致部分构件理据消失,而另一部分往往还可以表音或者表义,仍然具有理据。如:"昔""春""监""鸡"等字。昔,甲骨文 ,(日,太阳) (是川流"巛"的横写,代表波涛汹涌的洪水),表示洪水滔天,除天上的太阳、地上洪水,不见他物。造字本义:发生洪荒的远古时代。有的甲骨文颠倒上下结构。金文 将甲骨文字形中的洪水倒写成 。有的金文误将洪水形状写成两个"草头" 。篆文 基本承续金文字形。隶书 将篆文字形中两个"草头" 形状写成 ,波涛形象完全消失。在甲骨文中,纵写的水 为山崖披挂而下的"岩泉";横写的水 或 为波涛汹涌的洪水;波涛 的一半 为静止而不流动的水,即冰。"古"是传说中难以追述的久远时代,"昔"是发生洪荒的远古时代,"古"比"昔"更遥远。《说文解字》: (昔),干肉也。从残肉,日以晞之。与俎同意。(昔,干肉。字形用残肉状的 作边旁,日字边表示用太阳晒干这些残肉。"昔"字用" "作边旁,跟"俎"字用" "作边旁)

---

① 苏培成:《现代汉字学纲要》,北京大学出版社,1994 年版,第 103 页。

有的字整体结构发生变化，从而导致构形理据的完全消失。如：独体字“→目”“→月”“→水”。再如：“→表”“→頭”“→當”“→射”“→萬”等。

（二）理据重构

理据重构是指汉字结构经过演变之后，构件或构件的功能发生了变化，但是仍然可以与整字所记录词语的音义联系起来，能够从另外的角度说明为什么用这个形体来表示这个语词，也就是能对演变后的结构进行重新分析或重新解释。“重构”有了新的理据。比如“態”“鐘”“遷”“遞”“蘋”分别简化成了“态”“钟”“迁”“递”“苹”，简化后的声旁与整字读音完全一致。“驚”“護”“響”分别简化成了“惊”“护”“响”，像这些字纳入汉字的整体体系，其理据性应该是增强了，而不是减弱了。

字形产生了新的功能构建，整个字的理据就会重构。例如：“弦”“泉”“折”“医”等字。医生的“医”原作“醫”，许慎《说文 · 酉部》：“（醫），治病工也……古者巫彭初作醫。”“医”上古时期本源于巫，巫就是医，医就是巫，故“医”字从“巫”而作“毉”，反映了古代社会巫医不分的情况。后来随着医学的发展，医学逐渐从巫术中分离出来，“毉”的字形便改为“醫”，去掉了意符“巫”，改用意符“酉”，“酉”就是最早的“酒”字，当时医生经常用药酒给人治病，可见，医学文化的发展促成了“医”字构形的改变，产生了“医”的新的理据。

为同一个词另造新字，新旧字形形体上没有传承关系，结构理据也会不同。例如：“塵→尘”“礎→础”“運→运”“種→种”等字。

替换构件也可能改变结构类型，理据自然也是重构。例如：“()鳳→凤”“雞→鷄”。

构件的增减也会导致理据重构。例如：“→齿”“雧→集”。

（三）理据隐含

所谓理据隐含，是指原来理据清晰的个体结构在后来变得不太明显了,即表面上看有的构件的功能无法再与整字所记录词语的音义联系起来,不再能说明为什么用这个形体来表示现在的这个词,但是联系其他一些有共同构件的汉字进行分析以后,仍然可以解释构件与整字所记录词语的音义的关系,即构形的理据隐藏在演变后的字形系统中。例如现代的"室"字,构件"至"标音能看出联系,但"宀"现代不能独用,也就没有独立的音和义,那这个构件的功能该如何解释呢?我们联系其他从"宀"的字来分析,如"家""宫""宿""宅""寓""宇"等字,所记录的语词都是与房屋有关的,以此推断,"室"的构件"宀"也是表示房屋的。《说文·宀部》:"宀宀,交覆深屋也。象形。"古代"宀"可以独用,"室"为义音合体字。现在"宀"不能独用了,也就不能再用"宀"的词义来解释"室"字的理据了,但"宀"的表义功能保存在一系列字中,通过相同构件的联系,我们仍然能找出其中隐含的理据。

标音构件也有隐含的。例如"堵"字,从土者声,"者"和"堵"现在的读音差别很大,所以不了解古音知识的人很难认出"者"是"堵"的声符,可是当我们联系到"赌""都""睹""诸""著""猪""煮""渚""箸""褚"等字,就可以发现这些有"者"参与构形的字的读音不是"du"就是"zhu",还有读"chu"的,韵母都相同,非常有规律。根据这个隐含的标音理据,当我们见到有"者"参与构形的生僻字,如"陼""阇""醏""瑏""晵""帾""翥""鲭"等,也可以大致推断出它们的韵母应该是"u",可见"者"在现代字系中也是具有提示语音的功能的。根据上面的原则,我们可以判断现代的"都"字仍然是个义音合体字。因为"邯郸郑郴鄢"等从"阝"的字都与城镇地名相关,可见"阝"有表义作用;而上面已经证明"者"有表音作用,所以"都"是由表义构件和示音构件组成的义音合体字。我们把这种隐含在系统中的成类表义或成类表音的有理据构件分别叫作"类义符"和"类声符"。如"盤"中的"般"本来表音,但简化成了"盘"以后,上面的"舟"起不到这样的作用了。类似的例子还有:制(製)、致(緻)、沈(瀋)、杀(殺)、录(録)、时(時)等。

第三节　现代汉字的简化和整理

汉字标准化的内容之一是确定现代汉语用字的标准字形，20 世纪 50 年代以来所做的整理异体字、减少汉字笔画、统一印刷体字形等工作，都是在为现代汉字定形。现代汉字定形工作的内容以及取得的成绩主要表现在简化和整理两个方面。

一、现代汉字字形的简化

（一）汉字字形繁简的趋势

作为记录语言工具的文字具有很突出的人文性。个人使用的符号、个人使用的文字常被赋予个人的特征，而作为社会交际工具的文字则要求标准、规范，要求摈斥各种个人因素，维护文字对全社会的统一。例如，方块形是现代汉字的基本特征，而中国人在手写汉字时，很多变成了长方形、斜形、圆形等多种变体，这是汉字的个人特征与社会规范相矛盾的体现。

个人运用的文字越方便越好，所以它求简易，求省时、省力、提高效率。文字顺应这一要求就尽量去掉可有可无的部分，就尽量去找可以替代的字，这种由文字的记录性引起的简化要求称作“简易律”。例如，甲骨文→籀文→小篆→星。纔→才。小篆→塵→尘，字形不断简化，笔画逐渐减少，书写更方便。“简易律”是文字变易的源泉，是文字向前演进的动力之一；作为社会公器的文字则为政权所维护，社会和政府要求文字稳定、统一。个人求简易，社会求标准，在这一对矛盾要求下，就产生了“正体”“俗体”之分，“规范体”“手写体”之别。

在求简易、求标准这一对矛盾中，求简易是主导方向。所以文字的记录作用不但在文字发生上说是基本的，就是在文字演进中也是最积极最活跃的因素。这对矛盾在一定条件下会发生转移，这就是流行的民间体突破政府支持的标准体。在这种情况下就会出现民间体重新规范化成为新的标准体的现象，这就是文字发展中的否定之否定，文字发展的螺旋上升的运动。

作为交际工具的文字是为他人、为社会而存在的。社会的文字要求尽量避免模棱两可，尽量减少文字的混淆度，以利于交际的畅通无阻、准确无误。为此目的，易导致混淆的字，不论是字形相近、字义相近、字音相近，能区别开的就尽量在字形上予以区别。我们把由文字的交际工具性质引起的对文字的要求称为字的“区别律”。在区别律的作用下文字经常增加区别部分、区别标志，这就导致文字的“繁化”。例如“云()”本来就是表示云彩的象形字，后来表示说话的“云”(如人云亦云)也用这个字表示，为了区别字义，于是人们在原字基础上增加偏旁“雨”，构成形声字“雲”表示云彩意义，原字“云”表示说话的意义，如“古人云”。又如“益()”本字就是表示水从器皿中溢出，会意字，后来表示又产生了“更加”的意义，例如“精益求精、老当益壮”，所以本义就另外创造一个“溢”来表示，这样汉字的结构就复杂起来了。再如吴公→蜈蚣、→蛇、亦→腋等也是繁化。

“简化”与“繁化”是字形演变中的一对矛盾倾向，其中同样是由记录工具所决定的简化倾向占主导地位。[①]

文字是交流思想的辅助工具，为了适应需要，人们要求有方便、简易的文字工具，以便于书写和学习，于是人们就对文字的形体进行简化。汉字形体演变的总趋势是简化，文字要适应社会的需要，必然要遵循由繁到简的规律。由此，我们可以得出这样的结论：有计划、有步骤地简化汉字是符合汉字自身的发展规律的。

---

① 参见王凤阳：《汉字学》，长春吉林文史出版社，1989 年版，第 24—26 页。

（二）汉字字形简化的内容

1. 简化字和繁体字

广义的简化字是指原来结构复杂、笔画多，后来在运用中，人们对它进行了改造、简化，由此而产生的笔画、结构简单的汉字。狭义的简化字特指1956年国务院公布的《汉字简化方案》所颁布的简化字，不一定笔画少就是简体字。繁体字指汉字简化后被简化字（又称简体字）所代替的原来笔画较多的汉字。例如“据、惧、娄、郁、龟、灶、灭”是简化字，而与这些字相应的“據、懼、樓、鬱、龜、竈、滅”是繁体字，这些繁体字今天在我们日常文字工作中已经被简化字取代，不再使用，是现代汉字规范化的对象。

需要注意的是，简化字不一定就是结构简单的汉字。有些汉字，从产生之初至今就是那样简单，没有相应的繁体字，它们不能称之为简化字，例如“人、一、二、十、上、下、旦、手、寸、工、戈”等。笔画结构复杂的汉字也不一定就是繁体字，繁体字的内涵不是指笔画结构复杂的汉字，而是特指为简化字取代了的，已经停止使用的那些笔画结构复杂的汉字，例如“鴷、鹩、蹿、爨、馕、鳌、疆、蘖、鬻、冀”等汉字结构都十分复杂，但不能称之为繁体字。所以不能简单地把简化字理解为笔画结构简单的汉字，也不能简单地把繁体字理解为笔画结构复杂的汉字。

2. 汉字简化简史

简体字是汉字演变的结果。汉字从甲骨文、金文变为篆书，再变为隶书、楷书，其总趋势就是从繁到简。隶书是篆书的简化，草书、行书又是隶书的简化，而简体字正是楷书的简化。楷书在魏晋时开始出现，而简体字已见于南北朝（4—6世纪）的碑刻，到隋唐时代简化字逐渐增多，在民间相当普遍，被称为“俗体字”。我们今天使用的许多简化字，在这时候就已经开始出现，例如“营”“寿”“尽”“敌”“继”“烛”“壮”“齐”“渊”“娄”“顾”“献”“变”“灯”“坟”“驴”等。唐代颜元孙著《干禄字书》

和王仁煦著《刊谬补缺切韵》,都收了很多俗体字。宋代以后,随着印刷术的发明,简体字由碑刻和手写转到雕版印刷的书籍上,从而扩大了简体字的流行范围,数量大大增多。根据《宋元以来俗字谱》,宋元明清12种民间刻本中所用的简体字多达6240个,合为繁体字共1604个,平均每个繁体字有3.9个不同的简化字,与今天使用的简体字完全相同的有"实""宝""听""万""礼""旧""与""庄""梦""虽""医""阳""凤"等共330多个。

1909年,陆费逵在《教育杂志》创刊号上发表论文《普通教育应当采用俗体字》,这是历史上第一次公开提倡使用简体字。

1922年,钱玄同在国语统一筹备委员会上提出《减省现行汉字的笔画案》,得到陆基、黎锦熙、杨树达的联署。这是历史上有关简体字的第一个具体方案,主张把过去只在民间流行的简体字作为正体字应用于一切正规的书面语。它提出的八种简化汉字的方法,实际上也就是现行简体字的产生依据,影响深远。

1928年,胡怀琛出版《简易字说》,收简体字300多个。1930年,中央研究院历史语言研究所出版刘复、李家瑞合编的《宋元以来俗字表》,反映了一千年来简体字的发展情况。

1932年,国民政府教育部公布出版国语筹备委员会编订的《国音常用字汇》,收入不少简体字,并指出:"现在应该把它(简体字)推行,使书写处于约易。"

1934年,中国图书馆服务社出版杜定友的《简字标准字表》,收简体字353个。徐则敏在《论语半月刊》发表《550俗字表》。钱玄同在国语统一筹备委员会提出《搜集固有而较适用的简体字案》。

1935年,钱玄同主持编成《简体字谱》草稿,收简体字2400多个。同年8月,国民党政府教育部采用这份草稿的一部分,公布"第一批简体字表",收字324个,虽然在第二年的2月又通令收回,但毕竟是历史上由政府公布的第一个简体字表。

1936年10月,容庚的《简体字典》出版,收字达4445,基本上来自草书。同年 11 月,陈光尧出版《常用简字表》,收字 3150 个,约一半来自草书,一半来自俗体字。

1937 年,北平研究所字体研究会发表《简体字表》第一表,收字 1700 个。

抗日战争爆发,简体字运动才被迫停顿,而主要在共产党领导的根据地继续发展。

中华人民共和国建国后,由政府组织的简化字工作进入了快车道。1950 年,中央人民政府教育部社会教育司编制《常用简体字登记表》。1951 年,在上表的基础上,根据"述而不作"的原则,拟出《第一批简体字表》,收字 555 个。

1952 年 2 月 5 日,中国文字改革研究委员会成立(简称"文改委")。1954 年底,文改委在《第一批简体字表》的基础上,拟出《汉字简化方案〔草案〕》,收字 798 个,简化偏旁 56 个,并废除 400 个异体字。

1955 年 2 月 2 日,《汉字简化方案〔草案〕》发表,把其中的 261 个字分 3 批在全国 50 多种报刊上试用。同年 7 月 13 日,国务院成立汉字简化方案审订委员会。同年 10 月,举行全国文字改革会议,讨论通过《汉字简化方案〔修正草案〕》,收字减少为 515 个,简化偏旁减少为 54 个。

1956 年 1 月 28 日,《汉字简化方案》经汉字简化方案审订委员会审订,由国务院全体会议第 23 次会议通过,31 日在《人民日报》正式公布,在全国推行。1964 年 5 月,文改委出版了《简化字总表》,共分三表:第一表是 352 个不作偏旁用的简化字,第二表是 132 个可作偏旁用的简化字和 14 个简化偏旁,第三表是经过偏旁类推而成的 1754 个简化字;共 2238 字(因"签""须"两字重见,实际为 2236 字),这就是今天中国大陆的用字标准。

3. 汉字简化的方法

简化汉字的原则是:"述而不作""约定俗成,稳步前进",也就是说尽量采用已经在民间长期流行的简体字,只作收集整理和必要的修改,不擅自造字。

汉字简化的具体方法有以下几种。

(1)类推简化:简化一个繁体字或繁体字的部件,可以类推一系列繁体字。这种简化方法是最有效的方法,可以使一些简化字和繁体字之间形成对应规律,利用这种方法简化的汉字,在《简化字总表》中有1753个,占简化字总数的78.4%。例如:

长(長):帐(帳)、伥(倀)、张(張)、涨(漲)

贝(貝):贷(貸)、贬(貶)、贩(販)、赁(賃)

钅(金):铁(鐵)、镁(鎂)、银(銀)、锌(鋅)

马(馬):冯(馮)、驾(駕)、驯(馴)、骑(騎)、驻(駐)

讠(言):语(語)、说(説)、话(話)、辩(辯)、论(論)

(2)同音或异音代替:在意义不混淆的条件下,用形体简单的同音或异音字代替繁体字,既减少了字数,又突出了表音的特点。例如:

同音代替:表(錶)、丑(醜)、秋(鞦)、制(製)、后(後)、几(幾)、谷(穀)

异音代替:斗(鬥)、卷(捲)、舍(捨)

其他:干(乾、幹)、借(藉)

(3)草书楷化:把群众熟悉的草书字的笔形改用楷书的写法。例如:

长(長)、专(專)、书(書)、为(爲)、尧(堯)、东(東)

(4)换用简单符号。用一个笔画很简单的符号代替繁体字中特别烦难的部分。

汉(漢)、鸡(鷄)、戏(戲)、邓(鄧)、观(觀)、赵(趙)、区(區)、环(環)、怀(懷)

(5)保留特征或轮廓。把繁体字中繁难的部分删去,只留下表示这个字的特征或轮廓的部分,用这种办法简化的字称为特征字、轮廓字。例如:

保留特征:声(聲)、飞(飛)、亏(虧)

保留轮廓:夺(奪)、齿(齒)、宁(寧)

(6)构成新的形声字或会意字。例如:

形声字：响（響）、惊（驚）、窜（竄）、优（優）

会意字：灶（竈）、宝（寶）、泪（淚）、笔（筆）

4. 简化字的优劣

简化字取得了明显的效果：第一，减少了汉字的笔画数目，原来的繁体字平均笔画是16画，简化后平均笔画是10.3画，简化字平均每个字比繁体字减少了约5.81笔；第二，提高了阅读的清晰度，比如，“忧郁—憂鬱”“锣钻缆凿—鑼鑽纜鑿”“学而时习之，不亦说乎—學而時習之，不亦說乎”，表达的意思完全一样，只不过简化字易学易写清晰度高；第三，减少了通用汉字的字数；第四，简化后产生了一些新形声字，表音比繁体字准确，如：态（態）、证（證）、虾（蝦）等，其中的声旁“太”“正”“下”比繁体字中的“能”“登”“叚”等表音功能更强。

但也要注意到，简化字也有其不利的一面：第一，有些字改变了原来的偏旁系统，使得繁简对照关系变得复杂；第二，增加了一些形近字，例如，几—儿（兒）、余（馀）—佘；第三，同音代替减少了字数，但有时造成表意模糊，例如，后—後、斗—鬥、云—雲；第四，一些简化字削弱了音符的表音功能；第五，有些简化字的形体不便于分解和称说。而且简化后，在一定场合又需要使用繁体字（阅读古籍、书法篆刻欣赏、与港台地区交流等），汉字总量有增无减，这样无形中增加了学习汉字的负担。

5. 繁体字的使用

依据《中华人民共和国国家通用语言文字法》第二章第十七条规定：有下列情形的，可以保留或使用繁体字、异体字：（1）文物古迹。（2）姓氏中的异体字。（3）书法、篆刻等艺术作品。（4）题词和招牌的手书字。（5）出版、教学、研究中需要使用的。（6）经国务院有关部门批准的特殊情况。除以上几种情况外，一般日常使用简化字，繁体字属于不规范的汉字，不能随意使用。

但是我们也要注意当前繁体字影响有扩大的趋势。特别是街头招牌、标牌、广告、网名、影视作品字幕等社会用字使用繁体字的现象很突出。一部分人不分场合大量使用繁体字,使用繁体字成为一种潮流和风气。

社会用字出现大量繁体字的原因较多。(1)繁体字的出现有历史和政治的原因。港澳台湾同胞及外籍华人长期与我国大陆隔绝,缺乏交流,改革开放以后,政治、经济、文化的交流增多,彼此影响,港澳台湾同胞及外籍华人长期使用的繁体字也影响到了国内的文化、生活、商贸等众多方面。(2)文化继承的原因。汉字不但是记录书写的工具,而且是一种文化遗产,阅读古籍、书法篆刻、文物画册等文化现象、实物与汉字修养紧密相连,繁体字是汉字链接的有效环节,它的缺失无疑会影响到文化遗产的传承。随着社会物质生活的提高,大众的文化品味也会越来越高,汉字文化的多元性符合社会进步的要求。(3)经济利益的作用。在简化字普及的情况下,繁体字形的出现无疑会吸引更多人的眼球,成为“字形”广告牌,增加商品的港台背景和高雅气味,营造良好的营销环境,获取更大的经济利益。(4)从众的心理。很多人都在用,你不用就不时髦,为求得入流入潮,使用了繁体字。

如何看待繁体字的使用?目前学术界存在着不同的看法:(1)禁止繁体字的使用。这种看法很直接,国家规定的正规字体是简化字,超出《中华人民共和国国家通用语言文字法》规定范围的繁体字就应该禁止使用,不禁止就会引起社会用字的混乱。这种看法有法可依,很有道理,但现实与规定有很大的出入,不管你接不接受、同不同意使用繁体字,它已经时时出现在你眼前,你想躲也躲不了,用鲧堙洪水的方法显然不能解决繁体字使用问题。(2)恢复繁体的使用。对于“恢复繁体字”问题又有三种争论:全面恢复繁体字、部分恢复繁体字、“识繁写简”。繁体字在我国大陆仍处于社会边缘化的位置,繁体字的使用范围相对简化字而言较狭窄,且使用群体数量少,大众认识繁体字的途径和简化字相比较,还是十分有限的。在简化字盛行的今天,全部恢复繁体字是很难实现也是没有必要实现的;繁体字在某些方面确实能够发挥出自身的优势,所以在现阶段恢复部分繁体字的政策是可行的;所谓的“识繁写简”是指大众在日常生活书写使用的仍然是简体字，不过对繁体字也要有一定的认识，“识繁写简”在文化传承方面是值得肯定的，但在现实领域中却是没有办法施行的，它会造成人力、财力、物力各方面的损失，极易引起社会混乱。

汉字从甲骨文时代起就存在着繁简的问题，虽然历史上有很多人反对简化，但简化是汉字自身发展和社会交际需要的共同要求，这一规律不可阻挡，但如何处理好简化与繁化、历史继承与创新的关系，值得深入研究。

6. 简化字在国际上的影响

汉语是联合国的工作语言之一，作为记录汉语的现代汉字，其变化自然会受到国际社会的关注。简化字在国际上已经产生了重大影响，得到了国际社会的广泛承认。联合国决定从 2008 年开始，取消目前中文简体字和繁体字并存的状况，改为只使用简体字。

简化字的公布首先得到了海外华人社会的响应。

新加坡 1969 年公布了 502 个简化字，绝大部分与我国的简化字相同，不同的只有 67 个；1974 年新加坡教育部又公布了《简体字总表》，收简化字 2248 个，其中有 10 个是我国没有简化的，其余的与我国 1964 年出版的《简化字总表》相同；1976 年，新加坡教育部对《简体字总表》进行修订，删除了我国尚未简化的 10 个汉字和 67 个异体简化字从而与我国的《简化字总表》完全相同。

马来西亚汉字简化工作稍晚于新加坡，于 1972 年成立了“马来西亚简化汉字委员会”，研究拟订马来西亚华人社会使用的简化汉字，1981 年 2 月出版了《简化汉字总表》，收简化字 2238 个，与我国的《简化字总表》完全一致。上述两个国家，改革简化汉字虽然走了一段路，但最后实际上是采纳了我国的简化字。

泰国最初一律不准兼教华文的学校用中国的简化字教学，后来联合国接受了我国的简化字，国际上也都承认，于是泰国政府取消原来的限制，允许部分兼教华文的学校教学使用，1983 年 12 月又宣布所有的华文学校都可以教学简化字。

日本使用汉字已有近两千年的历史，在民间也长期流行一些简体字。1946 年，日本内阁公布《当用汉字表》，收字 1850 个，其中有 131 个是简体字，与中国简体字相同的有 53 个，差不多相同的有 9 个。

1983 年，韩国《朝鲜日报》公布第一批简体字 90 个，在《朝鲜日报》上使用，与中国相同的有 29 个，差不多相同的有 4 个。

我国台湾省、香港和澳门特区，由于历史的原因没有推行简化字，但是我们相信，随着两岸四地经济文化频繁的交流，随着交往的加深，汉字早晚会统一起来的，书同文的美好愿望一定会实现。两千年前，秦始皇统一中国，开始我国历史上第一次系统的汉字整理工作，大力推行小篆，彻底改变了战国时代“文字异形、言语异声”的混乱局面，一个落后的封闭的封建社会都能做到的事，在现代信息发达的社会就更能做到了，也更应该做到。面对今天我国几地汉字异形的状况，许多有识之士都发出呼吁，热盼统一汉字，以促进交流，促进中华民族的共同发展！

关于繁简字的问题我们谈了以上几个方面，最后再说一说汉字的继续简化。

汉字是否需要进一步简化这个问题，存在着争论。主张继续简化汉字的认为简化是汉字发展的总趋势，现代汉字结构复杂、笔画多，难记难写，有必要简化，比如像“爨、罐、齉、齑、冀”等汉字，笔画多、结构复杂，难以掌握，而简化字结构简单，有利于学习掌握，所以汉字有必要进一步简化。

反对汉字进一步简化的人认为，为便于运用，文字应当保持相对稳定性，不断简化破坏了文字的稳定，不利于应用，比如现在刚推出的字典辞书就得重新编写，电脑的字符集也需要重新编码，这些工作量都是相当大的；而且简化汉字，使汉字失去了汉字理据，不便于学习，也容易割断汉字的历史传承，不利于继承和弘扬传统文化，比如繁体字“雲”，上面是“雨”，表示意义，下面的“云”表示读音，两个字符具有理据性，教学十分方便，掌握也不难，而简化字虽然简单，但不象形的象形字就失去了字理，变得不可理喻了；再者，经过 20 世纪 50 年代的简化，汉字结构已经比较简单了，如果继续简化，原来的繁体字没有废除，在一定场合下还要继续使用，汉字总量有增无减，反而增加了学习负担。

针对两种不同的看法，我们认为：汉字要不要进一步简化，怎样简化，不是个人说了算，它涉及社会生活的方方面面，应该慎之又慎。在汉字的发展过程中，汉字改革必须遵循汉字自身的规律，在政府有关部门统一组织下稳步推进，在没有新的变化的情况下，我们应自觉维护汉字的规范与统一，让汉字更好地为社会服务。

（三）汉字字形的整理

新中国成立以来，在整理汉字字形方面，除了笔画笔顺规范外，还进行了以下几件主要工作：整理异体字、规范印刷体字形、更改生僻地名用字、统一计量单位名称用字、研制《通用规范汉字表》。

1. 整理异体字

异体字是音同、义同而形体不同的字。如“机灵（伶）、分（份）内、含（涵）蓄、告诫（戒）”。汉字自古至今越增越多，增加的字有很多是异体字，异体字的存在加重了人们学习和使用汉字的负担，应该加以整理。

1955 年 12 月，文化部和文改会公布了《第一批异体字整理表》，这个表列出 810 组异体字，共 1865 个。根据从俗从简的原则，每组选定一种形体用作规范字，其余的 1055 个字为异体字，一般不在书报杂志等出版物中出现，翻印古书或作姓氏用时，可以例外。《第一批异体字整理表》经过了 6 次调整，至 2013 年《通用规范汉字表》的《规范字与繁体字、异体字对照表》，共确定 794 组共 1023 个异体字，其中 43 个异体字在特定用法上是规范字，这样，实际上淘汰了 980 个异体字。

2. 规范印刷体字形

在字形没有整理之前，印刷体和手写体不统一，印刷体本身也不统一，如“吕（呂）”“宽（寬）”“角（⻆）”等，字形不统一，不仅给印刷带来了麻烦，也给学习和使用汉字增加了负担。

1955 年，中国文字改革委员会组成标准字形研究组。1965 年，文化部和文改会公布了《印刷通用汉字字形表》共收通用的印刷体字 6196 个；1988 年 3 月 25 日，国家语言文字工作委员会和中华人民共和国新闻出版署在《关于发布〈现代汉语通用字表〉的联合通知》中指出："《现代汉语通用字表》依据《印刷通用汉字字形表》确定的字形标准，规定了汉字的字形结构、笔画数和笔顺。字表发布后，印刷通用汉字字形即以此为准。"这个通知明确地告诉我们，规范汉字应该以《现代汉语通用字表》中的字形为依据。表中规定的新印刷体也叫"人民体"，就是现在书报上通用的规范印刷体字形，同它不一致的旧印刷体字已经废除不用了。《现代汉语通用字表》收字 7000 个，规定了汉字的字形结构、笔画数和笔顺。这是对通用字形的系统整理，也是当前语文教学的字形规范。

新旧字形的主要差别如下：

（1）笔画省简：即—卽、宽—寛、奂—奐、温—溫、高—髙、吕—呂

（2）笔画连接：草—草 着—着 鬼—鬼 捷—捷 敢—敢 片—片 牙—牙 成—成 卑—卑 骨—骨 敖—敖

（3）笔画延伸：另—另 角—角 灰—灰 拔—拔 黾—黾

（4）调整部位：默—黙 鼬—鼬 感—感 惑—惑

（5）其他：全—全 佘—佘 录—录 丰—丰 平—平 羽—羽

3. 更改生僻地名用字

从 1956 年到 1964 年，全国有 8 个省和自治区的 35 个地区和县，经国务院批准，更改了生僻的地名用字。例如，黑龙江的铁骊县、瑷珲县改为铁力县、爱辉县，江西的雩都县、大庾县改为于都县、大余县等，精简生僻字 30 多个。

4. 统一计量单位名称用字

1959 年国务院发布关于《统一我国计量制度的命令》，确定以公制（米制）为基本计量制度，这是我国计量制度统一的重大措施。1977 年 7

月 20 日，文改会和国家标准计量局发出《关于部分计量单位名称统一用字的通知》，要求“采用附表选定的译名，淘汰其他旧译名”。

表 5-12 《部分计量单位名称统一用字表》

类别	外文名称	译名［淘汰的译名］	备注
长度	nautical mile	海里［浬、海浬］	
	mile	英里［哩］	
	fathom	英寻［噚、浔］	
	foot	英尺［呎］	
	inch	英寸［吋］	
面积	acre	英亩［⿰口畝⿰口亩］	
容量	liter	升［公升、竔］	
	bushel	蒲式耳［嘝］	
	gallon	加仑［呏、嗧］	
重量	hundredweight	英担［⿰口担］	1 英担=112 磅
	stone	英石［⿰口石］	1 英石=14 磅
	ounce	盎司［唡、英两、温司］	
	grain	格令［喱、英厘、克冷］	
各科	kilowatt	千瓦［瓩］	功率单位
	torr	托［乇］	压力单位
	phon	方［⿰口方］	响度级单位
	sone	宋［⿰口宋］	响度单位
	mel	美［⿰口美］	音调单位
	denier	旦［⿱代糸］	纤度单位
	tex	特［⿰纟太］	纤度单位

5. 研制《通用规范汉字表》

2001 年 4 月，教育部、国家语委启动了《规范汉字表》的研制工作，历经 10 余年完成。2013 年 6 月 5 日，国务院公布了《通用规范汉字表》。《通用规范汉字表》公布以后，社会一般应用领域的汉字使用以《通用规范汉字表》为准，原有相关字表停止使用。

《通用规范汉字表》共收入通用规范汉字 8105 个，分为三级：一级字表为常用字集,收字3500个,主要满足基础教育和文化普及的基本用字需要;二级字表收字3000个,使用度仅次于一级字;三级字表收字1605个,是姓氏人名、地名、科学技术术语和中小学语文教材文言文用字中未进入一、二级字表的较为通用的字,主要满足信息化时代与大众生活密切相关的专门领域的用字需要。

《通用规范汉字表》对《现代汉语通用字表》《第一批异体字整理表》有所调整,具有取代《现代汉语通用字表》和《第一批异体字整理表》的功能。①

第四节　汉字字形的文化义

汉字字形文化是指蕴涵于汉字形体之中的文化。这种文化,首先指古人在初创汉字时蕴涵于汉字形体之中的,通过字形而保存下来的古人物质、精神生活资料;其次,字形在不断地演变过程中,人们有意识或无意识地灌注于其中的物质、精神信息。很多汉字蕴藏着丰富的文化内涵,例如,“羊”字,甲骨文写作,金文又作,简直是一幅美丽而简洁的羊的素描;“(字)”字形本身告诉了我们文字是个宝贝;“(信)”一个字就能流传着几千年前先祖们留给我们的警言,“人说的话应该有信用”;甲骨文的“(爵)”像一个有盖、有嘴、有手把、三足的酒器,反映出商周时代青铜制造技术的成熟,也表现了这一时期酒文化的盛行。这些文化内涵有助于我们学习汉字,了解中华文化。现代汉字的字形虽然经历了多次重大变化,汉字理据有所减弱,但汉字文化的命脉和主体依然没有发生质的改变,依然是意音体系的文字。

汉字的字形文化研究,字形是本体和关键。字形是由各种构件按照一定的构形规律组合起来的,是承载文化信息资料的物质形态或载体,

① 详细内容见王宁:《〈通用规范汉字表〉解读》,商务印书馆,2013年版。

是字形文化研究的本体，也是字形文化研究的关键。但是，字形文化不等同于汉字文化。汉字文化研究的本体是汉字，汉字的内部构成要素是形、音、义，“形”仅仅是其中的一个要素；而字形文化研究的本体是字形，字形是其研究本体的唯一要素。例如，甲骨文→金文→小篆→爲(繁)→为(简)，许慎《说文解字》：“(为)，母猴也。其为禽好爪。爪，母猴象也。下腹为母猴形。王育曰：爪，象形也。”许慎将“为”解释为母猴，与甲骨文字形不符，甲骨文的“为”字是以手牵象之形，正反映了古代以象为劳动工具的社会事实。考古工作也证明，古代中原一带气候温和，生活着许多热带和亚热带动物，大象就是其中之一，为汉字字形考证“为”的本义提供了重要的证据。

汉字的形体千变万化，形式多样。徐中舒主编的《甲骨文字典》里，“福”字的写法有 120 多种；“寿”字也是古老神秘且字形变化最多的汉字之一，最早见于殷商时代的甲骨文，这时已有多种写法了，后来写法增多，《百寿图》中“寿”字出现 100 种不同写法。

站在不同的角度看汉字字形的多变性，可以得出不同的结论：从艺术的角度看，汉字字形作为汉字文化的有效表现手段，写法越多文化义越丰富，越招人喜欢；从实用、交际工具的角度看，汉字写法应该规范化，只保留一种写法。所以，汉字不同字形的使用应该特别注意使用的场合，在正式场所应该使用国家规定的标准汉字字形。

研究汉字字形文化，无论是对于汉字学自身，还是对于汉民族的丰富文化积淀的挖掘和汉字文化学的建构，都具有重要的意义：可以深层次地揭示汉字发展演变的根源；深层次地挖掘汉字结构与意义蕴涵的关系；深层次地昭示汉民族的丰富文化积淀。

一、神智体诗

神智体，原是拆字的一个分支，是一种近乎谜语的诗体，亦称“形意诗”“谜象诗”，这种诗体是“以意境作画写字，悟人悟己的一种修养学问”。因其设想新奇，能启人神智，故称神智体。

神智体诗相传为北宋苏轼首作。宋代桑世昌《回文类聚》载：“宋神宗熙宁间，辽使至，以能诗自夸。帝命苏轼为馆伴，辽使以诗诘轼，轼曰：‘赋诗易事也，观诗难事耳！’遂作（神智体）《晚眺诗》以示之。……辽使观之，惶惑不知所云，自是不复言。”

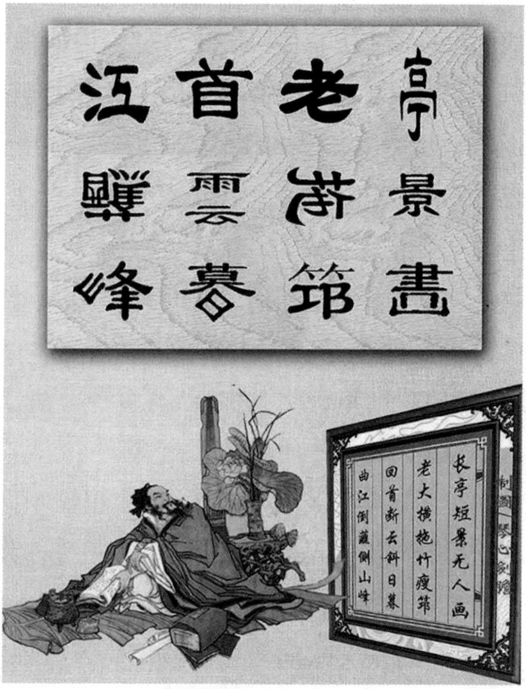

图 5-1　《晚眺诗》

苏轼《晚眺诗》

长亭短景无人画，老大横拖瘦竹筇。

回首断云斜日暮，曲江倒蘸侧山峰。

神智体诗主要的特征是通过变化字形表现诗意。靠字形大小、粗细、长短、排列疏密、笔画增损、缺笔、位置高低、正反、颠倒、欹侧、反书、拆借、偏旁的粗细文字变形等方法形成异常外观，以及颜色的变化来显示诗的奇巧设计。它是汉字“以形见义”的表意功能的异化与延伸。

图 5-2　无名氏民歌

无名氏民歌

夜长横枕意心歪,

月斜三更门半开。

短命到今无口信,

肝肠望断无人来。

在神智体诗的创作中人们总结出了几个要素:神智体是利用文字变化的,凡文字不变的都属败笔;文字的变化要能体现诗意;慎用叠字形容词,因为它们多形容形态,少表现形貌,可用于动画却难用于文字变化;慎用方位词。

二、汉字修辞格

从结构上看,汉字是由笔画、部件和整字三级结构单位组合而成的书写符号系统,形成了可以拆分的特点,这一特点使汉字既可以前后拆合,也可以上下拆合,甚至可以只拆出字体的一个部分。从形体上看,汉字具有高低、长短、肥瘦、大小、正斜等形体变化。这两个特点既体现了表意文字的特征,也为汉字应用提供了广阔的空间。在长期的汉字实践中,人们利用汉字结构可以拆分、汉字形体可以变化的特点,形成了合字、析字、联边、飞白、同形等汉字修辞格。

(一)同形

为了把描写对象写得准确、具体、形象,用字形、字母、符号或几何图形来描绘的修辞方式叫同形。利用字形构成同形辞格是主要的手段。例如:

只有小栓坐在里排的桌前吃饭,大粒的汗从额上滚下,夹袄也帖住了背心,两块肩胛骨高高凸出,印成一个阳文的“八”字。(鲁迅《药》)

“八”字把小栓由于“痨病”瘦的形象浮雕般地表现在了人们的面前。运用字形的变异修辞可以使我们对所要描绘的事物有更形象的理解。

因为汉字字形特点突出,所以人们在说话、写文章时可以拿汉字字形打比方,并且由此产生了一些与汉字字形相关的词语。例如:八字胡、八字眉、八字脚、丁字街、丁字尺、丁字裤、目不识丁、十字街、十字路口、金字塔、国字脸、一字长蛇阵。

同形具有直观的形象性;能引起读者联想,揭示人和事物的本质。同形往往起到其他描写、叙述方法不能起到的作用,是一种具有独特作用的修辞方式。

(二)联边

在一个语句中选用多个偏旁相同的字,让它们串联起来造成气势、形成动感的一种修辞格。联边可以利用汉字形声字形旁、声旁的类别联系来刻画事物的情状,也可以利用拟声词来摹写声音,形成摹状联边、摹声联边等结构形式,在修辞上主要起到增强语势、形成动感、美化视觉等作用。例如:

1. 1945年冬,李德全(冯玉祥将军的夫人)为昆明“一二 · 一”惨案中被反动派杀害的女学生,书赠了一副对仗工整的挽联:

魑魅魍魉残余,知法网有漏;

琴瑟琵琶坑烬,问民权何存!(转摘自《文摘报》总64期)

上联用了4个“鬼”字旁的字，下联用了4个“王”字旁的字，视觉整齐划一，表意理直气壮、义正辞严，对蒋介石策动内战阴谋公开抗议，对反动派杀害学生无比愤慨。这是摹状联边。

2. 听呀！溅溅潺潺澎澎湃湃和和曷曷极复杂的浪声洋洋地装满了我的耳鼓。（邹静之《海滨》）

运用“溅溅潺潺澎澎湃湃”描摹海浪声响，用四对叠音字表述自己的听觉，同时也通过这些“水”部的字调动读者的视觉，从而形成一种审美的言语力量。这是摹声联边。

联边多用于摹声或者摹状形容词、形容词性词组之中，在汉语修辞史上有着悠久的历史，多出现在文艺语体（如诗词曲赋、对联）中。据说明朝天启元年宰相叶向高有一次路过福州府，看望新科状元、闽侯洪塘人翁正春。谈笑中，叶向高说：“老夫今晚恐怕进不得西门了。”翁正春知他今晚要在此留宿，便道：“宠宰宿寒家，穷窗寂寞。”叶向高见话中用的全是“宝盖头”的字，先是一惊，接着便对道：“客官寓宦宫，富室宽宏。”这样的联边对偶，的确雅趣横生。

（三）析字

是利用分解汉字形体，重新组合，构造出临时性的同一手段的一种修辞格。主要手法有离合、增损、借形、借音、切脚、双反、代换、牵附等。陈望道先生《修辞学发凡》将析字格分为化形、借音、衍义三种类型，与汉字字形联系最紧密的是化形。例如：

1.《西游记》中说：处世须存心上刀，修身切记寸边而。

2. 千里草，何青青。十日卜，不得生。（范晔《后汉书·五行志》）

3.《红楼梦》第五回：“凡鸟偏从末世来，都知爱慕此生才。一从二令三人木，哭向金陵事更哀。”

例1 心+刀→“忍”。例2 千+里+艹→“董”，十+日+卜→“卓”，两者合在一起即是董卓的名字。例3“凡鸟”即“凤”字，“一从二令”即“冷”字，“三人木”即“休”字，暗示贾琏对王熙凤的态度将要变为冷淡，最后休弃。

析字也是构成字谜等文字游戏的重要手段。

字谜，归根结底是一种文字游戏，也是汉民族特有的一种语言文化现象、语言艺术，更是中华民族传统文化的瑰宝，在中国有悠长的历史，流传面广，种类繁多，变化无穷。它在文人雅士中流行，但更多地是作为一种层次较高的娱乐活动在民间流行，是一项有益的、趣味性很浓的文化娱乐活动，既可启迪人们的智慧，陶冶情操，又能增长知识，活跃生活，受到广大群众喜爱。

字谜主要根据方块汉字笔画繁复、偏旁相对独立，结构组合多变的特点，运用离合、增损、象形、会意等多种方式创造设制的。从字谜语言结构的表现方式上看，字谜由三个部分组成：谜面、谜底和谜目。谜面，是猜谜时说出来或者写出来给人做猜谜线索的话语。谜底，就是要人去猜测的本体事物。谜目，有时候又指迷题，是谜面意义的真实所指，在绝大多数字谜中，一个谜底就是一个汉字。例如：

唯有绿杨堪系马。（猜：打一字）——杵

他俩差点都当兵。（猜：打二字）——乒乓

一阴一阳，一短一长，一昼一夜，一热一凉。（猜：打一字）——明

三、合字

合字又称合书、合文，是把两个或两个以上的汉字合成一个汉字书写单位（一个方块字字符）的文字形式。

古代的合文用作书写，最早见于商代的甲骨文、周代的金文，例如“”（五十）、“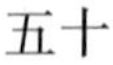”（五月）、“”（小子）等，秦汉以后仍有使用。

图 5-3　甲骨文“五月”　　　汉简《马王堆简帛文字编》,文物出版社,2001 年,604-605 页)“孔子”

宋代起流行把一些寓意吉祥的字词句合书成一字,写在斗方(通常只有部件的置换拼合和重用,没有部件的减省)。这种合文通常应用于节日时作为一种祥瑞的张贴饰品,或作为一种文字游戏,并不应用在文字写作中。现代汉字继承了古代合文的审美功能,形成一种独有的民间民俗文字样式。例如,“囍”是由两个喜字构成的一个表示喜庆的特殊的符号,它没有字的资格,字典、词典也不收“囍”。从民俗心理来看,“囍”字可以表示双喜临门,比如结婚要贴“囍”字。

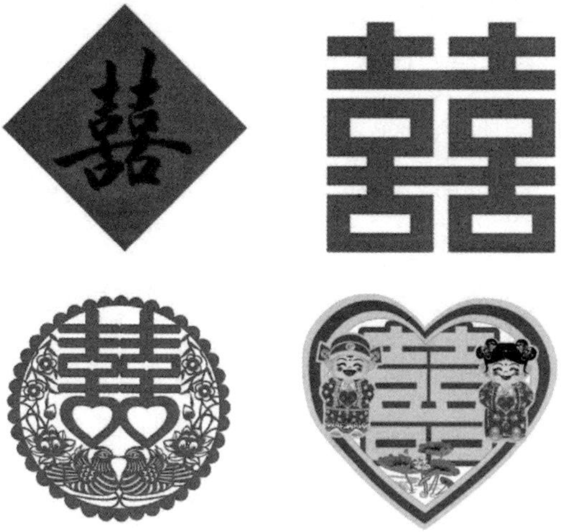

图 5-4　　合文“囍”

类似的由拼合汉字构成的合体符号,还有“黄金万两”“招财进宝”“日进斗金”等吉利话。

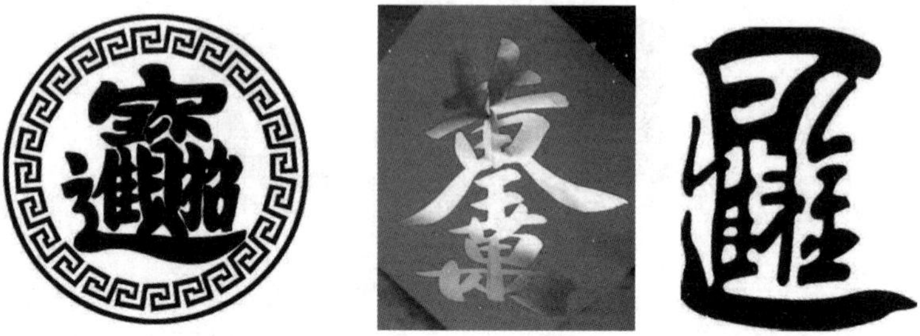

图 5-5 “招财进宝”合体字　　“黄金万两”合体字　“日进斗金”合体字

《三国演义》中有这样一段记载：“操尝造花园一所；造成，操往观之，不置褒贬。只取笔于门上书一‘活’字而去，人皆不晓其意。修曰：‘门内添活字，乃阔字也。丞相嫌门口阔耳。’于是再筑墙围，改造停当，又请操往观之，操大喜。”“门”中添加“活”字，成为了“阔”字，曹操巧设哑谜，杨修理解其意，用合字的方法解决，将园门改建，令曹操很是高兴。

“九九消寒图”文字版也是一种变换使用合字手段形成的文字应用样式。“句九字，字各九画，双钩书写，自冬至日填一画，凡八十一日而毕事。”九九消寒图是一幅双钩描红书法“亭前垂柳珍重待春风”，九字每字九划共九九八十一画，从冬至开始每天按照笔画顺序填充一个笔画，每过一九填充好一个字，直到九九之后春回大地，一幅九九消寒图就形成。也称作“写九”。

“喜寿、米寿、白寿”：“喜寿”(77 岁)，“喜”字草书像“七十七”(王羲之 、李怀琳 )；“米寿”(88 岁)，“米”字拆开为“八十八”；“白寿”(99 岁)，“白”字是“百”字缺一，恰为九十九。

四、书法与篆刻

书法是以汉字为基础，通过点画运动来表现一定情感、意蕴的艺术。篆刻是我国具有艺术价值的印章镌刻，它由古代印章多用篆书入印而得名。这两个特殊的艺术门类，也都是依赖于汉字形体而产生的。

目前,研究汉字与书法、篆刻艺术的专著较多:杨燕君、俞伽《汉字与书法艺术》;庄义友、熊贤汉《汉字与书法艺术》;姚淦铭《汉字与书法文化》;钱进等编《汉字与书法》;(日)河内利治《汉字书法审美范畴考释》;刘涛、唐吟方《汉字艺术书法与篆刻》等,这些专著有一个普遍观点:“汉字是书法、篆刻的载体,书法、篆刻是汉字的表现形式”。这一观点高度概括了汉字与书法、篆刻之间的密切关系。汉字在书法发展进步过程中,不仅为各种书写体提供了一个标准的模板,为各种书法之间的交流融合搭建了一个互动的平台,而且为书法的创新奠定了深厚的基础,使书法更富有线条美,结构美,更富有变化,从而渐渐成为一门独具特色的表现艺术;书法则在汉字的形成发展的过程中,将汉字由最初富有图画意味的象形文字一步步转变为比画清晰、线条流畅的符号文字,书法还对汉字的字样、字形、结构等方面进行了规范,从而不仅使得汉字成为更多人运用交流的工具,便于各地之间的科学文化交流,贸易商业往来,而且使汉字的民族特点得到了升华和凝固。

五、字形误解的文化功能

《左传·宣公十二年》:“非尔所知也。夫文,止戈为武。……夫武,禁暴、戢兵、保大、定功、安民、和众、丰财者也。”“武”是一个会意字,从止,从戈,“止”理解为停止、制止,“戈”武器、战争,“武”就是要禁暴戢兵、制止战争。这种解释带有浓厚的文化色彩,不是造字的本意。在甲骨文里“(止)”,是“趾”的本字,像一只脚跟或脚印,引申为行走的意思,古文“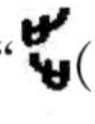(步)”字上部和下部分别为左、右足。“武”,表示一个人在“持戈行进”表示要动武,这才是“武”字的本义和构形意。将“武”解释为禁暴戢兵、制止战争,这种解释是一种曲解,但具有一定的文化利用价值:春秋战国时期,由于战争频繁,民不聊生,反战求安的呼声非常强烈,在只靠文的手段无法有效制止战争的情况下,人们便提出了“以战止战”的战争观念。

《说文解字·王部》:“王(王),天下所归往也。董仲舒曰:‘古之造文者,三画而连其中谓之王。三者,天、地、人也,而参通之者王也。’孔子曰:‘一贯三为王。’凡王之属皆从王。”将“王”解释为上可通天,下可达地,中可统民的真命天子,这种解释,将统治阶级的意志强融于字形之中,符合当时的文化背景,却不符合汉字的历史事实。王字的甲骨文为斧钺之形,斧钺为礼器,象征王者之权威,本义:天子、君主。许慎的解释确实是违背字源的,是应该完全否定的,但如果从文化的角度去解读,又确实能够获得一些有价值的认识,这种王道观念是先秦两汉时期社会的思想主流,影响了中国上千年的历史。

唐代女皇武则天本名武照,称帝之后,为了显示自己的至高无上,把自己的“照”字改造成了“瞾”,由“日”“月”“空”三个部件组合而成,取意日、月当空,作为自己名字的专用字。骆宾王在写《为徐敬业讨武瞾檄》一文时,却故意把“瞾”写成了“瞾”,以后又有不少人沿用,最终被收入字典,作为“瞾”的异体字。骆宾王改“瞾”为“瞾”,就是将“瞾”字的“明”写成了“䀠”,他之所以这样做,意在告诉人们:当时临朝“当空”的,不是光明灿烂的“日”“月”,而是一双特别凶狠恶毒的眼睛。《说文》:“䀠,左右视也。从二目。”考察“瞿、攫、惿”等字会发现,“䀠”是鹰隼之类的猛禽的目光。于是骆宾王便写檄文进行讨伐,用“瞾”字的构形喻指武后就像凶恶的鹰隼一样,用那双狠毒、贪婪的眼睛监视着天下。

练习五

一、判断正误,正确的在括号里划“√”,错误的划“×”。

1. 部件就是笔画。 (   )
2. “画”是全包围结构,“坐”是上下结构。 (   )
3. 现代汉字有 9 大类 16 小类结构。 (   )
4. 现代汉字的基本笔形大约有 20 种。 (   )

5. 笔顺就是指笔画出现的先后次序。 (　　)

6. 现代汉字的笔顺很自由。 (　　)

7. 现代汉字的特点是方块形式，以直线为主，很少用弧线。 (　　)

二、写出下列汉字的笔顺。

例如：区（一 㐅 区）

丙：　　　　　　齿：

叉：　　　　　　垂：

乘：　　　　　　奥：

脊：　　　　　　万：

火：　　　　　　鼎：

惯：　　　　　　串：

瓦：　　　　　　丑：

凿：　　　　　　办：

三、写出下列汉字的笔画数。

例如：王（ 4 画 ）

弓（　） 囱（　） 出（　） 筐（　） 卧（　） 姆（　）

蹬（　） 贯（　） 黎（　） 遥（　） 奥（　） 鼎（　）

迤（　） 甘（　） 舅（　） 算（　） 牌（　） 等（　）

豪（　） 壤（　） 魂（　）

四、分析下列各组汉字采用了哪种组合关系。

1. 丁　乃　　　　2. 兰　半

3. 勾　句　　　　4. 狼　狠

5. 习　刁　　　　6. 斤　斥

7. 工　土　士　干　　　　8. 八　人　入　乂

五、用图表的方式切分出下列汉字的部件。

仍　秀　坐　抛　房　闻　唱　案　智　器　科　群

六、单项选择题。

1. 下列关于笔画的说法，__________不正确。

A. 笔画是构成汉字字形的最小单位。

B. 书写笔画时，运笔方向不能改变，否则就是多笔。

C. 笔画数在 9–11 画的汉字数量最多。

D. 各种笔形中，横画的使用频率最高。

2.《现代汉语通用字表》中笔画最多的汉字是__________。

A. 爨　　B. 齉　　C. 戆　　D. 矗

3. 下列汉字笔画的分析，__________是正确的。

A. “凹”字由六画构成。

B. “凸”字由三画构成。

C. “象”字由十一画构成。

D. “哞”字由十二画构成。

4. 关于独体字和合体字的说法，__________是正确的。

A. 独体字是由笔画构成的汉字。

B. 合体字是由部件构成的汉字。

C. 由两个以上部件构成的字是合体字。

D. 合体字都是由独体字构成的。

5. 部件组合模式有四大类，其中__________的汉字数量最多。

A. 左右结构　　B. 上下结构

C. 包围结构　　D. 框架结构

七、简答题。

1. 现代汉字的笔形有哪几种？

2. 举例说明现代汉字的笔画组合关系有哪几种？

3. 举例说明现代汉字笔顺的基本规则有哪些？

4. 多部件字的间架结构类型有哪些？

5. 汉字结构部位名称的十六字口诀是什么？

6. 举例说明汉字简化的方法。

7. 汉字字形的文化义有哪些表现形式？

八、请查阅《说文解字》或其他工具书，将下列文字写成小篆。

1. 子曰：不患人之不知己，患不知人也。

2. 生命诚可贵，爱情价更高。

第六章　现代汉字字音

汉字是形、音、义的统一体，每个汉字都有一定的读音。汉字是语素—音节文字，汉字的字音反映的是它所记录的语素的读音。

现代汉民族共同语以北京语音为标准语音，现代汉字字音是现代汉民族共同语的一个部分，现代汉字字音以北京语音为标准语音。

第一节　现代汉字字音特点

一、一字一音节和一音节多个字形

现代汉字是语素—音节文字。从记录的语音单位看，一个汉字跟一个音节相对应，如：日—rì、月—yuè、江—jiāng、河—hé、湖—hú、海—hǎi等，每一个汉字记录一个音节，也就是一字一音节。

汉字在使用过程中，曾有过少数用一个字形记录两个音节的情况，如："瓩"这个字形记录的是 qiāwǎ 两个音节，"浬"这个字形记录的是 hǎilǐ 两个音节。1977 年 7 月，中国文字改革委员会和国家标准计量局发布规定，淘汰了这类复音字，改用"千瓦"来记来记录 qiānwǎ，改用"海里"来记录 hǎilǐ，仍使用一个汉字记录一个音节。现代汉语书面语中还有少量用两个汉字记录一个音节的情况，如"花儿"（huār）、"画儿"（huàr）、"盖儿"（gàir）、"尖儿"（jiānr）、"鸟儿"（niǎor）等。这类音节在汉语中称为儿化音节，是在一个音节的末尾附加卷舌动作。这个卷舌动作发出的音并不构成一个独立完整的音节。现代汉语书面语中就用“儿”来表示（有的工具书把这类“儿”用小的字号印出）。

一字一音节，是指每一个汉字都能对应记录一个音节。能不能反过来说，一音节一字，即同一个音节用同一个汉字来记录呢？回答是否定的，因为一个音节经常用不同的字形来记录，如：“yì”这个音节记录的字在《现代汉语通用字表》中有“亿、易、益、翼、译、艺”等63个字，这些汉字音同义不同，不可以互相替换。所以，一个汉字记录一个音节，但同一个音节可以用多个不同的汉字来记录。

现代汉字跟语音的关系与拼音文字不同。拼音文字中的音素文字是一个字母记录一个音素，如英语中“university”共有5个音节、10个音素，英文用10个字母来记录；汉语中的“大学”是两个音节，用两个汉字来记录。拼音文字中的音节文字，它们的字母也记录一个音节，但同一个音节一般都用同一个字母来记录，即音节文字的每个音节跟字母符号是固定的关系，而现代汉语的同一音节却往往用不同的字形来记录，如记录 shī 这个音节的有“尸、失、师、诗、施、湿”等多个汉字。

二、多音字、同音字现象普遍

多音字、同音字现象的存在反映了汉字字形与字音的复杂关系。

（一）多音字

所谓多音字，是指一个汉字有两种或两种以上的读音。如：“长——cháng、zhǎng；参——cān、cēn、shēn；差——chā、chà、chāi、cī；谁——shéi、shuí 等。

现代汉字中的多音字可分为两类：

一类是多音多义字。所谓多音多义字就是不同的读音记录不同的字义，如：长：cháng 长短/zhǎng 生长；参：cān 参加/shēn 人参/cēn 参差；差：chà 差不多/chā 差别/chāi 差遣/cī 参差。

另一类是多音同义字，也叫异读字，如：熟——shú、shóu；尾——wěi、yǐ 等。异读字也有几个读音，但记录的是相同的字义。造成异读的原因，有的是同时保留了文白读音，有的是保留了方言读音。为了促进汉语语音规范化，推广普通话，国家主管部门对异读词进行了整理。除了少数异读词在实际使用中还有保留的必要，多数异读词已经统一为一种读音。

（二）同音字

同音字是指两个或两个以上读音相同、意义不同，而且意义上没有联系的汉字。

按照字形是否相同，可以把同音字分为两类：

一类是同形同音异义字，即字形相同、字音相同，只有字义不同。如“打”，既可以记录动词“打”（打仗、打油），又可以记录介词“打”（我打西边来）。再如“方”，“东方”（“方”为名词，表示“方向”）、“教导有方”（“方”为名词，表示“方法”）、“如梦方醒”（“方”为副词，表示“方才”）。这类字不多。

另一类是指读音完全一样，而字形、字义不同的一组字，也就是指一音多形，一个字音跟几个字形发生联系。有人对《现代汉语通用字表》所收 7000 个汉字进行统计，发现一共记录了 405 个音节（不分声调）。音节与字形的分配关系是不平均的。其中有 15 个音节只拥有 1 个字形，它们没有同音字，而有的音节却拥有 118 个字形。只拥有 1 个字形的音节是：me 么、fò 佛、néng 能、nín 您、nuǎn 暖、liǎ 俩、gěi 给、shéi 谁、rì 日、zéi 贼、sēn 森、sēng 僧、diǎ 嗲、nóu 耨、lo 咯。拥有 118 个字形的音节是 ji、yi。汉字里同音字最多的是“yi”。《现代汉语词典》里读“yi”共有的 103 个字，《辞海》里读“yi”的多达 195 个字。其中“yì”是同音字最多的读音，多达 57 个：艺、抑、易、邑、屹、亿、役、臆、逸、肄、疫、亦、裔、意、毅、忆、义、益、溢、诣、议、谊、译、异、翼、翌、绎、刈、劓、仡、佚、佾、埸、懿、薏、弈、奕、挹、弋、呓、嗌、峄、怿、悒、驿、缢、殪、轶、熠、镒、镱、瘗、癔、翊、蜴、羿、翳。

三、方音差别

中国地域辽阔，有很多地域方言，按照通行的划分方法，现代汉语可分为北方方言、吴方言、湘方言、赣方言、客家方言、粤方言、闽方言七大方言区。

这些方言在语音上的差异是相当大的，在声母、韵母、声调方面都表现出许多不同点。如在声母方面，有的方音区分 zh、ch、sh 和 z、c、s，有的则不区分；有的方音区分 ji、qi、xi 和 zi、ci、si，有的则不区分。在韵母方面，有的方音区分 yin 和 ying、yan 和 yang，有的则不区分；声调方面，北方方言声调的数目比较少，一般是四个，如北京、天津、沈阳、济南等地的声调都是四个；南方方言声调的数目比较多，一般是六到八个，如苏州的是七个、温州是八个、广州是九个。这就使得现代汉字的读音因地域不同而有所差别。

但是，作为现代汉语书面语的汉字形体是统一的，也就是说，操不同方言的人，虽然用各自的方音去读汉字，但并不影响他们对汉字和书面语的共同理解。此外，随着普通话的逐步推广，方言语音也在逐步地向普通话语音靠拢。

四、音变现象

音节在连读时，相邻的音素与音素之间、音节与音节之间、声调与声调之间就不可避免地会相互影响，使语音产生一定的变化，这就是音变。音变包括上声去声变调、一七八不变调、重叠形容词变调、“啊”的音变、轻声、儿化等多种形式。

音变的原因非常复杂，有语言本身的原因，也有社会的原因，对汉语而言，有些音变跟汉字有密切的关系。李荣先生在《语音演变规律的例外》一文中将汉字例外音变的原因归结为七个方面：连音变化、感染作用、回避同音字、字形的影响、误读反切、方言借字、本字问题。[1] 王力先生在《汉语语音史》(卷下)"语音的发展规律"最后设了一章，专谈"(语音)不规则的变化"，该章中把字音不规则变化的原因归结为三种：文字的影响；方言和普通话的互相影响；偶然性。[2] 两位先生共同指出音变的一个重要原因：汉字的影响。在众多的音变中，"一、七、八、不"的变调是字音变化，变化情况比较复杂，下面是"一"的四种变调：

第一种，"一"字单念或者在词末尾以及表示序数时念阴平。例如一、二、三；第一夫人；万一、百里挑一。

第二种，"一"字在去声前面变为阳平。例如：一道、一树、一律、一处、一派、一岁、一块。

第三种，"一"字在阴平、阳平、上声前读去声。例如：一生、一年、一里、一番、一群。

第四种，夹在叠用动词中间念轻声。如：看一看、试一试、尝一尝、摸一摸、咬一咬。

目前，对于汉字影响音变的研究还不是十分具体，有待进一步的探索发现。

第二节　形声字声旁的特点

一、声旁及分类

(一) 声旁

组成形声字的两个部分，表示字的读音的一部分叫声旁(也叫音

① 参见李荣：《语音演变规律的例外》，《中国语文》1965 年第 2 期。
② 参见王力：汉语语音史》(卷下)，中国社会科学出版社，1985 年版。

符）。如“洋”字中的“羊”，“抬”中的“台”，“灼”中的“勺”等。

中国古代造字方法“六书”中的象形、指事、会意等三种造字方法由于表意性强可归为一类，而随着社会的发展和文化的繁荣，在商代初年，华夏民族仅靠制造表意文字来记录语言已无法满足社会交际的需要了。而假借字的大量出现，使人们逐渐注意到声符在文字构成中的重要作用，同一个汉字中表意形符和表音声符的搭配运用，相得益彰，灵活多样，造字功能极强，大大促进了汉字的飞速发展。这种造字法造字速度快，造字数量大，运用方便快捷，是其他造字方法所不可比拟的。《说文解字·叙》：“形声者，以事为名，取譬相成，江河是也。”该书共收字 9353 个，形声字 7697 个，占所收汉字总数的 82.3%，占了绝对的优势。

对于形声字的声旁表意，历史上不少语言文字研究者都曾撰写专著对其进行研究。《说文解字》《尔雅》《释名》一类文字训诂专著中，即可见到利用声旁构件阐释字义的实例。如：《说文解字》：“（氐）者，下也。”加上义符构成许多新的汉字如：底（物之下方），柢（树根，木之下方），骶（脊柱下方之骨），袛（短衣），䍕（下视）等字；又如沈括在《梦溪笔谈》中所述的“右文”（即形声字的声旁）：“谓右文者，如戋，小也。水之小者曰浅，金之小者曰钱，歹，小者曰残，贝之小者曰贱，如此之类皆以戋为义也。”①

现代汉字的研究也非常重视形声字的声旁体系，在研究现代汉字声旁的有效表音率方面取得了一些有代表性的成果。周有光先生对《新华字典》（1971 年版）所收的全部正字（排除繁体、异体等非正字）进行统计，统计结果表明现代汉字声旁的有效表音率是 39%。② 李燕、康加深对通用汉字进行统计，7000 个通用字中总共包含 5631 个形声结构，在这些形声结构中，总共包含 1325 个不同的声符，其中在 7000 个通用字中成字

① 张煜、白洁：《形声字声旁表意功能》，载《河北联合大学学报》（社会科学版）2012 年 11 月，第 12 卷第 6 期。

② 参见周有光：《现代汉字中声旁的表音功能问题》，载《中国语文》，1978 年 3 期。

的声符有1119个，约占声符总数的84%，不成字的声符有206个，约占声符总数的16%，考虑到多音字、声韵调的不同表音值，计算出声符总体表音度是66.04%。①

（二）声旁的组合及分类

1. 声旁的组合

形声字的形旁和声旁结合的方式是多种多样的：有的形旁在左，声旁在右；有的形旁在右，声旁在左；有的形旁在上，声旁在下；有的形旁在下，声旁在上；有的形旁在外，声旁在内，或者形旁在内，声旁在外。例如：

左形右声：材、偏、铜、冻、证、骑、秧、破等。

右形左声：攻、颈、削、瓢、放、鹉、雌、故等。

上形下声：管、露、爸、芳、崖、宵、界、字等。

下形上声：架、案、慈、斧、贡、膏、凳、赏等。

外形内声：固、病、庭、阀、园、匾、裹、衷等。

内形外声：闷、问、闻、辫等。

另外有些字的形声部位比较特殊，有的左上形，右下声，如“厅、府、病、屠”；有的左下形，右上声，如“进、越、飓”；有的左下形，右上声，如“翅、匙”。还有的形或声在一个角上，如“荆”，从艸、刑声；“颍”，从水、顷声；“徒”，从辵、土声。

2. 声旁的分类

声旁按照表音作用可以分为表音声旁、半表音声旁和不表音声旁三类。

表音声旁具有完全的表音作用，如“皇”在所有含“皇”旁的形声字（如“凰、隍、徨、惶、煌、蝗”等字）中都起着表音作用，掌握了这类声旁的

---

① 参见李燕、康加深：《现代汉语形声字声符研究》，《语言文字应用研究论文集（Ⅰ）》，语文出版社，1995年版，第29—36页。

读音，可以准确地类推全部含有该声旁的形声字的读音，如：

式（试、拭）	旱（捍、悍、焊）	容（蓉、溶、榕、熔）
代（袋、贷）	段（锻、缎）	斯（撕、嘶）
奂（换、唤、焕、涣、痪）	农（浓、脓）	唐（塘、搪、糖）

半表音声旁具有不完全的表音作用，它在一部分字中能准确表音，而在另一部分字中不能表音或只能表近似的音。如“垂”（chuí）在“捶、锤、陲”中能准确表音，而在“睡”（shuì）中只能表近似的音（韵同），在“唾”（tuó）中则完全不能表音（声韵调都不同）。对于这类声旁要特别记住那些不按声旁读的形声字（如“唾”）的读音，以免声旁误导。

不表音声旁完全不能表音，或者在某些字中只能表近似的音。如“出”在“拙”（zhuō）、“茁”（zhuò）、“咄”（duō）、“屈”（qū）中完全不表音，在“础”（chǔ）、“绌”（chù）中表近似的音。凡含有这类声旁的形声字，全都不能按声旁读音。所以对这类声旁须防止它们对读音的干扰。遇到由它们组成的形声字，须加倍注意，避免读错字音。

二、形声字声旁的作用

（一）表示字音

形声字同声旁的字读音大致相同或相近，我们可以利用音符提高识字效率，比如前面说到的认识了“皇”字就可以读出与“皇”同声旁的一批字，再比如认识了“希”字，就可以读出与“希”同声旁的一批字，如“浠、烯、唏、稀、欷、郗”。特别是那些有准确表音功能的音符如“皇、希、代、段、奂、阑、历、厉、廉、农、容、式、斯、唐、亭、析、休、庸”等，在由它们组成的形声字中都起着表音作用，掌握了这类声旁的读音，可以准确地类推出含有该音符的形声字的读音。

（二）区别形近字

对于形旁相同、声旁不同的形近字，一般要根据它们的声旁来辨认字音。例如:“舱(cāng)”“艇(tǐng)”“舫(fǎng)”“艘(sōu)”四个字,形旁是“舟”,表示的字义都与“船”有关;声旁是:“仓”“廷”“方”“叟”,它们的读音都与声旁的读音相关。从声旁辨字音,既有利于区别、记忆形近字的音,又有助于区别记忆形近字的形。再如“狼”和“狠”的字形相似,但“狼”的声旁是“良”,“狠”的声旁是“艮”,它们是音、义都不同的字;“雎、睢”字形相近,很容易相混,两字读音不同,雎(jū)睢(suī),可利用读音区分两字。

(三)类推字音

即认识了某个声旁,有时能类推出一系列形声字的读音。利用形声字声旁类推的方法可以提高记忆的效率,帮助认识汉字和学习普通话。例如“主”(zhǔ)的声母是舌尖后音,以“主”为声旁的字“住、注、驻、蛀、拄、柱”等也是舌尖后音;“采”(cǎi)的声母是舌尖前音,以“采”为声旁的字“彩、睬、踩、菜”等也是舌尖前音;“令”(líng)的韵母是,用“令”作声旁的字多念 ing,如:líng(伶、伶、苓、玲、瓴、铃、聆、蛉、翎、零、龄)、lǐng(岭、领),只有“邻”例外,念 lín。

其他实例还很多:西(xī):硒、牺、舾、粞、栖

希(xī):稀、烯、郗、唏、欷

眉(méi):嵋、猸、湄、楣、镅、鹛、媚(mèi)

唐(táng):糖、塘、搪、溏、瑭、螗、醣

宗(zōng):综、踪、棕、粽(zòng)、鬃、腙、倧

另外,有一部分形声字的声旁,还有显示语源的功能,例如,《说文解字》中的亦声字既表意又表音:

牭:四岁牛。从牛从四,四亦声。(《说文·牛部》)

汲:引水于井也。从水从及,及亦声。(《说文·水部》)

字:乳也。从子在宀下,子亦声。(《说文·子部》)

酣:酒乐也。从酉从甘,甘亦声。(《说文·酉部》)

三、形声字声旁的局限性

形声字声旁虽然具有表示字音的作用，给我们识字和学习普通话提供了便利，但音符有其局限性。这局限性主要表现在声旁的表音准确率不高，有许多形声字，如果照声旁读，则要读错。如“并”念 bìng，但“迸”念 bèng；“复”念 fù，但“愎”念 bì；“地、池、他、施”都从“也”得声，如果按“也”的音去读，全都要读错；用“占”作声旁组成的“站、踮、砧、玷、贴、拈、钻、砧、沾、苫”等九个字就有十一个不同的读音（钻 zuàn、zuān；苫 shān、shàn）。如果把“迸”念成“并”，把“愎”念成“复”，就要造成“秀才认字认半边”的笑话。

造成形声字声符不能准确表音的原因较多：

（一）汉字的声旁不是专职的

如：“刀”在“叨”“召”“忉”“魛”中是声旁，在“切”“分”“剪”“劈”等字中，又是形旁了。

（二）字形发展变化，声旁消失或不全

如“春”字，小篆写作，表音偏旁是“屯”，现代汉字中它已不见了；“更”字，小篆作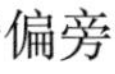，表音偏旁是“丙”，现代汉字中“更”已成为独体字，看不出“丙”这个声旁了；“盘”字，原写作“（盤）”，“般”是声旁，在简化字形中，声旁“般”只剩下左边的一半“舟”了。

（三）不同的声旁可以记录同一个音节也可以记录不同的音节

比如：“溪”“熄”“稀”“牺”都读 xī，而它们声旁分别是“奚”“息”“悉”“希”和“西”；“治”“冶”“抬”“怠”“怡”的声旁都是“台”，却分别读作 zhì（治）、yě（冶）、tái（抬）、dài（怠）、yí（怡）。汉字声旁的这一特点极

大地限制了它的表音功能的发挥。

(四)语音的演变,古今读音不尽相同

文字和语言都是不断发展变化的,汉字定型化至今已有两千多年了,这期间汉语语音发生了很大变化,包括上古音、中古音、近古音、现代音四个时期,而作为汉语书写符号的汉字却变化不大,这是有的形声字的声旁不能正确表音的主要原因。如“诗、待、特”原来是同音字,具有相同的声旁,可现在并不同音,但它们的声旁却没有随读音变化而变化。又如“基、积、机、鸡”这一组字在《广韵》中读音并不相同,到了现代却是同音字,而造字之初使用的声旁并未因此而改用同一符号。

(五)近似音作声旁,声旁位置特殊

如:“修、脩”的声旁是“攸”,“颖、颍”的声旁是“顷”等;有的声旁会被部分简省,如“嫞”的声旁是“好”,“奔”的声旁是“贲”,“妃”的声旁是“配”等。由于这些形声字声旁无法辨识,因此也就很难很好地发挥它们的表音功能。

那么,形声字的声旁在今天到底有多少能确切表音,有多少不能确切表音呢?近些年来,人们对形声字声旁的有效表音率进行过一些统计。在“第五章·第四节现代汉字的理据性”中使用过一些专家的统计数据,这说明汉字声旁的有效表音率是较低的,它只能部分地提供一些字音信息。尽管如此,毕竟还有30%~40%左右的形声字还能从形体上找到读音的依据,声旁在帮助认记汉字上仍有不应否定的作用。

由于古今字音、字形的变化等复杂因素,今天形声字声旁的表音作用已十分有限,但适当利用这有限的作用还是必要的。因为汉字是意音性的文字,字形不能直接标示字音,除了需要依靠拼音字母来注明字音外,声旁也可以帮助提供字音信息。

第三节　字音规范[1]

现代汉语普通话以北京语音为标准音，现代汉字的读音，就必须以普通话的读音为标准。

但是，要做到字字都读标准音，是很不容易的，因为现代汉字字形大都不能准确表音，在形声字中汉字的声旁提供的语音信息是很笼统的，这大大削弱了声旁的表音作用，加上又存在异读、同音、一字多音等汉字常见的语音现象，给汉字字音规范带来了不少的困难，多音多义字、异读词的字音规范问题比较突出。

一、多音多义字的读音

（一）多音多义字及统计

现代汉语多音多义字有多少？据统计，《新华字典》（1971 年版）有 734 个，约占总数的 10%；《现代汉语常用字表》中 3500 个常用字里，多音多义字有 405 个，占总数的 11.6%；《现代汉语通用字表》里收字 7000 个，共有多音字 625 个，占总字数的 8.9%；《汉字信息字典》共收正字 7785 个，多音多义字有 747 个，占该书统计字数的 9.59%。多音多义字在现代汉字中占相当比例，这给学习汉字的读音带来了困难。许多人字音没读准，多半是误读了多音多义字。因此正确掌握多音多义字的各种读音，有助于提高汉字的应用水平。

① 根据刘志成主编《汉字学》整理，四川出版集团天地出版社，2008 年 8 月第 8 次印刷，第 168—176 页。

(二)多音多义字的来源

1. 产生于词义的引申

本义和引申义用同一个字,读音一般是相同的,但也有时不同。如“行”:本义指道路,读 háng;引申为行走义,读 xíng。

2. 产生于字音的通假

异音通假。汉字在简化中,借用笔画少的字来代替笔画多的字,两字读音相近却不同,造成异音通假,如“叶”,叶韵,读 xié,“葉”的简化字用它,读 yè。“斗”,升斗,读 dǒu,“鬥”的简化字借用它,读 dòu。汉字简化中也有用同一个简化字来代替两个读音不同的繁体字的,例如,用干支的“干”代替“幹”和“乾”,用“纤”代替“纖”xiān 和“縴”qiān,用“发”代替“發”和“髮”等。

3. 旧字新用

汉语产生新词,不造新字,却借用原有的汉字字形给予新的读音,这样也会产生多音字。如化学元素“锔”jú,借用“锔子”的“锔”jū;“钐”shān,借用“钐刀”的“钐”shàn。还有一些译音词,也是借用原有的字形给予新的读音,原有的字就变成了多音多义字。如:“茄”,茄子,读 qié,雪茄,读 jiā;“打”,打击,读 dǎ,一打(十二个),读 dá。原有的字被用来记写方言词,有时也产生多音多义字。如:“瘪”,普通话“干瘪”读 biě,上海方言“瘪三”读 biē。

4. 产生于文白异读

有些字在古代只有一个音,后来读书音和口语音分化,读书音一般用于书面语言,多在复音词和文言成语中出现,口语音多用于口语中的单音词及少数日常生活中使用的复音词中。例如:薄(文)bó 薄情、轻薄,báo(白)薄饼;剥(文)bō 剥削、剥落,bāo 剥花生。

(三)多音多义字读音的辨别

多音字节省了造字数量,但同时带来一字异读的麻烦,要采用一定的方法学习多音多音字。

1. 词性定音法

有部分多音多义字由自由语素独立成词，词性不同读音也不同，如“冠”：名词表示“帽子”，读作 guān；作动词表示“戴帽子、超出众人”，读作 guàn。“数”（名词读 shù，动词读 shǔ，副词读 shuò）；“王”（名词读作 wáng，动词读作 wàng）；“散”（动词读作 sàn，形容词读作 sǎn）；“好”（形容词读作 hǎo，动词读作 hào）；“处”（名词读作 chù，动词读作 chǔ）。沙、扫、笼、脏、担、畜、亡、宿、藏、簸、咽等也属于此类多音多义字，都可以根据词性的不同掌握它们的字音。

2. 词义定音法（也叫构词定音法）

有部分多音多义字由自由语素或半自由语素构成，可以根据不同的构词特点掌握相应的读音。如“塞”在表示“堵，填满空隙”的字义时，是自由语素构成单音节单纯词（如“塞窟窿”中的“塞”）时应读 sāi；作为半自由语素与其他语素构成合成词（如闭塞、阻塞、塞责等）时读 sè（当然“塞”还有别的字义与字音）。“薄”作形容词性的自由语素构成单音节单纯词（如薄纸、薄片中的“薄”）时读 báo；作为半自由语素与其他语素构成合成词（厚薄、单薄、淡薄、轻薄、菲薄、薄情、瘠薄等）时读 bó（当然“薄”也有其他的字义与字音）。再如“嚼”在表示“用牙齿咬碎食物”时，作为自由语素独立构词时（如嚼饼、嚼舌、嚼烂等）读 jiáo；作半自由语素（如咀嚼等）时读 jué；另外“嚼”在“倒嚼”一词中表“反刍”之意读作 jiào。

3. 语体定音法

有相当一部分字作为自由语素独立成词，语体色彩（口语、书面语色彩）不同，有着不同的读音。如“核”在口语中读 hú，如杏核儿、石核儿等；而在书面语（如细胞核、核心、结核、核实等）中则读 hé。“血”在口语中读 xiě，在书面语中则读 xuè。再如“钥”在口语中读 yào，如钥匙；在书面语中则读 yuè，如锁钥。“蔓”在口语中读 wàn，在书面语中读 màn。

“叨”书面语读 dāo,如,叨念;方言中读 dáo,如,叨咕;口语中读 dao,如,唠叨;客套语读 tāo,如,叨光。另外像澄、差、逮、壳、翘、熟、落、绿、草、泌、露等多音多义字都可以根据语体色彩来掌握它们的字音。

4. 排除法(也叫记少推多法)

有一部分多音多义字的读音按照词性、构词特点、语体色彩分析没有明显的读音规律,只需记住一个表示单纯字义的读音,然后用排除法就可以较容易地掌握该字表义较复杂的另一种字音。如“发”在表“头发”时读 fà,其余各情况均读 fā。“奇”除表示与偶数相对时读 jī,其余情况均读 qí。“会”除在“会计”一词中读 kuài 外,其余情况均读 huì。“亲”除在“亲家”(夫妻双方的父母彼此关系或称呼)一词中读 qìng 外,其余情况均读 qīn。再如“秘”除在“秘鲁”(国家名)和“便秘”中读 bì 外,其余情况均读 mì。对此类多音多义字都可以用排除法来掌握读音。

二、异读词的读音

异读词是指同一个词有几个不同的读音,而这几个不同的读音表达的完全是同一个意思。例如有的北京人把“波浪(bō làng)”说成“pō làng”;把“机械(jī xiè)”说成“jī jiè”;把“比较(bǐ jiào)”说成“bǐ jiǎo”;把“亚运(yà yùn)”说成“yǎ yùn”。异读词给学习普通话增加了负担,所以从 1956 年开始,国家就组织人员对普通话异读词的读音进行审订,给大量异读词确定了规范读音,排除了其他读音。1963 年《普通话异读词三次审音总表初稿》公布(以下简称《初稿》),1985 年又公布了经过修订的《普通话异读词审音表》(以下简称《审音表》)。因此,现在异读词的读音应该以 1985 年公布的《审音表》为准。

在学习《审音表》时,应该注意以下几个方面:

(一)注意统读

《审音表》在许多词的注音后面都注了“统读”,这就是说:此字经审订只保留这一个读法，无论在什么词中，再无其他读音（轻声变读不受此限）。在学习《审音表》时，要注意学习这些"统读"词，因为这些"统读"词的相当一部分，与《初稿》的审音结果有所不同，例如："从"在《初稿》中有 cóng（从属）和 cōng（从容）两个读音，《审音表》只保留了 cóng 一个读音；"框"原来有 kuāng（框框）和 kuàng（框子）两个读音现在统一读 kuàng；"哮"在《初稿》中取"xiāo"音，现在统读为"xiào"，"驯"原来取"xún"音，现在统读为"xùn"。《审音表》公布后，一些辞书因为来不及改版，异读词仍按《初稿》注音，所以许多人仍将异读词读成原来的音。现在改版后的辞书（如《现代汉语词典》1996 年版），异读词已按《审音表》注音。我们在学习《审音表》时，应该特别注意它与《初稿》读音的不同之处。

（二）多音字的标注

审订异读词时，常常会涉及某个字的不同读音，所以《审音表》也出现了一部分字的多音问题。凡是字后没有注"统读"的，即表示此字有几种读音，《审音表》只标明有异读的词语的读音。例如"矜"字后面未注"统读"，注音是 jīn，举例是"矜持""自矜""矜怜"，说明这些词中的"矜"曾经有异读，所以《审音表》加以审定列出。至于"矜"在其他词语中还可读 guān（同"鳏"）、qín（矛柄），因为这两种读音无异读，《审音表》就没有列入。另外还有一些未注"统读"的字，审音后在不同的词语中有不同的读音，《审音表》按照审音结果将不同的读音分别列举，例如："翘"原有 qiào 和 qiáo 两种读音，《审音表》按口语音和书面语音不同的原则，把两种读音的不同用法分类列举：在口语词"翘尾巴"中念"qiào"，在书面语词"翘首、翘楚、连翘"中念"qiáo"。《审音表》中有些有几种读音的字，在不同的注音后面分别注明"文"或"语"。"文"即"文读""读书音"，是书面语的读音，一般出现于复音词或文言成语中；"语"即"白读""口语音"，多用于口语中的单音词及少数日常用的复音词中。例如"给"在《审音表》中有两个音，读 gěi 时是口语音，一般用于单音词，读 jǐ

时是书面语音，用于“给予、配给、供给”等词语。

（三）《审音表》主要是审订普通话异读的词和有异读的作为“语素”的字

尽管一些有异读音的字实际上就是多音字，但因为审音表是对异读词的审音，所以往往不列出多音多义字的全部读音和全部义项，当多音多义字在某个词语中无异读时，《审音表》均不涉及。所以，《审音表》只能作为学习普通话异读词的规范，它与一般的字典、词典不同。要掌握普通话多音多义字和其他一些词语的读音，还得借助《新华字典》《现代汉语词典》等工具书。

三、同音字

（一）同音字的来源

同音字指读音完全相同，而形体、意义不同的一组字，如想、响、饷、飨等都念 xiǎng。而那种形体相同、读音相同，仅意义不同的字，只能算作同形字，如“向”（方向）—“向”（向来），虽然都念 xiàng，但属于同形字。汉字自古以来就存在着同音字，出现的原因是：

1. 汉字音节少而字数多

普通话有 1200 多个音节，现代汉语通用字按 7000 个计算，平均每个音节占有 6 个汉字左右。当然，实际上同音字的分布不是平均的。在《现代汉语通用字表》中，像掰、大等音节只有一个汉字，而熬、凹、操、糙等音节则有少量同音字。

2. 语音简化使不同音的字变成同音字

以中古音和现代汉语普通话的语音作比较，《广韵》音系有 36 个声母，普通话只有 21 个声母；《广韵》音系有 92 个韵母，普通话只有 39 个韵母；《广韵》音系有平、上、去、入四声，并各分阴阳，在普通话里，平声分为阴平、阳平，全浊上声变为去声，入声已消失，分别派入阴平、阳平、上声、去声四个声调。从中可以明显看出，汉语语音系统的发展趋向简化。语音系统简化，音节数就减少，同音字数就相应地增加。有些字古音本不相同，今音却变得相同了。如《广韵》中"东、冬""支、脂、之""耕、庚""清、青"读音不同，现在都分别成了同音字。

3. 同源字形成一些同音字

如"又"字原指右手，后加口写成右。人手劳动以右为主力，以手助人为佑，神助则为祐。

另外，同音字也有偶合产生的。如"盖、概、溉"与后造的"钙"音同。

(二)同音字读音的辨别

根据《汉字信息字典》统计：7785 个单字分属 414 个不分声调的音节，其中无同音字的音节有 22 个，其余为有同音字的音节。

同音字现象是文字的自然现象，并不是什么病态或缺点。同音字一般不会妨碍语言交际。在口语中，同音字虽然没有字形的帮助，但是这些词出现的环境不同，一般不会造成混淆。在书面语言里，同音字用不同的书写形式来区分，但有时也会出现相混的情况，如，常常有人把"部署"写成"布署"、"刻苦"写成"克苦"、"在家"写成"再家"、"壁垒"写成"壁垒"等现象，因此我们要学会辨别同音字的常用方法。

1. 由形入手

通过不同的字形来判定它们所表示的意义，实际上是利用表意文字的形义联系来区分同音词。如"驱""岖""躯"都读 qū，"驱"的形旁是"马"，"qū 车"应该用"驱"(古代用马拉车)，"岖"的形旁是"山"，"崎 qū"应该用"岖"(形容山路下平)，"躯"的形旁是"身"，"身 qū"应该用"躯"(与身体有关)。这几个字的意义都由形旁标识得清清楚楚，辨别起来并不难。再如"蜜"和"密"，"蜜"的形旁是"虫"，表示与昆虫有关：蜜蜂、蜂蜜，又可表示与蜂蜜有关的甜甜的东西：糖蜜、甜蜜；"密"的形旁是“山”，表示与山有关，又引申指山上的植物之类，如：茂密、稠密。课—刻、沙—砂、明—鸣等同音字也可以利用形义联系区分。

2. 由义入手

要注意同音字的搭配使用。把“部署”写成“布署”，“布置”写成“部置”，“刻苦”写成“克苦”，“克服”写成“刻服”，主要是由于没有注意到每个字的不同搭配习惯，像这类同音字，有时从意义上分辨起来比较困难，只要随时注意到它们的搭配习惯，就能运用自如。鱼—渔、峰—蜂、坐—座、做—作等同音字可以利用以上办法区分。

3. 反义搭配

有的同音字我们可以通过记忆它们的反义词进行区分。如同音字“近”和“进”，“近” 是“远近”的“近”；“进”是“进出”的“进”。又如同音字“升”和“生”，“升” 是“升降”的“升”，“生”是“生死”的“生”。

4. 形近联想

两个同音字在字形上总是有差异的，我们可以利用这个差异，联想出它的形近字，从而进行区分。如同音字“报”和“抱”。我们除了可以通过它们都是与手有关的动作，记住是提手旁之外，还可以通过形近字的联想来记住它们的右边部分。“报”与“服”的右边部分完全相同，记住了“服”也就记住了“报”。“抱”与“袍”的右边部分是完全一样的，记住的“袍”也就记住了“抱”。这样便轻而易举的分清了它们的形。

使用以上方法可以有效的区分同音字。当然，辨别同音字的方法远不止这些，不管采用哪一种形式，都要注意观察，分清音形义，才能正确应用同音字。

实际上，同音字的存在对语言文字的应用起着一定的作用。如同音字可以用来给难字注音，汉字简化中还常被用来作同音替代字，汉字文化中的谐音、粘连、飞白等多种语言形式均以同音为基础。

第四节　汉字字音的文化功能

《乐记·乐本》:"凡音者,生人心者也。情动于中,故形于声。声成文,谓之音。是故治世之音安以乐,其政和;乱世之音怨以怒,其政乖;亡国之音哀以思,其民困。声音之道,与政通矣。"这里的"音",可以理解为音乐,也可以理解为广义的人发出的能表示一定意义的声音。声音可以表情达意,传递信息,甚至与国家的盛衰联系在一起。

字音是汉字的一个重要组成部分,汉字由图画到图画文字,逐渐"定音",字音的有无成为文字与图画的本质区别之一;假借字借助字音的中介作用赋予同形字以新义,产生了形音义结合的另一新整体,减轻了人们的用字负担;声训用音同或音近的字来解释字义,还可释音释形,探求语源;谐音的利用根据两个对象的相似点推出其他方面也相似或相同,是逻辑思维中比附思维(又叫类比推理)的突出表现。总之,字音是汉字产生、运用、流传、沿用的一大要素,在音读的运用中往往有特定的文化含义。

汉字字音的文化现象十分丰富,以各种不同的样式出现于社会生活的各种场所,如:同音字、谐音、多音多义字、别字等。这些汉字文化现象表现出一些共同的特点:在汉字音形义相统一的前提下,以汉字字音为基础,利用汉字字音为调控手段进行调整;其目的主要是为了增强语言的表达效果,形成生动、风趣、含蓄等独特的修辞作用;字音调控后的效果要通过读和说等实际发音才能得到体现和反映。

一、汉字谐音文化[1]

谐音,是一种包容了语言运用过程中借助于音同或音近的语音特点

① 参见王继洪:《汉字文化学概论》,学林出版社,2006年6月版,第165—186页。

来表达意思，从而造成一种特殊效果的语音现象。谐音利用汉语字词的语音条件，在一定的语言情景中，有意使话语生发出“言外之意，弦外之音”的特殊表达技巧。

汉字谐音手段的使用历史悠久，源远流长。谐音的萌芽，可以上溯到先秦时期的廋辞。《国语·晋语五》：“有秦客廋辞于朝，大夫莫之能对也。”这是古籍中较早记载廋辞的材料。[①] 所谓廋辞即隐语，就是不直说本意而借别的词语来暗示的话。谐音就是廋辞经常借用的一种手段。

从结构、外部形式、组成手段、语言材料、运用场合等方面来看，与汉字文化紧密相连的谐音有谐音双关、禁忌谐音、祈福谐音等，种类较多。

（一）谐音双关

谐音双关就是利用词语的同音或近音条件构成的双关，例如：

（1）杨柳青青江水平，闻郎江上唱歌声。东边日出西边雨，道是无晴却有晴。（刘禹锡《竹枝词》）

（2）《西洲曲》：“低头弄莲子，莲子青如水。置莲怀袖中，莲心彻底红。”

例（1）利用“晴”“情”同音构成双关，寓意男女之间绵绵的情意。例（2）“莲子”“莲心”都是谐音双关，“莲子”谐“怜子”，即爱你，隐喻爱情的纯洁；“莲心”谐“怜心”，即爱怜之心，隐喻怜爱之深透，表达了一个女子对所爱男子的深长思念，语言婉转动人，呈现出成熟的艺术技巧。

（二）禁忌谐音

禁忌谐音就是平时讲话、写文章或做事情时、碰到一些禁忌的用字或词汇谐音的情况下，要用与之不谐音的字或事情来取代。

禁忌语在社会生活中占有重要的位置。“正月”的“正”原来读作第

① 参见罗维明：《略谈谐音修辞的功用及其规范》，《广州大学学报》（社会科学版）第7卷第6期。

四声，秦始皇名“政”，为避讳，改读第一声或称为“端月”。中国人有“前不栽桑，后不栽柳”的习俗，因为“桑”和“丧”同音，犯了忌讳，如果在自己家门前种植桑树的话，就容易走霉运；“柳”和“流”同音，如果在屋后种柳树的话，就预示着自己家的财运从房子后边流走了。相爱双方不分吃一个梨，意为不分离（梨）。行业中也有许多谐音禁忌，如养蚕业中忌说“伸”字，因为蚕只有死后才是伸直的；为忌“沉”字，渔家把“盛饭”叫作“添饭”；为忌“散”字，称“伞”为“竖笠”；在广东、香港等粤方言区，店员不准在店内看书，因为“书”与“输”同音；“舌”字在四川方言里与“折”谐音，在广东话里与“蚀”谐音，于是，“牛舌”“猪舌”等在四川话中叫作“牛招财”“猪招财”，在广东话中叫作“牛利”“猪利”。

利用谐音避讳，趋吉避凶，是人们有效利用语言文字条件所形成的文化现象，传递着重要的文化信息，表现了华夏民族对美好生活的向往。

（三）祈福谐音

祈福谐音，以某个事物的读音与吉祥用字声音相谐，就是把这种事物的用字作为祝福和吉祥的象征。“禁忌谐音”是用谐音避开不好的、不吉利的事物，“祈福谐音”是用谐音连接好的、吉祥如意的事物。

蝙蝠是用的最多、最普遍的祈福谐音现象。蝙蝠的图案不仅出现在宫殿的雕梁画栋上，还出现在农村的炕头上。蝙蝠与其他吉祥物组成图案更是普遍，比如蝙蝠和寿桃结合的吉祥图案，被称为福寿图。民间还流传有流云百福吉祥图案，为云纹和蝙蝠组合，云纹形似如意，表示绵延不断，流云百蝠，即百福不断之意。五福临门，绘有五只蝙蝠的门联贴于门上，祈求五福临门。蝙蝠祈福谐音现象建立在“蝠”与“福”相谐音的基础上。

祈福谐音的图案还有多种内容和表现形式。年年有鱼，是“年年有余”的谐音，是中国传统吉祥祈福最具代表的语言之一，若用绘画表示则可看作是传统吉祥符号，画中有莲花或莲藕，还要有鱼，即“莲莲有鱼”；民间剪纸“官上加官”大公鸡身后长着一簇鸡冠花，鸡冠加上鸡冠花，

“冠”与“官”相谐，故谐音为官上加官；吉祥画中，还有把白鹭、荷花和芦苇等组合在一起，“鹭”与“路”谐音，“莲”与“连”谐音，芦苇之“芦”与“路”谐音，而生长在水边的芦苇，常常是棵棵连成一片，故谐音“连科”；喜鹊报三元也是一种常见的吉祥图，图案为喜鹊、桂圆和元宝的组合，明代科举制度称乡试、会试、殿试的第一名为解元、会元、状元，合称“三元”。接连在乡试、会试、殿试中考中了第一名，称“三元及第”，又称“连中三元”。“三元”是古代文人梦寐以求，升腾仕取之阶梯，喜鹊是报喜之吉鸟，与三桂圆或三元宝寓以“三元”，是一种希望和向往的图案；吉祥图案中有“三阳开泰”，三羊喻“三阳”，指阳气盛极而阴衰微，开泰即开启，预示要交好运，“三阳开泰”图案，寓意祛尽邪佞，吉祥好运接踵而至的意思。

祈福谐音，还可以从人或事物名称上谐音，引发出一个褒义来表达某种思想感情。如，旧时江南地区除夕吃年夜饭或新年招待客人时，端上来的整条鱼的菜肴，大家一般都不动筷子，待用膳结束后，主人再把这菜端下去，意为“吃剩有余”，象征来年丰足有余；大年初一要吃橘子，方音“橘”与“吉”谐音，企盼吉利之意；结婚新房中，一般都放有“枣子”“花生”“桂圆”和“鸡蛋”或“瓜子”，谐音成意为“早生贵子”，有些地方新郎、新娘在结婚当天还要吃莲子，取义为“连生贵子”。

（四）取名谐音

曹雪芹的《红楼梦》中有一个巨大的谐音隐喻世界，其中的人名很多都用了谐音双关的手法，对理解作品深意有直接帮助。如：

王熙凤谐音稀凤，意味一个鲜见的具有阳刚之气的强硬女子；元春、迎春、探春、惜春，这是“原应叹息”的谐音；贾敬谐音假敬；贾赦谐音假色，假借、凭借、倚借好色而苟活；贾政谐音假正经；贾琏谐音价廉，喻示他是西门庆式的肉欲顽主；英莲应怜；霍启祸起；甄士隐真事隐，其真名为甄费，谐音真废；贾雨村假语存（一说假语村言），其真名叫贾化，即假话。

再举一些古今人名为例：武岳，谐"五岳"。潘峰，谐"攀峰"，取攀登高峰之意。文彦博，"彦博"谐"渊博"。江不凡，"江"谐"将"，取将来不凡之意。宗臣"宗"谐"忠"取忠臣义。

姓名谐音有褒义谐音，也就有贬义谐音。例如"于刚"会使人想到"鱼缸"；"侯岩"会使人想到"喉炎"；"范婉"会使人想到"饭碗"；"宋忠"谐音"送终"。为了避免造成这种不愉快的联想，在给人取名的时候，就要考虑得全面些。

从以上谐音的例子中我们可以看到，谐音用得好，可以使名字生辉，谐音用得不好，会产生负面印象，有损尊严，应该尽量避免贬义谐音的出现。

（五）数字谐音

用以谐音的汉字和数字读音相同或相近。这类谐音总体上与语音基本相似，表面上是一串数字，事实上却是和其读音相近的另外的意思。如："1"开头：1314920（一生一世就爱你）、1314（一生一世）；"2"开头：2030999（爱你想你久久久）、259758（爱我就娶我吧）、25910（爱我久一点）；"3"开头：3344587（生生世世不变心）、359258（想我就爱我吧）、330335（想想你想想我）；"4"开头：440295（谢谢你爱过我）、447735（时时刻刻想我）；"5"开头：520（我爱你）、5452830（无时无刻不想你）、51396（我要睡觉了）；"6"开头：6785753（老地方不见不散）、6868（溜吧溜吧）、6699（顺顺利利）；"7"开头：7708801314520（亲亲你抱抱你一生一世我爱你）、706519184（请你让我依靠一辈子）、70345（请你相信我）；"8"开头：8834760（漫漫相思只为你）、85941（帮我告诉他）、8006（不理你了）。一方面，汉字谐音的数字加快了网民们敲打键盘的速度，也提高了意义表达的准确性，所以数字谐音深受网民们的喜爱。另一方面，由于数字键在任何一台电脑上都可以找到，无论是谁，在任何一种输入法状态下，都可以敲出数字，很好地表达自己的意思。

除了以上几种谐音现象，近年来网络语言迅猛发展，网络谐音现象比比皆是。例如,利用普通话词语构成谐音:“版主—斑竹,驴友—旅友,捣蛋—导弹,杜子滕—肚子疼,色友—摄友,重征—崇祯,馨吻脸脖—新闻联播,大智若‘娱’—大智若愚”等。这类谐音表层义是假象,深层义才是表达者所要表达的真正意义,往往带有一定的诙谐效果,使人读了之后,倍感轻松,心情愉悦。再如,利用方言词语构成的谐音:“人—银(这是谐东北方言的字音),鞋子—孩子(这是谐兴化方言的字音),木油—没有(这是谐广东方言的字音),偶—我(这是谐闽南方言的字词),不喝了—不活了,糖茶—唐查,很—粉,不—8,是—素,非常-灰常”等,这类谐音形式活泼,表义新颖,具有时代气息。

二、别字的文化现象

陈望道《修辞学发凡》中介绍过一种汉语传统的修辞格叫飞白:“明知其错故意仿效,名叫飞白。所谓白就是白字的‘白’。白字本应该如《后汉书·尹敏传》那样写做‘别字’,但我们平常却都叫做白字。故意运用白字,便是飞白。”飞白就是根据表达的特殊需要,将明明知道是错误的字、词、句、篇,故意如实地记录或仿效的一种辞格。

例如:又一日,塞北送酥一盒至,操自写“一合酥”三字于盒上,置之案头。修入见之,竟取匙与众分食讫。操问其故,修答曰:“盒上明书‘一人一口酥’,岂敢违丞相之命乎?”操虽喜笑,而心恶之。(《杨修之死》人教版九年级《语文》)

我国古代书写习惯都是竖写。这里的“人一口”正是“合”的白字,杨修正是用这种飞白手法与曹操开了个不大不小的玩笑。

飞白能增加文章的趣味性、真实性,使语言滑稽、幽默,具有揶揄感,增强文章的感染力。

(1)金香本来也不知道什么叫“持久战”,但根据读音相近自以为是地误解为“吃酒战”,还煞有介事地发挥了一番。(马烽《刘胡兰》)

作者将金香这个错误的理解如实记录下来,属语义飞白,这样便增强了人物语言的真实性和趣味性。

(2)李三:"改良！改良！越改越凉,冰凉!"(老舍《茶馆》)

说话者将"改良"用为"改凉",达到了讽刺的目的,表达了强烈的感情。

(3)一日,公子有谕仆贴,置案上,中多错谬:"椒"讹"菽","姜"讹"江","可恨"讹"可浪"。女见之,书其后云:"何时可浪,花菽又生江;有婿如此,不如为娼。"(《聊斋志异·嘉平公子》)

女子援引"可浪""花菽""生江",意在用这种错讹百出的语言去讽刺和取笑公子。

需要说明的是,飞白作为一种修辞手法运用在文学作品中是可以的,但绝不等于鼓励人们可以咬音不准,可以写别字,可以滥用词语,可以破坏语言的规范化。

飞白与别字存在着本质的不同:飞白的别字是故意而为之,明知故用,别字是无意而为之;飞白可以以摹传神,给人以真实生动之感,能生动地刻画人物,使人物的声音、情态形象地表现出来,形成细致深刻、幽默风趣的修辞效果,别字则会影响和破坏语言文字的正常交流。

所以,使用飞白一定要看具体的语言环境,绝不能不顾场合、不看对象,滥用飞白,损害语言的健康。

三、姓氏的特殊读音

有些特别的姓氏用字,有两种读音,表示两支不同的姓氏。如乐姓分两支—读 yuè(音乐的乐),这一支主要分布于北一带;读 lè(快乐的乐),这一支主要分布于南方。覃姓分两支—读 tán(音谈);读 qín(音秦),多为广西壮族姓氏;镡姓分两支—读 tán(音谈);读 chán(音蝉),主要分布在四川一带;盖姓分两支—读 gài(音概);读 gě(音葛):召姓分两支—读 shào(音绍);读 Zhào(音兆),是云南省傣族的姓氏;郇姓分两支—读 xún(音荀);读 huán(音环);隗姓分两支—读 kuí(音奎);读 wěi(音伟);贲姓分两支—读 bēn(音奔);读 féi(音肥)。准确地用普通话拼写出姓氏读音,对于国际交往和人名检索的机械化、自动化,具有特别重要的意义。

在汉字姓氏的读音上，通常还有以下几种情况特别需要注意：

（一）特定读音

有一部分姓字在读音时，不能读一般字音，要读特定的音：

姓	读音	不读	姓	读音	不读	姓	读音	不读
华	（huà）	（huá）	任	（rén）	（rèn）	适	（kuò）	（shì）
盖	（gě）	（gài）	区	（ōu）	（qū）	句	（qōu）	（jù）
查	（zhā）	（chá）	解	（xiè）	（jiě）	乜	（niè）	（miè）
仇	（qiú）	（chóu）	朴	（qiáo）	（pǔ）	单	（shàn）	（dān）

（二）单姓与复姓读音不同

在部分单字姓与复字姓的读音上有很大区别：

（1）“长”读作（cháng），“长孙”的“长”读作“掌”（zhǎng）。

（2）“辟”读作（bì），“辟闾”的“辟”读作“阀”（pì）。

（3）“尉”读作（wèi），“尉迟”的“尉”读作（yù）。

（4）“谷”读作“古”（gǔ），“谷蠡”的“谷”读作“lù”，“谷浑”的“谷”读作“yù”

（5）“单”读作“善”（shàn），“单于”的“单”读作“蝉”（chán）。

（三）形近音不同

有些姓在字形上非常相似或相近，但在读音上却有很大差异：

薄（bó）—簿（bù）　　亳（bó）—毫（háo）　　朿（cì）—束（shù）

岑（cén）—芩（qín）　　氾（fán）—汜（sì）　　逢（féng）—逄（páng）

茶（chá）—荼（tú）　　管（guǎn）—菅（jiān）　　简（jiǎn）—苘（jiān）

（四）形近音同

有些姓不仅在字形上非常相近或相似，而且读音也相同：

班、斑—bān	包、苞—bāo	句、勾—gōu	苟、笱—gǒu
稽、嵇—jī	茳、笠—lì	纽、钮—niǔ	姚、铫—yáo
郗、郄—xī	冼、洗—xiǎn		

（五）古今读音不同

有部分汉姓字的读音古与今有很大差异：

苻—古读为“pú（仆）”，现读为“fú（扶）”

叶—古读为“shè（舌）”，现读为“yè（业）”

盖—古读为“gě（各）”，现读为“gài（丐）”

屯—古读为“zhūn（谆）”，现读为“tún（豚）”

郗—古读为“chí（蚩）”，现读为“xī（息）”

四、语音性别差异

语言的性别差异是指男女在使用同一种语言或方言时表现出来的差别。事实上，语言运用作为一种社会行为，在语音、用语、交谈三个方面的确存在着性别差异。例如，北京高中到大学的青年女性中普遍存在着将 j、q、x 发成了类似于 z、c、s 的语音现象，这就是所谓的“女国音”现象（又称“尖音”）。这种情况偏离了普通话的标准音，却受到社会的认可，继续流行。不过，这一时髦的语音现象在男性中并不普遍，说明它与性别有关。

国内对于语言的性别差异这一现象的研究始于 20 世纪 70 年代，距今也只有五十来年的时间，仍处于起步阶段。现在，有人利用计算机进行语音情感计算，将不同的声学参数以及声学参数的衍生参数作为特征参数,可以对语音情感进行识别。①

作为语言外壳的语音,在实际应用中存在着性别上的差距。语音主要有音高、音长、音色几个基本要素,而男女性别差异在这几个方面都有体现。②

音高指声音的高低,取决于发声时声带振动的频率。正常情况下,成年男子声带长而宽,女子声带短而窄,所以女子发声时声带振动快,声调比男子要高。音高表现在言语行为中即调门的高低与转换,即音调。有调查表明,女子喜欢使用超高调和超低调,并且使用音调的种类与男子相比要丰富得多;而男性一般使用中调。这与女性情感丰富且易于流于言表是相顺应的。女性为了要表达丰富的情感,就要通过不同的语调来表现。而男性一般都想在别人面前树立一种庄重严肃的形象,所以其一般用中调来突显一种稳重感。

音长是声音的长短。有调查显示,在正常语速下,女性的音长较男性长。这与女性在进行言语表达时,较多考虑对方的感受这样一种心理活动相顺应。

音色是声音的感觉特色,主要由发音体、发音方法和发音时共鸣器的形状所决定。诚然,由于每个人在发音时这几个方面不可能跟另一个人完全相同,所以每个人的音色都是不同的,但音色按照男女性别的不同还是可以分成两大类:男性嗓音一般说高亢或低沉,女性嗓音一般说嘹亮或柔美。这是由男女发音器官的生理因素所决定的,同时,也受到男女不同的社会地位以及心理状态的影响。

男女性别出现的声音差异还有其他一些表现:女性发音的绝对音高高于男性;女性的语音听觉比男性更敏感;男性发音比女性含混;年轻女子的发音比男性更娇柔;男性发音的“元气”比女性更足等。

对于语言中的性别差异这一现象产生的原因,国内外众说纷纭。在

① 参见《语音情感识别中特征参数的性别差异和规整》,(《中国科技论文网》)http://www.paper.edu.cn。

② 参见《从顺应论角度看语言性别差异》,http://wenku.baidu.com。

国际上主要有女性保守论、地位意识论、社会网络论、差异理论；国内的研究者则主要从“重男轻女”这一文化视角以及社会分工、生理性别、角色关系、心理因素等视角来进行分析。

除了以上四个方面，汉字字音形成的文化现象还有很多。例如，还可以利用多音多义字的不同音义形成变化和对仗构成对联：

长长长长长长长，cháng zhǎng cháng zhǎng cháng cháng zhǎng （米店）

行行行行行行行。háng xíng háng xíng háng háng xíng （缝纫店）

海水朝朝朝朝朝朝朝落，浮云长长长长长长长消。

海水朝（潮）朝朝朝（潮）朝朝（潮）朝落，浮云长（涨）长长长（涨）长长（涨）长消。

还可以利用同音字构成特有的同音绕口令，如赵元任的《施氏食狮史》：石室诗士施氏，嗜狮，誓食十狮。施氏时时适市视狮。十时，适十狮适市。是时，适施氏适市。氏视是十狮，恃矢势，使是十狮逝世。氏拾是十狮尸，适石室。石室湿，氏使侍拭石室。石室拭，氏始试食是十狮。食时，始识是十狮，实十石狮尸。试释是事。再如赵元任的《熙戏犀》：西溪犀，喜嬉戏。席熙夕夕携犀徙，席熙细细习洗犀。犀吸溪，戏袭熙。席熙嘻嘻希息戏。惜犀嘶嘶喜袭熙。

同音字绕口令一般字音相近，极易混淆，要想念得既快又好，没有快速的思维、良好的记忆、伶俐的口齿，是很难做到的。经常说同音绕口令，能够提高语言表达力，并能使思维更具敏捷性、灵活性和准确性。

练习六

一、判断正误，正确的在括号里划“√”，错误的划“×”。

1. 一个汉字只能表示一个音节。 (　　)
2. 一个音节只能表示一个汉字。 (　　)
3. 一个汉字代表一个音节。 (　　)
4. 根据形声字的声旁，可以准确地读出字音。 (　　)
5. 形声字对认读现代汉字没有帮助。 (　　)
6. 现代汉字的字形大都不能准确表音。 (　　)
7. 现代汉字的读音不受方音影响。 (　　)

二、名词解释。

1. 多音字　2. 同音字　3. 异读词　4. 汉字谐音

三、猜字谜。

1. 太阳王。( )
2. 森林大火。( )
3. 每人一口。( )
4. 说是天，不是天，空空如也末笔弯。( )
5. 廿字头，口字中，北字两边分，四点下面蹲。( )
6. 画时圆，写时方；冬时短，夏时长。( )
7. 千字头，木字腰，太阳出来从下照，人人都说味道好。( )
8. 大小一一俱全。( )
9. 像友不是友，模样记清楚；左角向上拐，右角落彩球。( )

四、给下列汉字注音，并分析声旁的表音功能。

例如：纷(fēn)　声旁“分”——声、韵、调全相同。

盆(pén)　声旁“分”——韵同，声、调不同。

扮(bān)　声旁“分”——声、韵、调全不同。

脐　骂　拾　河　请　清　情

视　低　拨　访　胖　圈　锅
误　芳　碘　赌

五、简答题。

1. 举例说明现代汉字字音的特点。

2. 举例说明形声字的声旁和字音的关系。

3. 举例说明如何正确使用多音多义字。

六、论述题。

汉字字音文化功能形成的原因及常见样式。

七、请查阅《说文解字》或其他工具书，将下列文字写成小篆。

1. 千里之行，始于足下。

2. 生活没有旁观者，每个人都是主角。

第七章　现代汉字字义

字义就是字的意义。简单说,字义就是字形、字音所表示的意义。

一般认为,作为符号的汉字具有形、音、义三个要素。清代的段玉裁在《说文解字注》中说:“凡文字有义、有形、有音,……”这是大多数人检验是否认识一个汉字的标准,所以吴玉章在其《文字改革文集》中指出:“认识一个汉字必须要知道它的形、声、义三个要素,三个中间缺少一个,就不能算做认识了这个字。”但也有学者不同意上述观点,认为汉字的形、音、义并不是同一平面的东西,也不都是必不可少的东西(有时只表音,有时只表义),所以不宜并称为“三要素”。这里采用大多数人的观点,将汉字看成形、音、义的统一体,探讨汉字字义的特点,字形的表义功能,字形表义的多样性及文化功能。

第一节　现代汉字字义的特点①

一、现代汉字多数字义是语素义

汉字是语素文字,语素是语言中最小的语音语义结合体,汉语中单

---

① 根据张静贤主编《汉字教程》整理,北京语言大学出版社,2004 年 7 月第 1 版,第 73—77 页。

音节语素占绝对优势，汉语中字和意义的关系实际上就是字和语素的关系，字义就等于语素义，根据数据统计，一个汉字对应一个语素占了80%以上。①

在现代汉语书面语中，汉字跟字义的关系大致有三类：

（一）字形记录词义

一个汉字记录一个单音节词，而这个单音节词是由一个单音节语素构成的，主要指词汇学中的单音节成词语素。例如："书、笔、走、说、香、很、最、不"。

（二）字形记录语素义

一个汉字记录一个语素，而这个语素在现代汉语中不能单独构成一个词，主要指词汇学中的不成词语素。例如："民、丽、月、耳、道、习、历、释"。

（三）字形记录一个音节，没有字义

例如"仿""佛"，当它们单独存在的时候，它们记录的既不是语素，更不是词，而只是音节。只有当它们合起来的时候，"仿佛"才构成一个语素，同时也是由一个语素组成的双音节词。这类词包括词汇学中的联绵词、音译词、叠音词、拟声词。例如："葡萄、蟋蟀、玛瑙、玻璃；咖啡、莫斯科；潺潺、瑟瑟、哗啦啦"等。

要注意的是，有些字在某些场合记录的是语素，有字义，但在另一些场合记录的却不是语素，没有字义。比如："马"，在"牛马""马路""马车""马头琴"中记录的是语素，有字义；在一些译音词中，如"马克""马达""马尼拉"（菲律宾首都 Manila 的中文译名）中，它们记录的只是一个音节，并不是语素，所以没有字义。

① 参见尹斌庸：《汉语语素的定量研究》，《中国语文》，1984年第5期。

使用拼音文字的国家和民族只有词典，没有字典，而汉语既有字典又有词典，所谓字典，其实就是语素典，解释的字义就是成词和不成词的语素义。词典也有字头，在字头下解释语素义，然后再解释双音节和多音节的词的意义。汉族人对字义的关注事实上就是对语素义的关注，小学的识字教学实际上就是语素义的教学。

二、现代汉字形义表达关系比古代汉字松散

跟古代汉字相比，现代汉字字形记录字义的方式已经发生了很大变化。早期的汉字如甲骨文、金文，多用象形的方法记录字义，图画特征明显，所以往往能“见形知义”，例如（山）像连绵起伏的山峰；（目）像眼睛；（鸟）像小鸟；（木）像枝干、树枝、根须组成的树木；（从）像一个人跟随着另一个人；（明）像太阳和月亮，合在一起表示明亮的意思。

汉字字形在长期的使用过程中经过不断简化，特别是符号化的过程，它早期阶段的象物表意功能逐渐淡化，例如：目（）、日（）、山（）、口（），已经看不出眼睛、太阳、山峰、嘴巴的形状。

与此同时，汉字的字义经过假借（常用读音相同的字形记录跟这个字形毫无联系的字义）、引申（字形增加记录跟原始本义有联系的字义）等发展途径，有些初始义变为罕用义，甚至消退了，字形跟常用字义的表达关系疏远了，比如：

→我　古字形像一种带齿的兵器，后来假借为记录第一人称代词的字，字形跟现代常用义毫无联系了。《说文解字》：（我），施身自谓也。或说我，顷顿也。从戈从。，或说古垂字。一曰古殺字。凡我之属皆从我。

→其　古字形像一只簸箕，后来假借为记录助词、指示代词的字，字形跟现代常用义毫无联系了。《说文解字》：（其），簸也。从竹、，象形，下其丌也。，古文箕省。其，籀文箕。

→鉴　古字形用人照铜镜这一图形记录镜子这一字义，后来引申为“可以作为警戒或引为教训的事”，带“金”旁的字形跟现代常用字义的联系就很疏远了。《广韵》：鉴，同鑑。鑑，大盆也。一曰监诸，可以取明水于月。从金监声。

这些字例表明，许多汉字我们已经无法直接从它的现代字形中探知它的字义了。

当然，现代汉字中也还有一些字是可以直接从字形推知字义的，如“丫、凸、凹；乒、乓、刁；尘、咩、歪、劣”等，但数量极少，它们的存在并不能改变现代汉字字形跟字义的表达关系比古代汉字要松散、疏远得多这一事实。

三、现代汉字一字多义现象普遍

随着人们对客观世界的认识不断深入，语言的语义不断丰富，词汇量也在不断地扩展。限于人们的认知能力和文字的交际效率，不可能出现一个新词或一项新义就造一个新字，不同的词和不同的语义经常要由同一个字形来记录，这就出现了一字多义现象。

《汉字信息字典》对 7785 字作了统计，只有一个义项的字（单义字）有 4139 字，有两个或两个以上义项的字（多义字）有 3053 字，它们之间的比例为 1∶0.737。其余 593 字为没有字义的字形，如“葡、萄、玻、璃、咖、啡”等。如果在常用字中统计，多义字的比率会更高一些。只有一个义项的字主要是一些记录日常用品和食品的字，如“凳、褥、韭、鱼”等。

多义字各项字义之间有或紧或松的联系。如：篮 (1)用藤、竹、柳条等编的盛东西的器具，上面有提梁：菜篮子、竹篮。(2)装在篮球架上供投球用的铁圈和网子：投篮、篮板、篮圈。

使用多义字的时候，要结合所记录的语义和语言环境来确定它的具体字义，如：

多义字	词语	字义	多义字	词语	字义
(1) 开	开门	打开	(2)打	打枪	放出,发出
	开车	驾驶		打毛衣	编织
	开会	召开		打灯笼	举、提等动作
	开水	沸滚		打酱油	购买
	开始	起始		打报告	书写

第二节　形旁的表意功能及“右文说”

现代汉字在造字方法上,以形声造字法为主,这种说法是有根据的。形声字产生至今,在数量上不断发生突破,具有标志性意义的有以下几个阶段:商周时期约占20%;东汉许慎《说文》时占了80%以上;到了宋代,比例高达90%以上,而现代汉字里的形声字所占比例更高。①

一、现代汉字中形声字占绝大多数

现代汉字中为什么形声字会占绝大多数呢?这主要是形声造字法优于其他造字法的缘故。首先,象形、指事、会意只着眼于表意,字的内部没有表音成分,形声字则是音义两全的结构,满足了人们希望文字联系语音的要求。其次,形声造字法容易造字,只要确定了表示的义类,去找一个合适的意符(即形旁),再找一个同音字作音符(即声旁),一个新字就造出来了。形声字的结构是音符加意符,因此从理论上说,形声造字的可能数就等于:音符数乘意符数。假定一个音节只选用一个汉字作

① 由于对形声字的界定并不一致,统计结果也不一样。例如,殷寄明认为在1000余已识的甲骨文中,形声字448个,占20%左右(殷寄明《论形声字的一种重要构成方式》《南京师大学报》1992年第2期)。李孝定《汉字史话》统计为27.24%。朱骏声《说文通训定声》82.29%%。李国英统计为89.39%(《小篆形声字研究》北京师范大学出版社,1996年版,第2页)。

为音符，那么造字的可能数就等于音节数乘以意符数。比如普通话有400个音节，常用字典有200个部首，两者配合起来造字的可能数就可以达到80000个左右。这一点可以说明形声造字法的能产性。

二、现代汉字中形声字意符的作用和局限

形声字经过长期的演变，发生了很大的变化。变化至今的形声字，其意符的情况如何呢？下面分别说明其作用和局限。

（一）现代汉字中形声字意符的作用

意符是形声字的表意部分，它的作用主要有两个：一个是提示该字所记录的语素的义类。凡是意符相同的形声字，在字义上或多或少的都与意符所标示的事物或行为有关。例如“页”，甲骨文写作，小篆写作，本义是头，故以“页”作意符的字都和头、面的意义有关：如“顶、颊、颈、颔”等；“斤”，甲骨文写作，小篆写作，本义是一种锐利的砍伐工具，故以“斤”作意符的字大多和砍伐、截断的意思有关，如“斫、斩、断”等；“手”，甲骨文写作，小篆写作，以“扌”作意符的字大多同手的行为动作有关，如“拉、扯、推、按、提、拔”等。形旁的提示作用不但可以帮助我们掌握字义，还可以帮助我们辨别形似偏旁。如“礻”和“衤”形体相似，初学者不好区别。“礻”是“示”（《说文》：，天垂象见吉凶所以示人也。）的偏旁变形，以“示”为意符的字大都与鬼神、祭祀、祸福有关，如“祈、社、神、祝”等；“衤”是“衣”（《说文》：衣，依也，上曰衣下曰裳。）的偏旁变形，“衤”旁的字都与衣物有关，如“裤、袖、衫”等。又如“欠”和“攵”形体也相似，但“欠”旁的字与口有关（《说文》：（欠），张口气悟也，象气从人上出之形。凡欠之属皆从欠。），也就是和口中出气有关，如“歌、歇”等；“攵”旁的字与手的动作或人的行为有关（《说文》：攵、攴，小击也，从又卜声，凡攴之属皆从攴。），如“收、改、教、救”等。辨别形似偏旁，对识字教学和正字法都有用处。

意符的另一个作用是区别同音字。当一些字读音相同,所用声旁也相同时,区别这些同音字的主要手段就是采用不同的形旁。比如读音为yí,用的声旁均是“夷”,怎样区分?加病字头为“痍”,加口旁为“咦”,加女字旁为“姨”……这样,同音字就区别开了。严格地说,加形旁区别了同音字,实际就是从字形确定了不同的语素及其意义范畴。

(二)现代汉字中形声字意符的局限

虽然意符有表义的作用,但是意符在表义上也有其局限性。意符只能表示一种笼统、粗疏的义类,并不能提供具体的意义信息。比如“柳、杨”二字,我们只能根据意符知道它们属于树木类,并不能据此断定它们是哪一种树,同样也不能根据形符看出它们之间的差别来。有人分析过“氵”所表示的意义的多样性:(1)表示水或其他液体本身:如水的专名(湘、汾、淮),水或其他液体的种类(汁、汗),水或其他液体呈露的外形及其容器的形状(沫、池、海),水或其他液体的性质、动态、数量(滢、汩、汛、汪),水或其他液体的作用及其结果(溶)。(2)表示跟水或其他液体有关的:如跟水有关的地域(滨、涔),跟水或其他液体有关的动作(汲、灌、淘、渲、泣、潸),跟水或其他液体有关的物质(泥、渣),类似水或其他液体的形状(溥)。

以上实例说明,现代汉字形声字意符的表义确实十分笼统、粗疏。之所以如此,是因为意符表示的只是一类事物或行为的共性,它不是也不可能表示这个类中的各个具体事物或行为的个性。

其次,由于词义的演变和假借的广泛使用等原因,现在有些形声字的意符已经看不出表示意义范畴的意思了。如“理”字,从“玉”(玉作左偏旁写作王)“里”声,本义是治玉,后引申为“治理”“修理”“管理”义。今天,我们再也体会不出这个字和“玉”有什么关系了。再如“笨”字,从“竹”“本”声,《说文解字》:“笨(笨),竹里也,从竹本声。”,现在已经假借为“笨拙”义,和意符“竹”毫无关系。

再次,由于有些形声字的意符选择不够科学,造成意符表义不确切。

例如，不同的义类用了同一个形旁："蛾"是一种昆虫、"虹"是一种自然现象、"蝟"是兽类，都不是虫类，可是它们的形旁都是"虫"；"鲸"不是鱼类，形旁却是鱼；"蝙蝠"不属昆虫，形旁却是虫。这些字的形旁选用，反映了当时人们的认识水平，今天看来则不好理解了。也有同一义类用了不同的形旁的，如"说、喊"都是用口腔发出声音，但一个用言旁，一个用口旁。

意符既有表义作用又有局限性，那么它的表义功能在今天的作用究竟如何呢？有人对"扌"("手"作左偏旁)部字作了个统计。在 3755 个常用汉字中，"扌"部字共有 184 个，以意义能否与手有关作标准，不能有效表意的只有"挝""捌"等少数几个字。有人对《新华字典》"氵""水""心""犬"四部所收的形声字作了表义度分析，结果是：在 383 个"氵"部字中，有 301 个字的意义与水有关，占 78%；在 60 个"心"部字中有 42 个字的意义与心有关，占 70%；在 218 个"亻"部字中，有 100 个字的意义与人有关，占 46%，在 4 个"犬"部字中，有 1 个字与犬的意义有关，占 25%。

汉字形声字的形旁具有表意功能是大多数人熟知的，不管形声字意符的表意作用是否有局限性，形旁具有的表意功能是客观存在的。形声字的另一半——声旁是否有表义作用呢？回答这一问题涉及"右文说"。

三、"右文说"

"右文说"是研究汉字形声字声符表义问题的一种学说。自汉以来，传统说法认为，形声字的声符只表音，不表义。王安石一反传统，认为"凡字声皆有义"，并把所有的形声字都解释为会意字。当时在其条例司供职的王圣美受王安石观点影响，在此基础上认为形声字的意符只表示字义类别，声符才是真正的表意成分，而声符常常处于字之右，这就是所谓"右文说"。

这一学说虽有其片面性，但总算发现了汉字音义关系的一条重要规律，即某些形声字的声符兼有表意作用。王圣美开启了长达数百年的"右文说"的研究，是"右文说"的开创者。遗憾的是至今未见王圣美"右文说”的专书。对此,宋代《宣和书谱》卷六云“方王安石以字书行于天下,而子韶亦作《字解》廿卷,大抵与王安石之书相违背,故其《解》藏于家而不传。”可备一说。现存文献关于王圣美等人“右文说”记载有三条:一是沈括《梦溪笔谈》卷十四:“宋人王圣美治字学,演其义为右文。凡字,其类在左,其义在右”;二是王观国《学林》卷五:“卢者,字母也。加金则为护。加火则为炉……凡省文者,省其所加之偏旁,但用字母,则众义该矣”;三是张世南《游宦纪闻》卷九:“自《说文》以字画左旁为类,而《玉篇》从之,不知右旁亦多以类相从。如‘戋’有浅小之义……”。由此可见,论述“右文说”最早也较详细的是王圣美。王圣美高于王安石:第一,“他专从声符着眼”;第二,“他把声符相同而意符不同的许多字加以比较,以寻求这些字在意义上的共同性。”随后发挥“右文说”并使之成为一种完整理论的是戴侗。戴侗为宋元间人,是该时期“六书”研究上郑樵之外的另一位重要人物。其《六书故》从释字方法说,可看作是现存最早也最完整的一部右文学著作。戴侗对于“声符表义”这种现象的解释表现为:所谓“六书推类而同之”,即用同声符的字加以类比。戴侗以一字本义为纲,用以解释同声符的众多形声字的字义,指出其初文和孳生字之间的关系,这比王圣美以及后世诸人完满得多,可谓前进了一大步。正是这种创新性的研究,才为清代研究“右文说”者奠定了基础。

宋代提出的“右文说”在清代取得了突出的成就。清代学者发明的“以声为义”“声近义通”“因声求义”等训诂方法都是在“右文说”的启发下出现的;对于语源学的研究,“右文说”更是提供了重要门径。“右文说”在清代的突出研究者是戴震、段玉裁、江沅和朱骏声。戴震提出了设想:“今作谐声表,若尽取而列之,使以声相统,条贯而下,如谱系,则亦必传之绝作也。”到段玉裁的弟子、戴震的再传弟子江沅手里,才有所实践,他按戴震的设想,取段玉裁《六书音韵表》所编之字,以声母(声符字)为首,把从母得声之字依次列表,写成了《说文解字音韵表》。段玉裁也在其《说文解字注》中引用了大量的右文材料,并加以分析和解说。而真正成功地按戴震要求写成专书的是朱骏声的《说文通训定声》。

第三节　汉字字义的多样性

一、单义字和多义字

（一）单义字

只有一个意义的字叫单义字。例如：《新华字典》“奔 bēn：急走，跑。”；“畚 běn：畚箕，用竹、木、铁片等做成的撮土器具。”《现代汉语词典》“陲 chuí：（书）边地。”；“槌 chuí：敲打用的棒，大多一头较大或呈球形。”这些字都是单义字。

一个字在它刚刚创造出来时，总是单义的，随着社会的发展、语言的日益丰富，在长期的使用过程中，有些字逐渐出现了一字多义现象。在现代通用汉字中，少数是单义字，大多数汉字是多义字。

（二）多义字

具有两个或两个以上意义的字叫多义字。如“复”的意义有五项：①回去，返：循环往复；②回答，回报：复仇；③还原，使如旧：复原；④重复，再：复习；⑤不是单一的，许多的：复杂（据《新华字典》）。有的字有很多义项，如前边说过的“开、打”两个字，“开”字《新华字典》有 11 个义项，《现代汉语词典》中共有 21 个义项；“打”字《新华字典》在 4 个大的义项中包含着 21 个小的义项，《现代汉语词典》则有 24 个义项。

多义字的多项意义之间，并不是平等的、彼此孤立的，它们之间有主次、常用和不常用、派生和被派生关系。

二、汉字的本义、引申义、假借义

(一)本义和基本义

本义是根据字形分析和古代文献能证明了的最早意义。如“引(引)”,左边是弓,右边一竖表示弓弦拉到的位置。本义是拉开弓。《孟子·尽心上》:“君子引而不发,跃如也。”(把箭放在弦上拉开弓却不射出去,做出跃跃欲试的样子。)又如“走(走)”字,金文中上象人的两手摆动,下面是脚的象形,人两手摆动的幅度很大,像跑起来的样子,因此,文言文中的“走”,本义是“跑”。如《木兰诗》:“两兔傍地走,安能辨我是雄雌”。

解释字的本义的最具有权威性的工具书是《说文解字》。《说文解字》是我国语言学史上第一部分析字形、说解字义的字典。它的特点是用分析字形结构的方法来解说字的本义。如:米(米),粟实也;象禾实之形。甘(甘),美也;从口含一。初(初),始也;从刀从衣,裁衣之始也。念(念),常思也;从心今声。这种说解原则上是符合汉字本义的实际情况的。

应该注意本义和基本义的区别。基本义是一个字在现代最主要、最常用的意义,是从现代应用情况而言的,就一般情况来说,本义和基本义是一致的,而有的基本义不一定就是本义,如“走”的本义是“跑”,而基本义则是“步行”;“归(歸)”的基本义是“回来“,它的本义却是“女子出嫁”;“讲(講)”的基本义是“说”,它的本义却是“和解”;“兵(兵)”的基本义是“士兵”,本义是“兵器”。

有的字义还可以进一步细分为次要义、生僻义等。字的基本义、次要义和生僻义都是相对来说的。掌握字的基本义是最重要的,但也不要忽视字的次要义,因为它常在常用词中出现。即使是生僻义,也不要忽略,因为它有时还出现在成语中,而且常常是理解成语意义的难点。如

“夙兴夜寐”中的“兴”字是“站起来”的意思,“陈陈相因”中的“因”是“沿袭”的意思。

(二)引申义

引申义是从本义引申派生出来的意义。如“产”的四个义项:①人或动物的幼体从母体中分离出来;②创造物质或精神财富,生产;③出产;④产业。《说文解字》:“(产),生也。从生,彦省声。”由此看来第一义项是本义,第二、三义项都是从本义引申出来的引申义,第四义项是引申义又引申出来的意义。引申义有单向引申和多向引申。单向引申指从本义直接引申出一个意义,再由这个意义进一步引申,这种引申是承接性的。如“木”字的四个义项是一条线引申出来的,如图示:

木:①树木→②木头→③用木料制成的→④棺材

多向引申指由本义从不同角度直接引申出几个意义。这种引申是辐射性的。如《现代汉语词典》“固”字,除了作为姓氏用字外,共有四个义项,第①义项是本义,第②至④三个义项都是由本义直接引申出来,可图示为:

固:①结实,牢固
→ ②坚固
→ ③坚决的;坚硬的
→ ④使坚固

有的多义字的各个义项是单向引申和多向引申相交叉的。

有的词还有比喻义。比喻义是一个字在长期使用过程中,通过借喻而产生的新义,比喻义是一种固定的、较抽象的意义。比喻也是一种引申义。如“潮”本是“潮水”的意思,海水昼涨为潮,夜涨为汐;人们借海潮起伏来比喻不平静的心情(心潮澎湃),比喻大规模的社会变动或运动发展的起伏形势(学潮、工潮、革命高潮等)。比喻义暗含着“象……似的”的意思。有时借代手法用于字义产生了字的借代义。如“嘴”本是说话的器官,借用来代指说话,“嘴笨”是不善于说话,“嘴尖”是说话刻薄,“嘴紧”是说话小心,“嘴碎”是说话啰嗦,“嘴”还有比喻义,如“瓶嘴”“壶嘴”等。

(三)假借义

假借义是由于用字假借而产生的意义。假借字不是从字的本义直接或间接引申发展出来的意义,而是由于用字的假借而产生的意义,它同字的本义没有任何联系。假借字,当代学者一般分为两类:一是无本字的假借字,一是有本字的通假字。

1. 无本字的假借字

本字,这里与假借字相对。假借字指仅记词义之音而形体不表其义的字,本字则是指与假借字古音相同又表其义的字。有很多假借字使用了几千年,一直没有本字,即许慎所说的“本无其字,依声托事”。例如:

而(),《说文》:“颊毛也,象毛之形。”后借为连词。

所(),《说文》:“伐木声也,从斤户声。”《诗》曰:“伐木所所。”后借为连词。

我(),象形字,甲骨文“”象有三锋之长柄兵器,《说文》“施身自谓也”,乃其假借义。

2. 有本字的通假字

有本字却不写,非要用一个同音字来代替,情况很复杂。基本原因是汉字表音功能的增强,这是一切表意文字发展的共有现象,尽管汉字在隶书以后已经不是纯粹的表意文字了。

例如:

早()、蚤()。《说文·日部》:“早,晨也。从日在甲上。”蚤《说文》释“啮人跳虫”。《史记·项羽本纪》:“旦日不可不蚤自来谢项王。”这里“蚤”是通假字,本字是早。

焉(),《说文·乌部》:“焉鸟,黄色,出于江淮。象形。”“焉”本义是鸟名,假借为语气助词。

三、同义字

同义字指意义相同或相近而读音和写法不同的一组字。朱光潜《艺文杂谈·谈书牍》:"'笺'就是'牍',古人写信用木简,'笺''牍''简''札'都是同义字。"王力《逻辑和语言》:"同一个概念可以用不同的词来表示,这是所谓同义词,例如'肥皂'又叫'胰子','衣服'又叫'衣裳'。"

(一)同义字的意义类型

1. 所指对象相同,但称谓不同

如:蚊、蚋,是蚊子的不同名称。

2. 意义相同,但主体不同

如:白、皎、皑、皙,都有白的意思,但其主体不同。《说文解字》:"白(),西方色也":"皎(),月之白也";"皑(),霜雪之白也";"皙(),人色白也"

3. 意义相同,但使用对象不同

如:"谏—诫"都有用语言阻止别人的意思,但"谏"一般用于下级对上级,晚辈对尊长或朋友之间,而"诫"则用于上对下,尊对卑。"哲—喆"都表示聪明,有智慧;贤明的人,有智慧的人,但"喆"多用于人名,"哲"多用于尊称、敬称。

4. 基本意义相同,但程度或数量不同

如:"疾、病",都是指生理或一心理不正常的状态,但轻重程度不同。"疾()"程度轻而"病()"程度重。《周礼·天官冢宰下·医师》:"凡邦之有疾病者,疕疡者造焉。"宋朱申《周亭乙旬解》"轻曰疾,重曰病。头疮曰疕.身疮曰疡,皆造医师求药。"

在《扁鹊见蔡桓公》一文中:扁鹊第一次见到蔡桓公是说"君有疾在腠理,不治将恐深。"(即:"您有小病在皮肤的纹理中,不医治恐怕要加重。”)。桓侯曰:“寡人无疾。”扁鹊出,桓侯曰:“医之好治不病以为功!”(即:桓侯说:“我没有病。”扁鹊退出以后,桓侯说:“医生喜欢给没有病的人治病,把治好‘病’作为自己的功劳!”)过了十天,扁鹊又进见桓侯,说:“君之病在肌肤,不治将益深。”由此也可看出,蔡桓公开始是身有小“疾”,因为讳疾忌医耽误看病时间最终小“疾”变成了小“病”。

再如,“饥—饿”,可用来表示饥饿感,但程度不同,“饥”是一般的饿,“饿”是严重的饿,《韩非子·饰邪》:“家有常业,虽饥不饿。”,意思是虽然吃不饱,但是不至于饿着;《正字通》:“饿,甚于饥也。”,意思是饿的程度大于饥。现在,“饥”和“饿”两个字已经合成一个词,用来表示任何状态任何程度下的饥饿感。

5. 同类事物的不同形态

如:箪()、笥(),都是盛饭之器,但形状不同,箪是圆形,笥是方形。《礼记·曲礼上》:“凡以弓剑苞苴箪笥问人者。”郑玄注:“箪笥,盛饭食者。圆曰箪,方曰笥。”

四、汉字字形与字义的复杂关系

(一)古今字

同一个词在不同的时代用不同的字来表示,就形成古今字,在前出现的字叫古字,在后出现的字叫今字。如“莫—暮;昏—婚;赴—讣;然—燃;县—悬”。这里的“古”“今”仅仅是个相对的概念,段玉裁《说文解字注》说:“古今无定时,周为古则汉为今。汉为古则晋宋为今。随时异用者,为之古今字。”“古今”概念基本一致。

古今字形成的原因。上古时代文字数量较少。很多字除了表示本义以外,还用于表示引申义、假借义等,这就形成了一字记录多词、一字身兼数职的现象。如果某一个字所承担的记词任务过重,或者所记录的几个词都是常用词,有时就难免造成混淆,增加阅读障碍。为了明确文字所记录的词，人们就另造新字，以减少兼职，就形成了古今字。

古今字的意义关系。(1)今字分担古字的本义。例如，“益—溢”，益字甲骨文写作，从水从皿会意，本义是水溢出来，引申出富足、增加、利益等意义，后来在“益”的基础上又增加了一个形符“水”专司本义。类似的例子还有“州—洲、奉—捧、止—趾、原—源、丞—拯、居—踞、禽—擒”等，这些字是今字分担古字的本义，古字多用以表示引申义的情况。还有一种情况是今字分担古字的本义，古字多用以表示假借义，例如，“采—採”，采字甲骨文写作，像手爪在树上采摘之形，本义是采摘，后多借作色彩用，于是在采字的基础上又累加了一个形符“手”专司本义。类似的例子还有“其—箕、队—坠、孰—熟、县—悬、然——燃、或—域”等。(2)今字分担古字的引申义。例如，“解—懈”，解字的甲骨文写作，象双手肢解牛角之形，本意是分解，引申指人的精力分散懈怠或指人心离散不一，这个引申义后来写作“懈”，分解义仍然写作“解”。类似的例子还有“大—太、景—影、反—返、坐—座、见—现、昏—婚、赴—讣”等。(3)今字分担古字的假借义。例如，“母—毋”，母字的甲骨文写作，郭沫若说“像人乳之意明白如画”，本义当为母亲，金文表示“不要”意义的否定副词多假借“母”字充任，后对其稍加改造作“毋”形专司此义。类似的例子还有“舍—捨、胃—谓、属—嘱、辟—避、乌—呜”等。

古今字的形体关系。(1)古字+形符→今字。如“其→箕、取→娶、昏→婚、匈→胸”等。(2)古字改变形符→今字。如“说→悦、振→赈、没→殁、张→胀、被→披”等。(3)古字略加变形→今字。如“大→太、闲→间、陈→阵、气→乞”等。(4)也有些由通假造成的古今字，形体上可能无关。如“亡→無”、“伯→霸”等。

（二）异体字

异体字有狭义广义之分。狭义的异体字指读音相同，意义相同，而形体不同的文字。广义的异体字除包括狭义异体字外，还包括文献中通用的假借字和古今字。我们讨论的是前者。

异体字的形体类别:(1)文字结构类型的不同。"泪(会意)—淚、涙(形声)""野(形声)—埜、壄(会意)""韭(象形)—韮(形声)""淼(会意)—渺(形声)"。(2)同是会意字,而构成成分不同。如"明—朙""弃—棄""尘—塵"。(3)同是形声字而成分或位置不同。如"岭—岺""鞍—鞌""峰—峯""稿—稾"。(4)隶变不同或文字讹变。"春—萅、旾""晋—晉""並—竝"。(5)为了书写方便而形成的俗字。"略—畧""别—彆""耻—恥"。(6)还有一些其他的古体字。如"礼—禮""无—無"等。

异体字的辨识:(1)同出一源,分化后分工明确。如"乌"和"於"原先是同一个字,春秋后才逐渐分化为不同形体,二字分工明确,意义不同。因此它们曾经是异体字,现在却不算了。类似的还有"喻—谕""鸦—雅""怡—怠"等。(2)虽然通用,但有一个义项不通用。如"修"和"脩","修"从"彡",本义为修饰,"脩"从"肉",本义为干肉,在表示干肉意义时只能写作"脩",可见,"脩"和"修"是通假关系,而非异体关系。类似的还有"游—遊""剪—翦""淫—婬""凄—悽"等。

五、字义与词义的关系

字义和词义有区别:字义是文字所表示的词的意义,词义是词所反映的概念的内容,但汉字与词义之间有着密切的联系。汉字是汉语里单音节语素的书写符号,一个字基本上代表一个单音节语素,那么,字义当然来自语言里单音节语素的意义。也就是说:字义是单音节语素的声音形式所表达的内容。这是不是说字义跟单音节语素的意义是一回事呢?严格说来,并不是一回事,因为字和语素并不完全是一对一的关系。例如:"黄牛"是黄颜色的牛,以颜色命名。"尘垢"是灰尘和污垢。上面这两个词的词义与字义相同,但部分词义与字义并不相等。如,"河马"不是河里的马,是一种喜欢在河水中活动的哺乳动物。"树懒"不是树懒惰或懒惰树,是指一种活动缓慢、喜欢在树上栖息的哺乳动物。

汉字跟语素的对应关系是比较复杂的。尹斌庸做过一个统计：在4213个常用汉字中，一个汉字代表一个语素的，如“人”“飞”等字，占87.5%；一字二素的，如“布”（“花布”的“布”和“散布”的“布”）“才”（“才华”的“才”和副词“才”）等字，占10%；一字三素的，如“果”（“水果”的“果”、“果断”的“果”、“果然”的“果”）“供”（“供品”的“供”、“供词”的“供”、“供给”的“供”）等字占1.7%；一字四素的，如“落”（落 luò 后、落 là 下、落 laò 忍、大大落落 1uō）“差”（差 chā 别、差 chà 不多，差 chāi 使、参差 cī）等字，占0.4%；一字五素的占0.1%，还有一字六素的。这个统计数字说明：90%左右的汉字是一字一素的，因此，我们说一个汉字基本上代表一个语素是符合实际的，把字看作语素的书写符号也是适当的；在一字多素的汉字中，有的是几个语素同形同音.有的是几个语素同形异音。①

字义是不是单字词的词义呢？有一部分是，有一部分不是。有些字表示“成词语素”，如“啊”“爱”“安”“暗”等，它们是单字词，其字义就是单字词的词义，有些字表示“不成词语素（又称为复合词）”，如“悲”“哀”“察”“谄“等，它们只能作构词成分，这类字的字义不是单字词的词义。据统计，现代汉语的单字词约有两千多，就是说，大约有两千多个字的字义是单字词的词义。

汉语复合词的词义与其字义的联系较复杂，种类较多。符淮青以词义中的语素义（字义）为中心，把解释词义的成分分成四个部分。② 我们按5种类型介绍：

（1）同义：即词义以及构词的字义（语素意义）都相同。例如“都市”：=都=市；“选择”：=选=择；“声音”：=声=音；“饥饿”：=饥=饿。

（2）合义：即词义是几个构词字义的直接组合。例如“帮扶”：帮助、扶持（帮，帮助；扶，扶持。）；“冷落”：寂静、衰败（冷，寂静；落，衰败。）；

---

① 参见张伟编著：《字义与词义》，中国物资出版社，1987年10月第1版，第5页。

② 参见符淮青：《现代汉语词汇》（第二版），北京大学出版社，2004年4月第2版，第213—224页。

“麦收”:收割麦子;“备荒”:防备灾荒;“平分”:平均分配;“认错”:承认错误;“纯贞”:纯洁忠贞。

(3)加义:即词义除了字义组合直接显示的意义之外,还加进了字义之外的内容。例如“景物”:(可供观赏的)景致和事物;“触礁”:船只在航行中碰上暗礁;“柳编”:柳条编制的工艺品;“根源”:使事物产生的根本原因。

(4)偏义:即几个构词字中,只有一个字的意义在词义中起作用。例如“国家”:国;“容易”:易;“睡觉”:睡;“反水”:叛变,“水”的原意无表现;“忘记”:“记”的意义失去;“云彩”:云,“彩”的意义表现不明;“石头”:“头”的意义表现不明。

(5)转义:即词义是字义组合后转移而成的一个新的意义。例如:“灰狗”:指美国长途汽车;“亏损”:支出超过收入;“铁窗”:指监狱;“肝胆”:比喻真诚的心;“二百五”:称傻气,做事莽撞的人。

有学者对汉语常用复合词的词义与字义联系的5种类型所占比例做过统计:合义占33%,加义占56.7%,两项相加占89.7%。说明“汉语的绝大多数复合词的字义(语素义)和词义有密切的联系,字义在词义中的作用很明显,词义几乎等于字义的相加”①。

第四节　汉字字义的文化功能

字义,是汉字在语言交际中所传递的实际内容,这就决定了字义与文字使用者的思想意识是最容易贴近的,也决定了字义本身会有丰富的文化蕴涵功能。

① 参见林杏光:《词汇语义和计算机语言学》,语文出版社,1999年版,第244页。

一、语义双关

利用词语或句子的多义性在特定语境中形成双关。比起前边讲过的谐音双关来，语义双关更为常用。例：

(1)毛泽东《蝶恋花·答李淑一》：我失骄杨君失柳，杨柳轻飏直上重霄九。问讯吴刚何所有，吴刚捧出桂花酒。

词中的“杨柳”是指毛泽东的妻子杨开慧和李淑一的丈夫柳直荀，杨开慧被国民党反动派逮捕杀害，柳直荀在革命根据地被害，语义双关的手法运用出色，寄托了毛泽东对夫人杨开慧烈士和亲密战友柳直荀烈士的无限深情。

(2)朱庆馀《闺意献张水部》：洞房昨夜停红烛，待晓堂前拜舅姑。妆罢低声问夫婿：画眉深浅入时无？

此诗的意思是：昨夜新婚，洞房里还放着红红的蜡烛，新媳妇我静静等着天亮到堂前去拜见公公和婆婆。精心梳妆好，再轻声问丈夫：我画的眉毛颜色深浅，符合现时流行的样式吗？表面是一首“闺诗”“艳诗”，实则是一首“行卷诗”(举子在应试之前将自己的得意之作呈送达官显宦或诗文名家阅览，以冀得到嘉许引荐而有利于登科中举)。这首诗里的张水部，就是张籍，他曾官水部郎中，以擅长文学而又乐于提拔后进与韩愈齐名，合称韩、张。朱庆馀此诗投赠的对象就是他。朱馀庆平日向张籍行卷，已经得到他的赏识，临到要考试了，还怕自己的作品不一定符合主考的要求，因此以新妇自比，以新郎比张，以公婆比主考，写下了这首诗，征求张籍的意见。作为“闺意”诗，这首诗非常完整、优美动人，描写细腻，然而作者的本意，在于表达自己作为一名应试举子，在面临关系自己政治前途的一场考试时所特有的不安和期待。诗句表里融洽，天衣无缝，这种一箭双雕的技巧令人惊叹。

二、武则天新造字

武则天(624—705)，于公元690年改唐为周，自称皇帝，将部分汉字改写，通行全国。关于则天文字究竟有多少个，由于新造字是武则天命人所作的、收录有所有则天文字的《字海》已经失传，因此历来众说纷纭，有 12 个、16 个、17 个、18 个、19 个和 21 个等之说，其中改天、地、日、月、星、年、正、君、臣、载、初、曌十二字说，改天、地、日、月、星、年、正、君、臣、载、初、照、授、证、圣、国、人、月十八字说两种说法较多（如图 7-1、7-2）。

图 7-1　武则天造字

图 7-2　武则天造字

武则天为何要造新汉字？站在不同的学科和不同的角度看能得到不同的答案。从汉字史和汉字文化学的角度看，武则天新造汉字有如下原因：

（一）利用汉字巩固新政权

任何新的政治经济的形式都需要有精神和文化力量的陪衬和辅助，武则天用新字，实质上就是通过对人们普遍使用的汉字进行新造和改变的方式，为一种新的政权形式的诞生从思想文化上、从人们的心灵上为自己打开一条通道。汉字尽管有字体等的变化，但千百年来汉字结构是稳定的，通过汉字新造来打破人们思维习惯中的这种深层的固有的思维模式，来为一种新的皇权以破天荒的形式出现和存在做精神上、文化上和心理上的准备。千百年不变的汉字可以新造，男权为中心的皇权也可以改变，"牝鸡司晨"即将出现。一句话，用文字的手段为她登上皇帝宝座制造理论依据。

（二）利用汉字树立威信

武则天当了皇帝之后，便想方设法树立自己的威信，大搞个人崇拜，用尽心机夸耀自己的高明、伟大、博学和睿智，为表达她皇统万年、长治久安的心愿，大有改天换地姿势。于是她便造了一个"曌"字，此字读"照"，并为自己改名"武曌"，认为自己犹如日月当空，光辉普照天下，为百姓带来光明和温暖；改"国"为"圀"，表明要排除困惑，摆脱困难，以统治全国四面八方；改"臣"取忠心、一心一意之意，就是要臣下忠于自己，巩固统治地位。

武则天新造汉字的原因还有许多，但这些原因都有一个共同点：建立在人们对汉字的崇拜心理上面。

三、文字崇拜①

中国是一个崇尚文字的历史古国。东汉许慎在《说文解字·叙》里提出了“盖文字者，经艺之本，王政之始，前人所以垂后，后人所以识古”的有名论断，把文字的社会作用提到了很高的地位。

文字的崇拜来源于远古的图腾文化。远古先民有各种崇拜对象，如日月星辰、风云雷电，山川石头，动物植物，祖先鬼神等，都可能成为崇拜对象。崇拜对象文字化，来源于汉字的造字原则。汉字造字起源于图画，与图画联系十分密切。图腾文化消失后，文字的崇拜乃是一种文化崇拜。

（一）敬惜字纸

我们先看下面三个材料：

1.《惜字》：字为至宝，远胜金珠，人由字智，否则愚痴。

世若无字，一事莫成，人与禽兽，所异唯名。（《印光法师文钞》下册 1742 页）

释译：文字堪称为世上最珍贵的宝物，其价值远远胜过金银珠宝。人通过阅读、学习而使自己的智慧得以增长，否则就是一个愚痴之人。世上若没有文字，则一切事理皆不成立。人与禽兽的区别就在于能思考、有智慧、明善恶、懂取舍。否则，人与禽兽就只是名称上不同而已。

敬惜字纸，是汉字崇拜观念的演变，也与宗教因果报应思想，中国知识分子惯常守持的节俭、谨慎、整洁的生活态度有密切的关系。在文字初创时期，文字掌握在少数人手中，这种状况使文字与权力之间发生一定的联系，这种联系容易使人们产生文字崇拜的心理。从汉字作为一个系统初步形成之日起，我们的祖先就给它涂上了一层神秘的、尊严的色彩，并且长期以来一直被作为崇拜的对象。相传仓颉造字，破解了天地

① 参见何九盈：《汉字文化学》，辽宁人民出版社，2000 年 1 月第 1 版，335—341 页。

的秘密，以致“天为雨粟，鬼为夜哭”，出现了惊人的异象。古人受到这一重大发明的震撼，崇拜文字，衍生了敬惜字纸的传统。

2. 小学语文课文《珍贵的教科书》(北师大版小学语文三年级第六册第五单元)。主要记叙了在1947年保卫延安的战争中，延安小学的学生在极其艰苦的条件下，顽强地坚持学习，张指导员为了保护教科书而献出自己的生命，说明教科书的珍贵及当时学习环境的艰苦，体现了革命先辈对后代的殷切希望。

3. 小学语文课文《珍贵的纸和笔》。这篇文章主要写的是抗日战争时期条件艰苦，纸和笔缺乏，半截铅笔、一张纸得来不易，但艰苦的环境并没有影响战士们的学习热情，他们依然刻苦学习。

在抗日战争和解放战争年代，物质贫乏、知识不普及，读书识字不是件容易的事，加之纸张产量有限，处于匮乏的条件下的惜物心态，人们对于纸张也就特别心存敬重爱惜，对写有文字的纸更是充满敬畏与尊重，甚至用生命捍卫字纸。

上面三个材料出于不同的年代，由不同的作者写成，第一则文字稍微难理解一些，第二、三则文字浅显，但思想内容上都有一个共同特点：敬惜字纸。

鲁迅先生曾揭示过“敬惜字纸”的本质。他在《门外文谈》第六节中说：“因为文字是特权者的东西，所以它就有了尊严性，并且有了神秘性。中国的字，到现在还很尊严，我们在墙壁上，就常常看见挂着写上‘敬惜字纸’的篓子；至于符的驱邪治病，那就靠了它的神秘性的。”这段文字应该是对“敬惜字纸”习俗的最好解答。

“敬惜字纸”是中国古代文化传统中一种良好美德，代表着古人敬重文化的思想。

敬惜字纸的传统在宋代已经出现。写有字的废纸不可随意丢弃践踏、糊窗封坛或与其他废物混杂，而需丢入字纸篓，专门收集后焚烧成灰，成为字灰，收集起来。每隔一段时间，便开坛祭造字之仓颉，然后将字灰送至大江大海，称为“送字灰”或“送字纸”。相应地，亦出现了专为焚烧字纸的“惜字塔”，以及专门收集字纸旧书加以焚化的惜字会。清朝有大量的《惜字律》，劝人敬惜字纸。各类佛经以至笔记小说都有劝谕惜字纸的故事。清《惜字律》的主要着眼点是“敬惜”写出或印出的文字，也有刻本更侧重于劝导人们在写字时要下笔矜慎，不要损害别人，如清光绪十年刻本《惜字新编》。还有《惜字新编》《惜字征验录》《文昌帝君惜字律》《文昌惜字功过律》等关于敬惜字纸、敬重文字的训戒及传说。

根据这些文献记载可以发现，敬惜字纸要做到：一不能乱用乱放，二要妥善保管，三焚烧。

现代社会物质繁荣，字迹、字纸铺天盖地，泛及社会各个层次、各个角落，因为传统文化的断层，人们不知、不懂、不会敬惜字纸。不敬惜字纸的现象表现于社会生活的各个角落，表现方式也多种多样：在景物上留下“××到此一游”的文字；随意的撕毁书籍；到处乱张贴字纸；轻易的书写、印刷出版文字作品；乱扔字纸；书写不文明、健康的内容；践踏字纸……凡此种种，举不胜举。

我们反对一切浪费、不珍惜字纸的行为，但是也不能对字纸崇拜到迷信的地步，以为稍一越轨，就罪过匪浅，终遭天谴，折福折寿，或者相信时时用心、恭恭敬敬捡拾字纸就可疗贫疗饥医无子，达到荣华富贵的目的，这是荒唐愚昧的。

人们对“敬惜字纸”的态度，表面上是文字崇拜的表现，实质上又是全民族崇敬文化的因子，是民族的最高价值观之一，现当代我们依旧可以感受到这一传统习俗的合理因素，它仍然具有继承与发扬的必要。

（二）避讳[①]

避讳是我国古代特有的一种文化专制现象。所谓“讳”指的是帝王、圣人以及尊长的名字。人们在说话或书写文章时，凡遇到这些名字以及相同的字，必须设法避开或改写，这就叫避讳。根据避讳对象的不同，避

① 参见王继洪：《汉字文化学概论》，学林出版社，2006年6月版，第216—217页。

讳种类就包括国讳、圣讳、官讳和家讳。

1. 国讳。又叫避君讳，就是避本朝君主的名字。如汉高祖姓刘名邦，凡遇到“邦”字，要改成“国”。开国君主往往追谥他的祖宗为皇帝，这些名字也要回避。

2. 圣讳。在我国古代，除了避君讳之外，圣人的名字也要回避。清雍正规定，孔孟名讳必须敬避，尤其是孔子之名“丘”，凡古书中有此字，必须改为缺笔字，姓名、地名中的“丘”必须改为“邱”字。

3. 官讳。也叫宪讳，指下属官员要避上司、长官的名讳。例如五代时期宰相冯道的门客在给冯道讲《道德经》时，为了避冯道的名讳，把“道”字改成了“不敢说”，于是“道可道，非常道”就被读成了“不敢说，可不敢说，非常不敢说”，一时传为笑谈。再如“只许州官放火，不准百姓点灯”这个典故，也是避官讳产生出来的。

4. 家讳。“家讳”是祖父母、父母亲的名字，对于这些尊长的名字进行回避，叫避家讳。《红楼梦》中，林黛玉的母亲叫“贾敏”，读书时凡遇到“敏”字，不读出声来，非读不可的话，改读为“密”。

避讳的方法有：改字、省字、空字、缺笔、改音等。

避讳是古代宗法制度的产物，是家天下和尊祖、敬尊的表现。如果从善恶来看，出于善意的称为善意避讳，还有一种是因为厌恶仇敌，不愿提起他的名字，而作回避，如安禄山叛乱反唐，给国家造成了难以估量的损失，所以唐肃宗即位后特别厌恶他，于是便下令把地名中的“安”字全部改掉，如把“安定郡”改为“保定郡”。

（三）文字狱

文字狱是指封建社会统治者迫害知识分子的一种冤狱。《汉语大词典》将“文字狱”定义为“旧时谓统治者为迫害知识分子，故意从其著作中摘取字句，罗织成罪”。

中国的文字狱古已有之，历朝历代屡见不鲜，如公元前548年（鲁襄公二十五年）齐国权臣崔杼杀史官的事件。秦始皇统一中国后的“焚书坑儒”等。《汉书》记载，司马迁的外孙杨恽因《报孙会宗书》令“宣帝见而恶之”，而以大逆不道的罪名判处杨恽腰斩。曹魏末年，嵇康因写作的《与山巨源绝交书》令权臣司马师“闻而恶之”，而被斩于东市。宋代也发生了著名的苏东坡“乌台诗案”。中国古代的文字狱以元清两代最突出，清代最甚。

清代皇帝大兴文字狱，维护自己的统治，打击异己分子，镇压对自己统治不利的思想言论，制造了许多因言论而获罪的案件。其中著名的有明史案、黄培诗案、朱方旦案、《南山集》案、年羹尧案、谢济世案、陆生楠案、吕留良案、屈大均案、“清风不识字”案、“维民所止”案、伪奏稿案、王锡侯《字贯》案、徐述夔《一柱楼诗集》案、“古稀罪”案、李一《糊涂词》案、贺世盛笃国策案……清代一共有多少文字狱案件？恐怕很难有一个精确的数字。据不完全统计，在顺治、康熙、雍正、乾隆四朝发生 166 起，顺治 7 起，康熙 12 起，雍正 17 起，乾隆 130 起，清朝文字狱处决了 200 多人（以康熙初年庄廷龙明史案、雍正末年吕留良案杀害最多），涉及 3000 多人。一向“高己卑人，雄才易事”的乾隆在六十年的帝王生涯中，竟制造了 130 起酷刑“文字狱”案件，创造了比此前中国历史上“文字狱”总和还多一倍的空前“奇迹”。

文字狱的发生不仅使当事者家破人亡、妻离子散，个人、家庭、家族、阶层遭受灭顶之灾，而且禁锢了大众思想、扭曲了中国文化、闭塞了社会的进步发展，集中地反映了封建专制的黑暗与野蛮，写下了中国历史上黑暗的一页，对中国的社会文化发展及汉字的使用产生了极其严重的消极影响。

四、文字预言

1. 谶言（chèn yán）

《说文解字·言部》“讖（谶），验也。从言韱声。楚荫切”。《辞海》里对“谶”的解释为预言；征兆。谶是巫师或方士等以谶术制作的一种隐语或预言，作为吉凶的符验或征兆，又称谶语、符谶、符命，是迷信的说法，谓之将来会应验的话，因通常配有图，故又叫图谶。

较有名的故事是《左传·成公十年》：晋侯梦大厉被发及地，搏膺而踊曰："杀余孙，不义！余得请于帝矣！"坏大门及寝门而入。公惧，入于室。又坏户。公觉，召桑田巫。巫言如梦，公曰："何如？"曰："不食新矣。"公疾病，求医于秦，秦伯使医缓为之。未至，公梦疾为二竖子，曰："彼良医也。惧伤我，焉逃之？"其一曰："居肓之上、膏之下，若我何？"医至，曰："疾不可为也。在肓之上、膏之下，攻之不可，达之不及，药不至焉，不可为也！"公曰："良医也！"厚为之礼而归之。六月丙午，晋侯欲麦，使甸人献麦，馈人为之。召桑田巫，示而杀之。将食，张；如厕，陷而卒。小臣有晨梦负公以登天，及日中，负晋侯出诸厕，遂以为殉。

这个故事的大意为，晋景公梦见一个大鬼，散披的长发拖到地上，拍打着胸膛跳起来对景公说："你杀了我的子孙后代，这是不义！我已经请求上帝得到它的允许（可以报仇）了！"大鬼捣毁大门和寝门走了进来。景公感到害怕，躲进内室。大鬼又毁坏内室的门。景公醒来后，召见桑田地方的巫人（占卜吉凶）。巫人说的和景公所梦见的相同。景公说："怎么样？"巫人说："君王吃不上新麦了。"景公的病加重了，到秦国去请医生。秦桓公派了一个名叫缓的医生为晋景公治病。医缓还没有到达，景公又梦见了他的病变成了两个儿童。他们说："他是一位医术高明的医生，恐怕会伤害我们，怎么逃避他？"其中一个说："我们躲在肓的上边、膏的下边，拿我们怎么办？"秦医来到后，说："病不能治了，在肓的上边、膏的下边，艾灸不可能，针刺达不到，药物的力也到不了，不能治了！"景公说："高明的医生啊！"赏赐他丰厚的礼物送他回国了。六月丙午这天，晋景公想尝新麦，派甸人献上新麦，由庖人烹调。这时景公把桑田的巫人叫来，将煮好的新麦给他看，然后杀了他。将要吃新麦的时候，景公肚子发胀起来，走到厕所，跌入厕所里死去。有一个宦官当天早晨梦见背着晋景公升天，到了下午，他（果真）背着景公出厕所，于是就把他作了殉葬人。

谶言常用的手段有拆字法、双关法、谐音法等。

2. 拆字与算命

与敬惜字纸不同,敬惜字纸是通过做善事来获得精神上的满足和愉快,或为自身及子孙得到保佑,而测字则是通过随意之中的某个字,来获得对所关心的事情的命运和前途进行预测。两者虽然有明显的不同,但都是建立在对汉字的崇敬和神秘之上。

测字,也称相字、拆字、破字,一种占卜法。早在几千年前的商周时代,人们就利用甲骨来占卜,虽然它所依据的是龟甲灼纹而非文字,但仍可以把它视作文字,这是较早的文字崇拜。崇拜的出现不仅使文字蒙上了一层神秘的色彩、而且文字本身也被赋予了某种神秘的力量,或者蕴含着命运的枢机,或者预示着神鬼的意志。人们便解拆字形,以预测吉凶和决定宜忌趋避。于是测字术产生了。后人认为,汉字象形的特点和古人追求天人合一的观念是测字产生的主要因素。

在汉字几千年发展过程中,测字被很多风水看相之家结合自己的方法发扬光大,其中流派众多,方法不一,可大致归为两种:第一种是,根据字体本身形状或者拆字,也有在九宫格把字拆分各个单位的方法,附会其意以求吉凶。第二种是数理法,类似于算卦排盘,利用阴阳五行八卦之数来测算吉凶。

流传的著名测字故事有:宋代谢石测字、崇祯帝测字、苏黄迁谪与测字、纪晓岚测字、曾国藩测字等。

3. 汉字与道教符箓

符箓是符和箓的合称。符指书写于黄色纸、帛上的笔画屈曲、似字非字、似图非图的符号、图形;箓指记录于诸符间的天神名讳秘文,一般也书写于黄色纸、帛上。

道教在长期传习符箓术的过程中,创造了纷繁的符箓道法,造作了众多的符书,归纳起来主要有如下四类:

(1)复文。多数由二个以上小字组合而成,少数由多道横竖曲扭的笔画组合成形。

(2)云篆。据说是天神显现的天书,实即模仿天空云气变幻形状或古篆籀体而造作的符箓。

(3)灵符、宝符。由更为繁复的圈点线条构成的图形。

(4)符图。由天神形象与符文结为一体的符箓。

道教符箓使用十分广泛。有用于为人治病者:或丹书符箓于纸,烧化后溶于水中,让病人饮下;或将符箓缄封,令病人佩带。有用于驱鬼镇邪者:或佩带身上,或贴于寝门上。

符箓术的思想基础是鬼神信仰,称其有召神劾鬼、镇魔降妖之功效者,自不可信,而用以治病可能类似于医学上的心理疗法或气功的作用。

五、汉字姓氏文化①

(一)姓氏来源

汉字是一种神奇的显现符号,中国汉字姓氏奥妙无穷。汉字姓氏文化博大精深,源远流长,是中华民族光辉灿烂文化的重要组成部分。

姓氏,是姓和氏的合称。中华姓氏的来源与发展,可以回溯到母系氏族。姓,甲骨文写作“”,金文写作“”,《说文解字》:“(小篆)姓,人所生也。古之神圣母,感天而生子,故称天子。从女从生,生亦声。”这段话告诉我们,在远古时期,只知其母、不知其父的血缘群婚阶段,人们的姓氏,只能根据母亲的属性。从已知的史料来看,最早出现的姓氏,大部分都从“女”旁。如神农氏,姜姓,因以火德王,故称炎帝;姞,黄帝后代姓氏之一;妘,高辛氏时,火正祝融的后人之姓;嬴,春秋时,秦、徐、黄、江等都是嬴姓国。

谈到姓,很容易使人想到氏。(甲骨文)(小篆)。甲骨文的“氏”是象形字,本义为低头捶手抵地。后被假借为“宗族根底”之意。

---

① 参见王继洪:《汉字文化学概论》,学林出版社,2006 年 6 月版,第 100—126 页。

虽然现在姓氏表示同一概念，但是在上古时期姓与氏所指完全不同。段玉裁在《说文解字》中注："姓者，统于上者也；氏者，别于下者也。"就是说，一个人的姓是指他的血统来源，氏则是指他子孙的血统来源；"姓"显示生身母亲的近景信息，不能改变，"氏"则显示宗族历史渊源的远景信息，可以自立。当时之所以进行这种严格的区分，原因有三：一是严格男女之别；二是为了区别贵贱；三是为了更好地选取婚姻之家。战国以后，往往以氏为姓，姓与氏逐渐混一。

中华姓氏有的以国名与邑名为姓，例如，周公旦的儿子被封到邢国为侯，他的后代便以"邢"为氏；有的以乡、亭之名，居住地之名为姓氏，例如，陆、门、乡、闾、里等；有的以先人的字或名为姓氏，鲁孝公之子名展，他的后代便以"展"为氏；以排行次第为姓，例如，按兄弟顺序排行取姓，老大曰伯或孟，老二曰仲，老三曰叔，老四曰季等，后代就以祖辈的排行"伯""孟""仲""叔""季"为氏，表示在宗族中的顺序；以官职为姓氏，例如，司徒、司马、司空、司士、司寇是中国古代朝廷的重要官职，后来这些官名，都成了姓氏；以技艺为氏，例如，"巫""甄""贾""匠""陶"和"屠"等为姓的，也都是以技艺为"命氏"的；居住地特色立姓，因避讳而改姓，因谐音、字讹而立姓，因原姓氏的衍生而立姓等。由此可见我国姓氏来源的多样性与蕴含文化的丰富性。

一个好的名字应该蕴含着丰富的汉字文化内涵。方法则主要有以下几种。(1)纪时法：即根据出生年份、季节、月令、日期、时辰起名；(2)纪地法：即根据出生的地方起名；(3)纪事法：即根据出生时所发生或遇上的事情起名；(4)顺序法：即根据出生顺序为名；(5)叠字法：即两字相叠成名；(6)托寄法：即通过起名寄托长辈对婴儿的种种期望。比如说：永康，父母只是简简单单的希望他永远健康。

(二)名、字、号

"名"，(篆)。《说文解字》"名，自命也。从口从夕。夕者，冥也。冥不相见，故以口自名"。许慎认为，名字最初是因夜晚相遇、辨识需要

而产生的。所谓“名”,是社会上个人的特称,即个人在社会上所使用的符号。

“字”,(篆)。《说文解字》“字,乳也。从子在宀下,子亦声”。本义是在屋子里生小孩儿。引申为孳生、繁衍。名字的“字”其实就是从名衍生而来的,所以叫作字。“字”往往是名的解释和补充,是与“名”相表里的,所以又称“表字”。

在古代有的人除名、字外,还有“号”。号是人的别称,所以又叫“别号”。

练习七

一、判断正误，正确的在括号里划“√”，错误的划“×”。

1. 在表意字中，同一表意部件只表示同一义类。（　　）

2. “匍匐”是两个汉字，记录了两个语素。（　　）

3. 字义就是语素义。（　　）

4. 现代汉字的形旁有提示和区别作用。（　　）

5. 现代汉字中有多义字。（　　）

6. 现代形声字都可以见形知义。（　　）

二、找出下列形声字的形旁，分析这些形旁的表意功能。

洪　财　询　吻　苗　辆　物　氧　炳

胀　理　字　仙　汉　池　淋　笼　衫

肝　岸

三、名词解释。

1. 右文说　2. 本义　3. 引申义　4. 假借义　5. 繁简字

四、简答题。

1. 举例说明什么是多义字。

2. 在现代汉字中，形声字的声符有哪些作用？

3. 为什么说现代汉字多数字的字意是语素义？

4. “敬惜字纸”在汉字教学中有何积极的意义？

五、论述题。

现代汉字音形义之间的关系。

六、请查阅《说文解字》或其他工具书，将下列文字写成小篆。

1. 明月几时有，把酒问青天。

2. 白毛浮绿水，红掌拨清波。

第八章　现代汉字字量

字量,文字的数量,一般指某一特定范围使用到的汉字的数量。比如 1988 年 3 月,国家语委和新闻出版署联合发布的《现代汉语通用字表》的字量是 7000 个。2013 年 6 月 5 日,国务院公布的《通用规范汉字表》总字量为 8105 个。

计算汉字的字量要区分字形数和字种数。根据字形,凡是字形不同的汉字,不管音义是否相同就算不同的汉字,这样得到的字数是字形数,而如果不同的字形表示的是同一个语素,这样得到的字数是字种数。《新华字典》和《现代汉语词典》的单字,基本上是字种数,而《汉语大字典》《中华字海》《中华字海》等书收藏的汉字则是字形数,把不同的形体都算一个汉字收录。

第一节　汉字的总量

汉字是语素文字,总数非常庞大。总共有多少汉字?到目前为止,恐怕没人能够答得上来精确的数字。从汉字的发展数量来看,是一个逐渐壮大、膨胀的过程。

汉字的数量,根据字书的记载,可以看出其发展情况。

秦代的《仓颉》《博学》《爰历》三篇共有 3300 字,汉代扬雄作《训纂篇》,有 5340 字,到许慎作《说文解字》就有 9353 字了,晋宋以后,文字又日渐增繁。据唐代封演《闻见记·文字篇》所记晋吕忱作《字林》,有12824字,后魏杨承庆作《字统》,有13734字,梁顾野王作《玉篇》有16917字。唐代孙强增字本《玉篇》有22561字。到宋代司马光修《类篇》多至31319字,到清代《康熙字典》就有47000多字了(有数据统计为47035个字)。1915年欧阳博存等的《中华大字典》,有48000多字。1959年日本诸桥辙次的《大汉和辞典》,收字49964个。1971年张其昀主编的《中文大辞典》,有49888字。

随着时代的推移,字典中所收的字数越来越多。1990年徐中舒主编的《汉语大字典》,收字数为54678个。1994年冷玉龙、韦一心主编的《中华字海》,收字数更是惊人,多达85000多字,是目前汉字字典收字最多的。这类字书里收录的汉字字数是字种数,绝大部分是“死字”,也就是历史上存在过而今天的书面语里已经废置不用的字。

有人统计过十三经(《易经》《尚书》《左传》《公羊传》《论语》《孟子》等13部典籍),全部字数为589283个字,其中不相同的单字数为6544个字。因此,实际上人们日常使用的汉字不过六七千而已,否则,汉字将是世界上没人能够也没人愿意学习和使用的文字了。

大量的汉字的出现,都是一些生僻字、异体字、繁体字、废字,这些字会给社会带来很大的负担,为此要付出巨大的社会成本和高昂的代价,造成社会资源的大量的浪费。例如,中国人仅仅在人名上大量的使用这些字,就会对政府、教育界、公安部门、通信部门、交通部门、服务部门等造成电子管理系统的盲区和无奈,整个社会将会耗掉大量的人力和物力来重新认识、识别、检索这些毫无必要出现的字。

因此,对汉字的定量工作是一项关系到我国国计民生、社会进步的大事。

第二节　现代汉字的字频统计与分析

汉字除形、音、义三要素外,还有第四要素——字频。字频指字所使用的频率,指在一定的历史时期内经抽样取得的文字资料里,每一个汉字使用次数与抽样资料总字数的比例。例如,在一个一万字的文本中,“的”字一共出现过 415 次,那么“的”字在该文本中的字频便是 4.15%。

汉字的字频统计,对指导识字教学、汉字研究、字书编纂、汉字的机械处理和信息处理等都具有十分重大的意义。

一、汉字字频统计研究成果

汉字字频统计与研究取得了重要的研究成果,代表性成果主要有以下几项:

(1)陈鹤琴《语体文应用字汇》:对总数为 554478 字的六种语料进行字频统计,得出 4261 个字种。是第一本现代汉字字频统计的著作。

(2)北京新华印刷厂《汉字频度表》:对涉及科学技术、文学艺术、政治理论和新闻通讯四类共 2160 多万字语料作字频统计,得到 6374 个字种。

(3)贝贵琴、张学涛《汉字频度统计》:字种 5991 个,分为最常用字、常用字、次常用字、稀用字、冷僻字等五级。

(4)北京语言学院语言教学研究所《汉字频率表》:字种 4574 个,分为四级。

(5)北京航空学院《现代汉语字频统计表》:从 1977 年到 1982 年社会科学和自然科学材料中抽出 1108 万字作为语料,得到 7754 个字种。此著作对多音字的频率按音项分别统计,比过去把多音字作为一个单字来统计更科学。

(6)北京语言学院语言教学研究所曾对 1978 年至 1980 年出版的全

国通用的中小学语文课本的全部词汇作了统计与分析,用人工和电子计算机相结合的方法编出了反映全部研究成果的《汉语词汇的统计与分析》一书。后来又根据该书中出现次数最多的汉字和词汇编造成《常用字和常用词》。

(7)由国家语委首次向社会发布的年度语言生活报告《中国语言生活状况报告(2005)》,其中的《报纸、广播电视、网络用字总表》是2005年年度用字字频统计表,该表语料时间范围为2005年,语料介质包括报纸、广播电视和网络,统计手段采用计算机,共选择892034个文本文件,包括732143010字次,统计得出字种数8128个。

二、汉字字频的规律

通过对字频统计结果的分析,得出汉字的几条规律:

(一)汉字效用递减率

使用状态的汉字出现的频率不平衡:最高频率的1000字的覆盖率大约是90%,以后每增加1400字,覆盖率大约提高十分之一。列表如下:

表8-1　汉字效用频率表

字数	覆盖率%	欠缺率%
1000	90.000	10.000
2400	99.000	1.000
3800	99.900	0.100
5200	99.990	0.010
6600	99.999	0.001

另外,汉字中多音字和多义字比较多。字频统计显示字频越高的字中,多音字和多义字越多;字频越低的字中,多义字和多音字就越少。据统计在3500个常用字中有323个多音字的排序是在2500以内,排序在

2500—3500 的字中,只有 98 个多音字。这说明汉字虽多,常用的并不多,多音多义字向高频段集中,就为这我们根据需要与可能,为不同人群和阶段确定识字的字种和字量提供了科学的理论依据。

启示一:根据这个规律,我们在识字教学中一定要坚持先教高频字,后教低频字。如果认识前 1000 常用字,不足率为 10%,就能算“脱盲”了。由于识字教材更要考虑内容,不可能完全按照频度表编排,但在考虑教材内容的同时,应该尽可能做到频率高的字安排在前教学。

启示二:常用独体字的使用频度不一定很高,但它们是构字的“部件”,组字能力很强,有些能组几十甚至几百字,应首先学好。这些字多是象形字和指事字,所以教师如有条件,应采用形象识字法,把这些字的古文写法形象地画出来,作为从实物到文字的过渡。这种方法比用拼音当“拐棍儿”直观形象得多,教学效果也好得多。

(二)常用字笔画趋简率

1988 年 4 月电子工业出版的《汉子频度统计》一书中的《汉子频度统计表》,常用字笔画数数据如下:

表 8-2　常用字笔画数统计

字级	序号	累计频率%	总画数	平均画数
一级字(最常用字)	1-500	77.419	3622	7.244
二级字(常用字)	501-1000	90.819	4355	8.710
三级字(次常用字)	1001-1500	95.898	4840	9.680
四级字(稀用字)	1501-3000	99.597	15655	10.437
五级字(冷僻字)	3001-5991	100.000	23682	11.599
总计	5991	100.000	63154	10.541

从表中看出,一级字的平均笔画数最少,二级字、三级字、四级字、五级字,每级字的平均笔画数都在增加,应用频率较高的字,平均笔画就较少;使用频率较低的字,平均笔画就较多。这个规律叫作常用字笔画趋

减率。

这说明按字频从高到低进行认字和写字教学,就是让学生从易到难进行学习,符合学习和认知规律。

(三)汉字的结构功效随字频的降低而减弱

汉字是结构文字,既能构词,也能构句。字频的高低与字的结构功效关系密切。合体字由部件和独体字组成,词由语素构成,句子需要虚词连接。结构能力强的字因其在字、词、句中的组合能力强而出现的频率高,是高频字,结构能力差的字只能是低频字。

有统计表明:字频越高独体字越多,合体字越少;字频越低,独体字越少,合体字越多。在 2500 字内有独体字 243 个,合体字 2257 个;两者比例是 10.29∶89.71。2501—3500 内有独体字 25 个,合体字 975 个;两者比例是 02.6∶99.74。

在按使用频率排列的前 9000 个常用词(累频 95.85%)中,单音词占 2400 个,双音词占 6285 个;在前 2000 个常用词中,单音词占 957 个,双音词占 1020 个;在前 1000 个常用词中,单音词占 565 个,双音词占 431 个;在前 500 个常用词中,单音词占到 332 个。由此可以发现,单音词,也就是字,因其构词能力强而占据高频位置,构词能力低的字只能处在低频段。

根据统计,在构词、构句能力强的 200 个字数词、量词、代词、方位词、能愿动词、趋向动词、判断词、副词、介词、连词、助词和叹词中,字频排序在 100 内的有 60 个,排在 101—200 的有 38 个,排序在 200—500 的有 62 个,只有 50 个字的频率在 500 之外。

这说明只要按字频高低进行学习,就能做到:认识了高频字、基本字,也就认识和积累了相当数量的高频词,识字与识词并不矛盾,而是相得益彰。按字频高低进行学习,可以取得“以少胜多”的效果,大大提高学习效益。

（四）高频汉字的频率具有相对稳定性

每个汉字的使用频率是不平衡的，有的使用频率高，有的使用频率低。从发展上看，高频字和低频字之间没有绝对的界限，它们在一定条件下常常会互相转化。这种转化基本是在一定的幅度内转化，并且需要一定的时间。但是，不论怎么变化，字频最高的字基本没有变化，或变化很小，具有相对稳定性。

有人把1988年的字频统计和2003年的字频统计进行比较，发现前30字中有23个是相同的，另外有7个字频率排序虽然有变化，但是变化也不大，仍然在31—72。这说明高频字的频率排序在一定的时间内可能会有一些升降的变化，但是，不可能发生太大的频率变化，字频具有相对的稳定性。而且这种变化往往在低频段比较大，最高频段，比如前500字即使有变化也不太大。

国家语委发布的《2005中国语言生活状况报告》表明：报告统计的情况和1988年公布的《现代汉语常用字表》比较，发现2500高频字当中有357字是一级常用字中所没有的。3500高频字与《现代汉语常用字表》比较，有398字是《现代汉语常用字表》中所没有的。前7000字与《现代汉语通用字表》比较，有615字是《现代汉语通用字表》里所没有的。另一方面，《现代汉语通用字表》中的通用字有244个，在本次调查中没有发现。这说明17年语言在变化，字的频率也在变化，但是，发生变化的字的数量还是比较小的。有人对排在前2500字中发生变化的字进行分析得知：这357个字原来字频排在前1500的字只有13个，1501—2000的有81个，2001—2500的有263个。这说明，字频越高的字变化得越少，字频越低的字变化越大。

总的看来，1988年至2005年17年间字频还是发生了变化。但是，这种变化主要表现在低频段，字频越低变化越大。同时也说明1500个左右字频最高的字，尽管随着时间的变化频率有也改变，但是这种改变非常小，基本可以不考虑。这些字是汉字的基本字。

除了以上几条规律，有学者还提出：汉字的识记、书写难度，随字频的降低而变小；效用高的字，具有相对稳定性；效用低的字，受时间、学科和使用人群的影响变化较大等规律。

第三节　通用字和常用字

一、通用字、常用字、罕用字

在日常社会生活中，不同行业、职业、部门的人所需要的用字量是不同的。在学校教育的不同阶段，也需要规定不同量的识字标准。因此，汉字的字量标准就不能只有一个，而应该有不同的层次和类别。就用字来讲，首先应该区分出常用字和通用字。

“通用字”是与“罕用字”相对的一个概念，是书写现代汉语一般要用到的字。通用字是出版印刷、辞书编纂、信息处理等的用字。

罕用字就是频度和使用度很低的字，其中大部分是生僻的专业用字，通常将所有字减去常用字和次常用字即为罕用字。

常用字就是经常要用到的字，也就是频度和使用度较高的字。但“经常使用”只是一个模糊概念，在不同的历史时期，常用字的内涵也会发生变化，即使是同样的内涵，所收字与收字数量也会不同。

区分通用字、常用字、罕用字可采用四条标准：

(1)字的频度——根据频度的高低区分。

(2)字的使用度——综合考虑频度高低和分布的广狭区分。

(3)构词能力和构字能力——除频度和使用度外，还考虑构词能力和构字能力。

(4)常识——考虑到口语中常用的字在书面语里使用不多的因素。

二、通用字和常用字的用字量

根据“汉字效用递减率”,6600个字种覆盖率为99.999%,这可以作为通用字的字量;3800个字种覆盖率99.9%,2400个字种覆盖率为99%,这可以作为常用字和最常用字的字量。对字量这样划分,和最近几十年来字量研究的结果相当一致。

(一)通用字用字量

最近几十年,通用字字量的研究大体情况如下:

(1)20世纪四五十年代,徐则敏统计过20部中小型通用字典,收字最少的4431字,最多的15431字,比较通行的是7500字左右。

(2)1956年8月中国文字改革委员会拟订的《通用汉字表草案(初稿)》,收通用汉字5390个(后来增至5709个)。

(3)1965年1月,文化部和中国文字改革委员会联合发布的《印刷通用汉字字形表》收6196字。《印刷通用汉字字形表》是根据北京、上海主要印刷厂排字车间的统计资料编成的,不包括排印古籍和科技书以及人名地名里的罕用字。

(4)1974年北京新华字模厂的《字目表》收6805字。其中一般书籍报刊用字6310字,添盘字有495字。

(5)1974年邮电部编的《标准电码本》收9317字,其中包括已经废除的繁体字、异体字、日本汉字以及误写字等。1983年出版《标准电码本》(修订本),用简化字代替了繁体字,删除了异体字和生僻字,同时又新增了106个字,共收7292字。

(6)1980年国家标准总局发布的GB2312—80《信息交换用汉字编码字符集·基本集》收6763字。分为两级,一级常用字3755字,二级次常用字3008字。

(7)2013年6月5日,国务院公布的《通用规范汉字表》共收录汉字8105个。

根据以上各项资料,可以知道现代汉语通用字 7000~8000 字。

(二)常用字用字量

常用字表的字量调查情况如下:①

(1)《三字经》《百家姓》《千字文》三种传统童蒙识字课本,共有字种 2000 多字。

(2)1952 年 6 月 5 日,中央人民政府教育部公布的《常用字表》,收一等常用字 1010 字,次常用字 490 字,补充常用字 500 字,合计为 2000 字,作为扫盲用字的标准。

(3)1965 年 3 月,北京市教育局中小学教材编审处编的《常用字表》,收常用字 3100 字。

(4)几部有影响的现代白话文著作所用的字种数:孙中山《三民主义》,2134 字;毛泽东《毛泽东选集》,2981 字;老舍《骆驼祥子》,2413 字;叶圣陶《倪焕之》,3039 字;曹禺《雷雨》《日出》《北京人》,2808 字;赵树理《三里湾》,2069 字。

根据上述各项资料,可以合理推测现代汉语的常用字有 3000 多字,其中最常用字有 2000 多字。

《现代汉语常用字表》。1988 年 1 月 26 日,国家语言文字工作委员会和国家教育委员会联合发布《现代汉语常用字表》。这个字表由国家语言文字工作委员会汉字处负责研制,共收常用字 3500 字。这 3500 个常用字分为两级,一级常用字 2500 字,二级次常用字 1000 字。经过检测,一级常用字的覆盖率是 97.97%,二级次常用字的覆盖率是 1.51%,合计为 99.48%。

在研制《现代汉语常用字表》时,曾利用了前人的研究成果,包括 14 种静态字表和 6 种动态字表。根据 6 种动态字表中的频度,求出每个字的平均频度。研制者把常用字的频度资料汇集为《现代汉语常用字频度

① 参见苏培成:《现代汉字学纲要》,北京大学出版社,2001 年 12 月版,第 42 页。

统计》一书，由语文出版社出版。

《现代汉语常用字表》采用了有代表性的资料，按照科学的方法研制出来，有较高的学术性和实用性，是当前在社会上比较流行的规范性的常用字表。

三、《现代汉语通用字表》和《通用规范汉字表》

1988 年 3 月 25 日，国家语言文字工作委员会和中华人民共和国新闻出版署联合发布《现代汉语通用字表》。这个字表收现代汉语通用字 7000 字，其中包括《现代汉语常用字表》的 3500 字。《现代汉语通用字表》是由国家语言文字工作委员会汉字处负责研制的。研制时主要根据 1965 年 1 月公布的《印刷通用汉字字形表》，参照其他资料进行了调整。和《印刷通用汉字字形表》相比。删去了 50 字，增加了 854 字。

《现代汉语通用字表》是国家公布的规范字表，它全面体现了新中国建立以来汉字整理和简化的成果。它规定了每个字的规范字形，包括笔画数、笔顺和组合结构。由语文出版社出版的《现代汉语通用字表》一书，附有《现代汉语通用字数据统计表》，可供研究通用字的参考。《现代汉语通用字表》的质量超过了历史上的同类字表，不足的是字性的审定还不够严格，收了一些古代汉语专用字（如"虿、瘥、廛、蒇、禔、瘳、璁"）和现代汉语方言专用字（如"凼、嗲、囡"）。

2013 年 6 月 5 日，国务院公布的《通用规范汉字表》，是最新的通用字字表，具有替代《现代汉语通用字表》的功能。

第四节　专门用字

通用字和常用字是面向全社会各行各业的，而以社会某个特定的群体用字为对象的就是专门用字。汇集专门用字，形成了各种专门用字表。专门用字表不但要解决收字多少的问题，还要解决选收哪些字的问题。专门用字表的研制可以满足社会特定群体用字的需要，也具有重要的意义。

一、扫盲用字表[①]

新中国成立时，全国5.5亿人口中有4亿多都是文盲，文盲率高达80%，是中国发展道路上的最大阻碍，扫盲成为摆在新政权面前的一个亟待解决的难题。1953年11月24日，政务院扫除文盲工作委员会发出《关于扫盲标准、扫盲毕业考试等暂行办法的通知》(以下简称《通知》)。《通知》规定，扫盲标准为：干部和工人，一般可定为认识2000个常用字，能阅读通俗书报，能写二、三百字的应用短文；农民一般定为能识1000个常用字，大体上能阅读通俗书报，能写常用的便条、收据；城市劳动人民一般定为能识1500个常用字，读、写标准参照工人、农民的标准。各省、市可根据具体情况，灵活掌握。根据群众要求，县扫盲工作委员会或教育科可给考试及格者发扫盲毕业证书。一场轰轰烈烈的扫除文盲运动便在全国范围内展开。扫盲班遍布工厂、农村、部队、街道，人们以前所未有的热情投入到学习文化的热潮中。从1949年到1964年的十几年中，先后有近一亿中国人摘掉了文盲的帽子。

经过几十年的努力，中国的文盲率大大降低，据1988年人口抽样调查统计，我国还有文盲两亿左右，扫除文盲是社会主义文化建设的重要任务。要完成这一繁重的任务，需要多方面工作的配合，编制科学的扫盲用字表是做好扫盲工作的基本建设。编制这样的字表，要根据国家确定的扫盲标准，选择最恰当的字种。确定扫盲识字标准，要从我国的国情和汉字的特点出发；因为扫盲只是初等教育的开始部分，而它的对象又不同于幼儿少年，而是成年人。标准太高，脱离实际，不易达到；标准太低，不能满足初步读写的需要，扫盲成果不易巩固。

国家语言文字工作委员会所属的语言文字应用研究所，组织研究人

---

① 参见苏培成：《现代汉字学纲要》，北京大学出版社，2001年6月版，第44页。

员从 1991 年开始进行《扫盲用字表》的研制。研制的方法是从全国各地搜集了 1980 年以后编写的扫盲课本,然后进行了用字统计,得出了 3571 个字种。按照每个字在多少种课本中出现由多到少排定顺序,然后选前 2000 多字。截止点前后有些字如果入选的课本数相同,依《现代汉语常用字表》选取频率高的,然后再进行少量的人工干预,就得到包含 2000 字的《扫盲用字表》。《扫盲用字表》又分甲乙两个字表。甲表收全国统一的扫盲必学字 1800 个,乙表收扫盲参考用字 200 个。对乙表的字,各地可以根据实际情况进行替换。根据《现代汉语常用字表》所附字频统计,对 2000 个扫盲用字的使用频率进行统计,得到的累计频率为 93.9936%。这个数字可以看作是对当前使用的一般书刊用字的覆盖率。这说明《扫盲用字表》的设计是合适的。

二、小学用字表

中华人民共和国教育部制定的《义务教育语文课程标准(2011 年版)》附录 5:《义务教育语文课程常用字表》,本字表共收常用汉字 3500 个,根据它们在当代各类汉语阅读材料中的出现频率和汉字教学的需要,又分成两个字表,《字表一》收字 2500 个,《字表二》收字 1000 个。分年级统计情况如下:

小学一年级上册生字表,共 182 个生字;

小学一年级下册生字表,共 274 个生字;

小学二年级上册生字表,共 360 个生字;

小学二年级下册生字表,共 345 个生字;

小学三年级上册生字表,共 325 个生字;

小学三年级下册生字表,共 273 个生字;

小学四年级上册生字表,共 291 个生字;

小学四年级下册生字表,共 265 个生字;

小学五年级上册生字表,共 222 个生字;

小学五年级下册生字表,共 145 个生字;

小学六年级上册生字表，共 121 个生字；

小学六年级下册生字表，共 145 个生字。

三、HSK 汉字等级大纲及汉字教学大纲

1990—1991 年，在总结多年来各个院校对外汉语教学经验的基础上，国家对外汉语教学领导小组和北京语言学院汉语水平考试中心联合研制了《汉语水平词汇与汉字等级大纲》(1992 年实施)。该大纲是中国汉语水平考试的主要命题依据。

《汉语水平词汇与汉字等级大纲》中规定：词汇范围分为四级：甲级词 1033 个，乙级词 2018 个，丙级词 2022 个，丁级词 3569 个，四级词共计 8822 个；汉字范围与词汇范围相对应，也分为四级：甲级字 800 个，乙级字 804 个，丙级字 601 个，丁级字 700 个，四级汉字共计 2905 个。

第五节　汉字字量的文化功能

严格地说，汉字的字量不属于汉字的结构组织(汉字的结构组织指汉字的音形义三要素)，字量与汉字的音形义不是同一层面的概念，它是汉字使用标准化的一个重要方面，所谓汉字的标准化，是指在对现行汉字进行全面、系统、科学整理的基础上，做到现行汉字的“四定”，即定量、定形、定音和定序。可以说，音形义是汉字的结构要素，字量、字序是汉字的应用要素。

“数”与“量”是有区分意义的两个概念，由于我们日常生活经常是把“数”和“量”联系在一起使用，再加上本章“汉字字量”的“量”偏重指汉字的“数”，我们侧重讨论“数”的文化功能。

数量是对现实生活中事物量的抽象。从远古时代开始，在日常生活和生产实践中，人们就需要创造出一些语言来表达事物(事件与物件)量的多少。例如，狩猎收获的多少，祭祀牺牲的多少等。人们逐渐形成

"数"的记录方式并融入了相关的各种文化心理,包括数的概念、数的变换、数的凶吉、数的象征和暗示、数的范畴……"数"已不再是单单表示数目多少的计数计量概念,"数"还成为了汉字文化中独特的组成元素。

《周礼·夏官·量人》:"凡祭祀飨宾,制其从献脯燔之数量。"郑玄注:"数,多少也;量,长短也。"《说文解字》中说:"𢿱(数),计也。从攴娄声。"段玉裁《说文解字注》:"计也。六艺六曰九数今九章筭术是也。今人谓在物者去声。在人者上声。昔人不尽然。又引伸之义、分析之音甚多。大约速与密二义可包之。从支、娄声。所矩切。古音在四部。"段玉裁在分析"数"的字义时指出了含义的丰富性:"引伸之义、分析之音甚多",但是并没有具体指出有哪些含义,只用"速与密二义可包之"来概括。"数"读音为"shǔ、shù";词性可用为名词、动词、数词等;本义为"点数、计算",引申义较多:"比较起来最突出;枚举、列举;又如;数落、责备;诉说、称说;数目、数量;底细;道数、方法;技艺;算术,古代六艺之一;气数、命运;策略、权术;规律、必然性;道理;礼数、仪节;特指方术,如占卜之类;几个、若干……"粗略统计,字典和词典中的不同义项有 30 多个,其中的义项"技艺;算术,古代六艺之一;气数、命运;策略、权术;规律、必然性;道理;礼数、仪节;特指方术,如占卜之类;……"与思想、文化、技艺有密切的联系,有的专指中华民族某种特定的文化含义。例如:宋代苏洵《六国论》:"向使三国各爱其地,齐人勿附于秦,刺客不行,良将犹在,则胜负之数,存亡之理,当与秦相较,或未易量。"这里的"数"指"气数、命运",与前途命运连在一起。再如,《易·说卦》:"数往者顺。"后变成一个成语"数 shǔ 往知来",意思是"明了过去,可以推知未来",是中国古代预测学的一种表现。

中华民族的"数",早已经超越了"点数、计算;数目、数量"的范畴,从词性到含义都发生了复杂的变化,成为了中华民族汉字文化家族中的一员,具有丰富的文化功能。

一、汉字强大的生命力①

在汉字字量的研究中我们发现：一方面汉字总数量在不断地增加，另一方面汉字常用字数量又相当稳定，这是汉字发展过程中特别值得注意的现象。

总数量不断增加，可证明汉字是有强大的生命力的。有增长，有淘汰，有死亡，有现役服务的字，也有退役了躺在字典里休闲的字，现代人也可能偶然一见，就得到字典里去查考它的音和义，追寻它的文化根底。

所谓常用字，也是相对的。没有从古到今永远常用不衰的字。现代汉语里排名前几位的常用字是：的、一、了、是、不。

就以排在第一位的“的”字为例。《说文》有“旳”无“的”。段注：“旳者，白之明也，故俗字作‘的’。”朱骏声也说：“旳，俗字作‘的’，从白。”“的”字本义是“鲜明”“明白”。这个用法在先秦古籍中算不上常用字，《易》《诗》各一见，以后逐渐增多。例如：“小人之道，的然而日亡”（《礼记·中庸》）；“明月珠子，的的江靡”（司马相如《上林赋》）；“漏永沉沉静，灯孤的的清”（吴融《西陵夜居诗》）。之后“的”意义不断地引申扩增。现代汉语中“的”字有三个读音。的［de］用作助词，的［dí］（真实；实在），的［dì］（箭靶的中心）。现代汉语中，“的”字使用频率排在首位，主要是使用语法作用的助词。“的”的结构助词用法来自“底”的借代。虽然学者对于助词“底”的来源观点不同，但都承认助词“的”用法源于“底”。吕叔湘（1943）提及：“语助之词大率依声为字，本可随便写，‘底’以及‘地’仍作上声和去声，而它们的结构助词用法都已变成轻声。大概是因为‘底’‘地’二字的本义都是日常用字，因此找一个不常用的‘的’代替轻声的‘底’和‘地’，以资分别。”“的”代替了“底”，一方面是因为“的”的语音变化。《广韵》：“的，都历切，人锡端，药部。”“的”字上古是入声字，由于入声韵尾脱落，又受到轻音影响，元音趋向央元

① 参见何九盈：《汉字文化学》，辽宁人民出版社，2000年版，第273—274页。

音。另一方面是因为“的”的意义逐渐虚化,意义变得单纯。而“底”的实词意义仍然运用广泛,再做结构助词,词义负担可能过重,容易在言谈中造成歧义。因此,助词“的”的产生并非是其自身虚化的结果,而是所谓的假借,用不常用的‘的’代替常用的“地”“底”。(《从结构助词“的、地、得”产生发展看词汇语法化》)

用“的”代替“地”“底”的现象,说明汉字具有相当的灵活性、适应性,它在字量、音形义等方面不断调整、发展自己,有时甚至是毫无规则地以形与音、义脱节来满足语言发展的需要,以适应不断变化的社会发展,满足交际的需求,这种强大的生命力,与汉语的发展相适应。

二、数字的文化义

世界上每个民族都有数量概念,所以任何一种语言都有数词。数字也是一种文字,但又与一般的文字不同。数字的功能除了向人们传达数量信息外,它还与各民族的哲学理念、历史背景、吉凶事件、谐音文化等紧密相连,形成了丰富的文化内容,所以它既是数量符号也是文化符号。人们觉得它似乎有一种超自然的力量,有些数字能给人带来福气和好运,而有些数字却能招灾引祸。这就使人对数字产生了喜爱、厌恶等不同的感情,以及崇尚、禁忌等民俗心理,出现了不同的数字文化。

数字文化是中国文化的一个重要内容。中国人对数字有独特的文化理念和好恶感情。中国古代就形成了阴阳五行的观念,人们把从一到九的几个数字分为两大类:一类是 1、3、5、7、9 奇数,为阳;一类是 2、4、6、8 偶数,为阴。它们像乾坤、刚柔、夫妇一样,阴阳相对,相生相克,体现了中国人的数字阴阳观,甚至预示着吉凶、福祸、善恶等征兆。总的看来,中国人对偶数有些偏爱,但对奇数也不厌恶,这大概与中国人求对称、求和谐、求平、求稳的心理相适应。

中国的数字文化具有多种文化理念,能表达丰富的感情。

（一）数字包含着世界观、宇宙观

例如，“一”是最小的自然数。中国人自古就很尊崇“一”，认为它是万数之始，万物之祖，万事之源。《老子》说：“道生一，一生二，二生三，三生万物。”朱熹说：“一分为二，二分为四，四分为八。”老子和朱熹都将“一”看作是太极之数，万物开泰，生发无穷。

在汉语中，以“一”开头的词，至少有 260 多个；以“一”开头的成语，最少有 400 多个。人们喜爱它，也赋予了它许多意义，比如：一心一意、一心向往、一往无前，这里“一”字是“专一”的意思；一刻千金、一针一线、一草一木，“一”字是“每一”的意思；一身是胆、一身是病、一天星斗，这里“一”是指“全、满”的意思。其他还有，一丝不苟、一掷千金、一元复始、一言九鼎、一笑置之等。由“一”构成的词语很多，而且汉字中的“一并不是单纯的数字，人们赋予了“一”丰富的意义。

（二）数字体现着好恶、爱憎的情感

例如，“六”对中国人来说，是个非常吉利的数字，俗语说“六六大顺”。人们喜欢 66、666、6666 等号码，它象征顺顺利利、万事顺利，所以有很多事物冠之以“六”。例如，六合（天、地和东、西、南、北四方）、六谷（稻、粱、谷、麦、黍、稷）、六畜（马、牛、羊、鸡、犬、猪）、六腑（胆、胃、大肠、小肠、膀胱、三焦）、六经（《诗》《书》《礼》《乐》《易》《春秋》）等。由“六”构成的词语也很多，例如，六畜兴旺、六根清净、六亲不认、六道轮回、六朝金粉等。

再如，“八”是个偶数。因为它的发音与“发”字谐音，寓意事业蓬勃发展、万事顺利、繁荣富足，所以人们特别喜欢“八”。有些商品标价两元八角谐音“双发”）或八元八角（谐音“发发”）；有的电话号码尾数是 918（谐音“就要发”）、168（谐音“一路发”）；第 29 届北京奥运会的开幕式时间就是 2008 年 8 月 8 日晚 8 点。

(三)数字折射着美丑、对称的审美

在中华民族的传统文化中,崇尚对偶、崇尚对称这一观念已渗透到人们社会生活中的各个角落,在各个方面都有淋漓尽致的表现。从数字上来看,这种观念就表现为偶数的存在。只有偶数才是一个至少能分析成两部分的完整的整体,其中这两部分相互依存。如我们说“二龙戏珠”“二泉映月”,这都能形成一个完整的形象。假如我们说“一龙戏珠”“一泉映月”就很可能索然无味,人们的印象和感觉也许就觉得不可接受。还有一点我们也不能忽视,在汉语的词语系统中,用数字来组成词语的现象很是引人注目,“二”当然也不例外。耐人寻味的是,用“二”组成词语,人们往往习惯上把两位名人等并列在一起称“二某”,而这在“三”“四”等中就较少见。例如,东晋时代的大书法家王羲之和王献之父子,史称“二王”;三国时期东吴名士张昭和张纮二人并称“江东二张”,孙策平定江东时亲自登门邀请,经周瑜介绍,二人出仕为官;北宋文学家刘敞、刘攽兄弟,博学多才,为文敏赡,世人注目,以“二刘”并称;李煜、李清照是婉约词派的代表词人,人称“词家二李”。

随着数字时代的来临,产生了一种区别于传统艺术的新的艺术形式——数字艺术审美。这里的“数字”,已经是电子信息时代的代名词,因为电子信息的所有机器语言都是用数字代表的,所以人们将其美称为数字时代,所有的一切都建立在电子信息的基础上,信息传输高速便捷。数字艺术审美对传统的数字审美无疑产生了巨大的影响,人们正在积极的探讨。

三、姓氏的用字量

《中国姓氏大词典》一共收录了 23813 个姓氏,其中,单字姓 6931 个,复姓和双字姓 9012 个,三字姓 4850 个,四字姓 2276 个,五字姓 541 个,六字姓 142 个,七字姓 39 个,八字姓 14 个,九字姓 7 个,十字姓 1 个,目前仍在使用的中国人姓氏超过 7000 种,汉族和少数民族姓氏大约各

占一半。[1] 一部《汉语大字典》共收录56000个总量的汉字,其中还包括大量的异体字,在汉字的总量中,几乎每两三个字中间就有一个字在现在的中国或者曾经在历史上的中国是作为姓氏的。

姓氏用字的数量之巨,实在令人惊叹。国家语言文字工作委员会和国家教育委员会1988年1月26日公布的《现代汉语常用字表》总量为3500字,认为这3500个汉字能覆盖率达到99.48%,而2006年1月中国社会科学院公布的《中国姓氏统计》,目前我国大陆的姓氏用字总量达到4100个之多。对汉字姓氏用字总量的统计,不仅对姓氏文化有着重要的意义,而且对汉字本身的发展也有着密切的关系。这么巨量的汉字,不仅传递着中华民族的家族结构、民族繁衍、种族结构和遗传的信息,而且汉字的姓氏用字本身就是一部精彩的文化史。

四、与字数有关的文学样式及修辞格

(一)诗文形式

汉语汉字的特点,影响了中国文学在形式方面的特点,形成了中国文学特有的形式美,即形式整齐、节奏抑扬。

形式上的整齐匀称。汉语诗歌发达,汉语一个音节用一个汉字表示的特点,使诗歌每行的长短一致,整首诗歌整齐划一。如"五言诗"每行五个字,"七言诗"每行七个字,形式整齐。

骈体文是汉以后产生的一种特殊的文体,是举世无双的汉语文学样式,它的全盛时代在南北朝。骈体文在语句方面多用骈偶和"四六",造成其形式整齐骈俪的特点。骈偶就是对仗,骈体文一般是用平行的两句话,两两相配,直到篇末,如王勃《滕王阁序》:"闾阎扑地,钟鸣鼎食之家;舸舰迷津,青雀黄龙之舳。云销雨霁,彩彻区明。落霞与孤鹜齐飞,秋水共长天一色。渔舟唱晚,响穷彭蠡之滨;雁阵惊寒,声断衡阳之浦。""四

---

① 参见袁义达、邱家儒:《中国姓氏大辞典》,江西人民出版社,2010年版。

六”指骈体文一般是用四字句和六字句，形式工整。

“宝塔诗”则在整齐匀称中富于变化。“宝塔诗”，形似宝塔，是一种摹状而吟、风格独特的杂体诗。顾名思义，它形如宝塔。从一字句或两字句的塔尖开始，向下延伸，逐层增加字数至七字句的塔底终止，如此排列下来，构成一个等腰三角形，即如塔形、山形。起始的字，既为诗题，又为诗韵。宝塔诗，原称“一字至七字诗”，也叫“一七体诗”。从一字到七字句，逐句成韵，或叠两句为一韵，很有规律。后来有的增加到十字，甚至十五字的。

唐代白居易写过赋得诗：

诗。
绮美，镶奇。
明月夜，落花时。
能助欢笑，也伤别离。
调清金石怨，吟苦鬼神悲。
王下只应我爱，世间唯有君知。
自从都尉别苏句，便到司空送白辞。

吴敬梓《儒林外史》中的宝塔诗：

呆，
秀才，
吃长斋，
胡须满腮，
经书揭不开，
纸笔自己安排，
明年不请我自来。

宝塔诗的诗歌形式美，对后世新诗的发展影响极大。如现代文学史记载，像胡适、郭沫若、徐志摩、冰心等著名诗人都曾经在创作新诗时采用过像宝塔、阶梯等诗行排列的形式，显得新颖别致。宝塔诗在不同时期、不同年代、不同场合的确发挥了无比的艺术魅力，成为人民群众喜闻乐见的诗歌样式。

除以上文学样式，三字格、四字格、对偶、排比等集中体现了汉字字数巧妙引用的特殊功能。

（二）三字格

三字格熟语是形式上固定、意义固定、使用上有限制性的三音节的短语。

三字格的特点主要有三个，一是形式上的凝固性。由于人们长期使用，三字格熟语在结构上不能随意切分，一旦改变了它们的结构，原先的熟语就不复存在。如：开倒车、穿小鞋、开后门。如果变成“开前车”“穿大鞋”“开前门”，原先的意义就不复存在。当然，在实际使用三字格熟语时，凝固性也并非是绝对的，有些三字格熟语有变体的存在。例如：“挣脸面”，其中的“脸面”可以用“面子”“脸皮”来替代。有的三字格熟语还可以增加或者减少一些成分，以“摆架子”为例：“我早就说过不做留学生，让张小川一个人去摆他的留学生的架子”（巴会《雨》）；“因为爱体面，他往往摆起穷架子，事事都有个谱儿”（老舍《骆驼样子》）。

二是意义特定性。一个三字格的熟语表达一种特定的含义，解读的时候不能望文生义，三字格熟语多数都用了象征或者联想的修辞手法，不能从它的本意对其进行理解。比如：“夹生饭”，它并不是一种饭的名称，而是指开始没有彻底解决以后也很难解决的问题；“保护伞”，它不是一种类似雨伞、阳伞的工具，而是指可以起到保护作用的威慑性力量或者有权势的人（多含贬义）；“戴高帽”，它不是指戴了一顶高高的帽子，而是指对人说恭维的话。

三是使用上有限制。从短语所表达的感情色彩来说，三字格熟语绝大所数表达的是贬义色彩，或对于人性丑恶的揭露，或对于社会不公现象的抨击，或对于为人处世方法的不谦虚。如：吃独食、甩包袱、打后手、守财奴、老油条、要赖皮等。我们在使用三字格熟语的时候，要恰当运用，不能将表示贬义的三字格熟语张冠李戴地运用到表示赞扬的场合，否则就会闹笑话。当然，在汉语中，也有很多的三字格熟语体现了褒义或中性的感情色彩，如：老黄牛、带头羊、扛大梁、露一手、挑重担、动真格等。

另外，三字格熟语有很强的时代感和口语色彩，要注意使用场合。

（三）四字格

四字格，也叫四字结构，是一个较宽泛的概念。它包括：四字成语、四字叠音词、四字熟语和所有临时组合而具有类似四字成语修辞功能的四字短语，但不包括某些偶然形成的四音节片断。“四字格”是汉语成语的常见形式，也是汉语使用者最喜欢的形式之一。

吕叔湘先生曾这样指出：“四音节好像一直都是汉语使用者非常爱好的语音段落，最早的诗集《诗经》里的诗以四音为主，启蒙课本《千字文》《百家姓》《李氏蒙求》《龙文鞭影》等等都是四音，亭台楼阁常有四言的横额，流传最广的成语也是四言为多。”

为什么“四字格”备受使用者喜爱呢？其中有诸多原因。

一是符合语言交际经济性原则。以尽量简练的语言传递尽可能丰富的信息，应该是语言交际的基本原则。“四字格”是固定的词组，能体现一个完整的意义，信息量大，言简意赅。

二是民族特色。“四字格”是最具有汉语文化特点的庄重典雅的形式，符合汉语文化中“以偶为佳”“以四言为正”的审美要求。“以偶为佳”是古人崇尚对偶的美学观，本质上也是认识世界的哲学观。古人对客观美的认识，就是成双成对的：“天”和“地”，“方”和“圆”，“日”和“月”，“山”和“川”，等等。反映在文学艺术上，对联要求上下两联字数、结构相同，平仄相对；诗歌讲究对仗，尤其是律诗，是一定要用对仗的。古人之所以格外重视四言，是因为“四言”是唯一的字数较少但能一次四分又能两次偶分的一种形式，最能体现“以偶为佳”的要求。

三是结构灵活。从语言内部考察，“四字格”结构灵活多变，它几乎能配置任何一种语法关系，满足结构变化的需要。例如：

主谓式：杞人忧天、胸有成竹、愚公移山；

联合主谓式：天翻地覆、水落石出、手舞足蹈；

联合动宾式：知己知彼、养精蓄锐、破釜沉舟；

中补式：青出于蓝、爱不释手、重于泰山；

偏正式：倾盆大雨、窈窕淑女、娓娓动听；

兼语式：请君入瓮、有目共睹、惹火烧身。

四是音律和谐。从音律上看，“四字格”大多能平仄相间，体现出汉语声调特有的节奏感和音乐美。

由此可见，汉语成语在形式上选择了“四字格”，其根深深扎在汉语文化的土壤中。从现代心理特点来分析，它能提高记忆的效率。可见，“四字格”作为汉语文化特有的一种“经典”形式，确有它的精妙之处。

（四）对偶

对偶是用字数相等、句法结构相同或基本相同的一对语句，表现相对或相关的意思的一种修辞格。

如“浮云游子意，落日故人情”是一则对偶句，上下两句语义相关，音节数目相等，“浮云”对“落日”、“游子”对“故人”，是偏正结构对偏正结构，“意”对“情”是名词对名词。

对偶作为汉语修辞技巧之一，是汉语语言中独有的语言现象，其本质上是一种文化现象。人类共有的认知心理、民族哲学意识、审美意向是对偶出现的重要因素，也是对偶最突出的文化意义。

人类的认知心理中的对称性原则是形成对偶的自然土壤。对偶修辞格形式整齐，结构匀称，看起来醒目，读起来顺口，听起来悦耳，便于记忆，便于传诵。这是和人的生理、心理密不可分的。因为对称是一种美，一种艺术，对称性对人类的心智具有迷人的魅力；心理学从知觉和注意的角度告诉我们，凡是相同或相似的刺激物容易形成知觉对象的单元，从背景中分离出来，容易引起人们的注意，对偶的形式能刺激人的知觉和注意。

民族哲学意识、审美意向为对偶的形成提供了思维土壤。中国传统思维方式注重相反相成思维，传统认为任何事物都包含相互对立的两个方面，研究问题，就要注意所研究的对象的两个方面，同时认为所有对立的两方面都是相互依存、相互转化、相互包含的。《易经》《老子》等经典中，都将宇宙万物与发展归结于相应的阴与阳的交感作用，这种贯彻着对称性的宇宙观念深刻地影响着中国艺术。对偶既有正对，如“仁者见仁，智者见智”“五谷不分，四体不勤”等；也有反对，如“江山易改，秉性难移”“成事不足，败事有余”等，正对、反对正是相反相成、对立统一思维的集中表现。

汉族人民在长期使用汉语的过程中逐渐形成了以对称、均衡为美的审美心态，并探索修辞对称、均衡美的规律。汉语中构词上的对称、均衡，形成了汉语修辞上的对偶等均衡美。例如，“两只黄鹂鸣翠柳，一行白鹭上青天。窗含西岭千秋雪，门泊东吴万里船”。这首诗第一句与第二句，第三句和第四句之间，无论是词性，还是色彩、节奏方面，都表现出非常巧妙的对仗、均衡关系，咏诵起来，回味无穷。对称、均衡是中国传统美学的基本原则之一，也是汉民族人民修辞活动中的一种审美情趣。

（五）排比

排比句是把三个或以上意义相关或相近、结构相同或相似、语气相同的词组、短语或句子并排在一起组成的句子。

用排比来说理，可收到条理分明的效果；用排比来抒情，节奏和谐，显得感情洋溢；用排比来叙事写景，能使层次清楚、描写细腻、形象生动之效。

如“读书，使人思维活跃，聪颖智慧；读书，使人胸襟开阔，豁达晓畅；读书，使人目光远大，志存高远；读书，使人思想插上翅膀，感情绽开花蕾。”

再如“没有理想，人生就如荒漠，没有生气；没有理想，人生就如黑夜，没有光明；没有理想，人生就如迷宫，没有方向。”

排比具有两个方面的审美特征:一是独特的结构形式美。由于排比各句的字数大体一致,这就使得语言结构上具有整齐的对称美。二是和谐的吟唱旋律节奏美。排比中和谐的吟唱旋律节奏美体现了音乐的结构规律,其特点是根据某一种形式规则递推,是一种“重复中有变化,变化中有重复”音乐旋律。

练习八

一、判断正误,正确的在括号里划“√”,错误的划“×”。

1. 随着社会的发展,汉字的总数越来越少,简化汉字越来越多。（　　）
2. 现代汉字的总量无法确定。（　　）
3. 通用字也就是常用字。（　　）
4. 按汉语水平大纲的要求学习汉语,要掌握 2905 个汉字。（　　）
5.《现代汉语通用字表》收通用字 7000 个。（　　）
6. 现代汉语一级常用字有 2500 个。（　　）

二、名词解释。

1. 通用字　　2. 罕见字　　3. 常用字
4. 专门用字　　5. 高频字

三、自己检测附录《常用汉字表》,把表中没有掌握的汉字记下来,认真学习它们。

四、简答题。

1. 汉字的总量大约是多少?
2. 如何利用汉字效用递减率的规律进行汉字学习?
3. 确定通用字和常用字的原则是什么?
4. 汉语中的数字包含哪些文化义?

5. 历史上汉字总是越来越多的原因是什么？

五、请查阅《说文解字》或其他工具书，将下列文字写成小篆。

1. 黄河远上白云间，一片孤城万仞山。

2. 子曰：有朋友自远方来，不亦乐乎。

第九章　现代汉字字序

字序是汉字的排列顺序。“字的顺序”是一个含义很丰富的概念，可以指汉字字表的顺序，即汉字从静态的角度聚集在一起的时候采用的排列顺序，最常用的是字典的检字顺序；还可以指识字教学的先后顺序，就是指哪些汉字要先学，哪些汉字要后学；也可以指汉字的组合顺序，可分为内部组合顺序（笔画的书写顺序，即笔顺）和外部组合顺序（又叫书写顺序，从一个字到另一个字的书写和阅读顺序）；还可以指称版面的组合顺序，即汉字和行的顺序结合起来形成版面的顺序。①

当今社会，现代汉字字序的应用范围广泛，应用方式多样。编制工具书，图书馆、档案馆的目录，人名、地名的索引，汉字在计算机字库中的储存等，都涉及字序问题。理想的字序是每个字在序列中都有唯一固定位置，即字有定序，并且易学易用。

不同性质的文字字序排列并不完全相同。使用字母的文字，字母表规定了字母的顺序。汉字是具有表意音、语素化性质的文字，字数多，结构复杂，字序比较复杂。汉字有形、音、义的要素，这样就有了形序法、音序法和义序法。

下面介绍几种主要的字序法。

① 参见李宇明主编：《语言学概论》，高等教育出版社，2006年版，第172—173页。

- 字序
  - 音序法
    - 声韵序列法
    - 注音字母序列法
    - 汉语拼音字母音序法
  - 形序法
    - 部首法
    - 笔画笔形法
    - 号码法
  - 义序法

第一节　音序法

音序法是按照字音来排列汉字的顺序。由于使用的表音手段不同，汉字的音序法经历了三个阶段：声韵序列法，注音字母序列法，汉语拼音字母序列法。目前，计算机的运用已经非常普及，在计算机的汉字输入方法中，拼音输入法占了很大的比重，我们将对计算机拼音输入法进行初步的分析。

（一）声韵序列法

以《广韵》为代表的古代韵书，就是采用声韵序列法编排的。《广韵》是宋代陈彭年、丘雍等人编纂的，收字 26194 个。按声调把所有的字分为平、上、去、入四类，平声又分上平、下平，共有五卷。每卷内，再按各字不同的韵部分先后。韵部共 206 个，按照上平声 28 部、下平声 29 部、上声 55 部、去声 60 部、入声 34 部，分在五卷之中。同韵的字，再依声母的不同排列先后。《广韵》之后，宋代的《集韵》，清代的《佩文韵府》等许多韵书，只是韵部的多少有差异，但都用调、韵、声三个层次排列字的次序。

1941 年 10 月公布的《中华新韵》，仿照《中原音韵》把字分为十八部：麻、波、歌、皆、支、儿、齐、微、开、模、鱼、侯、豪、寒、痕、唐、庚、东。每部再按照声调分开排列,用注音符号注音。

（二）注音字母序列法

1918 年我国公布了注音字母(笔画式的注音方案)。当时编纂的《国音字典》(1919 年)、《国音常用字汇》(1932 年)和《国语词典》等工具书都按注音字母次序排列。1949 年后出版的《同音字典》和《汉语词典》,也按此方法排序。台湾地区出版的字典、词典,至今仍有采用注音字母顺序排列的。1953 年第一版《新华字典》也曾采用过注音字母音序,1958 年后才改为汉语拼音音序。

（三）汉语拼音字母音序法

1958 年 2 月,第一届全国人民代表大会第五次会议通过了《汉语拼音方案》。自此以后,大陆出版的音序法的工具书都用汉语拼音音序。汉语拼音字母序列法又分两种:

第一种是单纯的字母序列法。这种方法完全按照拼音字母的顺序(《汉语拼音方案》字母表的顺序),不考虑汉字的形体,不考虑声调的不同。只有拼音字母完全相同时,才考虑声调的顺序。《汉语拼音词汇》就是这样编排的。

第二种是音节·汉字·字母序列法。先按照多音词第一个字的音序排列,同音字汇集在一起;第一个字相同的,再按第二个字的音序排列,依次类推。

汉语拼音字母的两种序列法各有各的使用场合,单纯的字母序列法适用于研究汉语拼音正词法和阅读纯拼音读物,音节·汉字·字母分层序列法适用于习惯使用汉字的普通读者。音节·汉字·字母分层序列法在使用过程中还存在一些分歧,一是汉语的音节究竟有多少,各家存在小的分歧;二是汉字层的内部究竟以什么为标准来安排同音字的先后,有待今后逐渐统一。

（四）计算机拼音输入法的优劣

计算机输入法是指为了将各种符号输入计算机或其他设备（如手机）而采用的编码方法。汉字输入的编码方法，基本上都是采用将音、形、义与特定的键相联系，再根据不同汉字进行组合来完成汉字的输入的。

根据输入设备的不同，输入方式又分为键盘、手写、语音、混合输入法、OCR 简介（又叫光学字符识别技）等。键盘输入是最基础的计算机输入方式。手写识别借着计算机的认字功能，由使用者的手写字体来辨别中文字或其他符号。语音识别使用话筒和语音识别软件来辨别中文字。

目前的键盘输入法种类繁多，而且新的输入法不断涌现，各种输入法各有各的特点，各有各的优势。随着各种输入法版本的键盘输入法更新，其功能越来越强。目前的中文输入法有以下几类：对应码（流水码）、音码（拼音输入法）、形码、音形码等类型。

拼音输入法，是按照拼音规定来进行输入汉字的，不需要特殊记忆，符合人的思维习惯，只要会拼音就可以输入汉字。常用的有百度输入法、智能 ABC、搜狗拼音输入法、紫光拼音输入法、2345 王牌输入法等。但拼音输入法也出现了一些问题：一是同音字太多，重码率高，输入效率低；二是对用户的发音要求较高；三是难于处理不识的生字；四是引发了汉字“提笔忘形”现象的争议。某些拼音输入法虽然有满足南方音的容错码设计，但目前主流拼音是立足于义务教育的拼音知识、汉字知识和普通话水平之上，所以对使用者普通话和识字及拼音水平的提高有促进作用。拼音定型输入法通过分词连打，分化定型同音字、词等手段，可以较好地解决重码问题。

拼音输入法对于汉字运用的影响目前有两种不同的看法。《光明日报》2005 年 10 月 11 日第 9 版刊登了王永民、杨桃源《警觉拼音输入法对运用汉字能力的销蚀》一文。文中根据统计，用“拼音输入法”错误率是

“字形输入法”的 9 倍，“同音输入”造成的错误占 90%，因为字形相近造成的错误占 10%；使用“拼音输入法”的用户中有“提笔忘字”的人超过 95%。因此，他们认为使用拼音输入法，“是对运用汉字能力的销蚀”，主张“应使‘形码输入’成为主流”。文章发表后，引起了巨大的反响，有人支持，有人反对。张育泉、司玉英在 2006 年 12 月第 6 期的《北华大学学报（社会科学版）》发表《错误的“警觉”——读王永民、杨桃源〈警觉拼音输入法对运用汉字能力的销蚀〉》一文，提出自己的看法，认为出版物中出现的错误不应该由输入法负责；拼音输入法不但没有所谓“销蚀”的害处，而且还迫使人们学习汉字、掌握汉字，实实在在有利于提高运用汉字的能力。

由于使用电脑打字，用笔书写少了，产生“提笔忘字”的现象，这种看法大多数人都同意，但对于各种输入法会不会影响汉字？哪一种输入法对汉字运用能力影响大？目前还没有较科学的答案，也没能取得一致的看法，希望尽早有令人满意的回答。

第二节　部首法

一、部首法及其发展

部首法是按照部首编排汉字的方法，是形序法中产生最早的。早在东汉，许慎《说文解字》就把 9353 个汉字按 540 部进行编排了。到明代梅膺祚的《字汇》，将部首减为 214 部，完全按照笔画的多少排列部首的次序和同部属字的次序，在字的归部上，明确提出“论其形不论其义”的原则。其后，明代张自烈的《正字通》和清代张玉书等主编的《康熙字典》都沿用了《字汇》的部首，成为最有影响的部首法。进入 20 世纪后，《中华大字典》、《辞源》（1915 年）、《辞海》（1936 年），都沿用 214 部。

新中国成立后，开始了部首法的新探索。魏建功主持编纂《新华字典》，有部首本和音序本，在音序本中也附有部首检字。《新华字典》对传统的部首进行了改动。这样部首和楷书的形体一致，便于读者查字。

1964 年 4 月，文化部、教育部等单位组成的汉字查字法整理工作组，提出《部首查字法（草案）》。“草案”提出：“依据字形定部，一般是先取字的上、下、左、右、外等部位作部首；其次是中坐和左上角。按照以上七种部位都无从确定部首的，列入余类。部首共 250 个，按笔画画数排列，同画数的按横、竖、撇、点、折五种笔形顺序排列。”1979 年出版的《辞海》（修订本）采用了汉字查字法整理工作组推荐的这种经过改进的部首法。

250 部的《部首查字法（草案）》并没有被普遍接受，统一部首查字法的问题也还没有解决。

1983 年 6 月，中国文字改革委员会和文化部出版局联合召开了统一汉字查字法座谈会，成立统一部首查字法工作组。工作组由上海辞书出版社、商务印书馆、汉语大字典编纂处、汉语大词典编纂处、中国社会科学院语言研究所词典室组成。统一查字法工作组提出了《汉字统一部首表（草案）》，设立 201 部。草案发布后，在辞书编纂、汉字标准的制定、计算机信息处理等方面排序检索中得到广泛应用，得到了业界认可。我们熟悉的《汉语大字典》《现代汉语常用字表》《现代汉语通用字表》《现代汉语词典》（第 5 版）、《新华字典》（第 10 版）、《现代汉语规范字典》《中华字典》、国家图书馆书目检索系统等部首检字法，都依据这一草案。

二、部首法的标准化

部首法包括立部和归部两个方面。立部指的是要建立哪些部，不建立哪些部。归部指的是如何把字归入恰当的部。解决归部的问题，也就是要确定一个字的哪一部分是部首。确定字的部首有两种不同的原则，一种是据义归部，就是把字的表义偏旁确定为部首，这样便于说明字形和字义的联系，了解了字义就能确定部首，《说文解字》建立的部首法就属于这一种；另一种是据形归部，这就是不管字义，把字形中便于辨认的部分，或者专门规定的某一部分定为部首。遇到一个生字，不知道字义，只从字形着眼,就能确定部首,找到要查的字。部首确定了,把所有的部首汇集起来就确定了全书部首系统,也就解决了立部问题。只有解决了立部和归部两方面的问题,才能实现部首法的标准化。在立部上,应该研究确定统一的部首数目和部首的具体内容,才能符合标准化的要求。在归部上,据义归部和据形归部各有利弊,彻底的据义归部和彻底的据形归部都相当困难。部首法的改革始终摇摆在这两者之间。据义归部能把字形和字义统一起来,《汉语大字典》和《汉语大词典》据义归部成分大,对这种源流并重、古今兼收的大型工具书好处大一些,不过有时不便检索。据形归部检索方便,对于认识和不认识的字都便于查找。但是不论据义归部还是据形归部辞书都应该统一。《汉语大字典》和《汉语大词典》部首的数目和内容完全相同,而具体字的归部却有差异。

三、部首法的使用

《说文解字》首创部首法,比较适合汉字的特点,根据部首能方便地查字。使用部首法查字,要分两步。第一,根据部首查到要查找的字所属的部。第二,计算除了部首之外一共有多少笔画,然后按照笔画数的多少到部内去查字。使用部首法的主要困难是有些字的部首不明显,有些字的笔画数不易计算准确。

(一)以字形为依据的部首法查字的运用

(1)找出所查字的偏旁部首,数清部首笔画。

(2)在“部首检字表”的“部首目录”中找到这个部首,看清部首旁边标明的页码。

(3)按这个页码找到“检字表”中相应的那一项,并从这一页中找出要查的部首。

(4)数清所查字的笔画(除去部首的笔画数),按这一部中笔画排列顺序找到所要查的字。

(二)(补充)部首查字法的运用

部首的位置一般是:上、下、左、右、外;一般部首没有,可查中间。中间也没有可查左上角。几个部首同时具备,可按下面顺序查:上下都有,查上不查下;左右都有,查左不查右;内外都有,查外不查内。独体字的查法:独体字是部首的查整体;独体字不是部首的查起笔。

(1)“有部先查部”。即要查的字有明显的部首,就查这个部首。如“欢、度、暑、假”4 个字都有明显的部首“又、广、日、人”,那么就分别查这 4 个部首。

(2)“无部查起笔”。即没有明显的部首,就查第一笔。如“为”字查“、”,“互”字查“一”,“凹”字查“丨”,“乐”字查“丿”。

(3)“查上不查下”。即要查的字上、下都是部首,就应该查上面的部首。如“笔”字查“竹”不查“毛”,“崇”字查“山”不查“宝盖头”和“示”。

(4)“查左不查右”。即要查的字左边和右边都是部首,就应该查左边的部首。如“们”字查“人”字不查“门”,“谢”字查“讠”不查“身”和“寸”。

(5)“查大不查小”。即要查的字有几个部首,而且有的部首大,有的部首小,就应该查统管全字的“大部首”。如“慌”,应查“竖心旁”,不查“草字头”;“落”应查“草字头”,不查“三点水旁”“口”字等。

(6)“独体查本身”。即有些字本身就是部首,就可以直接查它本身,如“子、口、月、木、车”等。

第三节　形序法

一、笔画笔形法

这是一种形序法。一般先按笔画数从少到多排列(具体说,就是笔画少的在前,笔画多的在后),内部再按笔形顺序排列,起笔笔形相同的,再按第二笔的笔形顺序排列,依此类推,直到分出先后。关于笔形的顺序有不同的主张,常见的有三种顺序:第一种横、竖、撇、点、折("札字法");第二种,横、竖、折、撇、点("丙字法");第三种,点、横、竖、撇、折("江天日月红法")。

1964年汉字查字法工作组推荐了第一种("札字法"),目前《印刷通用汉字字形表》《现代汉语通用字表》《新华字典》(部首检字表)等都采用这种笔形顺序。但是,有时两字的全部笔形都相同,就只能用其他方法来区分了。

采用笔画笔形法,如果排序的字数不太多,比较方便;如果字数较多,数笔画,看笔形,就比较麻烦。

"札字法"的应用:

(1)按规范字形数出备查字的笔画数。如:"汉"5画、"字"6画、"笔"10画、"画"8画、"查"9画、"询"8画。

(2)按笔画数在《笔画查字表》中找到同笔画的字群。如:三画的字群包括三、工、大、万、与、上等。

(3)按起笔笔形找到笔画数相同、起笔笔形相同的字群。如该字群的字数不多,就可直接从中找到要查的字;如该字群的字较多,可再按第二笔、第三笔……的笔形查找,如:要查"耐"字,第一笔是横、第二笔是撇、第三笔是竖、第四笔是折、第五笔是竖中的三个字中找到(面、耐、要)。

二、号码法

号码法其实是笔形代码法。这种方法规定了一套笔形和号码转换规则,按照规则把笔形转换成数字,然后再把数字组成代码。当我们把代码由小到大排成了系列,于是和代码相应的汉字也就排成了序列。

号码法很多,流行最广的是四角号码法,是王云五先生于 1925 年提出来的。这种方法把字按四角的笔形分为十种,用 0 到 9 十个阿拉伯数字来代表。即:横 1、竖(包括撇)2、点(包括捺)3、叉(交叉)4、插(通过两笔)5、方(即口、囗)6、角(折)7、八 8、小(包括竖心旁)9、头(点下加横)0。四角号码查字典的口诀是:横一垂二三点捺,叉四插五方框六,七角八八九是小,点下有横变零头。取角的顺序是:左上角、右上角、左下角、右下角。例如:治(3316),烙(9786)。这样确定的代码有同码字。为了减少同码字,又规定增加第五个角,即取右下角上方的笔形为"附号"。例如:治、溶都是 3316,但"治"右下角"口"上无笔形,则为 3316_0,而"溶"则为 3316_8。

1964 年汉字查字法整理工作组公布的《四角号码查字法(草案)》对王氏的方法作了几处改动,习惯上称为"新四角号码查字法"。

号码法的优点是按代码就可以查到字,方便、迅速。缺点是笔形和代码之间转换规则是人为规定的,没有内在根据,需要人硬记口诀。在取码上还有许多补充规则,仍然避免不了同码字。

第四节　汉字字序的文化功能

站在汉字文化的角度看,"序"字的演变本身就包含了丰富的文化内涵。《说文解字》:"序(序),东西墙也,从广予声。""序"即只有东西墙壁的地方,中间是一块空旷的场地。《孟子·滕文公上》:"设为庠、序、学、校以教之。庠者,养也;校者,教也;序者,射也。夏曰校,殷曰序,周曰庠；学则三代共之，皆所以明人伦也。”庠、序、学、校都是从事教育的地方，“序”是专门用来练习射击的场所，后引申为“次第；顺序；秩序；次序；工序；程序；序数”等意思。古代还有一种“序”是惜别赠言的文字，叫作“赠序”，内容多是对于所赠亲友的赞许、推重或勉励之辞，是临别赠言性质的文体。

“序”的文化功能体现思维、情感、伦理、人际关系等许多方面，我们重点分析三个方面。

一、组字顺序的文化意义

有人曾对中国人和英国人的顺序观念做过比较：中国人描述任何分层的事物时，都是按照从大到小的顺序；英国人则往往相反，一般是从小到大。例如，中国人表示日期时，使用年月日的顺序；英国人用日月年的顺序。顺序观念的不同表现出不同的思维方式和民族特点。

汉字在记录汉语的过程中，形成了独特的汉语语法手段——语序。语序是一种重要的语法形式，语素、词、短语、句子、句群是汉语组合的基本单位。汉语构词时语素的排列顺序、组句时词语的排列顺序、构成语篇时句子或语段的表达顺序，以上几种语序均体现出汉民族独有的思维特点和文化心理。由于汉字具有记录汉字的功能，汉字组字顺序的文化功能与语序的文化功能基本一致。

（一）反映汉民族特有的伦理观念

汉语双音节词中有一部分联合式复合词。构成这类复合词的两个词根语素在排列时有特定的顺序，例如：先尊后卑：君臣、首领、将士、官兵、夫妻、主仆、师生、朝野等；先长后幼：父子、母子、婆媳、祖孙、老幼、叔侄、儿孙、姐妹、兄弟等；先主后从：主次、纲目、本末、公私、城乡、妻妾等。

以上复合词中两个词根语素的排列顺序，反映了汉民族特有的伦理道德观念。在中国几千年的封建统治中，儒家文化思想一直居于核心地位，其核心思想之一就是重视”礼”。”礼”的本质即强调人伦关系。儒家认为社会是由不同的人构成的一个群体,这个群体必须具有一定的秩序,这种秩序要靠人伦关系来维系,它可以保持群体的稳定与平衡,促进群体的统一和发展。所谓人伦关系就是处在同一个社会中人与人之间的等级和关系,它是构成社会所必不可少的,其界限也是不可逾越的。正如孔子在回答齐景公问政时提到的"君君、臣臣、父父、子子"一样,人与人之间社会地位的尊卑之分,年龄辈分的长幼之分,人际关系的主从之分,在儒家思想中有着清楚的划分。儒家的这种伦理观念已经融入人们的日常言行,成为人们认识世界、表达世界的一个基点,支配着人们的思维方式和语言表达方式。汉语复合词中语素的排列顺序,反映了汉民族深受传统儒家文化思想影响的先尊后卑、先长后幼以及先主后从的伦理观念。

(二)反映汉民族以形象思维为主

汉字属于表意文字,"六书"中排在第一位,也是最早的造字法是象形,其他造字法,指事、会意、形声都是建立在已有的象形字之上,以象形字作基础,拼合、减省或增删象征性符号而成。象形文字的特点在于能够通过字的"形"弄清楚字的"意"。在长期的象形文字使用过程中,使用文字的人也会不自觉的被文字所影响,他的思维方式也会与文字创造的思维方式逐渐靠拢,最终形成一种具象思维。

汉语中有很多偏正式复合词,其中位于前面的修饰语素多为表示通过视觉、触觉等感官可以直观感知的具体形象的内容,而位于后面的中心语素多为表示抽象概括的内容。如:桃红、瓦蓝、草绿、枣红、梯形、冰冷、火热、黄梅雨、十字路口、鹅卵石、银环蛇、人梯、卫星城、仙人掌、鱼雷、金字塔等。以上偏正式复合词中词根语素的排列顺序反映了汉民族以直观形象思维为主和由形象到抽象的思维特点。直观形象思维是一种偏重于对事物进行整体综合的思维方式。这种思维方式往往从整体出发,以经验为基础,善于把握事物的外在形象。中国古代哲学讲求观物取象,即取万物之象,加工成为具有象征意义的符号,来反映认识客观事物的规律。汉民族的思维特点就是善于以直观形象的实物为出发点，围绕意象来展开，始终以一种审美、直觉的眼光来看待事物，在感性经验中积淀理性因素。汉民族这种重形象重具体的思维特点，直接影响到汉语的构词方式。汉语构词往往以具体实在、表象可触的客观事物作为心理延伸的基点，作为有丰富含义的词语的外壳。以具体形象表达抽象内容，或者将抽象内容隐含在形象后面或形象之中，从而使抽象的概念生动可感而有所依托。

二、以字序为主体的修辞格

（一）回文

把相同的词汇或句子，在下文中调换位置或颠倒过来，产生首尾回环的情趣，叫作回文。回文可以用于不同文学样式中，王其峰、孙安邦、孙蓓编著的《中国回文诗图大观》，收录了从魏晋至清末的回文诗近三百首、回文词近百首、回文赋一篇、回文图一百三十多幅，是中华民族奇特的文化遗产。下面举部分实例：

（1）“水水山山处处明明秀秀。晴晴雨雨时时好好奇奇。”这副杭州西湖中山公园天下景亭的叠字联，也是回文对。读成“秀秀明明处处山山水水，奇奇好好时时雨雨晴晴”也十分流畅自然。无论晴雨，西湖的山光水色，美丽景象尽收联中，耐人回味。

（2）云南通海秀山有副对联：

秀山轻雨青山秀，香柏鼓风古柏香。（正读）

秀山青雨轻山秀，香柏古风鼓柏香。（倒读）

（3）对联：风送香花红满地，雨滋春树碧连天。（正读）

天连碧树春滋雨，地满红花香送风。（倒读）

（4）对联：香山碧云寺云碧山香，黄山落叶松叶落山黄。（正读）

黄山落叶松叶落山黄，香山碧云寺云碧山香。（倒读）

（5）回文句。茶杯上的“清心明目”即是回文：清心明目→目明心清,又可以从任何一个字读皆可成句,"清心明目→心明目清→明目清心 →目清心明",其意不变。

(6)宋代的李禺写了一首夫妻对答的《两相思》回文诗,十分有名。全诗中字句顺读、逆读均可,不仅都合韵律,且均有意味。正读是夫致妻,诉尽思念家中妻儿之苦;倒读,则变成妻致夫,道尽妻儿盼夫归之心情;顺读或倒读,让你感觉到自己的身份、情感、语气、居地等亦随之变化,且情真意切、感人肺腑、催人泪下,实属不可多得之佳作。

思妻诗(正读)

枯眼望遥山隔水,往来曾见几心知?
壶空怕酌一杯酒,笔下难成和韵诗。
途路阳人离别久,讯音无雁寄回迟。
孤灯夜守长寥寂,夫忆妻兮父忆儿。

思夫诗(倒读)

儿忆父兮妻忆夫,寂寥长守夜灯孤。
迟回寄雁无音讯,久别离人阳路途。
诗韵和成难下笔,酒杯一酌怕空壶。
知心几见曾来往,水隔山遥望眼枯。

回文诗是中国古代杂体诗中颇负盛名的一类,据唐代吴兢《乐府古题要解》:"回文诗,回复读之,皆歌而成文也。"刘坡公《学诗百法》曰:"回文诗反复成章,钩心斗角,不得以小道而轻之。"回文诗词有多种形式,如"通体回文""就句回文""双句回文""本篇回文""环复回文"等。

任何文化形式都溯源于本民族的哲学思想,回文诗作为中国古典诗歌特殊的体式,与汉民族的"阴阳"哲学密切相关。中国古典哲学强调:阴阳交感化生万物,万物皆是动静相随的有机整体。阴阳既代表相反的事物,又代表同一事物相反的属性,体现了汉民族重发展求变化的科学智慧。回文诗工巧多变、摇曳多姿的表现形式,是以“阴阳”为核心的宇宙观、哲学观、思维观在古典诗词中的成功尝试。“阴阳”是事物变化的两种决定性因素,中国古典哲学将其融构成不断变化的统一整体。许多回文诗既可以逆读、横读、斜读,又可以交互读、退一字读、叠一字读,还可以排列成各种形象化的诗图。回文诗意象单元极强的重组能力,结构变化生成新意象的功能,是汉民族阴阳交感、动静和谐、天地一体的哲学观在诗歌体式中的形象阐释。

(二)顶真

顶真,是将前一语言片段末尾的词语作为后一语言片段开头的词语所形成的一种修辞格。

(1)鲁迅《祝福》:“一见面是寒暄,寒暄之后说我‘胖了’,说我‘胖了’之后即大骂其新党。”

这段话用顶真的手法,突出了几件事情在时间上的紧密衔接,表现出人物虚伪、反动的思想性格。有一些顶真格是用重复前一句的方法,使气势连贯而下。

(2)李白《白云歌》:楚山秦山皆白云,白云处处长随君。长随君,君入楚山里,云亦随君渡湘水。湘水上,女萝衣,白云堪卧君早归。

运用顶真修辞手法,不但能使句子结构整齐,语气贯通,而且能突出事物之间环环相扣的有机联系。

三、父子联名制

父子联名制是一种取名方式,即用父亲名字的最后一个字或两个字作为子女名字的第一个字。这种取名方式与修辞上的顶真颇为相似。例如,哈尼族的爷爷叫阿佐,父亲叫佐雅,大儿子就叫雅大(男孩一般按大、二、三、四依次排列),大女儿就叫雅洛(女儿依次按“洛”“干”“杰”排列)。哈尼族的父子联名制度不仅是本民族的取名方式,它也是记载哈尼家族历史的一种方式。我国南方的彝族、白族、怒族、哈尼族等都采用过这种取名方式。

最有名的父子联名制当数云南南诏国父子联名。舍龙—细奴逻(649—674)—逻盛炎(在位年不明)—炎阁(在位年不明)—(弟)盛逻皮(在位年不明)—皮逻阁(唐赐名蒙归义,?—748)—阁逻凤(748—778)—(孙)异牟寻(778—808)—寻阁劝(808—809)—劝龙晟(809—816)—(弟)劝利(816—823)—(弟)丰祐(823—859)—酋龙(世隆,859—877)—法(隆舜,877—897)—舜化(897—902)。

到了大理国时期,段、高两家仍继承这个传统,《高福生墓志铭》是云南保存较好的碑刻,此碑追溯了高家的世系:高智升是高生福的太祖,高升祥是其高祖,高祥坚是其曾祖,高坚成是其祖父,高成生乃其父亲。世系很清楚,可以看出明显的父子联名制,即以父名末一字冠于己名之上,六代蝉联不断。古人说这是"云南特有之名例",在《新唐书》中已提到。

父子联名制具有多方面的文化意义。父子联名记载了一些民族的家史和族史,如,哈尼族没有文字,而父子联名巧妙而准确地记录了哈尼族的家谱和族谱,被称为哈尼族社会的"活化石""无字的史书",而且具有强盛的生命力,贯穿于哈尼族社会的整个历史进程,被历代全体哈尼人所承认和使用。父子联名制还标志着"母系社会"被"父系社会"所代替。农耕取代狩猎之后,男人变成了农耕生产的主力军,男人的作用和权力大大提高,男人可以支配生产的剩余产品,成为一家之主,父子联名制只联父亲的血统而不联母亲血统,成为家庭血缘的链扣。另外,唐代南诏国崛起,南诏王族占据最高等级,以封建世袭制维持,王位继承以嫡长子继承为主,父子联名制保证了封建世袭制的延续。

除以上文化现象,还有其他的一些汉字字序的文化样式。常见于生活中的有词语接龙,即第一个人说完一个词之后,下一个人接上一个人词的最后一个字继续接词。游戏结束的方法是:某名玩家不能够根据前一名玩家的词末的汉字接词。规则是游戏者自己定的,也可以加大难度,比如说限接龙时间、只能是三个字等;也可以降低难度,比如说可以音调不同。

例如,词语接龙:大全→全体→体操→操作→作业→业师→师傅→傅色→色鬼→鬼火→火把→把戏→戏剧→剧院→院长 ……

成语接龙:阳关大道→道听途说→说三道四→四面楚歌→歌舞升平→平心静气→气象万千→千钧一发……

词语接龙能形成一种活泼轻松的学习氛围,使学生在游戏的过程中学到知识,同时,可以丰富词汇量、提高思维的敏捷性。

练习九

一、判断正误,正确的在括号里划"√",错误的划"×"。

1. 汉字的字序有形序法、音序法和义序法三大类。 ( )

2. 汉字具有独特的表意功能,所以义序法是现代汉字排列字序的主要方法。 ( )

3. 音序法是指汉语拼音字母音序法。 ( )

4. 笔画笔形法适于查找知道字形而不知道字音和字义的汉字。 ( )

5. 部首就是汉字的任意一个部件。 ( )

6. 四角号码是从字义着眼的字序方法,目前应用最为广泛。 ( )

二、指出下列汉字的部首。

我、幽、愿、鸿、因、爽、凯、章、灭、叛、克、在、习、富。

三、确定第一组的笔画数;用音序法在《现代汉语词典》里查找第二组字词。

1. "弗"查( )画 "乃"查( )画 "鼎"查( )画
"世"查( )画 "聚"查( )画 "肃"查( )画
"凹"查( )画 "考"查( )画 "鼠"查( )画
"插"查( )画 "涵"查( )画

2. 咬、绑、擎、鹳、贰、哼、叮咛、叠罗汉、浮雕、拈轻怕重。

四、用部首法查找下列字词。

乂、蔷、戊、夹、嗣、癸、旬、糜、行、蹒跚。

五、简答题。

1. 部首法、音序法、笔画笔形法的适用范围及其优缺点。

2. 你在运用检字法时常遇到什么问题？如何解决？

3. 回文诗有哪些文化意义？

六、请查阅《说文解字》或其他工具书，将下列文字写成小篆。

1. 今人不见古时月，今月曾经照古人。

2. 士别三日，当刮目相看。

第十章　汉字教学

自从人类创造了文字，就开始了学习文字的活动。迄今为止，人类教育的全部历史都是围绕着文字进行的。可以说没有文字就没有文化，就没有人类的历史，更没有人类的文明进步。文字是开启人类智慧的第一把钥匙，它既是一切文化知识的载体，又是一种特殊的文化知识。

汉字教学与世界上的其他文字一样，在代代传承的过程中，积累了丰富的汉字教学经验，蕴育了厚重的中华文化，促进了汉语的不断完善进步，推动着汉字走向世界。

汉字又是语文教学的基石，没有汉字的产生就没有语文教学产生的可能性，我国的语文教育史，实质上就是一部关于汉字的教育史。

第一节　汉字教学历史

一、汉字教学的起源

汉字是世界上最古老的文字之一，在汉字被应用于政治生活和社会交际的同时，汉字教学就已经开始了。

汉字的教学与汉字的产生相依傍：根据贾湖契刻以及半坡遗址、临潼姜寨遗址、仰韶文化遗址的陶符等推测，新石器时代，占卜在当时就占有重要地位，可谓无事不卜，先卜而后行，也可以说，在这许多占卜活动中，无形的进行着种种（如对神的崇拜）萌芽状态的教育。

到了商周时期，《礼记·礼运》记载："殷人尊神，率民以事神，先鬼而后礼。周人尊礼尚施，事鬼敬神而远之。"说明商朝比周朝更重视神。殷人不仅"尊神"，还要"事神"，周人事鬼敬神而"远之"。他们对神的依赖程度是各不相同的。由于殷人"尊神"还要"事神"，于是设有尊神事神的官——巫、觋。"在男曰觋 xí，在女曰巫。"（《国语·楚语》）男觋女巫，就是当时沟通人神关系的重要官员。这种人既是宗教迷信的宣传者，又是沟通人神关系的教官。后来有一种叫巫史的官员，就是作巫和史两项工作的，实际上是当时的文化人，或者就是当时的"高级"教官。《礼记·礼运》里说："王前巫而后史，卜筮瞽侑，皆在左右。"

巫官和史官，以及管占卜的、管乐食（瞽侑）的官员们，他们常常守在帝王的左右，以供随时驱遣。"动则左史书之，言则右史书之"（《礼记·玉藻》）。史官（包括左史、右史）是专门记言记行的。他们书史传古，是最早的历史学家；他们载文记言，是最早的汉字使用专家。[①] 根据考古文献研究，在汉字系统形成的殷商时期，习字学书就已经成为当时教育的重要内容。郭沫若的《殷墟粹编》1465—1479 片，收有刻写六甲表的前 12 行，他在《序言》中指出，这是商人教子弟刻写文字的记录。张政烺通过对各代文物的比较考证，肯定了郭说。他指出："我们知道殷墟卜骨上常见学刻六甲表的前几行，居延汉简上常见学写《仓颉篇》《急就篇》的前几句，汉砖上也常见学写《春秋公羊传》的首章，都是学书者所作，事情或许相同"。[②] 这说明，商代确有教学习汉字的"书学"，只是当时的文字主要掌握在巫史手里，汉字教学因而也只是极少数人的内部行为而已。

西周时期，汉字教学已经被正式列入学制。据《周礼》记载，"（保氏）掌谏王恶，而养国子以道，乃教之六艺：一曰五礼，二曰六乐，三曰五射，四曰五御，五曰六书，六曰九数"。所谓"六书"，即殷商时期的"书

① 参见张隆华、曾仲珊：《中国古代语文教育史》，四川教育出版社，2000 年 10 月第 2 版，第 14 页。

② 张政烺：《试释周初青铜器铭文中的易卦》，载《考古学报》，1980 年第 4 期。

学”,属识字教育的内容。东汉许慎《说文解字·叙》说:“周礼,八岁入小学,保氏教国子先以六书”。就是说,“六书”是“国子”入学后最先学习的内容。

此后,汉字教学就成为历代文化活动的重要内容,成为中华文明史的重要组成部分。秦承周制,是西周文化的直接继承者。当朝重臣丞相李斯、中车府令赵高、太史令胡毋敬亲自主持编写童蒙识字课本,可知秦王朝对识字教育的重视。汉代统治者不仅重视汉字教学,还在法律中作出具体规定。据《汉书·艺文志》记载:“汉兴,萧何草律,亦著其法,曰:太史试学童,能讽书九千字以上,乃得为史。”从此,识字教育成为全社会的自觉行为。汉时已经有了类似今天小学的“书馆”。王国维说:“汉时教初学之所名书馆,其师名曰书师,其书用《仓颉》《凡将》《急就》《元尚》诸篇,其旨在使学童识字习字”(《观堂集林》卷四《汉魏博士考》)。崔寔《四民月令》说:“正月,民事未起,命成童以上入大学,学五经,……砚冻释,命幼童入小学,学书篇章。”“小学”即书馆,“篇章”即童蒙识字课本。幼童即开始进行识字教育,历代无不如此。

二、科学的童蒙识字课本[①]

要识字必然有识字的教材。从先秦到现代,蒙学的识字教材经历了诸多变化。在一定的时期中,有些教材为较多的小学所使用,从而形成相对的核心教材。这些教材又因其使用面增广而流传下来,和新产生的教材一起,继续影响着后代的教育。但是不管蒙学识字教材在几千年的演变中形成了多少流派,它们基本上保持着源头的识字独立、四字韵语、字不重用或字少叠用等形式。

(一)先秦到六朝的识字教材

中国的汉字教育起源早,童蒙识字课本的编纂也非常早。我国有史

① 参见郭保华:《蒙学识字教材源流考》,www.52zijing.com/shown,发布日期:2011-3-30 15:26:42。

记载的最早的识字课本是西周宣王时(公元前827—前782年)的《史籀篇》,距今已有近3000年的历史。《汉书·艺文志》说:"《史籀篇》者,周时史官教学童书也。"关于《史籀篇》的内容和形式,因原文已亡佚,后世学者根据居延汉简、阜阳汉简基本可得到第五章,全文如下:

"琖(盏)表书插;颠颇重该;已起臣仆;发传约载;趣遽(jù)观望;行步驾服;逋(bū)逃隐匿;往来口口;汉兼天下;海内并厕……"

特点:四字为句,隔句为韵,便于诵读。每句的组成,主要是相关字词的罗列,字词之间、上下句之间,一般不具备语言上的逻辑关系,均取同近义字词的并列,也有同句与各句之间表达完整语义的。字词的分类编排,反映出作者对汉字形体、读音和意义的理性认识,以及对汉语字词系统内在关系的初步觉察。作为文字书的雏形,《史籀篇》的出现在文字学史上的意义是多方面的,它不仅间接体现了一定时期对汉字认识和研究所达到的水准,而且直接影响后世字书的编辑,产生了一个以《史籀篇》为原型的字书系统。它不仅是我国第一部"教学童书",而且也是我国第一部字书,这使它真正成为我国蒙学识字教材的源头。

秦始皇统一中国后,实行了"书同文"的政策。这意味着秦对以前各国文字的使用进行了一次彻底的整理。《说文解字·叙》:"秦始皇帝初兼天下,丞相李斯乃奏同之,罢其不与秦文合者。斯作《仓颉篇》,中车府令赵高作《爰历篇》,太史令胡毋敬作《博学篇》。皆取史籀大篆,或颇省改。所谓小篆者也。"为了保证这一政策的落实,秦始皇命令宰相李斯、中车府令赵高和太史令胡毋敬模仿《史籀篇》的体例,分别编写了《仓颉篇》七章、《爰历篇》六章、《博学篇》七章,历史上被称为"秦代三书"。"秦代三书"的社会作用有两个:一是规范了文字的书写形体,二是成就了一部权威的蒙学识字教材。到了汉初,"闾里书师"(即民间的教书先生)将《仓颉篇》《爰历篇》《博学篇》合为一书,每60字断为一章,共55章,3300字,仍以《仓颉篇》为名,成为汉代诸多识字课本的源头。后来李长的《元尚篇》、司马相如的《凡将篇》、贾鲂《滂熹篇》、史游的《急就篇》、扬雄的《训纂篇》等,都是在《仓颉篇》的基础上编纂而成。

据《汉书·艺文志》，汉武帝时司马相如所作《凡将篇》，无重复的字，而文字亦出于《仓颉篇》之外。可见，《凡将篇》的大多数文字还是取之于《仓颉篇》，其源头仍然在《史籀篇》。据学者研究，司马相如作的《凡将篇》一个字都不重复，在此之前的蒙学识字教材中用字有无重复，目前尚无史料记载。但至少从司马相如开始，古人已经注意到使用一字不重复的识字教材学习汉字是效率最高的。

另外，由于《仓颉篇》源于《史籀篇》，保留了许多古字，到了西汉中期，有些字已不为人所识读。所以汉宣帝普召齐人能识读者，让张敞跟随学习。到汉平帝元始年中，又征召天下通“小学”的人，“各令记字于庭中”，杨雄取其有用者作《训纂篇》。所谓“各令记字”，从文意上推测，应是让这些人将各自所知晓识读的字记录下来。这当中，自然包括了一些字的正体（“正字”）和异体（“复字”）。

杨雄的《训纂篇》在编辑体例上继承了《仓颉篇》的做法，既续补了《仓颉篇》没有的字，又去掉了其中重复的字。而按《汉书·艺文志》和《说文解字·叙》记载，自《仓颉篇》以后，各类字书共有十四篇，共89章，5340字。以此字数较章数，平均每章60字。

此后又有班固续杨雄《训纂》而作13章，合为102章。从“续”的角度判断，这13章也应当是没有重复的字。东汉和帝永元中，贾鲂又作《滂熹篇》。《滂熹篇》显然也是按照《仓颉篇》的体例编纂的，所以后人遂合《仓颉》《训纂》《滂熹》而为“三苍”（或三仓）。

可惜的是，《仓颉篇》《训纂篇》《凡将篇》《滂喜篇》等都已亡佚，只有《急就篇》流传下来。《急就篇》为西汉人史游所著，以63字为一章，共2144字。全书为三言、四言、七言韵语。三言、四言隔句押韵，七言则每句押韵，以便诵习。

汉代出现了许多识字课本，直到许慎《说文解字》出现，识字课本的编纂势头才渐趋平息。

（二）隋唐时代的识字教材

从整体上看，隋唐五代的识字教材，充分利用以往的识字教材，吸取以前识字教材的优点，在继承中发展。

隋唐五代时期对此前的《千字文》《急就篇》等教材，仍给予充分的关注。

关于《千字文》，有学者考证为梁武帝敕令周兴嗣所撰写，据《太平广记》卷二〇七"僧智永"条载，隋时智永和尚曾经临摹八百本《千字文》散发于人。《朝野佥载》卷五载并州人毛俊之子4岁被武则天召进宫内试字《千字文》，皆能暗书。《封氏闻见记》卷十还载有天宝间进士周逖改编《千字文》一事。另据今人高明士考证，在敦煌遗书中，《千字文》的写本多达32种，更有藏华对照本、汉蕃对音本。从这些材料均可见《千字文》在隋唐五代的广泛使用情况。

事实上《千字文》还被日本的遣唐使、朝鲜的遣唐使和越南的遣唐使带回本国用于学习汉语。这对于形成今天的汉字文化圈起到了重要的作用。

关于《急就章》，在唐代有颜师古为之作注。据其《叙》云："其源出于小学家。……详其意趣，实有可观。幼学相承，犹竞习之。既无良师，只增僻谬。"可见《急就章》在唐代依然受到重视。

新的识字教材主要是以李翰的《蒙求》为代表。《蒙求》依然仿《千字文》采取四言韵语形式，但更强调了对偶，每句各讲一个典故，如"王戎简要，裴楷清通。孔明卧龙，吕望非熊。杨震关西，丁宽《易》东"。《蒙求》是我国历史上第一部将识字与学习历史掌故相结合的蒙书。因此它不仅适用于童子，而且"老成亦颇觉起予"，对年龄大的人也有启发作用。

在唐代的考试制度中，明经、进士、明法诸科皆试策。此外，进士另加杂文二道，诗赋各一。杂文合格，才能试策。诗赋与策的考试，要求考生具备比较丰富的经史知识。尤其是策试，不是学问广博的人，几乎难以应考。赋历来都是用典大户，所以对于历史掌故的掌握就是自然而然的事。诗中多用典。为了适应这种考试的要求，《蒙求》就应运而生。宋朝的《十七史蒙求》《名物蒙求》《历代蒙求》《纯正蒙求》都是受此影响而创作。

唐代的识字教材还出现了识字与道德教育相结合的情况。《太公家教》就是这类教材的代表。《太公家教》基本上是四字韵语，都是关于行为规范和为人处世的言论，是一本较典型的"思想教育"教材。如："事君尽忠，事父尽敬。礼闻来学，不闻往教。舍父事师，敬同于父。"这本书从中唐到北宋初年一直盛行。宋代以后，还继续不断地被中国北部和东北的少数民族所使用。

从识字的角度看，《太公家教》与《千字文》和《急救章》相比，其识字效果相差甚远，但前者道德教育的内容受到广泛欢迎。这对唐以后的各类儿童识字教材的编写产生了重要影响，唐代以后，出现了为小学教育编写专门的道德教育教材，并且这类教材逐渐增多。

（三）宋元时期的识字教材

宋元时期，各类小学教育中依然较多地选用了过去的一些教材，比如《千字文》《蒙求》和《太公家教》等。

《千字文》等被宋元时代小学教育使用的史料较多。如南宋项安世《项世家说》卷七载："古人教童子，多用韵语，如今《蒙求》《千字文》《太公家教》《三字训》之类是也。"南宋赵汝遂《憩农家》诗："群儿窗下读，《千字文》《蒙求》。"元程瑞礼《读书分年日程》以《性礼字训》代替"世俗《蒙求》《千字文》"。这些材料都可以证明《千字文》《蒙求》《太公家教》在宋元时代的小学教育中仍然是非常流行的教材。

识字教材在宋元时期也发生了一些变化，编出不少新教材。最著名的就是佚名人所编的《百家姓》（以"赵钱孙李"开头）和据称是王应麟所编的《三字经》。

《百家姓》的成书时间，大约在北宋初年。据宋人王明清说："市井间所印《百家姓》，明清尝考之，似是两浙钱氏有国时小民所著。何则？其首云'赵钱孙李'，盖钱氏奉正朔，赵乃本朝国姓，所以钱次之。孙乃忠懿之正妃，又其次乃江南李氏。次句云'周吴郑王'，皆武肃而下后妃，无可疑者。"

南宋诗人陆游《秋日郊居》诗第三首“儿童冬学闹比邻，据案愚儒却自珍。授罢村书闲门睡，终年不着面看人”下有自注：“农家十月乃遣子弟入学，谓之冬学。所读《杂字》《百家姓》之类，谓之村书。”可见在南宋前期，《百家姓》已经是农村村学中比较流行的教材了。

《百家姓》全书142句，568字。共收入单姓408个，复姓32个。以四字韵语的形式编成，读起来朗朗上口。虽然各句的内容没有实际意义，但由于姓氏知识切合于日常生活，以这种方式编订独立儿童教材，编制思想是值得借鉴的。

《三字经》约在宋末成书，一般认为是王应麟所作。这是对后世影响极大的识字教材。这本书出现以后就广为传诵，宋以后历代文人不断增补、修订，加上了宋以后的历史简述。现在使用的大都是章太炎点校的本子。全书共532句，1596个字。《三字经》曾被誉为“古今奇书”，译成多国文字，联合国教科文组织把它列为儿童道德修养的必读书之一。

《三字经》被认为蒙书之首的原因，一是它继承了古代韵语的形式，三字一句，朗朗上口，便于儿童记诵。二是它内容丰富，在不长的篇幅里浓缩了历史、地理、社会、人文知识，这些知识至今仍有借鉴的意义。

还有一类兼有识字与日常生活知识学习的课本，即陆游诗自注中提到的《杂字》。“杂字”类的图书，早在汉魏时期就已经出现。《隋书·经籍志》就载有多种杂字，如《杂字解诂》《杂字指》《杂字要》《杂字音》等。这类杂字书因无传本，所以已无法知道全貌。清代的马国翰《玉函山房佚书》中辑录有魏周成之《杂字解诂》残卷，清人任大椿《小学沉钩》中辑录有魏张揖《杂字》残卷。从这两种残卷看，其内容类似于字典，不成韵文。与宋以后作为启蒙识字教材的杂字书性质并不相同。

宋元时代还有一类兼有识字、常识学习和道德教育作用的蒙学教材，这就是王应麟的《小学绀珠》。据王应麟自序云：此书“采掇载籍，拟锦带书，始于三才，终于万物，经以历代，纬以庶事，分别部居，用训童蒙”，则为小学教材无疑。

(四)明代的识字教材

由于以前各朝代的积累,到了明代,各类识字教材数量已经相当可观,为明代人选用识字教材提供了极大方便。

但是明代的小学教育有一个明显的变化,与其他朝代相比,独立的识字教学阶段似乎并不存在。从掌握的材料看明代的识字教学大体是与授书课教学相兼而行的。授书课的目的并不在于识字,而在于教给儿童一些道德原则或其他较有系统的知识。

明代识字教材大多数是采用前人的著作当教材。原因有四:其一,前人成书本身是具有较长生命力的蒙学识字教材。像《三字经》《百家姓》《千字文》。其二,明代小学一般自十月份开学,三月即散学,学期时间甚短,无法进行系统的教材编纂工作。其三,明代小学的办学宗旨在社会教化,对教材编定并无特殊要求。其四,社学教师往往仅有一个,亦无力进行系统教材的编写。明代体现了把道德教育放在首位的哲学观点,因此各思想家都非常推崇朱熹的《小学》。识字教学也往往与道德教育捆绑到一块,不构成一个独立的教学阶段。主要使用的教材除《小学》外,还有《童蒙须知》《养蒙大训》《近思录》“四书”等。这类教材虽然仍是蒙学教材,但不是严格意义上的识字教材。

在明代,出现了许多蒙学著作,但并没有真正用于小学教育实践。《龙文鞭影》(原名为《蒙养故事》)、《女儿经》《小儿语》《女小儿语》是比较有影响的几种蒙学教材。

总之,明代的识字教学并未构成一个独立的教学单位,明代小学中用于识字的教材,大体兼有其他功能,在其他课教学的同时兼以识字。

(五)清代的识字教材

到了清代,小学识字教材一方面经过上百上千年的历史筛选,一些教材逐渐显示出它们的生命力,如《三字经》《百家姓》《千字文》,另一方面随着政治制度和文化背景的变化,某些教材会特别受到提倡或限制,为适应这种变化，新的教材又不断地编出来，如《弟子规》和《小学韵语》。

《弟子规》是清代学者李毓秀编写的。李毓秀为山西绛州(今山西绛县)人，清康熙年间秀才，在家乡以教童子为业。《弟子规》就是他在教书过程中编成的。在中国以三字为一句的蒙学教材中，最著名的是《三字经》，而能与《三字经》媲美的，大概只有《弟子规》了。清代的一些地方曾把《弟子规》列为私塾、义学的必读书。

《弟子规》全文分"总序""入则孝""出则悌""谨而信""泛爱众而亲仁""行有余力、则以学文"五部分。全文 360 句，1080 字。内容涉及生活起居、衣服纽冠、行为仪止、道德品性、处世之道等，详于道德教育。

《小学韵语》是清代学者罗泽南编写。在自序中，作者认为朱熹《小学》一书"语句长短参差不齐，小儿初入学，遽以此授之，往往不能以句"。故"撮其大要"，以四言韵语的形式，取古人注疏附下编成。

此外清代小学还使用其他一些教材。如蒲松龄在《日用俗字》自序中所提到的《农庄杂字》以及《日用俗字》，还有清代以来流传极广的《增广贤文》等。

清代识字教材的显著特点是根据不同的小学选择不同的识字教材。这一特点主要表现在以下两个方面，第一是根据儿童的心理发展特点选用教材这方面比较有代表性的人物是陆世仪。他在《思辨录》中对朱熹的《小学》作为教材提出异议，以"不便童子"和"未能便读长句"为由，主张重新编订可以替代《小学》的教材，是从儿童本身的生理和心理发展水平来考虑的。这与以往的蒙学教材只讲教育而不大注意儿童的身心发展相比较，是一个非常重要的进步。第二是根据儿童将来的学习需要选用教材。教育儿童应从识字开始，故应选用相应的教材。如张行简就曾建议用《千字文》或《三字经》作为教本教儿童识字。这说明清代已经认识到对儿童教育来说识字是最要紧的，字的重复会直接影响儿童的学习进度。

从《史籀篇》到清代的这些识字课本，是汉字教育史上的宝贵财富，具有很强的科学性，主要表现在：

第一，选录常用字。如何在最短的时间内，获得最高的识字效率，使学习者尽可能快地获得阅读能力，汉字教学的内容是至关重要的。因此，识字教材选录的必须是常用字。古代童蒙识字课本在常用字的选择上非常成功，其重要标志是：每个时代的课本选字都能被后代的课本所传承。周宣王时的《史籀篇》，成为秦代识字教材的底本。据班固所云，李斯等编《仓颉篇》等书，“文字多取《史籀篇》，而篆体复颇异”；到东汉建武时，《史籀篇》仍在，只是“亡六篇矣”；秦代《仓颉篇》仍被汉初闾里书师采用教学童识字；“三、百、千”流传在汉字教学中几百年而不衰。这些事实都说明，历代字书对常用字的选择是科学而成功的，其中的绝大多数字种都属社会基本用字，并不随着时代的变迁和时间的推移而被废弃。

第二，收字数量科学适用。汉字数量大，而且，作为一个开放系统，在几千年的历史中，汉字的数量在不断地增加着。但是，汉字总数虽然在增加，社会常用字种和字量却是基本稳定的。汉字初级教学字量应当与社会常用字量大致持平。古代的童蒙识字课本在字量的确定上为我们提供了范例。从《仓颉篇》到“三、百、千”，每部课本的收字量在1000—2000左右，同时并用的成套识字课本的总字数在3000—4000左右。据《说文解字·叙》，秦“三仓”经西汉闾里书师整理后，删去其重复之字，“合六十字一章，共五十五章”，共计3300多字，则各篇1000多字。西汉初期，儿童识字仍以“秦三仓”为教材，识字量为3000多字。西汉中期以后，汉代人开始自己编识字教材，《训纂篇》《滂喜篇》各2400字，史游《急就篇》2144字，流传到清末的“三、百、千”，一共2000多字。用当代汉字字频统计和社会常用字的研究成果进行验证，2000—4000字几乎是中国历代社会常用字的恒量。周有光曾对当代各家现代汉字字频的统计结果进行了分析归纳，抽象出了“汉字出现频率不平衡规律，也叫汉字效用递减率”①。这个规律可表述为:最高频的 1000 字,覆盖率大约是 90%;以后每增加 1400 字,大约提高覆盖率 1/10。根据汉字效用递减率,3800 个字种覆盖率为 99.9%。我国历代字书的收字量,与当代人使用先进的科学技术统计出的结果若合符节,这充分体现了古代字频研究和社会常用字统计的水平。历代文学名著不重复字的用字量也印证了历代识字课本体现出来的社会常用字的恒量。试比较表 10-1:

表 10-1　历代文学名著用字量统计表

书名	成书年代	总用字量	不重复用字量
《尚书》	先秦	24538	1941
《易经》	先秦	20991	1583
《诗经》	先秦	29646	2936
《论语》	先秦	15918	1382
《春秋三传》	先秦	245838	3912
《淮南子》	西汉	133827	4208
《战国策》	西汉	122529	2774
《说苑》	西汉	112254	3271
《孔子家语》	东汉	57423	2566
《全唐诗:张籍卷》	唐代	25502	2465
《全唐诗:白居易卷》	唐代	189154	4750
《杜甫诗》	唐代	未详	3562
《毛泽东选集》1—4 卷	现代	660273	2981
《倪焕之》	现代	138000	3039
《骆驼祥子》	现当代	107000	2413

由上表可以看出,我国历代各类著作所用不重复字数很少有超过 4000 字的,这大致可以说明我国历代的社会常用字有一个恒量,即 3000 字上下。因此,尽管史籍语焉不详,我国古代围绕汉字教育所进行的字

① 周有光:《中国语文纵横谈》,人民教育出版社,1992 年版,第 156 页。

频研究和常用字研究,已经达到了很高的水平。这也从另一个角度证明了我国童蒙识字教材编纂的科学性。

另外,我国古代的识字教材,在字种的排列上并非杂乱无章,而是有一定的顺序,后代字典所用的分别部居、据形系联、据义系联的排列方法,在这些字书中都已经萌芽。这体现了编纂者们文字学方面的素养,更为可贵的是,体现了古人对汉字教学法的探索和研究。

(六)近代的识字课本

1902 年清政府颁布了《钦定蒙学堂章程》,该章程对儿童识字方面开始进行改革:废除读"《三字经》《百家姓》《千字文》"。1903 年清政府颁布《钦定学堂章程》提出"中国文字"科,即国文科的前身。辛亥革命之后,1912 年由教育部宣布了《普通教育暂行办法》,提出废科举,兴新学,废除读经讲经,将"中国文字"科改为"国文"科。"三、百、千"识字教材,逐渐被国文教科书所代替。最初的识字方法仍吸取集中识字教学的经验,从看图识字开始,课数多,课文短,识字数百而转入边识字边阅读。如商务印书馆编辑的《共和国国文教科书》、南洋公学的《新订蒙学课本》等。

五四运动之后,随着新文化运动的发展,小学的国文教学也发生了很大的变化。其变化主要有:一是废除小学读经科;二是改文言文为语体文,将"国文"科改为"国语"科;三是注重儿童文学及日常用语,以增进儿童读书的兴趣和学习汉文的实用性。这是 1923 年实行"新学制"而制订的《课程标准纲要》所包含的重要改革。小学国语科教学的改革,反映在识字教学方面变化最大,如采用分散识字方法;边识字、边阅读,识字、阅读并进,每课的识字量减少,如复兴《国语课本》。在 20 世纪三四十年代出版的小学国语教科书,大多数的识字量减少,每课书随课文学习三五个生字;通过学话、学文识字,各年级的识字量随年级提高而逐年增加。这就是传统的分散识字。

（七）新中国成立后的识字教材

新中国成立后历次小学语文教学大纲都对识字教学作出了明确的规定。1950年、1956年、1963年、1978年、1986年、1988年、1992年，国家曾经7次颁行小学语文教学的纲领性文件。这些文件既是每一个历史时期国家教育方针政策在小学语文教学中的体现，又是该时期语文教学方法改革与实验典型经验的凝聚。

1950年《小学语文课程暂行标准（修正草案）》识字量的要求是通过对课本中各课生字量的规定体现的。识字教学方法上要求给学生提供多次复习的机会（如表10-2）。

表10-2　《小语课标》(1950)识字量统计

年级	一	二	三	四	小计	五、六	共计
字数	300	400	500	600	1800	1000	2800

1956年《小学语文教学大纲（草案）》规定小学阶段的识字量为3000~3500个汉字。提出“小学第一二学年的阅读教学以识字为重点，在这两年里比较集中地教会儿童认识必要数量的（不超过1500个）常用汉字”。强调识字教学方法为“通过词汇教学来进行”，并且对词汇教学的目的、内容（词的声音、意义、用法）、要求等做出具体解释。

1963年《全日制小学语文教学大纲（草案）》仍然规定，在小学阶段“使学生认识3500个常用汉字”，“在一二年级教学生掌握半数左右”。指出“一二年级教学可以采用集中识字的方法，也可以采用分散识字的方法”。

1978年颁发的《全日制十年制学校小学语文教学大纲（试行草案）》是国家历经十年动乱后，新时期复苏和发展阶段教学方法改革的纲领和依据。这部大纲规定小学低年级仍以识字为重点，在两年内要求识字1700个左右。在教学方法上要求“根据学生认识事物的规律、学习语文的规律和汉字本身的规律，教给学生识字方法，培养识字能力”。对课文中出现的生字一部分要求“四会”，一部分只要求认识，增强了识字教学的灵活性。

1986年的《全日制小学语文教学大纲》、1988年的《九年义务教育小学语文教学大纲（初审稿）》和1992年的《九年义务教育全日制小学语文教学大纲（试用）》作为直接影响着教学方法改革的制约性因素，不可置疑地成为多种识字教学方法改革与实验的理论依据。它们在识字教学方面与以往大纲的不同规定和要求，为多种新识字教学方法的提出和革新拓展了思路，对识字教学“百家争鸣”局面的形成起到了推动的作用。这三部大纲与以往大纲不同的规定和要求大体表现在以下三个方面：

（1）在教学思想上，不再提小学低年级以识字为重点，改为“前三年完成大部分识字任务”。

（2）在识字量的规定上，1986年《大纲》把小学阶段要求掌握汉字3000个左右，改为“认识常用汉字3000个左右，其中要掌握2500个左右”。1992年《大纲》进一步降低要求，规定“学会常用汉字2500个左右”，在小学前三年教完2000个左右，即可完成任务。

（3）在识字教学原则和方法上，1992年《大纲》提出了“四个结合”，即“要在语言环境中教识字，把字的音、形、义结合起来；要注意引导学生通过观察图画和实物，联系生活实际识字，把识字和认识事物结合起来；学过的字力求在语言训练中反复运用，把识字和听说读写结合起来；在识字的过程中重视写字的指导，把识字和写字结合起来”。

目前，小学识字写字按2011年版《义务教育语文课程标准》执行（如表10-3、10-4）：

表 10-3 《义务教育语文课程标准》(2011 年)识字阶段目标

学段	阶段目标描述
第一学段	1. 喜欢学习汉字,有主动识字的愿望; 2. 认识常用汉字 1600—1800 个,其中 800—1000 个会写; 3. 掌握汉字的基本笔画和常用的偏旁部首,能按笔画规则用硬笔写字,注意间架结构,初步感受汉字的形体美; 4. 养成正确的写字姿势和良好的写字习惯,书写规范、端正、整洁; 5. 学会汉语拼音,能读准声母、韵母、声调和整体认读音节,认识大写字母,熟记《汉语拼音字母表》; 6. 能借助汉语拼音认读汉字,能用音序和部首检字法查字典,学习独立识字。
第二学段	1. 对学习汉字有浓厚的兴趣,养成主动识字的习惯; 2. 累计认识常用汉字 2500 个,其中 2000 个左右会写; 3. 会使用字典、词典,有初步的独立识字能力; 4. 能使用硬笔熟练地书写正楷字,做到规范、端正、整洁,用毛笔临摹正楷字帖; 5. 有条件的地方,可学习使用键盘输入汉字。
第三学段	1. 有较强的独立识字能力,累计认识常用汉字 3000 个,其中 2500 个左右会写; 2. 硬笔书写楷书,行款整齐,有一定的速度; 3. 用毛笔书写楷书,在书写中体会汉字的优美。

表 10-4 《义务教育语文课程标准》(2011 年)识字量统计表

年级、学段	第一学段(1—2 年级)	第二学段(3—4 年级)	第三学段(5—6 年级)	第四学段(7—9 年级)
识字与写字量	认识 1600—1800 个	认识 2500 个	认识 3000 个	认识 3500 个
写字要求	800—1000 个会写	2000 个左右会写	2500 个左右会写	3000 个左右会写

关于识字、写字与汉语拼音教学的具体建议:

识字、写字是阅读和写作的基础,是第一学段的教学重点,也是贯穿整个义务教育阶段的重要教学内容。

低年级阶段学生“会认”与“会写”的字量要求有所不同。在教学过程中要“多认少写”，要求学生会认的字不一定同时要求会写。本标准附有“识字、写字教学基本字表”，建议先认先写“字表”中的300个字，逐步发展识字写字能力。

识字教学要注意儿童特点，将学生熟识的语言因素作为主要材料，结合学生的生活经验，引导他们利用各种机会主动识字，力求识用结合。

要运用多种识字教学方法和形象直观的教学手段，创设丰富多彩的教学情境，提高识字教学效率。

按照规范要求认真写好汉字是教学的基本要求，练字的过程也是学生性情、态度、审美趣味养成的过程。每个学段都要指导学生写好汉字。要求学生写字姿势正确，指导学生掌握基本的书写技能，养成良好的书写习惯，提高书写质量。第一、第二、第三学段，要在每天的语文课中安排10分钟，在教师指导下随堂练习，做到天天练。要在日常书写中增强练字意识，讲究练字效果。

汉语拼音教学要尽可能有趣味性，宜多采用活动和游戏的形式，应与学说普通话、识字教学相结合，注意汉语拼音在现实语言生活中的运用。

关于识字与写字的评价：评价要有利于激发学生识字、写字的兴趣，帮助学生养成写规范字的习惯，减少错别字。

如今，汉字的教学已经不仅仅局限于中国人之间，它已经随着国际化的到来而走向世界，越来越多的来华外国留学生、走向各个国家的汉语教师以及世界各地的孔子学院的相继建立，足以说明这一切的到来并不是虚幻，而是真实的、可靠的。

第二节　汉字教学的要求、方法及原则

识字教学的基本任务是使学习者掌握一定数量的常用字。在完成

识字任务的同时，还要丰富学习者的知识，发展学习者的智力，培养学习者热爱祖国语言文字的思想情感。

一、汉字识字要求

从教与学的角度考虑，汉字识字的要求包括两方面的内容：对教师的要求和对学生的要求。

（一）对学生的识字要求

汉字是表意文字，一字读成一个音节，每个字都包括音、形、义三要素。识字就是要统一地掌握字的音、形、义。即要求读准字音，认清和正确书写字形，理解字（词）义；在大脑中建立字的音、形、义的牢固联系，达到看见字形，能读出字音、明了字（词）义，听到字音、知道字（词）义，能写出字形的熟练程度。为实现上述目的和要求，识字教学应做到：

1. 要读准字音

汉语拼音是帮助识字和学习普通话的有效工具。识字之前，集中一段时间，教学汉语拼音，有助于识字、正音、学习普通话和查字典。汉语拼音教学，要充分运用图画，反复练习，达到熟练拼读程度。

2. 要认清字形

要仔细地观察字形的笔画和结构，清晰地感知字形；注意字形特点，牢固地记忆字形；正确地书写字形，要充分运用汉字的构字规律，掌握字形结构。汉字分独体字与合体字两类，先教独体字，后教合体字。独体字教学，一般采用看图识字方法，要一笔一画地教和学；在教学独体字的过程中，掌握字的基本笔画和名称，以及笔顺规则。合体字教学，可按字的组成结构分析和掌握字形；在教学合体字的过程中，掌握字的偏旁部首和基本结构方式。要注意形音、形义的联系。通过观察、分析、比较，准确地认清字形，逐步掌握汉字的构字规律，提高识字能力。字要书写工整，笔画求准，结构求匀，行款整齐，字面干净。逐步达到书写熟练。

3. 要理解字(词)义

即理解概念,建立词和词所代表的事物之间的联系。要遵循语言规律,结合词、短语、句子讲清字(词)义;要从音义、形义的联系,同义、反义、近义字(词)的归类比较中,讲清、辨析字(词)义;要在组词、造句、阅读、答问、说话、写话等练习中,加深理解和巩固字(词)义,注意培养理解和运用字(词)的能力。

识字教学,要求做到耳听、眼看、口读、手写、脑记。经过反复练习,达到识字教学的目的。

(二)对小学语文教师的要求

1. 在字音教学方面的要求

(1)教会学生熟练地掌握汉语拼音,借助拼音认识汉字。

(2)教会学生掌握形声字的音形关系,利用汉字的认知特点进行教学。

(3)引导学生分辨同音字和多音字,掌握其音义的区别。

(4)教会学生按普通话读准字音,克服方言干扰。

2. 在字形教学方面的要求

(1)利用汉字的构字规律,引导学生分析、辨识、掌握字形。

(2)掌握汉字的基本笔画、笔顺规则、间架结构和常用的偏旁部首。

(3)引导学生根据汉字的结构特点,自己分析字形。

(4)通过形近字的比较,提高学生精细辨认和识记字形的能力。

(5)根据汉字的字形特点,采用适合儿童情趣和理解水平的方法,提高学生对字形记忆的准确性。

3. 在字义教学方面的要求

(1)运用直观教具帮助学生理解字义。

(2)指导学生联系生活实际理解字义。

(3)指导学生联系上下文理解字义。

(4)充分利用汉字的结构特点，形象地进行字义教学。

4. 在写字教学方面的要求

(1)帮助学生掌握正确的写字姿势。

(2)教给学生执笔和运笔的方法。

(3)教学生学会用田字格。

(4)指导学生掌握汉字的笔顺规则和间架结构。

二、汉字教学法

汉字教学是基础教育重要的组成部分，也是扫盲教育和对外汉语教育的重要内容。无论汉字教学的对象是哪一类人，学会汉字、掌握汉字都是一项很艰巨的任务。因此，能否掌握科学的教学方法，便成为能否尽快地、高质量地完成教学任务的关键。

汉字是构意文字，即根据它所记录的词义构拟形体。因此，从理论上说，语言中有多少词，就会有多少字形。但是实际上，客观世界的构成对象是无穷无尽的，不可能做到一词一字形，多义共一形、同音借用等现象限制了字形的无限增多。即便如此，汉字的数量依然很大，仅社会最常用字就有2000—3000之多。掌握这些汉字，对学习者并非轻而易举的事。从结构上看，汉字是形音义的统一体，其中语音的体现是隐性的，没有直接的、准确的表音成分。汉字结构复杂，又不能见字识音，给汉字教学增加了难度。为了提高识字效率，就必须有科学的汉字教学法。

我国历史上曾经出现过丰富多样的汉字教学法，其中一些方法至今还在使用。同时，在后来的汉字教学实践中，人们不断总结经验，探索出新的汉字教学法。就目前来说，实际应用中比较常见的汉字教学法除了看图识字作为一种辅助的教学为小学低年级所普遍采用外，主要的教学法有：集中识字法、分散识字法、字源教学法、字素教学法、拆字教学法、注音教学法、会意教学法等。

(一)集中识字法

集中识字法是以汉字构形规律为基础,直接继承了我国“三、百、千”的蒙字识字教育经验,采用“基本字带字”的方法教学,让学生大量识字、大量阅读,打好扎实的语文基础。

古代的启蒙教育是采用集中识字的方法,先认字后阅读;开始用一定时间教儿童认识2000多字,如读《三字经》《百家姓》《千字文》等启蒙读物,然后再逐步教读“四书”“五经”等。清代文字学家王筠在《教童子法》一书中,提出他对集中识字的主张,编制了启蒙教材《文字蒙求》,但可惜当时并没有完全被社会所采纳和推广。1958年辽宁省黑山县北关实验学校,吸取我国传统的识字教学经验,并根据汉字构字规律,试验集中归类识字方法,创造了集中归类识字(简称集中识字)教学经验。

集中识字的特点是:把汉字集中起来学习。先识字、后读书。先在一二年内识二千余汉字,再以此为基础读书写作。具体做法就是根据汉字规律先教学独体字,后教学合体字;采用形声归类法,如,清、晴、情、请、睛一组形声字,只要认识了青字,其他字就容易认识。

集中识字教学法可以让学生有兴趣识字,并且掌握一定的识字方法;可以使学生较轻松地完成《课标》提出的识字要求,为阅读和作文奠定良好的基础;可以潜移默化地培养学生自主识字的能力,使学生掌握归类、对比、分析、综合运用的识字方法。

(二)分散识字法

分散识字也叫随课文识字,是我国传统语文教学中与集中识字并列的另一种识字方法。其主要特点就是随课文教学生字。我国著名基础教育家斯霞,她在南京师大附小的分散识字教学实践极大地丰富了我国语文识字教学方法的研究。

分散识字是在阅读教学中识字,读一篇文章识若干字,再读一篇文章又识若干字。教材是一篇篇的文章,生字随文章而出现。“字不离词,词不离句，句不离篇”，故又称为“随课文识字”。

分散识字法符合儿童从形象思维向抽象思维发展的规律，注重儿童思维的形象特点，便于儿童在新旧知识经验意义之间建立联系；汉字的分散教学在一定程度上减轻了识字量大的负担，可以把精力更多的用在说话和阅读的训练上。

（三）多种形式识字

即集中与分散相结合的识字教学方法。它吸收了集中与分散两种识字教学方法的长处，在教材的编排上既有看图识字、随课文分散识字，又有归类识字、查字典识字。在教学中，既注意到了纵的方面的循序性，又注意到了横的方面的联系性，因而形成了一个比较完整的识字教学体系。

多种形式识字发端于1962年，20世纪70年代后渐趋完善。1962—1966年，1976—1985年，北京市教育学院进行了“小学语文学习能力整体发展”的分阶段试验。其中的识字教学即采取了小集中与分散相结合的方式。他们对课本中的生字进行了重新编排，把基本字、形声字、基本字带字集中进行教学，把难字分散在课文中学习。采取“小集中”的方式把全册生字词分三批到四批集中学，每识完一批字及时讲课文，做到边识字边在课文中巩固运用。1978年，全国统编小学语文教材正式采用多种形式识字的教学方法，并沿用至今。

（四）注音识字，提前读写

这是利用汉语拼音帮助识字和读写的一种识字教学法。具体做法为：在汉语拼音教学中，着重进行直呼音节的训练，加强读拼音词汇和句子的练习，使汉语拼音尽早和语言训练相结合，尽快适应“提前读写”的需要。拼音教学后，开始培养阅读能力，先读纯拼音读物，再读注音文字。开始独立识字后，再读汉字文章。作文教学也从一年级开始，先用拼音代替汉字，再用拼音夹汉字和汉字夹拼音，最后用汉字，做到提前作文,大量作文。

注音识字教学的特点是:学生识字和写字分两条线,识归识,写归写,一时不要求“字字落实”。主要通过大量的读写、多次见面和各年级的写字教学等方式,使学生对汉字寓识于读,由生到熟,并且从无意识记自然地过渡到有意识记,从而完成小学阶段的识字任务。

(五)部件识字法

部件识字法,,也称" 部件析形识字法" ,是按汉字的部件和部位名称来分析字形结构的一种识字方法。例如“件”分解为“亻”“牛”,“亻”“牛”称为部件。部件是构字的基本单位,在对 3500 个常用字逐个进行分解,并对其部件出现频率加以统计的基础上,给汉字部件“定量、定名、定位、定序”,定量是确定常用字中有 500 多个基本部件;定名是给基本部件规定名称,如学了“剑”字后,把“刂”称为“立刀旁”;定位是规定部件在汉字中的部位,依据合体字基本分为上下型、左右型、内外型的结构方式,规定“头、底、旁、边、框、心”6 个部位;定序是规定部件组成汉字的书写顺序,一般先写旁后写边,先写头后写底,先写框后写心。1965 年,河北省沧州市开始进行“部件识字”教学的试验与研究。

部件识字的特点是能根据汉字形体结构的规律进行识字教学。在教学中引入“部件”的概念,认为汉字的结构可以分为整字、部件、笔画三个层次,其中部件又是汉字结构的中心,构字的基本单位。部件识字教学可使学生变一笔一画的识记为组块记忆,从而增加了学生的信息量,简化了识字过程。学生默字率高,识字效果好。

(六)口诀识字

这是辽宁省开原市民主小学校长林群根据多年的教学经验总结出来的一套识字教学法。在校内多年实验的基础上,经省教委批准,于 2000 年秋季起在铁岭市城镇小学及乡中心小学推广。

口诀识字的特点是把大纲中规定的小学阶段应学应会的 2500 多个

常用汉字(现为3000个)编成七言口诀,做到句句押韵,课课顶真接龙,使学生易学易记。在具体的教学实际中,还结合口诀编制了韵律操,学生在游戏中也可以背口诀识汉字。

(七)韵语识字

韵语识字的特点是把大纲中要求掌握的2500个常用汉字先组成最常用的词,再用这些常用词围绕一个中心意思和故事情节,编成符合儿童特点的大密度生字的一篇篇韵文。每篇韵文均句式整齐,合辙押韵,通俗有趣,易于理解。而且在生字的出现顺序上,做到了先识高频字再识次频字,符合学生的认知规律。例如,《木子李》:"木子李,羊女姜,言午许,弓长张。"在具体的教学中,还能运用快速记忆原理,使儿童快速记忆,因而其识字效率是普通方法的五倍多。

(八)字源教学法

即利用汉字的科学字源教学汉字的方法,是我国最古老的也是最具生命力的汉字教学法。具体方法是通过分析汉字的结构,利用汉字的结构特点识记汉字。前人用"六书"概括汉字的结构规律,又称之为造字法。因此,利用汉字的结构规律识记汉字,又称作六书识字法,所谓的"偏旁识字法"亦属此类。实际上,六书中只有前四书,即象形、指事、会意、形声与汉字的结构规律有关,这四书基本上概括了小篆以后汉字的结构形式。字源教学法主要是根据这四种结构形式进行汉字教学。

1. 象形字的教学。

象形字是通过描摹事物的形状和特征而产生的汉字。汉字发展到楷书阶段早已失去了象形性,但是,有许多字是由古代的象形字传承下来的。这些字,非常适合利用字源进行教学。例如:

(日) (人) (月) (角) (木) (目) 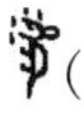(鼠)

(犬) (宫) (鸟) (韭) (鱼) (草) (壶)

象形字能直观地反映字义，所记录的词语大多为常见的客观事物，能使识字者见形知义，从而增强记忆。

2. 指事字的教学。

指事字是利用抽象符号或在象形字上增加抽象符号构成的字。例如：

（本） （末） （朱） （甘） （刃） （寸） （血）

指事字记录的多是抽象概念，机械记忆比较困难，利用字源识字法，可使抽象的意义形象化和具体化，增强对字义的理解掌握。

3. 会意字的教学。

会意字是由象形字和指事字组合而成的字，其字义往往可以通过字形来理解和记忆。独体字在构成合体字后，称为成字部件。利用会意字的结构进行教学，在认识了新字的同时，也复习了已经学过的独体字，掌握了汉字的大多数由部件组合而成的规律。在讲解会意字时，可以先分析会意字中每个成字部件的意义，再综合讲解整个字的意义。例如：

武：甲骨文上面是戈，下面是止（即足），象一个人荷戈出征，会“以武力征伐”之义。

前：甲骨文从止（足），在舟（船）上，会“行船前进”之义。

吠：小篆由“口”（指嘴）和“犬”（即狗）组成，会意为“狗张嘴发声为吠”。

鸣：小篆由“口”和“鸟”组成，会意为“鸟张嘴发声为鸣”。

4. 形声字的教学。

字源识字法也适用于形声字教学。形声系统是汉字系统的主体，具有两大特点：第一，字源明显。第二，系统严密。形声系统是由有限的构字部件充当义符和声符，按照固定的结构模式构成的。汉字数量虽然多达数万，但其基础构件却只有几百个。因此，在汉字教学中，只要掌握了基础构件的音与义，明确其在构字中的功能，以基础构件为中心，找出含有此构件的子系统,就可以成批识记汉字。

采用字源识字法教学形声字,可以从不同角度入手。第一,以声符为中心成批识字,即将同一声符的字集中识记,可称之为“声符识字法”。采用的“基本字带字法”,用形声字所共同具有的声符(称为“基本字”),带出一批形声字。例如一个“主”字,带出“住、拄、蛀、注、柱、驻、炷”诸字;一个“分”字,带出“份、芬、粉、纷、吩、忿、棼、氛、贫、盆”诸字。声符识字法最适合声符能较准确地标示音的同声符字族。而对于标示音情况较为复杂的同声符字族,使用此法则要慎重,一定要向学生说明和科学地讲解这种复杂性,否则,便有可能把学生引入“秀才识字念半边”的误区。这就涉及教师能否向学生灌输科学的汉字知识了。第二,“义符识字法”,即以义符为中心,集中识记同义符的字族。汉字体系中,义符相同的字在意义上的联系非常密切。以义符为中心识字,有利于认识同义符字的意义特点、各个字符之间的意义差别,从而通过比较鉴别进行识记。例如,从“口”的字有“吃、喝、呼、吸、叫、吹、吐、吵、咳、吼”等,它们的意义都与人或动物的“口部”有关,表示的是人或动物的口部活动,但每字的字义又各有差别。教师把它们之间意义上的联系和差别讲清,学生们会很容易地记住这些字,同时还学会了各字的用法。例如:

字根:皮　　字族——坡 波 破 跛 披 被 玻 婆 菠

皮字朋友多

有土堆成坡,有水波连波。

碰石擦破皮,跛足也爬坡。

披衣床上坐,被子多暖和。

透过玻璃窗,夕阳染出河。

外婆来看我,带来甜菠萝。

字根:巴　　字族——笆 爸 粑 琶 把 靶 芭 杷 疤 爬 吧 葩 耙

农家乐

篱笆墙边宽又宽,墙下爸爸做糍粑。

姐姐正在弹琵琶,我在认真把靶打。

芭蕉树干高又高，旁边长棵枇杷树。
顺着树疤爬上吧，摘朵奇葩送妈妈。
弟弟扛耙来锄草，农家小院真热闹。

用字源识字法教学汉字，既能使学生迅速地成批识记汉字，同时，在识字过程中，还学到了科学的汉字知识，掌握了汉字的构形系统，从而为将来的汉字研究、汉民族文化的继承打下基础。因此，字源识字法是一种古老的、长盛不衰的识字方法，也是最宜提倡的方法。

三、汉字教学原则

汉字教学原则是指在汉字教学过程所依据的法则或标准。在长期的汉字教学实践中，人们积累了丰富的教学经验，总结出了许多行之有效的原则。如：循序渐进，先易后难的原则；音义结合，形成系统的原则；增加趣味性，讲究形象性的原则；化繁为简，精讲多练的原则；字和词相结合的原则等，结合目前汉字教学的实际情况，强调三个方面。

（一）科学识字①

虽然我国汉字教学起源早，汉字教学法的研究已经有了相当长的历史，但是，对历史上已经产生并一直在汉字教学中沿用的一些科学的识字方法，到目前还仍然缺乏系统的归纳和总结，因而在当前的汉字教学中不能有意识地继承和应用。自觉地用科学的识字方法进行汉字教学的教师还不是很多，靠机械记忆的方法教学汉字的状况还比较普遍，教师在课堂上重复讲解，学生在课下无数遍地重复读写，甚至把抄写多少遍作为读错或写错一个字的惩罚手段。强制性的机械记忆的方法，使汉字教学对教、学双方都成了枯燥无味的苦役。即使勉强完成了识字任务，但质量不高，巩固率很低。学生没有学到识字方法，没有提高识字能

① 根据郑振峰、王军等编著：《汉字学》，语文出版社，2005 年版，第 180—188 页整理。

力。体现在实际应用中，错别字多，书写能力差。出现这些情况，并不是小学不重视识字教育，关键在于不讲科学的方法，没有教给学生识字能力，因而无法提高识字教学的质量。因此，采用科学的汉字教学法，是提高汉字教学质量，实现汉字教学科学化的关键。

汉字科学伴随着汉字教学的需要而产生，同时又以它对汉字规律研究的成果在识字方法上对汉字教学发挥影响。科学的识字方法正是以汉字科学指导汉字教学的具体体现。我国古代的教学方法比较多样化，与古人对汉字科学的掌握有密切关系。

周代指导学童识字的“六书”识字法，即字源识字法，就是利用汉字的结构规律指导识字。而在《仓颉篇》中，已经显示了结构分析识字法的萌芽。例如，许多字按声符或义符排列，同义符或同声符的字排在一起。这说明，当时人们对汉字的结构规律已经有了一定的把握，已经在利用汉字的结构特点进行识字教学。

汉字虽然成千上万，但其构形是成系统的，是由有限的具有构字功能的基础部件，按照一定的结构模式组合而成的符号系统。其中形声字构成了汉字符号的主体。掌握了基础部件的字源和结构特点，便可成批识字，成倍提高识字效率。例如：

隹，古文为侧视的鸟形，本义即指“鸟”。作为构字部件，又以其表义和示音两种功能参与构字。当它以其表义功能参与构字时，所构字都与“鸟”义有关。有的是鸟名，如，雁、雀、隼；有的是鸟的行为，如，奋、集。当“隹”以其示音功能参与构字时，所构字都与“隹”音同或音近，如锥、椎、骓、催、崔。把“隹”作为构字部件时的表义、示音功能和汉字结构的原理教给学生，“隹”系的很多字就会很快掌握。可见，利用基础部件和汉字的结构规律进行识字教学，会收到事半功倍的效果。

由基础部件组成汉字，大部分是依层次逐级组构的，小部分是一次性平面组构的。前者按生成的方式产生构意，后者按集合的方式产生构意。在解释汉字的意义时，既不能把层次结构讲成平面结构，也不能把平面结构讲成层次结构，否则就会发生错误。例如“照”即层次组合，组合的层次如下：

- 照
  - 昭
    - 日
    - 召
      - 刀
      - 口
  - 灬

对“照”来说，“日、刀、口”这些部件都不是直接关系它的构意。它的构意是一层层生成的：以“刀”为声符，“口”为义符，构成“召”字，有“召唤”之义；以“召”为声符，“日”为义符，构成“昭”字，有“昭明”之义；以“昭”为声符，“火”为义符，构成“照”字，才有了“照耀”之义。构意的三个层次很清楚。

作为汉字教学的教师，掌握汉字的结构规律，并有意识地用以指导汉字教学，对于提高汉字教学的质量和效率，极为重要。

可是，有相当一部分教师不重视起码的汉字知识。例如，有的教师把“檀()”字的声符“亶”下的“旦”写成“且”。这不是一般的书写错误，实质上是缺乏汉字知识的表现，不懂“亶”是“檀”的声符，而“亶”本身也是形声字，本义是“多谷也”（见《说文解字·五卷下》），上面的“”是义符，古文作谷仓形，下面的“旦”是声符。懂得汉字的结构知识，就不会把“旦”写错，同时也会使学生避免写错。不掌握汉字的结构规律，还会教给学生不准确的甚至是错误的知识。

在汉字教学中不重视汉字科学的另一种表现是用错误的识字方法指导学生识字。例如，有些人把只适用于后起会意字的“会意教学法”无限制地扩用到所有形声字。把形声字的示音部件当成表义部件去解释，讲错了部件的功能，所得出的构形理据也就必然是错误的。例如，“波（）”，本为“从水皮声”的形声字，有人推崇相传为王安石发明的“波者，水之皮”之说；“破（）”，也是个“从石皮声”形声字，有的老师解释为“皮肤碰到石头上，于是就破了”。照此办法理解，“披、被、坡、颇、疲”该如何解释？同理，在“枯、故、姑、估、胡”等字中，“古”也是示音构件，也不能讲成古代的“古”。在形声字中，有一部分声符具有示源作用，“鹅

（鵝）”即得名于它的呼叫声，但示源声符所表示的意义来自“我”字的声音，也不能解作“我的鸟”。

把声符当作义符来解释，只能导致对汉字科学的歪曲和对汉字构形系统的破坏。因为抛弃可以成批识记的形声系统，把汉字变成了须单个记忆的谜语，只会增加记忆量。

由此可见，教师学习汉字科学是非常必要的。正是基于这一点，一些汉字学家转向汉字构形规律的研究，试图为汉字教学方法的科学化提供理论依据，解决汉字教学中汉字构形系统研究薄弱的现状。

（二）正确的汉字观

1. 两种观点

清末到现在的近百年中，围绕着汉字的评价与改革问题，有两种截然不同的态度和看法，一直影响着汉字的教学和发展，要学好汉字，不能不对这两种观点进行了解和思考。

一种是汉字落后论。“汉字落后论”是五四先驱们提出来的。他们认为，中华文明衰败的根本原因是国民的愚昧和教育的落后。只有大力普及教育，提高国民的整体素质，才能使中华民族走上强国富民之路。他们在致力于教育兴国的过程中发现，西方儿童只需花几个月时间就能完成识记字母文字的过程（相当于目前我国儿童识记汉语拼音的过程），而我国儿童却要花几年时间去完成识字过程。在对比中他们发现了汉字难识难记问题。然而，当时却无人能有效地解决这一问题，为此他们提出了“汉字落后论”，认为汉字是一种落后的、过时的文字。

1918 年 4 月，钱玄同在《新青年》第四卷第四号发表《中国今后之文字问题》一文，文中说：“废孔学不可不先废汉文；欲驱除一般人之幼稚的、野蛮的、顽固的思想，尤不可不先废汉文。……此种文字，断断不能适用于二十世纪之新时代。……欲使中国不亡，欲使中国民族为 20 世纪文明之民族，必以废孔学、灭道教为根本之解决，而废记载孔门学说及道教妖言之汉文，尤为根本解决之根本解决。”

陈独秀在《答书》中说道："中国文字既难传载新事新理，且为腐毒思想之巢窟，废之诚不足惜。"

胡适在《跋语》中说道："独秀先生主张'先废汉文，且存汉语，而改用罗马字母书之'的办法，我极赞成。"

鲁迅先生则在《关于新文字——答问》一文中提出："方块汉字真是愚民政策的利器。……汉字也是中国劳苦大众身上的一个结核，病菌都潜伏在里面，倘不首先除去它，结果只有自己死。"

瞿秋白则提出"汉字落后论"，痛骂汉字"真正是世界上最龌龊最恶劣最混蛋的中世纪的毛坑"①。

另一种是汉字优越论。这种观点在不同的时期有不同的论点："汉字是世界上明确而最简约的文字""汉字是最易学的文字""汉字是写意文字，最有资格成为国际文字""汉字能在人左右脑同时发生作用、是一种智能型的文字、学习汉字有助于智慧开发"等。②

2. 正确看待汉字

"汉字落后论"的提出，使汉字遭受了百年劫难；但是，宣扬"汉字先进论"，同样不利于汉字的振兴。"汉字落后论"不能成立，并不意味着汉字就是先进的。因为，汉字目前还存在难识难记问题，还需要我们去努力解决，去振兴它。

我们应该科学而正确地评价汉字。汉字既不是神奇地成了"最有国际通用性"的一种文字，也不是"汉字不灭，中国必亡"的替罪者。它只是记录汉语的一种符号，忠实地担负着记录汉语的功能，与汉语基本相适应。

有学者提出，科学的评价一种文字，要考虑到相关的几个问题：从功能看，是不是能准确地记录语言；从结构看，是不是比较简明、合理；从学习和应用看，是不是好学好用，是不是便利机械处理和信息处理；从文化

① 《瞿秋白文集》二，人民出版社，1988年8月版，第690页。

② 参见吴振国：《评"汉字优越论"》，《语言文字应用》，1992年第3期（总第3期）。

传统看,是不是有较久的文化传统。[①]

也有学者从世界文明的多级眼光评价汉字,提出四方面的汉字定位:汉字只是世界文字大家庭中的一员,它既为中国人服务,也为外国人服务,但主要是为中国人服务,为汉字文化圈的人服务,它的国际地位是联合国认可了的,它在国际上的通用率将会逐步提高;但汉字不可能成为世界第一,也不可能将被改为拼音文字;跟世界上任何一种文字一样,汉字也既有自己的优点,又有自己的缺点,汉字的优点很多,主要表现为和汉语建立了良好的搭配关系以及形体的表意性和艺术性等,难写难认是不可否认的;汉字仍然是中华各民族团结一致的共同基础,就是散落在世界各地的5000万华人对汉字仍然有深厚的感情,他们通过汉字温习对祖国的感情和牢记自己的文化根。[②]

(三)科技发展与汉字书写

在汉字的使用中,很多人会出现忘记字形的经历,人们把这种情况称之为“提笔忘形”。“提笔忘形”的现象普遍存在,出现的概率还很高,由于调查的对象、方法不太一样,这方面的数据有些出入,有98.8%、90%、95%、83%等不同说法,但大多数数据都高于90%以上。人们对于“提笔忘形”这一普遍现象发生的原因进行了广泛的研究讨论,得出的结论很让人吃惊,不但答案众多,很多观点还形成正负相反的看法。例如,“提笔忘字是过度依赖汉语拼音造成的”,“提笔忘形是不重视汉字教学造成的”,“过分看重英语教学造成了汉字的弱势”,“提笔忘形源于人们在用拼音打字时丢掉了汉字主体信息——字形”……其中比较有代表性的看法是:“随着电脑、手机和互联网的普及与发展,人们的书写方式已然发生了巨大的变化,敲键盘打字在很大程度上取代了手写,与此同时越来越多的人发觉自己开始提笔忘字了。”但是反方却认为“自汉字产生

① 参见苏培成:《现代汉字学纲要》,北京大学出版社,2001年版,第185页。

② 参见何九盈:《汉字文化学》,辽宁人民出版社,2000年版,第26—27页。

和使用以来,提笔忘字现象一直存在着。将电脑、手机说成是学生们提笔忘字、冲击汉字和中华文化的根本原因是错误的。电脑、手机都是工具,如同刀子一样,它既可用来切菜,也可用来杀人。把杀人的根本原因说成是刀子,显然这个道理是不成立的。”①

客观的分析,网络时代,越来越多的人习惯于用电脑打字、在手机上发短讯,用传统的笔——钢笔、毛笔写字的机会越来越少,越来越不习惯。因此,现代科技、网络语言等是出现“提笔忘字”现象的一部分原因,但不是主要的原因和根本的原因。汉字书写表现出明显的危机,最关键的原因还在于我们已经逐渐丧失了对汉字文化的继承和热爱。

汉字是中华民族文化的“根魂”,方块汉字中蕴藏着丰富的哲理、诗意和审美情趣,有着深厚的文化意蕴。在认识传统文化对于整个民族的重大意义之时,要保持我们的民族文化,就得唤醒人们对汉字的敬畏之心、热爱之情,这是避免汉字书写危机的良策。

除此之外,还应该充分发挥学校教育这一主阵地的作用,把写字教育像推广普通话一样重视,把写字教育当作教师一项必备的基本功,把写字教育当作素质教育的重要组成部分,作为传承中国优秀传统文化和培育民族精神的重要途径。

最后,在瞬息万变的信息化时代,保持汉字的规范性使用,是汉字书写和传承的基本途径,也是当代文化工作者责无旁贷的社会责任。

第三节　使用规范汉字

规范汉字是指国家有关部门发布的经过简化和整理的字表规定的现行汉字。2001 年 1 月 1 日,时任国家主席江泽民签署了第三十七号主席令,通过了《中华人民共和国国家通用语言文字法》,明确了规范汉字

① 《提笔忘字不是电脑惹的祸》,http://wenku.baidu.com/link?url。

的法定地位。2013 年 6 月 5 日,国务院发出关于公布《通用规范汉字表》的通知,明确了规范汉字的标准。

汉字教学涉及汉字本体、学习主体、教学方法等众多方面,从客观上分析,汉字本体的确存在着一些问题,比如汉字字数多、笔画多、结构复杂、难读、难写、难记,难以掌握等。从 20 世纪五十年代开始,在"约定俗成,稳步前进"的方针指导下,国内对汉字进行了整理和简化,并取得了显著的成绩,主要有《简化字总表》《第一批异体字整理表》《现代汉语通用字表》《部分计量单位名称统一用字表》《通用规范汉字表》等,应当认真学习掌握。

一、掌握简化字

掌握标准简化字,必须认真学习《简化字总表》(以下简称《总表》)和《通用规范汉字表》的附件 1《规范字与繁体字、异体字对照表》。

《总表》包括三个表。第一表收不作简化偏旁用的简化字 350 个;第二表收可作简化偏旁用的简化字 132 个和简化偏旁 14 个;第三表收类推简化字 1754 个,这些简化字是用第二表的简化字和简化偏旁类推出来的。学习《总表》应以一、二表为主,特别是第二表更重要。

学习《总表》要注意以下几点:

(一)掌握类推简化的范围

第一表中的简化字和简化字的偏旁是不能类推简化的。第一表中已经简化的繁体字,如果作别的字的偏旁,不能类推简化。例如:

儿(兒):倪、猊、鲵、霓　　复(復、複):覆　　么(麽):嬷

干(乾、幹):擀　　习(習):熠、褶、摺

第一表中繁体字的偏旁简化了,不能用这些简化偏旁类推简化其他的字。例如:

灯(燈)、邓(鄧)、证(證):噔、蹬、凳、澄、橙;

敌(敵)、适(適):嘀、滴、嫡、镝;

堕(墮)、随(隨)、椭(橢):惰、隋、髓、隳;

沟(溝)、构(構)、购(購)、讲(講):篝、鞲、遘、媾;

获(獲、穫)、护(護):蒦、嚄、蠖、镬;

环(環)、还(還):寰、澴、缳、镮、鬟;

拣(揀)、练(練)、炼(煉):柬、楝、谏;

腊(臘)、蜡(蠟):镴、邋、躐;

烂(爛)、栏(欄)、拦(攔):阑、谰、澜、斓、镧;

辽(遼)、疗(療):撩、僚、嘹、獠、潦、燎、缭;

怜(憐)、邻(鄰):粼、嶙、遴、辚、磷、鳞、麟;

酿(釀)、让(讓):嚷、壤、攘、瓤、穰;

扑(撲)、仆(僕)、朴(樸):噗、璞、濮、镤。

第一表中有的简化字的繁体偏旁是单独简化的,不能把它当作第二表的简化偏旁类推。例如:

洒(灑)、晒(曬):丽(麗)、俪、鲡、骊、郦、逦、鹂、酾;

偿(償):贝(貝)、员(員)、赏(賞);

炉(爐)、庐(廬)、芦(蘆)、驴(驢):卢(盧)、泸、栌、轳、舻、鲈、颅、鸬、胪;

伤(傷)、阳(陽):(昜)、疡、炀、扬、杨、场、肠、畅、荡;

药(藥):乐(樂)、泺、铄、烁、栎、砾、轹、栎。

用简单符号简化的字,不能类推简化。例如:

戏(戲)、鸡(鷄)、邓(鄧)、赵(趙)

(二)区分简化字的细微差别与笔画、笔顺

有些简化字有细微差别,应当进行区分。

有些字点的位置不同:庆—厌;庄—压。

有些字无点,有些字有点:韦尧写厅—书发国缠。

有些字要注意是竖还是撇:临监篮蓝滥褴槛坚鉴览揽缆榄紧—师帅;旧—归。

要区分“仓”和“仑”:仓沧苍伧枪抢呛戗炝跄—仑论轮抡伦沦纶囵。

要区分“圣”和“᧼”:圣柽蛏—经茎痉泾颈刭迳劲径胫轻氢

要区分“东”和“东”:东冻栋岽胨鸫—练炼拣

要弄清有些易误笔画、笔顺的简化字和偏旁。例如:

长:撇、横、竖提、捺——4 画;

马:横折、竖折折钩、横——3 画;

鸟:撇、横折钩、点、竖折折钩、横——5 画;

钅:撇、横、横、横、竖提——5 画。

(三)辨析代替字的音义

采用同音或异音代替法简化的字,代替字本来就有自己的音义,应当注意辨析。有的是同音代替字,例如:

后:①皇~;②(後)~面,~来。

秋:①~天;②(鞦)~千。

有的是异音代替字,例如:

别:①bié 分~,区~,~走;②(彆)biè~扭。

朴:①piáo 姓~;②pō~刀;③pò~树;④(樸)pǔ~素。

有的情况比较复杂,例如:

了:①le 完~;②liǎo 末~,~不得;③(瞭)~解,明~。
瞭:liào~望,~望台。

借:①jiè~钱,~光;②(藉)~口,凭~。
藉:①jiè 枕~,慰~;②jí 狼~,姓~。

干:①gān~戈,天~;②(乾)~燥,~脆;③gàn(幹)树~,~部。
乾:qián~坤,~县,~隆。

采用代替法简化的汉字在进行简繁转换时,要注意跟同形的非简化字区分开来。例如:

台:天台(山名,非简化字 dái)、兄台;

台(臺)湾、柜台(檯)、台(颱)风(简化字)。

系：系列、派系、外文系（非简化字）；

关系（係）、把鞋带系（繫）上（简化字）。

（四）注意一简多繁字

一简多繁字，指一个简化字简化几个繁体字。例如：

纤：（縴）qiàn 拉～；（纖）xiān～细，～弱。

脏：（臟）zàng 心～，内～；（髒）zāng 肮～，～衣服。

历：（歷）经～，～史；（曆）阴～，日～。

二、纠正错别字①

在现代通用汉字实现了标准后，我们在一切场合都要严格按照“四定”（定形、定序、定音、定量）的标准使用汉字，做到使用汉字规范化。

（一）学习规范字音

即学习汉字的普通话读音。我们国家方言歧异，而方言之间的差别，主要表现在语音上，我们学习规范字音，就是要纠正方音，学习普通话读音。

（二）纠正错别字

错字和别字有区别。错字，指写得不成字、规范字典查不到的字。例如：染（染）、策（策）、茫（茫）、狐（狐）等。别字，又叫“白字”，指把甲字写成乙字。例如：“寒喧（暄）、贬（眨）眼、脉博（搏）、恣（姿）态”等。

写错别字会影响思想交流及日常工作生活，有时甚至因为一字之差，意义全变，使生产、经济、生活等受到严重影响，所以我们必须认真学习规范字形，尽量不写错别字。

写错别字，大体有两方面的原因：一是主观方面的原因，思想上对纠

① 本部分涉及的例子，括号内为正确的字。

正错别字不够重视，认为写个把错别字无关大局，不必大惊小怪，这种人在写字时粗心大意，写完后又不认真检查，因而常常产生错误，甚至与原来的意思相反。如有人把“漠不关心”写成“莫不关心”，意思就恰恰相反了，“莫”是“没有”的意思，“莫不关心”就是没有不关心的，什么都关心。对这类错误，我们如果勤查字典，就可以避免。造成写错别字的另一个原因是客观方面的，汉字数量多、笔画多、结构复杂，有些字形体非常相似，容易写错、写混。具体地说，主要有以下几种情况：

1. 由于语音相同而造成误写，例如：供献（贡献）、急燥（急躁）、克苦（刻苦）、题纲（提纲）、防害（妨害）、浮浅（肤浅）、汉流夹背（汗流浃背）、换然一新（焕然一新）、欢心鼓舞（欢欣鼓舞）、自立更生（自力更生）。

2. 由于形体相近而造成误用，例如：仓库（仓库）、祟高（崇高）、历害（厉害）、烦脑（烦恼）、粉粹（粉碎）、针炙（针灸）、赡仰（瞻仰）、鸟龟（乌龟）。

3. 由于笔画减少或增多而写错，例如：村压（村庄）、厘米（厘米）、祖国（祖国）。

错别字的产生既然有主观和客观两种原因，所以纠正错别字也要从这两个方面入手。首先必须从思想上认清错别字产生的原因及其危害，对它有个高度的重视，只要真正认真起来，错别字是不难消灭的。根据产生错别字的原因，我们还可以根据汉字的结构上的特点，找出防止错别字的方法：

（1）注意形体相似字之间的区别。汉字中形声字最多，形声字的形旁跟字义有关，我们可以联系形旁来记忆字形。如“羡慕”的“慕”、“恭敬”的“恭”，下面都是从“忄”（心），而不是从“水”，因为这两个字都与心理活动有关。又如：“衫、被、裸、初、袖、补、袍、裙、褂”等字，都与衣服有关，所以都从“衤”旁，而“神、祝、社、福、祸、祈、祥”等字都与神事有关，所以都从“礻”旁，与“衣”的意思无关。以此类推，我们就可分辨好多形似字了。

（2）注意上下字偏旁的相互影响。有些偏旁的形体本来各不相同，可是由于它们所组成的字经常连用,结果受上面(或下面)的偏旁的影响而写错了。如有人把"编辑"误写成"编缉",把"姿态"误写成"恣态"、把"跋涉"误写成"跋踄"等。要防止这种偏旁类化的错误,一定要注意上下字偏旁的不同。

(3)通过分辨字义来掌握字的正确写法。如"步",小篆的写法,上面是个正"止"(脚),下面是个反"止",像正反的两个脚形,楷书把最后的弯笔写成一撇,所以右下没有一点,而不能写成"步字下面写成少"。又如"针灸"的"灸"从"火""久"声,是中医师的一种医疗技术,而"脍炙人口"的"炙"是个会意字,是用火烧烤肉类的意思,懂得了它们的意义,也就不会用错了。

总起来说,比较、分析汉字中常见的形近偏旁,掌握其笔画的差别所在,就可以举一反三,以简驭繁,避免写错别字,这比一个个地死记硬背要有效得多。

最易写错的汉字。据统计,典型的顽固性别字有下面 38 个:安(按)、狠(很)、材(才)、块(快)、钉(丁)、晴(睛)、圆(园)、气(忾)、理(里)、幸(辛)、极(级)、傍(旁)、稼(家)、倒(到)、喝(渴)、那(哪)、座(坐)、漫(慢)、买(卖)、己(已)、棵(颗)、篮(蓝)、支(只)、做(作)、常(长)、得(地)、已(以)、意(义)、象(向)、戴(带)、查(察)、再(在)、相(象)、拔(拨)、坏(环)、没(设)、包(饱)、些(此)。

三、俗体字与汉字规范

关于俗体字的定义较多,对于俗体字包括的范围、对象等也有不同的看法。我们这里所指的"俗体字",主要指民间手写的跟字书写法不合的汉字字体。讨论的范围主要是手写形成的"俗体字",如方形汉字变成长方、斜方、斜体、圆体等;行书连笔、连写不规范;结构、组合不合理;也包括部分由于手写形成的错字等。

汉字发展到篆文,经过全面整理,字的偏旁构成已基本固定;由篆文变为隶书,再变为楷书,偏旁的形态又进一步确定;这样,字的写法就有了规范。合乎规范的字就是正体字或正字,不合规范的字就是俗体字或俗字。

“我们认为,正字和俗字是相辅相成的。俗字相对于正字而言,没有正字,也就无所谓俗字。在一定的文字系统中,正字总是占据着主要的、主导的地位,俗字则处于从属的、次要的地位;正字是文字系统的骨干,俗字则是正字系统的补充和后备力量。”①正体与俗体之间存在着密切的联系。

如何判断手写体是正体还是俗体?这一问题看似简单,实际情况较复杂。在小学、初中语文写字教学中,汉字形体的书写从楷书开始练习,正体字字形可以参考正楷字形。到了初中,《义务教育语文课程标准》(后文简称为《语文课标》)虽然明确规定:“在使用硬笔熟练地书写正楷字的基础上,学写规范、通行的行楷字,提高书写的速度。”但是目前国内语文教学中还没有规范的汉字手写体字帖(特别是行楷的手写体字帖),教师和学生在书写过程中很难把握正确、规范的手写体,导致两种情况的出现:一种是把行楷连笔字当作洪水猛兽,谈之色变,禁止学生使用;另一种是放任学生任意使用,导致千千万万的“我字体”出现,使汉字使用出现许多不规范的“俗体字”。这些情况的出现不能全怪语文教师,因为教师在判断手写体,特别是行楷时,没有一个可以参考的标准字形,只能凭个人汉字知识、汉字修养进行判定,难度较大。

解决这一问题的关键是国家尽快组织有关专家研究汉字手写字形,包括正楷手写字形和行楷手写字形,为语文教学提供一个科学可依的标准。现在的初中教学普遍存在不重视培养学生行楷手写能力和快速书写汉字能力的现象,规范正楷手写字形和行楷手写字形的标准制定是改变这一情况的必然条件。

① 张涌泉:《汉语俗字研究》,商务印书馆,2010年版,第4页。

四、关于“二简字”

第二次汉字简化方案中的简化字简称“二简字”，该方案是由中国文字改革委员会继《汉字简化方案》通过后，20 世纪 50 年代开始酝酿，1960 年向全国征集意见，1975 年报请国务院审阅，1977 年 12 月 20 日正式公布了《第二次汉字简化方案(草案)》。

《第二次汉字简化方案(草案)》共收简化字 853 个。其中第一表 248 个，第二表 605 个。第一表的简化字已在群众中广泛流行，《草案》发表后，即在全国图书报刊上陆续试用，在试用中征求意见。第二表的简化字流行范围还不够广泛，在全国各地组织工农兵和各方面人士进行座谈讨论，听取意见。

由于《第二次汉字简化方案(草案)》单纯从减少笔画出发，违反了汉字结构规律，忽略了文字的社会性和稳定性，不符合约定俗成的原则，既缺乏科学性，又没有社会基础，所以，草案公布以后，便收到了来自各方面的不同意见，反对的呼声很高，不久便在中小学课本中停止使用。1986 年 6 月 24 日国务院下达《国务院转批国家语言文字工作委员会〈关于废止《第二次汉字简化方案(草案)》和纠正社会用字混乱现象的请示〉的通知》，宣布废除“二简字”。

“二简字”虽然已经废行了将近 30 年，但是在人民大众的生活中仍然还存在，例如，“鸡蛋”写作“鸡旦”、“停车”写作“仃车”、“快餐”写作“快歺”等，这就是使用不规范汉字的情况了。当然，随着目前电脑打字和排版的普及，在店牌、广告等公共场所使用规范汉字占绝大多数，“二简字”主要还是存在于不规范的手写汉字中，比如菜市场、食堂、超市等处的手写标签，或者小商贩手写的标牌上。为此，我们还需要从语言文字规范工作的角度出发，坚决杜绝“二简字”的使用。

第四节　对外汉字教学与教学用字的研究

汉字是对外汉语教学的重要环节，所谓的对外汉字教学是指以外国人为对象，以现代汉字为内容，用外语教学方法进行教学，旨在掌握汉字运用技能的教学活动。

对外汉字教学是一个古老而新兴的领域。早在三世纪，就已经有了对外汉字教学活动。据史书记载，公元三世纪，汉字传到了朝鲜；此后，又相继传到了日本、越南等国，成为上述国家记录自己民族语的符号或辅助符号。汉字的对外传播需要对外汉字教学，因此，从理论上说，自我国与异族他国开始进行文化交流之后，对外汉字教学就已经开始，只是由于有关史料的缺乏，我们难以了解其详细情况。

改革开放以来，对外汉语教学的需要显得日益迫切，并得到了迅速发展。据 1989 年统计，全国开展对外汉语教学的高等院校达到 100 余所。此后，对外汉语教学的发展更是突飞猛进，全国几乎所有中等以上规模的高等院校都开展了对外汉语教学工作。据 2018 年 12 月 5 日在成都召开的第十三届孔子学院大会发布的信息，我国已在 154 个国家和地区建立了 548 所孔子学院和 1193 个中小学孔子课堂，5665 个教学点，各类面授学员总数达 186 万人，网络注册学员 81 万人，孔子学院现有中外专兼职教师 4.7 万人。因此，制定科学的用字标准的要求，提高汉字教学的效率已经非常迫切。早在 1990—1991 年，在总结多年来各个院校对外汉语教学经验的基础上，国家对外汉语教学领导小组和北京语言学院汉语水平考试中心联合研制了《汉语水平词汇与汉字等级大纲》。这个大纲是我国目前初等、中等汉语水平考试的主要依据，也是我国对外汉语教学总体设计、教材编写、课堂教学和成绩测试的重要依据。

一、对外汉字教学现状及原因

综观世界汉语学习者状况，虽然学习人数增长迅速，但大多数人学习汉语止于初级水平，难跨中级，能进入高级阶段者，寥寥无几，究其原因是汉字书写太难，难以继续学习下去。汉字难学几乎成了举世公认之论。有学者引用了美国政府的一份研究报告："要达到最基本水平的欧洲语言，一般平均需要 840 个学时；而要达到起码水准的汉语，则至少要用 2400 个学时。学习汉语的时间差不多相当于学习一门欧洲语言的时间的三倍！"[①]我们暂且不讨论这一数据和结论的普遍性与精确性，它反映了汉字在对外汉语教学中是一个让人挠头的难题。

对外汉字教学的难有多种原因。

（一）对汉字教学重视不够

据北京大学李大遂先生的统计，截至 1996 年，发表的对外汉语教学论文中，关于汉字和汉字教学的论文只占全部论文的 3.6%。中国国家对外汉语教学领导小组办公室制定的汉语水平等级标准中，明确规定了汉字方面应该具备的能力，这一能力与语音、词汇、语法等方面的能力共同组成了汉语的言语能力。但实际上我们对留学生的读写能力要求不高，对于包括汉字认读能力在内的读写能力，尤其是写的能力，缺少明确的标准要求。

除了对汉字教学的地位认识不足，重视不够以外，汉字音形义关系复杂、多音多义字和同音字多、繁简体的差异也是影响汉字教学的重要因素。

（二）汉字学习者的特殊性

由于没有认清对外汉字教学与对内汉字教学的本质对象不同，对外

---

① 周健：《汉字教学理论与方法》，北京大学出版社，2007 年 10 月版，第 106 页。

汉语教学中最常见的偏向是把外国人的语言能力训练变成对中国人的语文教学或理论知识的教学,把对中国人适用的模式搬用到自己的教学中来,把对中国人需要的理论知识灌输给外国人,对外汉字教学的针对性不强。例如,把适合中国儿童的集中识字法搬进对外教学,勉强使用内地教材去教学汉字等。目前采用的汉字讲练方法基本上沿用了国内教小学生识字的办法。常用的手段不外描红、临摹、抄写,再加上偏旁部首的讲解等。出现这些问题,表面上是教学方法使用不当,其实是没有分清教学对象,同为汉字的初学者,中国小学生与外国学生有着很大的差异,中国孩子在入学之前已经掌握了大量的汉语词汇和语句,他们通常对所学生字的读音和字义已经相当熟悉了。有了这样的预备知识,学习汉字的过程便简化为建立字音(已知)、字义(已知)和字形(未知)三者之间的对应关系,学起来事半功倍。外国学生对形音义三者的掌握是同步进行的,无法"对号入座"。

所谓针对性,还要强调教学对象的针对性,包括外国学生的学习目的、学习起点、学习时限、自然特征(年龄、国别、文化程度、第一语言及文化与目的语及文化的关系)等方面,比如学生来自汉字文化圈还是非汉字文化圈?来自欧美还是东南亚?有没有汉语汉字的文化背景?教欧美学生和教日韩学生显然存在很大差异。在日韩的文字中还保留了大量的汉字,日韩学生学习汉字就容易得多,但日韩所用的汉字,由于历史演变,在字形、字音、字义方面有的跟中国所用的汉字已经产生了不小的差异,这些差异又会影响和干扰他们的汉字学习。据统计,日韩学生的汉字书写偏误多数是由于日韩语汉字的干扰引起的,而且他们还普遍存在重听说轻读写的倾向。对于来自拼音文字国家的学生,如何挖掘和利用汉字的表音功能,采用更符合他们认知记忆习惯的教法,我们的研究还远远不够。汉字教学要取得突破,就必须加强针对外国学生不同情况的研究。

（三）教学方法不当

1. 汉字教学的思路不明确

在世界范围内影响较大的各种语言教学法，例如语法翻译法、直接法、听说法、功能法等，都是根据印欧系语言特别是英语的特点研究出来的，汉语有不同于印欧系语言的明显的特点，因此上述种种教学法所规定的原则和方法，并不能完全解决汉语教学中的特殊问题。汉字是记录汉语音节的符号，跟印欧系语言的文字的性质也截然不同，因此也不应当按照教印欧系的套路进行汉字教学。我们在汉语教学理论和教学方法研究上存在的最大问题就是对汉语的特点缺乏足够的认识，总是在西方语言学理论和语言教学理论的框架内思考问题，很少从汉语的特点出发研究问题。

从20世纪50年代以来，在对外汉字教学中曾先后实验过“先语后文”“语文并进”“语文穿插”单独开设汉字课等不同的教学模式，有过失败，也取得了不少的经验。应当说，目前国内对外汉语教学界对于汉字教学的最佳模式远未达成共识。虽然各种教学模式都有一定的理论基础，也取得了一定的效果，但都不能很好地满足教学的需要。究其原因，根本问题还在于对外汉字教学的思路不明确。汉字教学的根本目的是讲清现代汉字的形、音、义，帮助学生认读汉字，书写汉字，学习汉语，掌握汉语的书面语。

2. HSK考试对汉字教学的影响

在HSK考试中，汉字的地位也未得到应有的重视。现行的HSK试题中，只有综合部分要求考生用汉字完成词语的完形填空，所用汉字数量只有12个。这12个都只是中等难度的汉字，它们在整个试题中所占的分数比例也很小。这意味着：一个外国留学生的汉字书写能力几乎等于零，也可能得到HSK中等6级甚至6级以上的成绩。书写能力明显与口头表达能力不对称。

大部分汉语教师认为，由于汉字教学是附属于综合课教学的，初级阶段的生字词和常用交际语的任务已经相当繁重；同时从教师的角度来看，在相当长的一个教学过程中，口头交际能力的培养见效快，所以听说能力就强调得较多，而对包括汉字认读能力在内的读写技能却由于缺少明确的标准要求，特别是写的能力缺少明确的标准要求，教师在教学中容易厚此薄彼，这就在听说读写四种能力平衡发展的问题上造成了一个误区，使得学习者在汉语教学的最初阶段就出现重听说轻读写的情况。

二、对外汉字教学对策

（一）抓住汉字的特点、性质进行对外汉字教学

1. 汉字教学中必须融合文化教学

汉字是中华民族的思维工具之一，是最重要的辅助性交际工具。汉字作为一种历史悠久且具有表意表音特点的文字，作为古人心理和思维活动的产物，在记录语言、传递概念的同时，也记录和传载了种种文化信息。在对外汉字教学中有效的融入汉字文化因素，有助于消除文化差异带来的隔阂现象，培养学习者的学习兴趣，提高学习者跨文化交际能力。

汉字在其形义之间、音义之间，以及意义变异的联系中，常常折射出中国古代社会的某种文化信息。对外汉语教师在教授汉字时应当从象形性、表意性、会意性和人文性作为切入点，适当的进行文化交流，这样才会收到比较好的效果。文化教学融合到语言教学中，就必须结合汉字去讲解文化，从汉字的起源去感受中国先人的智慧，从汉字的六书去展示中国文化的魅力。汉字是属于表意体系的文字，汉字的起源和发展，与中华文化密切相关，汉字的形体与字义有着种种联系。六书包括象形、指事、会意、形声、转注和假借，前四者为造字之法，后两者为用字之法。六书对正确了解和掌握汉字的构造原理及其使用规律，进而从根本上把握每一个汉字的本义，具有指导性的意义。汉字的表意特性，赋予

了汉字有别于其他文字的独有魅力。因此,在汉字教学的过程中,对于大多数独体字,可以采用画图的方式,例如“山”“水”“日”“牛”“羊”,这样的教学方式一来是增加了教学的趣味性,二来是字形不容易被学习者忘记。而对于大多数合体字,则可以从偏旁入手,或者在学习者掌握的汉字量达到一定数量的时候,就开始帮学习者总结偏旁相同的汉字,偏旁相同的汉字往往含有同样的造字背景;同时,不同的造字方式必定有着不同的文化背景在其中。例如,“妇”“妻”“娶”,这些用“女”作偏旁的字在一定程度上都能反映出传统中国社会里的婚嫁观念与妇女地位。再如,女人有子便是“好”字,屋内有女便是“安”字,这反映了一般中国人的传统家庭观念。几乎每个汉字都可以绘出一幅中国历史文化图,或考证演绎出一段中国历史文化“典故”,因而汉字本身就可被视为文化信息的载体,是一种充满时代色彩、地域概念、人文心理特征等动态的文化符号。因而汉字是中华文明之母,是华夏民族的面孔和灵魂。要了解中国文化,就需要懂得汉字;要懂得汉字,同样也需要了解中国文化。要想使学习者更好更快地学习汉字,其教学过程中必须融合文化。

2. 从汉字结构和形音义的系统出发进行汉字教学

字形系联。在汉字学习的初期阶段学生掌握了必要的基本笔画、笔顺和一定量的汉字以后,重点可以放在部件字及其组合演变形式方面。但孤立的汉字难于记忆,我们要尽可能选择有一定字形关联的字群来教。例如“口”字系列,口中古叶右可句只叫名吕品回等;“日”字系列,日旦早旧旬时是昌晶等;“十”字系列,十土士千千古早克华等。

字音系联。即以声符为纽带的字音有关的字群的聚合和同音字的聚合。例如,“我”作为“鹅、蛾、哦、娥、峨、俄、饿”等字的声旁;“果”作为“棵、颗、稞、窠、课”等字的声旁,声韵调有一些不同,但声旁具有明显的提示作用。

字义系联。把意义上有关联的字放在一起教学,这种做法符合认知心理中的联想记忆。例如,“同义联系”:低矮、宽阔、房屋、美丽、肥胖、江河。“反义联系”:多少、男女、进出、好坏、正反、难易;“同类集聚”:黄橙红蓝青绿紫是颜色聚类、早中晚夜是时间聚类等。

（二）改进教学方法

1. 对外汉语教材及 HSK 考试改革

当前，对于汉字教学和汉字教材的编写在理论与实践上的探讨，正在积极展开。在新一轮对外汉语教材编写中加强汉字教学的途径主要有三种：一是编写独立的汉字教学课本，单独设课进行汉字教学；二是在综合课课本中进一步增加汉字教学的内容；三是按照汉字教学的规律性，以汉字教学为纲编写完全不同于以往教材的革命性的新教材。其中，前两种途径是相辅相成的，不可偏废。

另外，HSK 考试作为对外汉语教学的指导性考试，应该加强对于汉字读写能力方面的考查。无论是对外汉语教材还是 HSK 考试，都应该充分体现出汉字的基础性地位。

2. 先语后文与语文并进的教学模式

目前国内外的对外汉字教学一般采用“先语后文”“语文穿插”“语文并进”和单独开设汉字课这四种教学模式。我们重点介绍先语后文与语文并进两种模式。

所谓“先语后文”，指在汉语作为第二语言的外语教学中，在其初始阶段，利用《汉语拼音方案》先教授汉语口语，不识汉字、不写汉字，但不回避汉字。在汉语语音基本授完，并且学习者已具有初步汉语口语基础之后，开始认读汉字，只认不写。认识一定数量汉字之后，再开始描汉字，边描边写，最后脱离临摹，开始写汉字，同时进入听说读写综合训练阶段，培养学习者汉语综合运用能力。

汉语口头交际能力与书面交际能力之间，因汉字问题，有较大差距。听说较易，读写较难。因此，如何处理“语”和“文”这一对矛盾，就成为汉语作为外语教学中绕不开的问题。1950 年，对外汉语教学初期，在设计如何对外国人进行汉语教学时，首先考虑的是“先语后文”教学模式。

前后进行了两次教学实验。经过试验最后总结的缺点是:第一,从拼音突然过渡到汉字,集中出现认、写汉字的困难。第二,拼音阶段学过的有些词和语法又发生回生现象。第三,突击的时间虽用得较多,但汉字掌握得并不理想,语言熟巧程度也不够高。最后否定了"先语后文"的做法。[①] 不过,近年来部分学者又重新审视、研究这一教学模式,希望挖掘其中的有益成分。

"语文并进"是随文识字的教学,在综合课(精读课或读写课)内与课文、生词、语法学习一道完成汉字学习。"语文并进"教学模式时间安排上更灵活,避免了枯燥单调的单一性汉字教学,其特点是"字不离词,词不离句,句不离文",重视汉字的应用。有学者做过关于对外汉字教学的调查报告:留学生多数赞成汉字和汉语教学同步进行,以免增加负担,即随文识字,而不是各行其是,另搞一套脱离语言课实际的汉字教学内容。[②]

当然,目前也有很多学者反对"语文并进"的汉字教学模式,认为"语文并进"的教学模式汉字出现顺序与汉字的认知规律不一致,从语言教学的顺序来说,先教的必然是"你好""再见""谢谢"等日常口语,而这些常用词的认读和书写对零起点学生相当困难。还有就是综合课包括了语音、词汇、语法等语言要素,而技能上又要全面训练听、说、读、写,汉字教学时间很容易被大量挤压。

"语文并进"的汉字教学模式在实践中的确存在一些问题,但这些弊端更多源于综合课教师重语法、生词,轻汉字的观念,可以通过加强教师汉字教学意识来解决。"先语后文""语文穿插""语文并进"和单独开设汉字课四种课程模式进行比较,"语文并进"模式操作性、灵活性、有效性最高。在综合课内设立出独立的汉字环节,遵循汉字的结构、音义规律合理安排汉字教学内容,"语文并进"应是目前大多数人认可的汉字教学

① 参见孙德金主编:《对外汉字教学研究》,商务印书馆,2006 年版,第 230 页。

② 参见伍英姿:《初级阶段"语文并进"模式下的汉字教学》,载《华南师范大学学报》,2010 年第 3 期。

模式。

3. 识字与写字、用字分开要求

国内的《语文课标》对小学生识字、写字有两个明显的特点：

第一是识字、写字学习目标认写分开。识字认写分开，提出“认识”和“学会”两种要求。“认写分开”，既可以避免识的字字字要求“四会”，造成学生学习负担过重，又可以防止“认”“写”相互掣肘，而导致认不快，又写不好的结果。“多认”，有利于学生尽早、尽快、尽可能多地认字，以便及早进入汉字阅读阶段。这无论对培养阅读能力，还是对培养获取信息的能力，都有重要意义。“少写”，教材由易到难、由简到繁、由独体到合体编排写字教材；对教师来说，更能循序渐进地进行写字指导，给学生打下坚实的写字基础。

要依据《语文课标》，准确把握两种识字要求。要求认识的字，只要求认识——在本课认识，放到其他语言环境中也认识，不抄、不默、不考。要求学会的字，以往强调“四会”——会读，会写，会讲，会用。现在调整为会读，会写，了解字词在语言环境中的意思，逐步做到能在口头和书面表达中运用。

第二是：加强写字，引导学生掌握基本的书写技能，养成良好的书写习惯，体会汉字的优美。

国内识字教学与对外汉字教学相对比，两者在识字与写字、用字分开方面的要求存在着巨大的差别。应该将对外汉字教学的识字与写字、用字分开要求。

三、对外汉字教学用字

1990 年《汉语水平词汇与汉字等级大纲》（以下简称《大纲》）正式列入国家汉办科研规划，1992 年 6 月出第 1 版。《大纲》收汉字 2905 个，其中甲级字 800 个，乙级字 804 个，丙级字 590 个，丙级字附录 11 个，丁级字 670 个，丁级字附录 30 个。2001 年 6 月《大纲》（修订本）第 1 版出版。2003年,国家汉办再次立项,围绕两个大纲(另一个为《汉语水平等级标准与语法等级大纲》),组织人力进行基础性研究,为两个大纲的全面修订做前期准备工作。

对《大纲》进行细致的分类研究是提高对外汉字教学效率的关键工作。

(一)对外汉语教学汉字字量和字种的研究

国内的《语文课程标准》对小学生识字量有明确的要求,强调识字基础要扎实。不仅把识字作为1~2年级的一个教学重点,而且明确提出识字"质"和"量"的要求。在"量"的方面,提出"认识常用汉字1600~1800个,其中800~1000个会写"。两年要求认1600~1800个常用汉字。在"质"的方面,提出"学习独立识字""有初步的独立识字能力""能使用字典、词典,有较强的独立识字能力"。

反观对外汉语教学汉字字量和字种的研究情况十分薄弱。只有《大纲》中对汉字量的总要求,没有具体的质的要求。希望尽快出台可操作的细则,便于指导、规范对外汉字教学和教学用字。

(二)《(汉语水平)汉字等级大纲》汉字部件统计分析①

有人对《(汉语水平)汉字等级大纲》中的2905个汉字全部进行了拆分,建立了"等级汉字拆分数据库"和"等级汉字基础部件数据库",在此基础上,对数据库中相关信息进行了统计。在2905个汉字中,共使用基础部件515个,其中成字部件285个。

从各个等级的数据看,甲级字承担着非常丰富的信息:75%的基础部件出现于甲级字中,而且这些部件都是构字能力非常强的部件;甲级字中包含53%的基础成字部件, 44%的合体成字部件;40%的甲级字直

① 参见邢红兵:《〈(汉语水平)汉字等级大纲〉汉字部件统计分析》,《世界汉语教学》2005年第2期(总第72期)。

接参与构字;近95%的构字能力强的部件在甲级字中出现;甲级字中出现了全部汉字的首层结构方式;有273个甲级汉字可以充当形声字的声旁,占全部"等级汉字"声旁的48%。

在分析上述数据的基础上,提出了对外汉字教学的合理化、科学化建议:汉字部件教学是可行的和高效率的,但是最有效的办法应该是将部件教学融入基础字教学之中,以基础字带部件教学,抓住甲级字这一核心,带动汉字部件和他它汉字的学习;在汉字教学中对常用部件、非常用部件这两类部件的处理应该有所区别;成字部件和非成字部件在汉字教学中应该各有对策,对于成字部件,要充分利用其成字的可称谓性和独立性等特点,提高对外汉字教学效率。

练习十

一、填空题。

1. ________________是最早的历史学家,也是最早的汉字使用专家。

2《________________》不仅是我国第一部"教学童书",而且也是我国第一部字书。

3.《百家姓》的成书时间大约在__________初年。《三字经》约在__________成书。

4.《弟子规》是清代学者________________编写。

5. 2011年版《义务教育语文课程标准》规定小学阶段认识____个汉字,会写____个左右。

6.《汉语水平词汇与汉字等级大纲》共收________________个汉字。

二、名词解释。

1. 识字教材"三百千"　　2. 集中识字法

3. 注音识字,提前读写　　4. 先语后文

三、简答题。

1. 如何理解循序渐进，先易后难的教学原则？

2. 简化汉字的方针是什么？简化汉字取得了什么效果？

3. 现代汉字规范化包括哪些内容？

4. 识字教学在语文教学中的地位。

四、论述题。

1. 结合你应用汉字的体会，谈谈怎样减少错别字。

2. 你如何看待汉字落后论和汉字优越论的观点。

3. 你如何进行对外汉字教学。

五、请查阅《说文解字》或其他工具书，将下列文字写成小篆。

1. 冰冻三尺，非一日之寒。

2. 洗砚池头树，花开淡墨痕。

参考文献

主要参考文献专著

1. 苏培成:《现代汉字学纲要》,北京大学出版社,2001 年版。

2. 何九盈:《汉字文化学》,辽宁人民出版社,2000 年 1 月第 1 版。

3. 何九盈等:《汉字文化大观》,人民教育出版社,2009 年 11 月版。

4. 高小方编著《中国语言文字学史料学》,南京大学出版社,1998 年 3 月第 1 版。

5. 张静贤主编《汉字教程》,北京语言大学出版社,2004 年 7 月第 1 版。

6. 李运富著《汉字学新论》,北京师范大学出版集团,2012 年 5 月第 1 版。

7. 李运富著《汉字构形原理与中小学汉字教学》,吉林长春出版社,2001 年 7 月版。

8. 王继洪著《汉字文化学概论》,学林出版社,2006 年 6 月版。

9. 王立军等著《汉字的文化解读》,商务印书馆,2012 年 10 月第 1 版。

10. 杨树达著《中国文字学概要》,吉林人民出版社,2014 年 1 月第 1 版。

11. 王凤阳著《汉字学》,长春吉林文史出版社,1989 年版。

12. 黄德宽 陈秉新著《汉语文字学》(增订本),安徽教育出版社,2006 年 8 月第 2 版。

13. 郑振峰 王军等编著《汉字学》,语文出版社,2005 年 2 月第 1 版。

14. 刘志成主编《汉字学》,四川出版集团天地出版社,2008 年 8 月第八次印刷。

15. 杨五铭编著《文字学》,湖南人民出版社,1986 年 10 月第 1 版。

16. 韩伟著《汉字字形文化论稿》,世界图书出版公司,2010 年 12 月 1 日第 1 版。

17. 杨润陆著《现代汉字学通论》,长城出版社,2000 年 7 月第 1 版。

18. 骆小所著《现代修辞学》,云南人民出版社,2000 年 10 月版。

19. 张岱年、方克立主编《中国文化概论(修订版)》,北京师范大学出版社,2012 年 7 月版。

20. 孙德金主编《对外汉字教学研究》,商务印书馆,2006 年 7 月第 1 版。

21. 裘锡圭《文字学概要》,商务印书馆,1999 年 12 月第五次印刷。

22. 李禄兴著《现代汉字及其对外教学研究》,中央编译出版社,2012 年 4 月第 1 版。

23. 刘庆俄编《汉字新论》,同心出版社,2006 年 3 月第 1 版。

24. 黄建中、胡培俊著《汉字学通论》,华中师范大学出版社,1990 年 10 月版。

25. 邱振中著《书法》,北京师范大学出版社,2009 年 1 月第 1 版。

26. 万业馨著《应用汉字学概要》,商务印书馆,2012 年 12 月第 1 版。

27. 黄晋书著《汉字 · 字原篇》,学林出版社,2006 年 5 月第 1 版。

28. 王元鹿著《比较文字学》,广西教育出版社,2001 年 1 月第 1 版。

28. 陈梦家著《中国文字学》,中华书局,2006 年 7 月第 1 版。

29. 向光忠著《文字学刍论》,商务印书馆,2012 年 6 月第 1 版。

30. 邵敬敏《文化语言学中国潮》,语文出版社,1995 年 1 月第 1 版。

31. 周克庸著《汉字文字学》,贵州人民出版社,2009 年 7 月第 1 版。

32. 吴峤著《汉字要论》,武汉出版社,2000 年 1 月第 1 版。

33. 李宇明主编《语言学概论》,高等教育出版社,2006 年 12 月第 17 次印刷。

34. 张伟编著《字义与词义》,中国物资出版社,1987 年 10 月第 1 版。

35. 赵峰著《汉字学概论》,厦门大学出版社,2009 年 7 月版。

36. 苏培成著《二十世纪的现代汉字研究》,书海出版社,2001 年 8 月第 1 版。

37. 冯志伟:《现代汉字和计算机》,北京大学出版社,1989 年版。

38. 戴汝潜等编著《汉字教与学》山东教育出版社,1999 年 5 月第 1 版。

39. 周健著《汉字教学理论与方法》,北京大学出版社,2007 年 10 月版。

40. 王宁等著《〈说文解字〉与中国古代文化》,辽宁人民出版社,2000 年 1 月版。

41. 张玉金著《当代中国汉字学》,广东教育出版社,2000 年 7 月版。

42. 赵诚著《甲骨文与商代文化》,辽宁人民出版社,2000 年 1 月版。

43. 姚淦铭著《汉字与书法文化》,广西教育出版社,1999 年 7 月版。

44. 秦建文著《汉字学导论》,云南人民出版社,2008 年 3 版。

45. 董来运著《汉字的文化解读》,上海古籍出版社,2002 年 9 月版。

46. 张隆华、曾仲珊著《中国古代语文教育史》,四川教育出版社,2000 年 10 月版。

47. 石玉成著《汉字学初探》,云南民族出版社,1996 年 8 月第 1 版。

48. 牟作武著《中国古文字的起源》,上海人民出版社,2000 年 12 月第 1 版。

49. 张涌泉著《汉语俗字研究(增订本)》,商务印书馆,2011 年 1 月版第 2 次印刷。

50. 陆宗达:《说文解字通论》,北京出版社,1981 年 10 月第 1 版。

51. 陈枫著:《汉字义符研究》,中国社会科学出版社,2006年11月第1版。

52. 陶霞波、刘志基著《汉字艺术》,大象出版社2007年12月第1版。

53. 张再兴著《汉字的功能》,大象出版社2007年12月第1版。

54. 陆忠发著《汉字学的新方向》,浙江大学出版社,2009年10月第1版。

55. 许慎《说文解字》,中华书局,1963年12月第1版,1998年10月第16次印刷。

56. 段玉裁《说文解字注》,上海古籍出版社,1988年2月版。

57. 倪宝元主编《语言学与语文教育》上海教育出版社,1995年4月版。

部分参考论文

1. 杜晓文《网络谐音语言现象的文化思考》,《成都大学学报(社会科学版)》2010年第1期。

2. 刘光裕《关于汉字落后论——兼谈三点意见》,《汉字文化》1950年第30期。

3. 张明明《语言和文字之间的区别、联系和相互转化》,《汉字文化》1994年第2期。

4. 肖兰兰《解读语言与文字》,《当代教育理论与实践》2011年第3期。

5. 陈雪平《浅析语言和文字的关系》,《现代语文》2008年第4期。

6. 朱媛媛、吴敬敬《从汉字的工具性和理据性来谈简化字》,《大众文艺》2009年第14期。

7. 何清《汉字特点新析》,《新闻爱好者(理论版)》2008年第5期。

8. 王 宁《谈汉字与文化的互证关系》,人教网 http://www.pep.com.cn。

9. 尉春艳、何青霞《近十年对外汉字教学原则和方法研究综述》,《现代语文》2012 年第 1 期。

10. 邢红兵《〈(汉语水平)汉字等级大纲〉汉字部件统计分析》,《世界汉语教学》2005 年第 2 期。

11. 刘斌《浅谈对外汉语教学中的汉字教学》,《云南电大学报》,2008 年 12 月第 10 卷第 4 期。

12. 赵金铭《初级汉语教学的有效途径——"先语后文"辩证》,《世界汉语教学》2011 年第 3 期。

13. 伍英姿《初级阶段"语文并进"模式下的汉字教学》,《华南师范大学学报》2010 年第 3 期。

14. 毕彦华《浅谈对外汉字教学中的文化渗透》,《湖北广播电视大学学报》2010 年第 6 期。

15. 董福升《对外汉字教学的原则与方法》,《湖北函授大学学报》2008 年 9 月第 21 卷第 3 期。

16. 肖虹《汉字起源研究述评》,《聊城大学学报(社会科学版)》2011 年第 2 期。

17. 达柯《汉字对汉语的反作用》,《汉字文化》1997 年第 3 期。

18. 杨佳宁《试论汉字对汉语的反作用》,《长安学刊》2013 年 7 月。

19. 易花萍《为"汉字"重新定义》,《阿坝师范高等专科学校学报》2007 年 12 月。

20. 王蕴智《〈说文解字〉的学术价值及其历史局限》,《平顶山学院学报》第 20 卷第 3 期。

21. 刘俐李《20 世纪汉语连读变调研究回望》,《南京师范大学文学院学报》2002 年第 2 期。